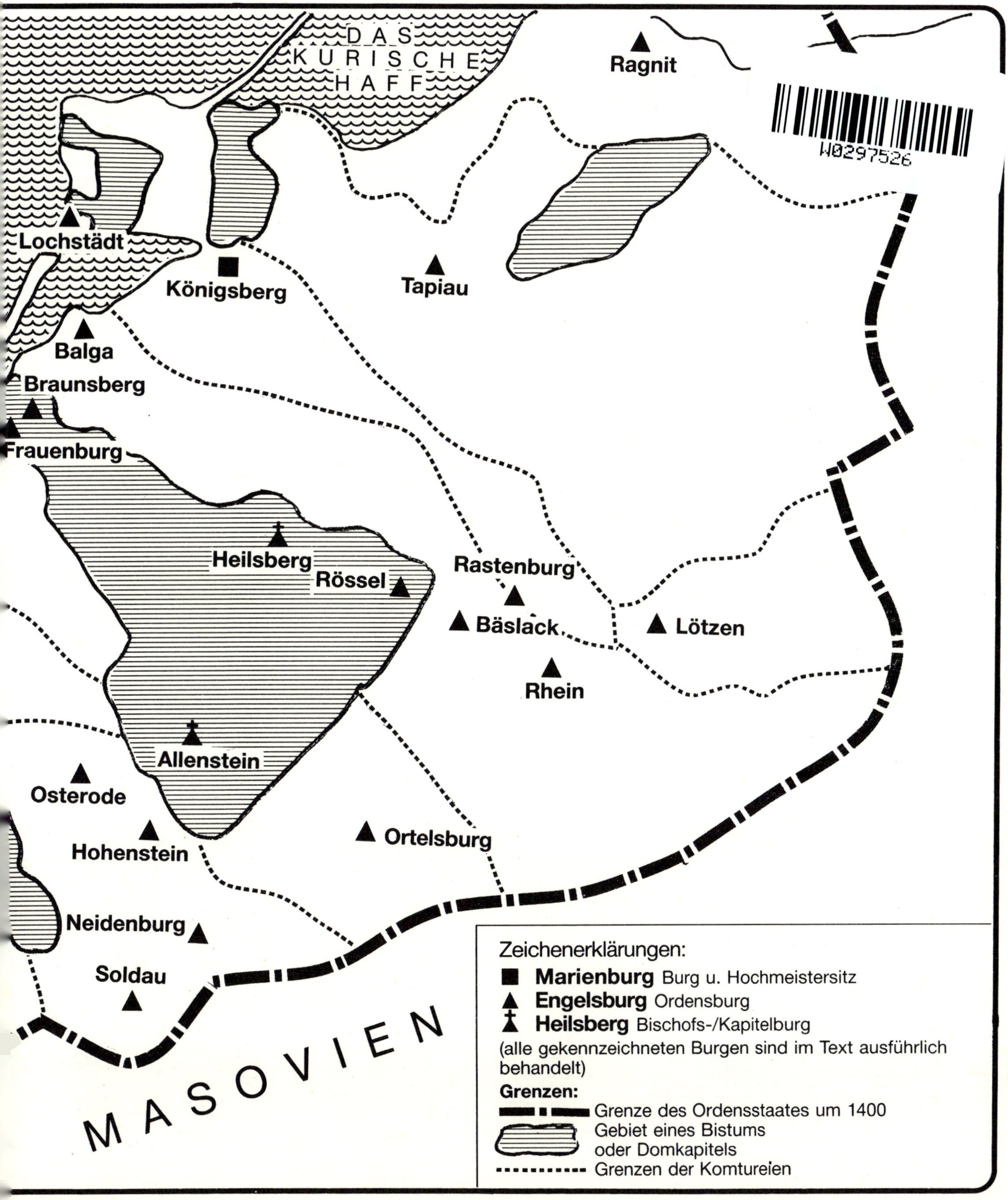
DAS KURISCHE HAFF
Ragnit
Lochstädt
Königsberg
Tapiau
Balga
Braunsberg
Frauenburg
Heilsberg
Rössel
Rastenburg
Bäslack
Lötzen
Rhein
Allenstein
Osterode
Hohenstein
Ortelsburg
Neidenburg
Soldau
MASOVIEN
Zeichenerklärungen:
Marienburg Burg u. Hochmeistersitz
Engelsburg Ordensburg
Heilsberg Bischofs-/Kapitelburg
(alle gekennzeichneten Burgen sind im Text ausführlich behandelt)
Grenzen:
Grenze des Ordensstaates um 1400
Gebiet eines Bistums oder Domkapitels
Grenzen der Komtureien

Friedrich Borchert

BURGENLAND PREUSSEN

Die Jungfrau Maria war Patronin und Namensgeberin des Deutschen Ordens, dessen voller lateinischer Name lautet:

Fratres domus hospitalis Sanctae Mariae Theutonicorum Jerosolymitani

(Brüder vom Hause des St. Marien-Hospitals der Deutschen in Jerusalem)

Marienkrönung
Fresko von 1370/80 im Großen Remter der Bischofsburg Heilsberg

Friedrich Borchert

BURGENLAND PREUSSEN

Die Wehrbauten des Deutschen Ordens und ihre Geschichte

Mahnert-Lueg

Herausgegeben als Band 13 ihrer Publikationsreihe von der Ost- und Westpreußenstiftung in Bayern
»Prof. Dr. Ernst Ferdinand Müller« e.V.
Stiftungs- und Kuratoriumsmitglied der »Stiftung Ostpreußen«
Öffentliche Stiftung des bürgerlichen Rechts mit Sitz in München

Umschlaggestaltung: H. u. C. Waldvogel, Zürich (siehe Bildnachweis)
Das Foto stellt die Ordensburg Rheden dar
Satz: Fotosatz Weihrauch, Würzburg
Druck: Jos. C. Huber, Dießen
Binden: Thomas Buchbinderei, Augsburg
ISBN: 3-922-170-65-X

Inhalt

*) Nördlich der polnisch-sowjetischen Demarkationslinie gelegene Burg (keine neuzeitlichen Fotos vorhanden, da z.Z. nicht erreichbar)

Alphabetisches Verzeichnis der behandelten Burgen

Allenstein	O	Hohenstein	O	Rehden	W
Bäslack	O	Königsberg	O*)	Rhein	O
Balga	O*)	Lochstädt	O*)	Rößel	O
Birgelau	W	Lötzen	O	Roggenhausen	W
Braunsberg	O	Marienburg	W	Schlochau	W
Bütow	W	Marienwerder	W	Schönberg	W
Danzig	W	Mewe	W	Schwetz	W
Elbing	W	Neidenburg	O	Soldau	O
Engelsburg	W	Ortelsburg	O	Strasburg	W
Frauenburg	O	Osterode	O	Stuhm	W
Gollub	W	Preußisch Mark	O	Tapiau	O*)
Graudenz	W	Ragnit	O*)	Thorn	W
Heilsberg	O	Rastenburg	O		

Lage der Burgen:
O = Ostpreußen
W = Westpreußen (einschl. Pommerellen)

*) Nördlich der polnisch-sowjetischen Demarkationslinie

Geleitwort

Der Deutsche Orden, 1190 im Heiligen Land als Hospitalgenossenschaft gegründet und alsbald als geistlicher Ritterorden bestätigt, wurde 1226 vom polnischen Herzog Konrad von Masowien zum Kampf gegen die heidnischen Prussen nach Preußen gerufen. In einem fünfzig Jahre andauernden harten Ringen gewann der Orden das Land, besiedelte und kultivierte es.
Von den rund 150 Burgen, die für die militärische und wirtschaftliche Infrastruktur während des 13. und 14. Jahrhunderts im Preußenland entstanden, haben nur wenige die Zeit überdauert. Sie blicken heute auf uns als Zeugnisse einer vergangenen Epoche, die eng mit der Besiedlung des späteren Ost- und Westpreußens verbunden ist.
Angesichts der Ferne, die durch die Teilung des deutschen Vaterlands bedingt ist, kommt dem Medium Buch eine besondere Mittlerfunktion zu. Zwar sind Reisen in die deutschen Ostgebiete in den letzten Jahren häufiger geworden, doch sind sie – insbesondere für ältere Menschen – immer noch mit Strapazen verbunden.
Deshalb ist dem Verfasser dieses Buches zu danken, daß diese Zeugnisse einer wichtigen Epoche deutscher Geschichte im Osten wieder lebendig vor uns erstehen und so nicht nur den an ihrer engeren Heimat interessierten Vertriebenen dienen können, sondern auch Jüngeren Anreiz bieten, sich mit diesem Kapitel deutscher Geschichte zu befassen. Gerade angesichts einer seit geraumer Zeit feststellbaren verstärkten Beschäftigung mit den Überlieferungen der deutschen Geschichte sollten auch die östlichen Regionen nicht ausgeblendet werden; denn unsere Geschichte darf nicht nur auf das Territorium der Bundesrepublik Deutschland reduziert werden. Es gilt vielmehr, die Geschichte ganz Deutschlands in ihrem Beziehungsgeflecht mit der europäischen Geschichte zu sehen, da auf diese Weise ein vernünftiger Dialog mit unseren Nachbarn im Osten möglich wird.

Friedrich Borchert hat im vorliegenden Buch eine Auswahl der wichtigeren Zeugnisse der Ordensbaukunst in Ost- und Westpreußen zusammengetragen und mit detaillierten Informationen zur Bau-, Kunst- und Landesgeschichte angereichert, so daß hier zuverlässige Informationen gerade von dem abgerufen werden können, der sich entschließt, die Bauwerke mit eigenen Augen zu sehen.
Wenn der Verfasser zudem auch die Bauten im nicht zugänglichen sowjetisch verwalteten Teil Ostpreußens zumindest exemplarisch vorstellt, so zeugt dies von dem historischen Verantwortungsgefühl, das ihn bei diesem Buch leitet: die Darstellung einer Phase preußischer Geschichte im Blick auf den gesamten historischen und geographischen Raum.

Es bleibt zu wünschen, daß viele Menschen dieses Buch in die Hand nehmen und sich hineinnehmen lassen in den Zauber einer fernen

Zeit, die aber, bedingt durch die politische Situation in Europa nach dem Zweiten Weltkrieg, auch immer wieder von der Gegenwart eingeholt wird.

Dr. Ottfried Hennig, MdB
Parlamentarischer Staatssekretär
beim Bundesminister für innerdeutsche
Beziehungen

Vorwort

Bei einer Fahrt durch das schöne Land jenseits der Weichsel, das für viele Deutsche auch heute noch ihre Heimat ist, fallen selbst dem unkundigen Besucher immer wieder die strengen, dunkelrot leuchtenden Bauwerke aus Backstein auf. Sie entstanden in der Zeit des Ordensstaates Preußen und prägen wie einst das Land mit dem Siegel der alten deutschen Kultur.

Es ist erstaunlich, welche Kraft diese siebenhundertjährigen Burgen und Kirchen auch heute noch ausstrahlen, wodurch sie fast alles später Entstandene zur Mittelmäßigkeit verurteilen.

Nähert man sich einem Dorf, so schaut aus dem grünen Gewölk alter Bäume ein trutziger Kirchturm hervor. Die kleinen Städte wirken von weitem wie Festungen mit ihren wehrhaften Türmen, Toren und Mauern, und die Gradlinigkeit ihrer Anlage zeugt noch heute von der planerischen Qualität der preußischen Ordensleute.

Da und dort stößt man sogar noch auf eine hochaufragende mächtige Ordensburg. Aber häufiger finden sich Ruinen, die Kriege im Laufe der Jahrhunderte neben der Straße zurückgelassen haben. Doch selbst von den zerborstenen Gemäuern geht noch ein eigenartiger Reiz aus; er ist gemischt aus erahnter Schönheit und geschichtlichem Erleben. Dem können sich auch die heutigen landfremden Bewohner und ihre Administration nicht entziehen. Wahrscheinlich wenden sie deshalb Mühen und Kosten für die Erhaltung dieser geschichtsträchtigen Bauwerke auf.

Als der Verfasser in den letzten Jahren wiederholt das heimatliche Preußenland mit wachen Augen und schußbereiter Kamera kreuz und quer durchstreifte, kam ihm der Gedanke, das Gesehene festzuhalten, mit dem Gewesenen zu vergleichen und Geschichtliches anzufügen.

Bereits hundertsechzig Jahre vorher hatte der preußische Leutnant Johann Michael Giese innerhalb zweier Jahre alle alten Wehrbauten in Ost- und Westpreußen aufgenommen und in Lageplänen und Skizzen festgehalten. Vor hundert Jahren hatte der hervorragende Archäologe, Kunsthistoriker und Architekt Conrad Steinbrecht die Ordensbaukunst wissenschaftlich erforscht und danach in vierzigjähriger Arbeit die Marienburg, das Haupthaus des Deutschen Ordens in Preußen, vorbildlich restauriert. Beide Wissenschaftler haben eine Vielzahl von Daten, Plänen und Skizzen sowie Beschreibungen hinterlassen, die neben anderen Quellen die wesentlichen Grundlagen der vorliegenden Arbeit bildeten. Ihrer soll an dieser Stelle dankbar gedacht werden.

Die letzten umfassenden Werke über die Burgen des Deutschen Ordens sind vor mehr als fünfzig Jahren erschienen. Karl Heinz Clasen ließ im Jahre 1927 sein wissenschaftlich ausgerichtetes Werk über die Ordensburgen in Königsberg verlegen. Unvergessen bleibt auch August Winnigs historischer Überblick »Der deutsche Ritterorden und seine Burgen«, der

noch heute durch Form und Inhalt sowie durch seine hervorragende Bebilderung besticht.
Beiden Büchern soll nun eine möglichst umfassende Bestandsaufnahme der nach dem furchtbaren Kriege erhalten gebliebenen oder wiederhergestellten Ordensbauwerke folgen. Sie bleibt zwangsläufig unvollständig, weil uns der Zutritt zum Land nördlich der Demarkationslinie zwischen dem polnisch und dem sowjetisch verwalteten Teil Ostpreußens auch jetzt noch verwehrt ist. Die spärlichen Nachrichten aus diesem Teil des Landes wurden verwertet. Wenn auch der Verfasser die meisten nordostpreußischen Burgen noch aus eigener Anschauung aus der Vorkriegszeit kennt, wurde für diesen Landesteil nur eine Auswahl historisch wichtiger und bautypischer Ordenshäuser behandelt. Ihre Beschreibungen sind lediglich durch Skizzen illustriert, weil neuzeitliche Fotos der Nachkriegszeit nicht vorhanden sind. Dieses Gebiet ist für Besucher gesperrt.
Im polnisch verwalteten Teil Ost- und Westpreußens werden die Ordens- und Bischofsburgen zum größeren Teil mit beträchtlichem Aufwand von den Polen restauriert, wobei die Administration noch verwertbare Gebäude für öffentliche Zwecke, wie z.B. Museen, Bibliotheken, touristische Schwerpunkte, Hotels und Ämter, nutzt. Andererseits versuchen die Polen, diese Bauwerke in ihr einseitig nationalbezogenes Geschichtsbild einzuordnen. Sie vermeiden, wo irgend möglich, Hinweise auf die deutsche Herkunft der Burgen und beseitigen entsprechende Zeichen und Inschriften. In Prospekten, auf Hinweisschildern und z.T. auch in der Literatur werden diese Bauwerke als Bischofs- oder Kapitelschlösser oder einfach als gotische Burgen (Goticki zamek) bezeichnet, wenn es sich aber nicht umgehen läßt als »Zwingburgen der Kreuzritter« dargestellt. Es wäre zu begrüßen, wenn polnischerseits von dieser Art der Geschichtsverfälschung abgelassen würde, weil sie ohnehin nur von wenigen geglaubt wird. Dies wäre ein kleiner Beitrag zur Verbesserung der nachbarlichen Beziehungen.

Vierzig Jahre nach Kriegsende bietet sich der sogenannten Erlebnisgeneration, der auch der Verfasser angehört, noch eine späte Gelegenheit, über das schöne Preußenland und seine Bauwerke aus eigener Anschauung von damals und heute zu berichten. Sie ist aufgerufen, Erlebtes, Erfahrenes und Überliefertes weiterzugeben und das Interesse an der Geschichte und Kultur dieses über siebenhundert Jahre lang deutschen Landes wachzuhalten.

Dieser Aufgabe haben sich besonders die landsmannschaftlichen Institutionen und ihre Publikationen verschrieben. An dieser Stelle sei den Landsmannschaften Ostpreußen und Westpreußen gedankt, die in ihren Wochenzeitungen Vorabdrucke in längeren Fortsetzungsreihen brachten und dadurch die Arbeit erheblich förderten.
Besonderer Dank gilt der Ost- und Westpreußenstiftung in Bayern e.V., deren Vorsitzender, Herr Dr. Radke, die Veröffentlichung dieser Arbeit tatkräftig unterstützte und die hierfür erforderlichen Verbindungen herstellte.
Nicht zuletzt sei an dieser Stelle dem Verleger und seinen Mitarbeitern für die angenehme und verständnisvolle Zusammenarbeit gedankt.

Der Verfasser hat sich bemüht, einen Gesamtüberblick dieser Gattung ostdeutscher Bau- und Kunstdenkmäler in die geschichtlichen Zusammenhänge zu stellen und mit landeskundlichen Anmerkungen anzureichern. Die Arbeit erhebt nicht den Anspruch, als wissenschaftliche Abhandlung wenigen Fachleuten neue Forschungsergebnisse mitzuteilen. Sie will vielmehr in Text und Bild den Heimatverbundenen Eindrücke aus neuer Zeit vermitteln und Erinnerungen wachrufen, dem künftigen Reisenden Anregungen geben und allen Interessierten, vor allem auch der Jugend, einen Ausschnitt ostdeutscher Geschichte und Kultur anschaulich darlegen. Es ist ein Stück deutscher Geschichte, das nicht in Vergessenheit geraten darf.

Kelkheim (Taunus), im März 1987 Friedrich Borchert

Einleitung

Die Entwicklung der Baukunst im preußischen Ordensland ging mit landespolitischen, wirtschaftlichen und gesellschaftspolitischen Veränderungen konform, ja sie spiegelte deren jeweils geltende Grundsätze und Aufbaustufen wider. Wer die Bauten des Deutschen Ordens kennenlernen und verstehen will, kommt deshalb nicht ohne ein Gerüst geschichtlicher Fakten aus. Der folgende kurze Abriß der Geschichte dieser Zeit dient dem Verständnis.

Beim Überschreiten der Weichsel unweit von Thorn im Jahre 1231 trafen die Ordensritter auf die Prussen, ein zur baltischen Völkergruppe gehörendes indogermanisches Volk, das in losen Stammesverbänden in einer Bauernkultur ohne Schrift lebte. Diese Prussen hatten sich den christlichen Missionsversuchen widersetzt und fielen häufig in das benachbarte Masowien ein. Dessen Herzog Konrad rief den Deutschen Orden zur Hilfe und sicherte ihm vertraglich das Kulmerland und alles künftig zu erobernde Gebiet als Eigentum zu. Kaiser und Papst garantierten die Inbesitznahme und förderten die Kriegszüge. Dem Orden kamen seine in Palästina gemachten Erfahrungen im Burgenbau zur Sicherung des eroberten Landes auch bei diesem neuen Kreuzzug zugute. Einige Erfahrungen technischer Art wurden übernommen.

Nach Gründung der Burg Alt-Thorn auf dem nördlichen Weichselufer wurden das Kulmerland und Pomesanien binnen fünf Jahren erobert und durch Wehrbauten aus Holz und Erde gesichert. Bereits 1232 entsteht die Burg Althaus Kulm, 1233 folgt Marienwerder-Quidin und nach der siegreichen Schlacht an der Sirgune (Sorge) ist der Weg zum Frischen Haff offen, wo 1237 Burg und Stadt Elbing erbaut werden.

Der Ausbau der Burgen aus Stein beginnt um 1240, und zwar zuerst derjenigen mit Wasserverbindung und mit der Funktion einer militärischen Hauptbasis. Burgen dieser Bedeutung werden etwa hundert Jahre später gleich bei ihrer Gründung in Stein ausgeführt. Bei den als regionale Verwaltungssitze eingerichteten Komturburgen, die man Konventshäuser nennt, ist das in der Regel der Fall.

Von 1237 bis 1241 werden unter Einsatz von Schiffen die Haffgaue Pogesanien, Warmien und Natangen erobert. An Stelle der niedergekämpften Prussenburg Honeda wird die Burg Balga zur Sicherung des gegenüberliegenden Seetiefs gebaut.

Der gleichzeitig mit dem Angriff des Pommerellenherzogs Swantopolk ausbrechende Prussenaufstand bringt den Orden in eine schwierige Lage, die erst nach sechs Jahren durch den Christburger Vertrag von 1249 beseitigt wird. Dieser Aufstand und der fast gleichzeitig im Süden des Landes vorbeiführende Mongolensturm veranlassen den Orden zum Ausbau von drei gestaffelten Burgenlinien im Kulmerland, zu denen u.a. die Burgen Rehden, Graudenz und Strasburg gehören.

Nach der auf Weisung der römischen Kurie vorgenommenen Vereinigung mit den livländischen Schwertbrüdern wird 1252 Memel als Ausgangspunkt für eine Landbrücke nach Kurland und Livland gegründet.
Der Einfluß der Kirche gewinnt durch Übereignung jeweils eines Drittels der eroberten Gebiete an den zuständigen Bischof Bedeutung. In der Folge entstehen vier Bistümer in Preußen, nämlich Kulm, Pomesanien, Ermland und Samland.
Eine neue Offensive bringt bis 1260 die Gaue Samland, Barten und Galinden in den Besitz des Ordens. Das Kreuzheer unter König Ottokar von Böhmen wirft die Samländer nieder und gründet Burg und Stadt Königsberg. Als Sicherungsburgen gegen die Litauer entstehen u.a. Labiau, Tapiau und zur Seeseite die Burgen Brandenburg, Braunsberg, Lochstädt und Fischhausen, letztere damals Schonewik genannt. Im Binnenland entstehen zur Absicherung gegen die Wildnis eine Reihe kleinerer Burgen in Form von hölzernen Wildhäusern, wie z.B. Heilsberg, Mohrungen, Neidenburg und Preußisch Mark.
In dem 1260 ausbrechenden großen Prussenaufstand wird alles Erreichte in Frage gestellt. Von den Burgen halten nur wenige den Angriffen stand, unter ihnen Königsberg, Balga und Elbing. Als der Aufstand nach dreizehn Jahren endlich zusammenbricht, haben sich die festen Burgen gegen die ungeregelte und uneinheitliche Kampfesweise der Prussen bewährt.
Bald nach Ende des Aufstands werden im Nordosten die Gaue Nadrauen und Schalauen unterworfen. Die Eroberung Sudauens dauert bis 1283 und kann erst abgeschlossen werden, nachdem ein Teil der Bevölkerung ins Samland umgesiedelt und ein anderer nach Litauen geflohen ist. Die dünnbesiedelte, unwegsame Wildnis bildet nun, gesichert durch Wildhäuser, eine Pufferzone gegen die angriffslustigen Litauer.
Es folgt eine überwiegend friedliche Zeit, die der Besiedlung und dem Aufbau gewidmet ist. Burgen werden befestigt und in Stein ausgebaut. Begrenzte Kriegszüge nach Litauen sollen diesen gefährlichen Gegner niederhalten und dem Ausbau der Landbrücke nach Livland dienen.
Auch auf dem linken Weichselufer faßt der Orden 1282 Fuß, als er das Land Mewe aus einer Schenkung des Herzogs Sambor übernimmt und sogleich das Konventshaus Mewe baut. In den Erbstreit um Pommerellen greift er durch den Kauf des Landes im Soldiner Vertrag von 1309 ein, schafft damit eine wichtige Landbrücke zum Reich, legt aber zugleich die Wurzeln für Konflikte mit Polen.
Die Verlegung des Hochmeistersitzes von Venedig nach Marienburg im Jahre 1309 wertet den erstarkten Ordensstaat zusätzlich auf und leitet eine etwa hundertjährige Blütezeit unter den großen Hochmeistern Luther von Braunschweig, Winrich von Kniprode und Konrad von Jungingen ein. Polnische Versuche zur Durchsetzung ihrer Besitzansprüche auf Pommerellen scheitern. Auch die Litauer erleiden bei ihren Plünderungszügen nach Preußen 1348 an der Strebe eine schwere Niederlage, die sich gut zwanzig Jahre später in der Schlacht bei Rudau im Samland wiederholt.
Ein letzter Glanzpunkt der Machtentfaltung des Ordensstaates ist die im Jahr 1398 mit achtzig Schiffen durchgeführte Invasion der Insel Gotland und die Vernichtung der Seeräuber. Von der Insel bezog der Orden lange Zeit Natursteine für seine Bauten.
Zu Beginn des 15. Jahrhunderts schließt sich der Ring der Gegner des Ordens durch die politische Heirat der Königin Hedwig von Polen mit dem Großfürsten Jagiello von Litauen. Es entsteht eine slawische Großmacht, die auf die Gelegenheit wartet, den zu groß gewordenen, unbeliebten Nachbarn zu vernichten. Polens Haltung beim Aufstand in Samaiten zwingt den Hochmeister Ulrich von Jungingen, den unvermeidlich gewordenen Krieg zu erklären. Am 15. Juli 1410 stoßen beide Heere in der größten Feldschlacht des Mittelalters bei Tannenberg aufeinander. Nach anfänglichen Erfolgen erliegt das Ordensheer der Übermacht und

erleidet eine vernichtende Niederlage. Der Hochmeister, die Großgebietiger, 17 Komture und Vögte sowie etwa 200 Ritter und 4000 Krieger fallen in der Schlacht oder werden anschließend niedergemacht. Nur dem schnellen Zugriff des Schwetzer Komturs Heinrich von Plauen ist es zu verdanken, daß die Marienburg nicht in die Hände der Polen fällt, denen sich sonst im Lande Burgen und Städte ergeben.
Aber so schnell wie der Abfall vollzog sich auch die Rückkehr auf die Seite des Ordens, der im Ersten Thorner Frieden ein territorial unversehrtes Land behielt. Die Kriegskosten, begrenzte Konflikte und Plünderungszüge der Polen und Hussiten ließen ein verarmtes Land zurück. Parteienstreit innerhalb des Ordens, große Finanznot, monopolistische Handelsbestrebungen und allgemeine Unzufriedenheit mit der Machtausübung des Ordens führten 1454 zur Erhebung der Städte und zum Überfall des Preußischen Bundes auf die Ordensburgen, von denen eine Reihe zerstört wurden, wie z.B. Thorn, Danzig, Elbing und Braunsberg. Im dreizehnjährigen Krieg kämpften die Bündner auf Seiten der Polen gegen den Orden, der im Zweiten Thorner Frieden von 1466 fast die Hälfte des Landes und seine Großmachtstellung verlor. Die Hochmeister, die fortan dem König von Polen einen Treueeid schwören mußten, residierten von 1457 an in Königsberg.
Versuche des Ordens, das Verhältnis zu Polen mit friedlichen oder auch mit kriegerischen Mitteln zu regeln, scheiterten an seiner Machtlosigkeit, an der Geldnot, am Eigennutz der großen Städte und am Widerstand der Stände. Immer wieder aufflammende Kämpfe, Pest und Seuchen ließen das Land ausbluten.
Im Gefolge der Reformation wandelte der letzte Hochmeister, Albrecht von Brandenburg-Ansbach, den restlichen Ordensstaat in ein weltliches Herzogtum um und mußte hierfür dem Polenkönig den Lehnseid leisten. Aus dem blühenden, mächtigen Ordensland war ein schwaches, abhängiges Herzogtum geworden, das erst später in Verbindung mit Brandenburg in der deutschen Geschichte wieder eine Rolle spielen sollte.
Die kulturellen und politischen Leistungen des Deutschen Ordens wirken noch bis heute nach. Seine Bauten sind trotz fremder Verwaltung und fremder Bevölkerung auch jetzt noch ein sichtbares Zeichen deutscher Geschichte.
Das Handwerk war damals von solcher Tüchtigkeit, daß jedes Bauwerk als baukünstlerische Leistung dasteht. Die meisterhaft gehandhabte Mischbauweise aus Ziegeln und Granitfindlingen als Fundament, die wie gehobelt aufgemauerten Gliederungen an Portalen, Fenstern und Nischen und die gefällige Sicherheit der Gewölbe legen hierfür auch heute noch Zeugnis ab. Sie sind und bleiben Denkmäler deutscher Baukunst.

Weitere wichtige historische Ereignisse sind in der »Tabellarischen Geschichtsübersicht« (Anhang III) in chronologischer Folge zusammengestellt.
Jede Burg wird mit Text, Skizzen und Abbildungen des jetzigen Zustands in einem abgeschlossenen Kapitel behandelt. Die Reihenfolge der Kapitel ist von der Gründungszeit der Burg bestimmt.
Zum besseren Verständnis werden die verwendeten Fachausdrücke im Anhang I erläutert.

Thorn

Königin der Weichsel

Komtursiegel, 13./14. Jhdt.

Beim Rundgang durch die Thorner Altstadt wird man auch heute noch immer wieder an Lübeck erinnert. Welch ein Kleinod mittelalterlicher Baukunst ist diese alte deutsche Stadt mit ihren Patrizierhäusern, ihren Kirchen und dem Ring der Befestigungswerke aus alten Mauern, Türmen und Toren, die sich rings um das im Mittelpunkt gelegene mächtige Rathaus aus dem 14. Jahrhundert versammeln!

Das Mariensiegel

Thorn wird seiner anspruchsvollen Bezeichnung als »Königin der Weichsel« trotz des eingetretenen Verfalls und der mangelnden Pflege vieler alter Bauwerke auch heute noch gerecht. Noch spürt man in seinen Bauten den Hauch der Weltoffenheit und des Wohlstandes, der diese Handelsstadt in ihrer Blütezeit im 14. Jahrhundert prägte, als ihr Seehandel die Küsten der Ost- und Nordsee umfaßte und als das Privileg der »Thorner Niederlage« sie zur Handelsmetropole des Ordenslandes Preußen machte. Unter Beteiligung Thorner Ratsherren war um 1358 in Lübeck der *Hansebund* gegründet worden, in dem Thorn lange Zeit die preußischen Hansestädte vertrat. Außer Thorn waren das *Kulm, Danzig, Elbing, Braunsberg* und *Königsberg.*

Wo Handel getrieben wird, muß ein verläßliches und geordnetes *Währungssystem* zur Verfügung stehen. Der Deutsche Orden hatte dem Rechnung getragen, seine Münzgrundsätze bereits in der *Kulmer Handfeste* von 1233 niedergelegt und ein für das gesamte Ordensgebiet einschließlich der vier Bistümer einheitlich geltendes Währungssystem geschaffen, das im Volke und bei den Handelspartnern hohes Vertrauen genoß. Das Ordensland war im Mittelal-

Nonnentor (früher Heiliggeisttor) von 1264 mit Wehrluken und Fallgatternische

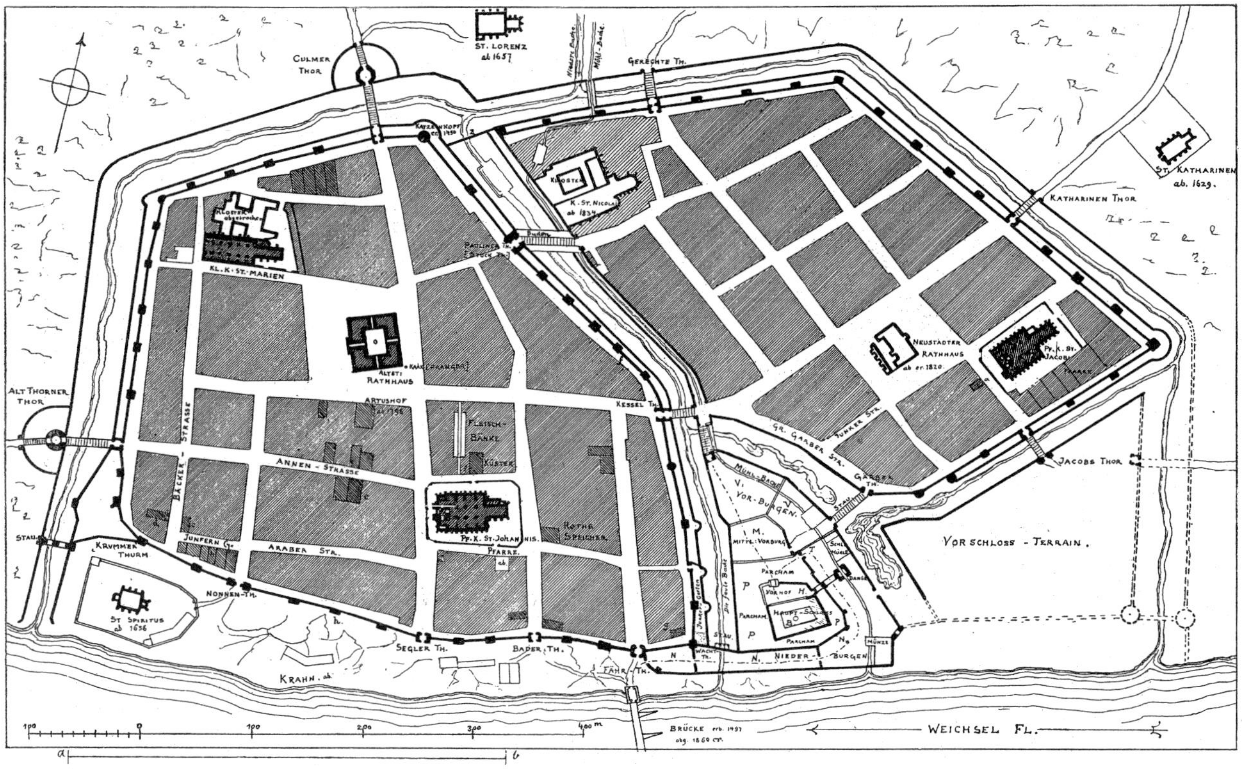

Alter Stadtplan mit Altstadt, Neustadt und Ordensburg

ter das größte geschlossene Währungsgebiet Europas. Als Leitwährung galt der kölnische Pfennig, der fünf Ordenspfennige wert war. Aus einer preußischen Mark Silber, das waren etwa 190 Gramm Feinsilber, wurden sechzig Schillinge oder 720 Pfennige geprägt. Hierfür waren zuerst die Münzstätten *Thorn* und *Kulm* und später *Elbing, Königsberg* sowie gegen Ende des 14. Jahrhunderts *Marienburg* und *Danzig* eingerichtet worden. Die *Thorner Münze* lag an der Südostecke der Ordensburg, dort wo die Mühlbache unterhalb des Danzkers in die Weichsel einmündete. Sie ist seit 1238 urkundlich nachweisbar.

Heute bietet die alte Burg des Deutschen Ordens, die im Südosten keilförmig zwischen die Altstadt von 1236 und die Neustadt von 1264 hineinragt, das Bild einer großen Ruinenstätte, so wie sie nach ihrer Zerstörung durch die aufständische Bürgerschaft im Jahre 1454 liegengeblieben ist. In den folgenden Jahrhunderten sind Teile der Burg abgetragen und bei der Einbeziehung in den Festungsbau des 17. und 19. Jahrhunderts verändert worden. In der Neuzeit haben Deutsche und zuletzt auch die Polen dem fortschreitenden Verfall durch Sicherungsarbeiten an der historischen Ruine Einhalt geboten.

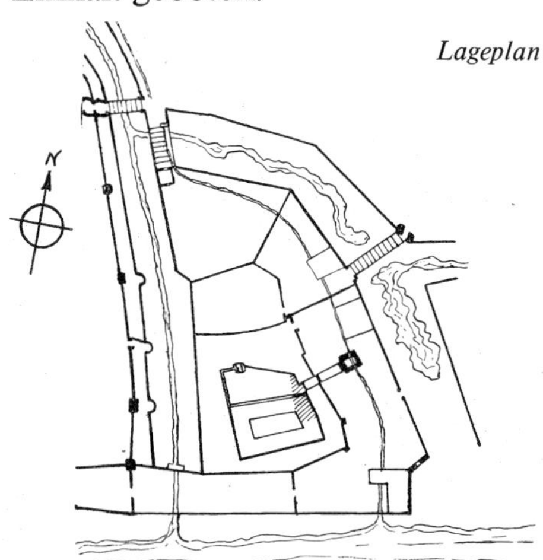

Lageplan der Ordensburg

Überrascht ist der Besucher von der Ausdehnung der alten Feste, deren Grundriß und Gebäudereste nach der gründlichen Zerstörung vor über fünfhundert Jahren noch weitgehend erkennbar sind. Einen Eindruck von der Baukunst des Ordens und der sorgfältigen Handwerksarbeit vermitteln besonders der noch bis zum Hauptgeschoß erhaltene *Danzker* mit den beiden weitgespannten Schwibbogen sowie Teile der Stauanlage an der Faulen Bache neben der alten Wachte und dem Junkerhof. Rings um die Altstadt sind die Befestigungsanlagen des 13. Jahrhunderts mit einer Vielzahl von Mauertürmen und Toren erhalten, die der Orden in seinem Baustil aufführen ließ. Sie atmen den Geist der weisen Beschränkung auf das sachlich Notwendige, ohne dabei der künstlerischen Form zu entbehren.

In Thorn begann der Siegeszug des Deutschen Ordens, als im Frühjahr 1231 der Landmeister *Hermann Balk* mit einer kleinen Schar von Rittern und Kriegsvolk auf der Höhe von *Nessau* bei *Vogelsang* die Weichsel überschritt und an ihrem rechten Ufer, etwa 8 km unterhalb der jetzigen Stadt, *Alt-Thorn* gründete. Auf einer leichten Bodenwelle legten sie um einen starken Eichenbaum eine Befestigung mit Schanzen, Verhauen und Brüstungen an, die als Brückenkopf, Sammelstelle und Waffenplatz für die ersten Kreuzfahrer diente. Bei dem Ordenschronisten *Peter von Dusburg* ist im »Chronicon terrae Prussiae« von 1321 von diesem Eichenbaum als Beobachtungsturm in dem Befestigungssystem die Rede. Auch *Nicolaus von Jeroschin* berichtet in Reimen in der »Kronike von Pruzinland« um 1340 hierüber:

»ein grôze eiche in der stunt
ûf eime hubele dâ stûnt
gewachsin, ûf der este
machtin si erkre veste
geordint wol mit zinnen
nâch werlichin sinnen.
Sî' hibin ouch dî crumme
die burc allum und umme
veste heine her und dar
und vormachtin iz sôgar,
daz nicht inbleib den ôt ein pfat,
daran man zu der burc getrat.«

Schließlich wird in einer Volkssage, die *Tettau* und *Temme* 1837 überlieferten, berichtet: »Eine heilige Eiche von unglaublicher Größe stand an der Stätte, wo nachher die Stadt Thorn erbaut wurde. In ihr wurden viele Götter der alten heidnischen Preußen verehrt. Hermann Balk, der erste Landmeister in Preußen, eroberte sie nach starkem Widerstande der Preußen und weil sie so groß war, ließ er sie befestigen, daß sie ihm anstatt eines Thurmes und einer Festung wider die Preußen diente. Er nannte sie auch seinen Thurm. Hernach wurde um diese Festung herum eine Stadt gebauet, welche ebenfalls Thurm oder Thorn genannt wurde. Dies ist aber nicht die jetztige Stadt, denn jene Stadt wurde alljährlich überschwemmt. Sie wurde daher eine Meile weiter versetzet, da, wo jetzt die große und schöne Stadt Thorn steht.«

Den Namen der Stadt wählten die Ritter im Andenken an die kurz zuvor aufgegebene Ordensburg *Thoron* im Heiligen Lande, aus dem sich altdeutsch *Thorun,* später *Thoren* und letztlich *Thorn* entwickelte. Der alte Name Thorun ist durch Siegelabdrucke aus dem 13. Jahrhundert sowie durch die Bauurkunde des altstädtischen Rathauses von 1393 überliefert. In dieser Urkunde des Hochmeisters Konrad von Wallenrode heißt es unter anderem: ». . . das vor uns komen sin unsir liben getruwin Ratmanne unsir alden stat Thorun und haben uns demuticlich vorgelegt den merklichen gebrechin den sy an dem gebuwde des Rathusis kowfhusis und andir gemache dor ynne beslossen teglich leden . . .«

Die Volkssage leitet den Namen Thorn von Turm ab, frühere Schreibweise Thurm oder Thurn, der in der Gestalt der riesigen Eiche in der frühen Geschichte der Burg eine große Rolle spielte. Für die Ordensritter und später für die Fernhandel treibenden Kaufleute war der Platz Thorn das Tor zum Preußenland und vielleicht hat auch diese Funktion der Stadt zu

ihrem Namen verholfen, denn sowohl das älteste Siegel der Stadt wie das der Komturei enthalten als Hauptmotiv ein Tor.
Am 28. Dezember 1233 erhielt Alt-Thorn zugleich mit Alt-Kulm das Stadtrecht in Form einer vom Hochmeister *Hermann von Salza* erteilten Handfeste. Aber der Platz der Stadt war wegen der alljährlichen Überflutung durch die Weichsel für den weiteren Ausbau nicht geeignet, so daß man zwischen 1234 und 1236 Stadt und Burg etwa 8 km stromauf verlegte. Aus dieser Zeit stammen als älteste Teile der Burg die Grundmauern aus Feldstein. Im neuen Stadtgebiet gründeten Franziskaner aus Breslau ein Kloster, und gleichzeitig entstand die Pfarrgemeinde St. Johannis. Die nach 1234 an neuer Stelle als Holz-Erd-Werk errichtete Burg konnte 1242 im ersten Preußenaufstand mit Mühe gehalten werden. Doch töteten die Aufständischen im Kulmer Land viele deutsche Siedler, die sich nicht rechtzeitig in die ebenfalls standhaltenden Burgen *Althaus Kulm* und *Rehden* retten konnten. Nun wurde mit dem Backsteinbau begonnen, für den bereits ab 1236 Ziegelöfen gebaut und in Betrieb genommen worden waren. Als erste entstanden ab 1240 Mauern der Burg und der Stadt in Stein. Es folgten als massiv in Stein gebaute Anlagen der *Wachturm* und das *Stauwehr am Junkerhof.*

Altstädtisches Rathaus mit Turm von 1393

Um 1255 veräußerte *Bischof Heinrich von Samland* Teile seines Besitzes und spendete den Erlös für den Bau eines Turmes und der Stadtmauer in Thorn. Wenige Jahre später entstand in der Altstadt das erste *Rathaus*, von dem im heutigen Rathaus noch die untere Hälfte des Turmes sowie der Westflügel erhalten sind. In der ersten Hälfte der sechziger Jahre wurden im Haupthaus der Burg der *Kapitelsaal* im Ostflügel sowie die neue *Burgkapelle* im Südflügel erbaut, für die der Bischof *Anselm vom Samland* Spenden aus seiner Diözese beisteuerte.
Ein wesentlicher Abschnitt in der Entwicklung von Thorn war die Gründung der *Neustadt*, die 1264 von Landesmeister *Ludwig von Baldersheim* ihre Handfeste erhielt. Es zeigte sich, daß die Stadt eine starke Anziehung auf Zuwanderer aus dem Altreich ausübte, die sich in dem florierenden Gemeinwesen als Handwerker und Gewerbetreibende niederließen.
Zum Schutz der Stadt und der Komturei wurde die Burg zwischen 1260 und 1280 weiter ausgebaut. Sie erhielt in dieser Zeit den noch heute vorhandenen *Danzker,* dessen Turm über dem künstlich angelegten Mühlenfließ steht. Die früheste und wichtigste Burganlage der Eroberungszeit nahm auch hinsichtlich ihrer Größe und Wehrhaftigkeit eine hervorragende Stelle unter den Burgen der Landmeisterzeit ein.
Aus den noch vorhandenen Ruinen, dem Stadtplan von 1659 und alten Stadtansichten sowie anhand der Rekonstruktion von *Stein-*

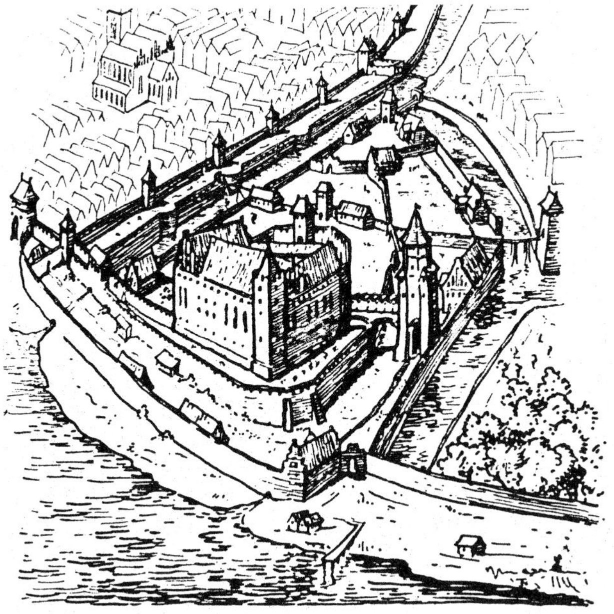

Rekonstruktion um 1880

Ruinen des Haupthauses der Burg, Nordostseite innen

brecht aufgrund der Nachgrabung von 1818 kann man sich ein im wesentlichen zutreffendes Bild von der Burg im 13. Jahrhundert machen. Man hatte damals beim Bau auf die Konstruktionen der heimatlichen Bergburgen zurückgegriffen, dieses Schema auf die Ebene projiziert, aber auch erste ordenseigene Erfahrungen hinzugefügt. So entstand ein vierflügeliges *Haupthaus* mit unregelmäßigem viereckigen Grundriß. Die Gebäude umgaben den engen Hof, in dem sich ein Brunnen befand. Von den vier Flügeln läßt die Ruine des *Ostflügels* noch Teile der nördlichen Abschlußwand des zweischiffigen Kapitelsaals mit zwei Schildbögen des Kreuzgewölbes sowie eine nach Osten geöffnete spitzbogige Fensterwandung erkennen. Die aufgefundenen Formsteine der Gewölberippen und der Fenster haben schwere Profile und können der Bauzeit in der zweiten Hälfte des 13. Jahrhunderts zugerechnet werden.

Der anschließende, parallel zur Weichsel verlaufende *Südflügel* enthielt die Burgkapelle, die in Steinbrechts Rekonstruktion drei hohe Spitzbogenfenster besitzt. Anstelle eines Giebels war die südöstliche Hausecke als leicht vorspringender, nur wenig über die Dachtraufe hinausragender Turm mit Zinnen und Pyramidenspitze ausgebaut. Der *Westflügel* hatte zur Weichsel einen mit Fialen geschmückten Giebel und soll als Hauptraum den Speiseremter sowie Küche, Wirtschaftsräume und die Heizung beherbergt haben. Im *Nordflügel*, der einen Torweg zum nördlich vorgelagerten Vorhof hatte, lagen die Wohnräume der Ritter sowie das Dormitorium.

Rekonstruktion nach Steinbrecht von 1885 (Südseite)

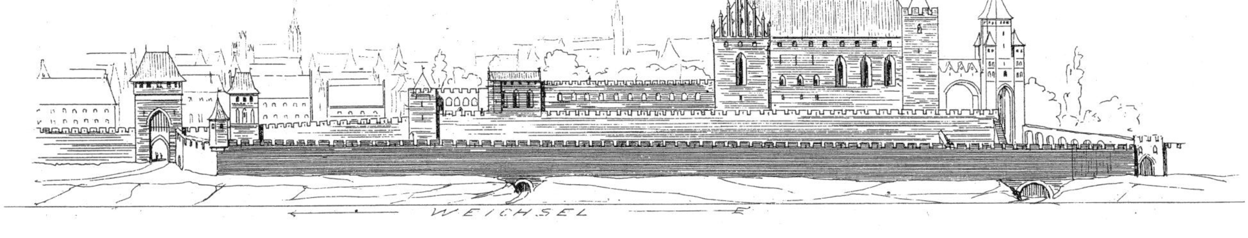

Ruine des Kapitelsaals

An die bogig verlaufende Ostmauer des Vorhofs war ein schmales Gebäude mit plumpen, altertümlichen Gratgewölben angefügt, in dessen Hauptgeschoß der Danzkergang ansetzte. Auf zwei weitgespannten Bögen über den Parcham und die Niederburg verlief ein Gang, der von einer spitzbogigen Längstonne mit sechs einschneidenden Quertonnen überdeckt war. Die kleinen Quergiebel hatten Lichtschlitze und trugen in den unteren Schnittpunkten der Giebeldächer kleine Wasserspeier. Der unten quadratische Danzkerturm stand über dem Mühlenfließ auf vier Mauerpfeilern, die durch hohe Spitzbogen und durch ein Kreuzgewölbe verbunden sind. Früher bildeten diese Pfeiler weiter oben vier kleine Ecktürmchen, die den ursprünglich im Oberbau achteckigen Turm umgaben. Das ganze Bauwerk war mit Nischen, Strombändern und Rautenmuster reich dekoriert und besaß wehrlukenartige Fenster. Unterschiedlicher Auffassung sind die Kunsthistoriker darüber, ob der Danzker hier und anderswo neben seiner Funktion als Abtrittsanlage auch als Verteidigungswerk diente.

Haupthaus und Vorhof waren von einem Parcham mit Mauer umgeben und an der Nordseite durch drei terrassenförmig vorgelegte kleinere *Vorburgen* gesichert, die zwingerartig durch Quermauern unterteilt waren. Durch diese Verteidigungsanlagen verlief der Zugang zum Haupthaus auf komplizierte Weise durch Tore und Vorhöfe. Die Nordostflanke des Burggeländes war durch einen aufgestauten großen Burggraben gesichert. An der Südseite der Burg lagen sogenannte *Niederburgen*, die aus unterteilten Verteidigungsbastionen mit Mauern bestanden.

Im Osten der altstädtischen Stadtmauer verlief als Festungsgraben die Faule Bache und trennte Burg- und Stadtgebiet voneinander. Kurz vor

Der Danzker heute

Der Danzker nach einer Zeichnung von Steinbrecht (1885)

Das Tor zur mittleren Vorburg nach einer Zeichnung von Steinbrecht (1885)

Das Tor zur mittleren Vorburg heute

ihrer Einmündung in die Weichsel hatte der Orden ein starkes Stauwehr mit darüber befindlichem wehrhaften Schleusenhaus errichtet, von dem heute noch die starke Außenwand mit Durchlaß und Spitzbogenfenstern zu sehen ist. Ein Wehrgang verband Burg mit Stadtbefestigung, zu der eigentlich die *»Wachte«* gehörte. Diesen Eckturm hielten die Ritter jedoch zum Schutz der Stauanlage und zur Überwachung der Fährstelle besetzt. Die »Wachte« mit einem neuzeitlichen Turmaufbau und der daneben im 15. Jahrhundert entstandene *Junkerhof* sind auch heute noch vorhanden.

Im 14. Jahrhundert erreichte die Handelsstadt Thorn ihre größte Blüte und trieb Handel mit fast allen Teilen Europas. Um 1358 wurde in Lübeck unter Beteiligung Thorner Ratsherren der Hansebund gegründet, der den Seehandel der beteiligten Städte außerordentlich förderte. In der wohlhabenden Stadt gediehen Handwerk und Gewerbe, und es entstand eine Vielzahl von öffentlichen Gebäuden aber auch reichen Patrizierhäusern.

Als im Sommer 1410 der Thorner Ritterkonvent unter Führung des Komturs *Graf Johann von Sayn* und das vom Ratsherren *Albrecht Rothe* geführte städtische Aufgebot auszogen, um die entscheidende Schlacht gegen die vereinigten Heere der Polen, Litauer und Tataren zu schlagen, da ahnte kaum jemand, daß die unerwartet schwere Niederlage von Tannenberg zum Niedergang des Ordensstaates führen würde.

Der erste Thorner Friede, der auf der Bazarkämpe, einer Weichselinsel nahe Thorn, am 1. Februar 1411 geschlossen wurde, brachte bei

Wachte, Junkerhof und Schleusenhaus an der SW-Ecke des Burggebiets

einem fast unversehrten Fortbestand des Territoriums eine drückende finanzielle Belastung von 100 000 Schock böhmischer Groschen über das Land. Steigende Steuerlasten und erhöhte Dienstleistungen für den Orden, monopolistische Handelsbestrebungen und Unzufriedenheit mit der Machtausübung des Ordens führten über Jahrzehnte zu steigenden Spannungen zwischen der städtischen Bürgerschaft sowie dem Landadel einerseits und dem Deutschen Orden andererseits. In Thorn gründete um 1430 der Dominikanerpater *Wichmann* eine Protestbewegung gegen den Orden, die zusammen mit dem konspirativen Eidechsenbund und dem sogenannten Preußischen Bund hochverräterische Pläne zum Abfall des ganzen Landes vom Orden entwickelte. Seele des Widerstandes gegen die Landesherrschaft war die Stadt Thorn mit ihrem Bürgermeister *Tilemann vom Wege.* Zielgerichtete polnische Agitation mit in Aussicht gestellten weitgehenden bürgerlichen Privilegien und der versprochenen Unabhängigkeit der Städte führten zur offenen Empörung, als die herbeigeführte kaiserliche Entscheidung zuungunsten der Rebellen ausfiel.

Am 4. Februar 1454 kündigte der Preußische Bund dem Hochmeister den Gehorsam auf. Nachdem die Aufständischen die Thorner Burg zur Übergabe gezwungen hatten, gab ihr auflodernder Brand das Signal zum allgemeinen Aufstand. Fast überall fielen die Ordenshäuser in die Hände der Empörer und vor allem die Burgen in Thorn, Elbing und Danzig wurden verwüstet und dem Erdboden gleichgemacht. In Thorn wie auch in vielen anderen Städten hatte sich die Bürgerschaft in eine bündische und in eine Ordenspartei gespalten, die sich blutig bekämpften. Die ordenstreue Thorner Neustadt wurde mit Gewalt zur Abkehr gezwungen. Am 27. Mai 1454 zog König Kasimir von Polen mit großen Gefolge in Thorn ein, wo ihm Stadt und kulmischer Adel huldigten.

Aber der König hielt sein Versprechen nicht und die jämmerliche Wirtschaftslage, fortwährende Geldforderungen sowie harte Zwangsmaßnahmen führten bereits nach wenigen Monaten zum Aufruhr, der insbesondere von den Handwerkern getragen wurde. Der Aufruhr wurde grausam unterdrückt, wobei 65 Aufrührer ohne Gerichtsurteil auf dem altstädtischen Markt öffentlich enthauptet und die übrigen Handwerker zum Treueschwur auf den polnischen König gezwungen wurden. Um die fortdauernde Unzufriedenheit zu besänftigen, gewährte die polnische Krone den Bürgern im Jahre 1457 die geforderten Freiheiten, dazu die Hälfte der Erträge aus Fähre und Münze sowie ein Territorium in der Größe des früheren Komtureibezirks.

Am 19. Oktober 1466 wurde endlich der dreizehnjährige *Städtekrieg* durch den 2. *Thorner Frieden* beendet. Das Land war völlig erschöpft und ausgeblutet. Dieser unter Vermittlung des päpstlichen Legaten *Rudolf von Lavant* zustande gekommene Friedensvertrag vernichtete die Großmachtstellung des Deutschen Ordens und dezimierte sein Territorium durch Abtrennung Pommerellens, des Kulmer Lands sowie der Gebiete Elbing, Marienburg, Stuhm und Christburg. Das Ermland erhielt die volle Souveränität. Trotz der faktischen Angliederung an Polen blieb Thorn eine deutsche Stadt, wenn auch der König von Polen die dem Königlichen Preußen eingeräumten Sonderrechte nicht einhielt. Aber erst über hundert Jahre später wurde Thorn durch das *Lubliner Dekret* dem polnischen Staat einverleibt, aus dem es erst 1793 im Rahmen der zweiten Teilung Polens ausschied und dem deutschen Teilstaat Preußen zurückgegeben wurde.

Thorn erlebte in den letzten vier Jahrhunderten eine solche Vielzahl von Nöten und Gewaltakten, wie Belagerungen, Bombardierungen, Besetzungen, Brandschatzungen, Plünderungen und Durchmärsche von polnischen, schwedischen, russischen, französischen und zuletzt sowjetischen Truppen, daß der heutige Besucher erstaunt ist, daß diese Stadt noch so viele alte Bausubstanz und damit ihr deutsches Aussehen bewahrt hat.

Marienwerder

Ordensburg – Bischofsburg – Kapitelsburg

Stadtsiegel, 15. Jhdt.

Die Weichsel, der Schicksalsstrom des deutschen Ordenslandes Preußen, hat sich im Verlauf der siebenhundertfünfzig Jahre seit dem Eintreffen des Deutschen Ordens an ihren Ufern häufig verändert. Am auffälligsten sind sicher die Veränderungen im Mündungsgebiet, wo sich die Einmündungen in die Ostsee und in das Frische Haff mehrfach verschoben, oder im Werdergebiet, wo die Eindeichungen und Flußregulierungen dem Strom Zügel anlegten. Aber auch der im Gebiet unserer Betrachtung liegende Abschnitt der Weichsel sieht im 20. Jahrhundert ganz anders aus als noch im ausgehenden 18. Jahrhundert. Wenn wir ihr Urstromtal bei Marienwerder auf der Schroetterschen Karte von 1796/1802 betrachten und mit zeitgenössischen Karten vergleichen, so fällt auf, daß damals in der Weichsel zwischen *Neuenburg* und *Marienwerder* sechs unterschiedlich große Inseln lagen und im Abschnitt bis nach *Mewe* weitere vier. Diese Inseln, die man früher *Kämpen* nannte, wurden im Rahmen der Stromregulierung im deutschen Gebiet schon vor über hundert Jahren weitgehend beseitigt. Im polnischen Bereich oberhalb von *Thorn* bestehen sie noch heute in großer Zahl; sie führen zu Überschwemmungen durch Rückstau und sind Hindernisse für die Schifffahrt.

Auf der Karte von 1796 ist zum Teil noch der Verlauf der *alten Nogat* eingezeichnet oder an abgeschnittenen toten Flußteilen erkennbar. Danach ergibt sich, daß die Nogat früher bereits bei Klein Wolz, etwa dreizehn Kilometer nördlich von *Graudenz,* von der Weichsel abzweigte und, vereint mit der *Liebe*, unmittelbar am Steilufer bei Marienwerder vorbeifloß, so daß der weit vorgeschobene Danzkerturm der Burg damals am Rande des Flusses stand. Heute erreicht er nicht einmal das kleine Liebe-Flüßchen, das etwa zweihundert Meter entfernt vorbeifließt.

Die alte Nogat, die weite Strecken parallel zur Weichsel floß, war um 1300 ein fast gleichbedeutender Fluß und führte in einem vielarmigen Mündungsdelta große Wassermassen in das Frische Haff und in den aus einer weiten Haffbucht entstandenen, damals vielfach größeren Drausensee, an dem bis zum Jahre 1000 die Wikingersiedlung *Truso* lag.

Am Beispiel des in Jahrhunderten stark veränderten Flußlaufs der Weichsel und Nogat, mit der Folge einer gänzlich anderen verkehrs-, handels- und verteidigungspolitischen Situation, erkennen wir, daß für die Beurteilung der raumplanerischen und strategischen Entscheidungen des Ordens stets die geopolitische Lage zur damaligen Zeit in Betracht gezogen werden muß. Durch das Absenken von Seen, durch Trockenlegen von Gewässern und Mooren oder durch den Wegfall von Stauen sowie durch sonstige Veränderungen, seien sie durch Eingriffe des Menschen, durch Klimaänderungen, Naturkatastrophen oder andere natürliche Vorgänge eingetreten, fällt es nachträglich schwer, sich ein Bild der einstigen Lage zu ma-

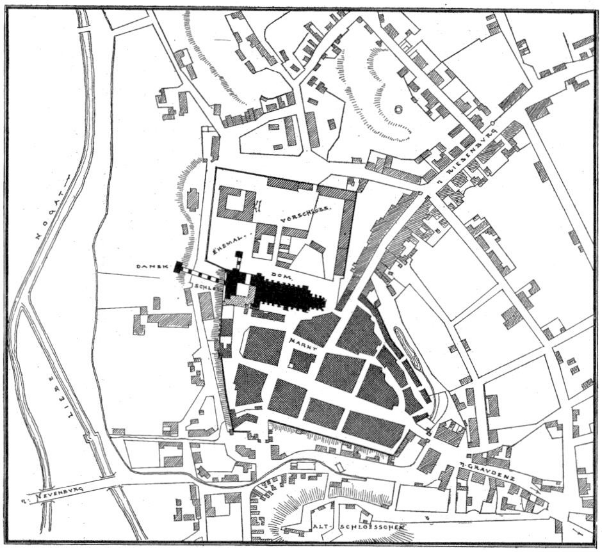

Lageplan der Burg

chen. Die Folge sind Fehlinterpretationen über Bauten und Maßnahmen in zurückliegenden Zeiten.

Unsere Ordensritter im frühen 13. Jahrhundert wußten von den Fährnissen eines Eroberungszuges in einem fremden, unerschlossenen Land. Nicht nur die feindlichen Befestigungen, sondern die weglose Wildnis und andere natürliche Hindernisse stellten sich ihrem Vordringen entgegen. So benutzten sie auf dem Weg nach Norden von ihren gesicherten Plätzen *Thorn* und *Kulm* aus Schiffe, um weichselabwärts neue Stützpunkte zu erreichen. Im Frühjahr 1233 umschifften sie unter Führung des Landmeisters Hermann Balk Quiddin, die Feste des prussischen Edlen *Quidzino*, die auf einem steilen Lehmhügel an der Einmündung der Liebe in die alte Nogat lag. Etwa fünf Kilometer flußabwärts errichteten sie auf einer vorspringenden Nase des Uferhügels ein befestigtes Lager; etwa dort, wo heute das Dorf Unterberg liegt. Das *castrum »Insula Sanctae Mariae«* lag unmittelbar am Steilufer der Nogat und nicht auf einer Insel, wie früher angenommen wurde. Es war mit einem hölzernen Wachtturm, Palisadenzaun, Graben und Hakelwerk befestigt und beherrschte den westlich vorgelagerten Teil des Werders. Aus der lateinischen Bezeichnung dieses befestigten Stützpunktes, den man auch als erste Burg zu *Marienwerder* bezeichnet, entstand der Name der neuen Stadt.

Die kleine Mannschaft unter Hermann Balk erhielt im Sommer 1233 Unterstützung durch ein Kreuzfahrerheer unter Führung des Burggrafen *Burchard von Magdeburg* und konnte nun die Prussenfeste Quiddin erobern. Man baute die alten Anlagen auf dem an zwei Seiten vom Fluß geschützten steilen Hügel sogleich aus. Auf dem unregelmäßig gestalteten Burgplatz wurden in der rohen Technik der Frühzeit ein Torturm und andere Verteidigungsanlagen sowie eine Vorburg errichtet. Schon bald ersetzte man den Ringwall durch eine feste Mauer und baute ein etwa vierzig Meter langes Haupthaus, das noch lange Zeit danach den Domherren als Wohnung diente und *Altschlößchen* genannt wurde.

Auf Grund des Teilungsvertrages mußte der Deutsche Orden diese zweite Burg Marienwerder im Jahre 1254 dem Bischof von Pomesanien übergeben, der sie über dreißig Jahre als Regierungs- und Wohnsitz benutzte. Nach Errichtung des Domkapitels zog *Bischof Ernst Albert* in die von ihm in *Riesenburg* gebaute Bischofsburg, aus der sich in der ersten Hälfte des 14. Jahrhunderts eine stattliche Residenz im Konventshausstil entwickelte, die der Heilsberger Bischofsburg nicht nachstand.

Im Februar 1284 gründete Bischof Ernst Albert das pomesanische Domkapitel, das auf seine Bitte in den Orden inkorporiert wurde, um in dem damals noch nicht völlig befriedeten Land mehr Schutz und Sicherheit zu erlangen. Aus den sechs Ordenspriestern als Gründungsmitglieder wurden bald zwölf Domherrn, die im ausgebauten Haupthaus des Altschlößchens wohnten. Die kurz zuvor erbaute Stadtpfarrkirche im strengen frühgotischen Stil widmete der Bischof dem Kapitel als *Kathedralkirche.* Sie lag mit dem umgebenden Kirchhof im Nordwesten der Stadt auf dem Platz, auf dem noch heute der Dom steht. Es ist zu vermuten, daß die

aus Kalkstein gebaute südliche Vorhalle des Doms noch Bauteile dieser alten Kirche enthält.
Nach der Teilung des Bistums zwischen Bischof und Domkapitel im Jahre 1312 begannen die Domherrn alsbald mit den Planungen für den Bau einer großen Kirchenburg, deren beide Teile mit so unterschiedlichen Funktionen letztlich zu einer einheitlichen Baugruppe von stilistischer Schönheit zusammenwuchsen.

Burg vom Westen aus gesehen, vom Ufer des Liebe-Flüßchens

Die dritte Burg zu *Marienwerder* war keine Ordensburg und entstand dennoch durch die engen Verbindungen zum Deutschen Orden im Stile seiner Architektur als Konventshaus der reichen Epoche. Trotz genauer Übereinstimmungen im Grundriß mit der Ordensarchitektur sind Abweichungen festzustellen, die insbesondere in der Inneneinrichtung durch die Zweckbestimmung als Versammlungsstätte der geistlichen Amtsträger des Bistums bestimmt sind. Darüber hinaus sind im Gegensatz zum strengen, vor allem wehrmäßig geprägten Ordensstil malerische Elemente westlicher Burgen eingeflossen und haben zu einer weichen Überfeinerung geführt, die sich etwas der Formenzersplitterung nähert.

Die auch heute noch auf der Uferhöhe herrlich anzuschauende Burg entstand zwischen 1322 und 1350; sie wurde durch den etwas später begonnenen Dom ergänzt, der in mehreren Abschnitten erbaut wurde. Verbindungsglied zwischen beiden ist der mächtige, überragende Hauptturm von 1355/60. Er verbindet beide Bauteile nicht nur räumlich, sondern auch funktionell, indem er zugleich Bergfried der Burg und Glockenturm des Domes, darüber hinaus integrierender künstlerischer Mittelpunkt der gesamten Baugruppe ist.

Die *Kapitelsburg* ist ein fast quadratisches Kastell von 43 zu 40 Metern Seitenlänge mit an den Ecken vorspringenden schlanken Ecktürmen, hinter denen die hohen Dächer der Flügel ohne Giebelabschlüsse zusammenlaufen. Der ringsum unter der Traufe verlaufende Wehrgang hat abwechselnd Schießscharten und Wehrfenster. Alle Außenwände sind durch dekorative hohe Mauerblenden stark gegliedert; diese führen zu einer fast schon übertriebenen Belebung des Baukörpers. Im engen Hof sind die steinernen zweistöckigen Laubengänge von spitzbogigen Arkaden gebildet und mit Maßwerk verziert. Die sichtbaren Hofmauern tragen auch lange schmale Blenden.

Der sonst im Hof zu findende Brunnen liegt hier vor der Nordseite in einem Turm im Vorburgbereich; er ist vom Nordflügel über einen Bogengang zu erreichen. Von der größeren, nördlich parallel zum Steilufer gelegenen Vorburg haben sich Mauerreste erhalten, die zum Teil in die dort später hineingebauten Gebäude einbezogen worden sind.

Hauptflügel war der im 18. Jahrhundert leider abgebrochene durchgehende *Südflügel.* Er enthielt in seinem Hauptgeschoß nur zwei große Säle, nämlich zwei Remter, von denen einer als Sommerremter mit der Bezeichnung refectorium aestivale identifiziert werden konnte. In der dicken Trennwand zwischen beiden Sälen führte eine Treppe zum Wehrgeschoß und Speicherboden. Beide Remter

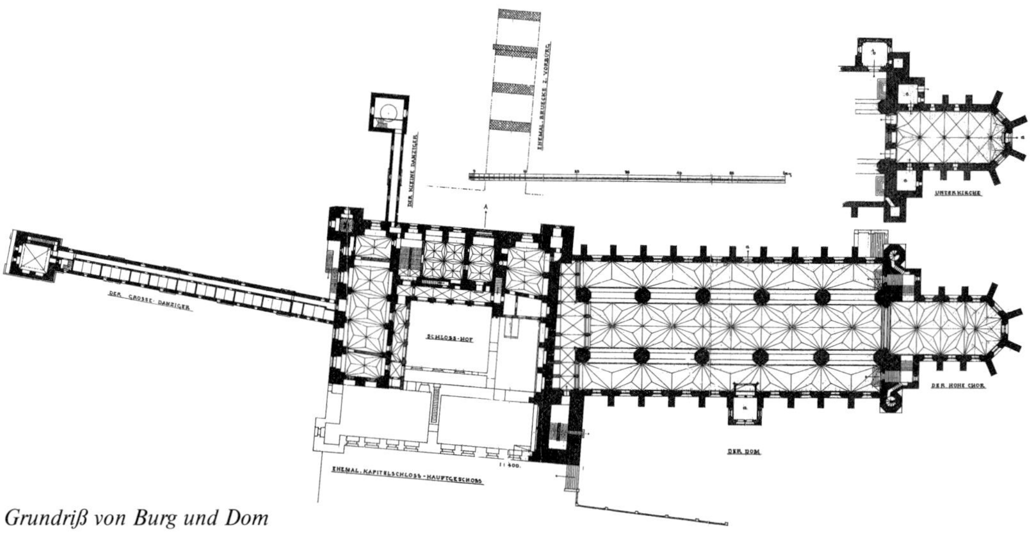

Grundriß von Burg und Dom

waren zweischiffig und hatten hohe Kreuzgewölbe mit zierlichem Rippenprofil. An diesen durchlaufenden Flügel stießen rechtwinklig die etwas verkürzten West- und Ostflügel an. Letzterer ist zusammen mit dem Südflügel 1798 abgebrochen worden; seine Mauer- und Gewölbeansätze zeichnen sich noch heute an der Westwand des hier ansetzenden Domes ab. Vermutlich lag in diesem Teil der Burg die *Firmarie*, das Kranken- und Altersheim des Kapitels.

Der Westflügel hatte einen einzigen großen Saal mit Sterngewölbe und mit kleinen Fenstern in hohen schmalen Mauernischen. Hier lag wohl der Schlafraum der Domherrn, denn aus seiner westlichen Wand führt ein langer gedeckter Gang auf fünf Mauerbögen zum Danzkerturm über dem Fluß. Diese *Danz-*

Der Danzker mit seinem Bogengang

Turm vom Burghof aus mit Mauerspuren des abgebrochenen Südflügels

keranlage ist in ihren Abmessungen von achtundfünfzig Metern Länge und ihrer das Ufer beherrschenden Größe einmalig.

Der kurze eingeschobene *Nordflügel* hat über dem Torweg eine hohe Spitzbogenblende, die über drei Stockwerke reicht und den Fallgatternischen in Marienburg und Rehden nahe verwandt ist. Vor dem früher als *»kaltes Tor«* bezeichneten Eingang lag einst der Hausgraben, der Haupt- und Vorburg trennte und von einer Brücke überspannt war. In diesem Flügel sind die Räume mehrfach verändert worden. Nur im Raum über dem Torweg haben sich zwei Joche Sterngewölbe mit vierzackigen Sternen erhalten.

An den Ostgiebel des Hauptflügels baute man 1355/60 den hohen *Hauptturm*, der bis zum

Burg des Domkapitels. 14. Jahrhundert. Rekonstruktion des Zustandes vor Abriß des Südflügels um 1798

Hauptturm und Dom mit Domvorhalle und Südportal

Dachfirst zweiundfünfzig Meter mißt. Auf rechteckiger Grundfläche verjüngen sich die unten fast glatten Wände in drei kleinen Absätzen nach oben kaum merklich. Im oberen Abschnitt ist der Turm von zwei Reihen Mauerblenden mit einigen Schallfensters gegliedert und findet über einem dekorativen Vierpaßfries in einem Zinnenkranz seinen Abschluß.
Mit dem Bau des östlich an die Burg anschließenden *Domes* wurde um 1325 begonnen. Bereits 1330 war der im Ostteil liegende Chor mit seiner Krypta fertiggestellt, denn man setzte dort den in diesem Jahr ermordeten Hochmeister *Werner von Orseln* bei. Die Unterkirche diente später als Gruftkapelle für die pomesanischen Bischöfe. Auch ein zweiter Hochmeister des Deutschen Ordens, *Ludolf König*, fand hier seine letzte Ruhestätte. In der Oberkirche lag der Chor der Domherren. Zwei breite Treppen führten zum Chor, der von fünf Seiten eines Achtecks abgeschlossen war. Das Chorgewölbe entspricht dem der Marienkapelle in der Marienburg und wurde 1344 vollendet. Hier wurden 1862 bedeutende Wandgemälde vom Ende des 14. Jahrhunderts wiederentdeckt und freigelegt. Neben den Bildnissen der Madonna und des Evangelisten Johannes, denen die Domkirche geweiht ist, sind es Darstellungen von drei Hochmeistern und siebzehn Bischöfen.
Um 1350 waren die drei Kirchenschiffe fertiggestellt. Reihen achteckiger Pfeiler, die von mächtigen Spitzbögen verbunden werden, trennen die drei Kirchenschiffe voneinander. Das höhere Mittelschiff hat in den Obermauern fensterlose Nischen und wirkt dadurch ziemlich eng und abgedunkelt, wodurch der Blick auf den hellen Chor gelenkt wird. Außen werden Chor und Schiff von einer dichten Reihe Strebepfeiler zwischen den hohen Fenstern abgestützt. Am Ostende führen zwei achteckige Treppentürme zu dem im oberen Geschoß auch die Kirche umlaufenden Wehrgang. Außer dem unter den Wehrfenstern verlaufenden Ornamentfries und dem Maßwerk der Fenster ist das Äußere des Domes schlicht und wirkt nur durch die ausgewogenen Verhältnisse des Bauwerks.

Ansicht des Domschlosses (Nordseite) mit hohem Portal

Drei äußere Anbauten am Dom sind zu erwähnen:
Die alte Vorhalle vor dem Südportal, über dem ein Mosaik des 14. Jahrhunderts die Marter des Evangelisten Johannes darstellt.
Im Winkel zwischen Chor und Haupthaus liegt eine kleine Zelle, in die sich die heilige *Dorothea von Montau* im Jahr 1393 als Klausnerin einmauernließ. Der berühmten Patronin des Landes wurden nach ihrem Tode im Jahre 1394 viele Ehrungen zuteil.
Letztlich ist noch die an die Nordmauer des Domes angebaute Gruft zu nennen, in der *Otto Friedrich von der Groeben*, Kammerjunker des Großen Kurfürsten und Gründer der ersten deutschen Kolonie an der afrikanischen Goldküste, im Jahre 1728 beigesetzt worden ist.
Im Innern des Domes befanden sich viele Ausstattungsstücke von bedeutender Schönheit und erheblichem künstlerischen Wert, wie z.B. der Reliquienschrein für die heilige Dorothea, ein Bischofsstuhl aus dem 16. Jahrhundert, ein Klappaltar von 1570, der barocke Hauptaltar von 1690, Beichtstühle von 1711 mit Figuren von hoher Schönheit sowie Epitaphe mit schönen Inschriften aus dem 14. Jahrhundert. Über ihren Verbleib liegen nur unvollständige Nachrichten vor.
Im Gefolge der kriegerischen Ereignisse hatten Stadt und Domburg in den folgenden Jahrhunderten viel zu erleiden. Belagerungen und Beschießungen, Plünderungen und Brandschat-

Hof mit Giebel des Doms und Gewölbeansätzen des abgebrochenen Ostflügels.

zungen, Durchzug und Besetzung von fremden Truppen kennzeichneten die Zeit nach dem Niedergang des Deutschen Ordens und der Schwäche Preußens.
Polen, Schweden, Russen und Franzosen waren zeitweilig als Besatzung ungebetene Gäste in der Stadt. Erst nach den Befreiungskriegen trat im 19. Jahrhundert eine lange Phase des Friedens ein, die 1914 durch den Ausbruch des Ersten Weltkrieges beendet wurde. Entgegen der polnischen Zielsetzung konnte die Stadt Marienwerder im Juli 1920 mit einem großartigen Abstimmungsergebnis von 95,6% der Stimmen ihre Zugehörigkeit zum Deutschen Reich bewahren.
Am 29. Januar 1945 fiel Marienwerder unzerstört in Feindeshand. Mit grauenhaften Schändungen und Plünderungen überzogen die Eroberer die Stadt. Als Marienwerder Monate nach Kriegsende an die Polen übergeben worden war, brannten sie die Altstadt nieder und machten sie dem Erdboden gleich. Sie diente als Steinbruch für den Wiederaufbau von Warschau. Ganze Züge mit herausgebrochenem Baumaterial, ja selbst mit Pflastersteinen, rollten lange Zeit nach Polen.
Durch besondere Fügung blieben Dom und Burg fast unversehrt erhalten. Sie heben sich heute ganz besonders vom eintönig neubebauten Altstadtgebiet ab und sind weithin sichtbar.

Graudenz

Die Burg mit dem Klimek und dem berühmten Altar

Komtursiegel, 13./14. Jhdt.

Als der Kunsthistoriker Conrad *Steinbrecht* vor gut hundert Jahren das hohe Steilufer des Weichselstroms erklommen hatte und nach Süden auf den Schloßberg zurückblickte, war er von dem sich bietenden Anblick so entzückt, daß er sogleich eine Skizze machte: Hinter einem breiten Graben, im dem sich einige Häuschen angesammelt hatten, lag mit steilen Hängen die Kuppe des Hügels, gekrönt von dem immer noch stattlichen Stumpf des alten *Klimek*. Dieser älteste erhaltende Bergfried zog auch nach sechshundert Jahren noch den Blick auf seine massige, eines Drittels seiner Höhe beraubte Gestalt. Seine beherrschende Lage verdeutlichte die tief unten dahinströmende breite Weichsel, die im Hintergrund von einer vielbogigen Brücke überspannt wurde. Am Ostrand des Bildes und hinter der Kuppe war verschwommen das Schutzobjekt dieser Feste zu erahnen: die alte Ordensstadt *Graudenz*.
Als der Autor dieser Abhandlung kürzlich denselben Weg nahm und die Aussicht von derselben Stelle aus auf moderne Art festhielt, da fehlte der Blickpunkt auf der Hügelkuppe. Der Klimek war vom großen Kriege nach fast siebenhundert Jahren verschlungen worden. Aber der Weichselstrom floß still vorbei, als wenn inzwischen nichts geschehen sei, und auch die Bogenbrücke im Hintergrund und sogar die kleinen Häuschen im breiten Graben fanden sich wieder. Der trutzige Bergfried war nun seiner schon hundert Jahre zuvor untergegangenen, einst stolzen Ordensburg gefolgt. Bäume und Büsche verdecken die wenigen Überbleibsel der Burg, von der sich im Park noch ein Mauerklotz mit zwei Spitzbogenöffnungen fand.
Als die Ordensritter um 1234 bei ihrem Vorstoß von Thorn über Kulm hinaus der Weichsel folgten, stießen sie auf die uralte prussische Burg *Grodeck*, die bereits um 1060 dem Ansturm der Polen widerstanden hatte. Nach

Burgberg heute

Burgberg mit Klimek um 1885 (Zeichnung von Conrad Steinbrecht)

Ein Mauerklotz - der letzte Rest der Burgruine

ihrer Einnahme wurde diese Fluchtburg der Prussen, die im wesentlichen aus Erdwällen und Holzbauten bestand, vom Deutschen Orden zur Sicherung des eroberten Gebiets neu befestigt. Um 1242 gelang dem pommerellischen Herzog *Swantopolk* und seinen prussischen Verbündeten im ersten Prussenaufstand noch einmal kurzzeitig die Rückeroberung. Doch schon bald konnte der Orden sich hier wieder festsetzen und am selben Platz eine Abschnittsbefestigung mit Holz-Erde-Werken errichten. Um 1250 wurde eine Ordensniederlassung gegründet, deren erster Komtur *Bertold* hieß und in deren Schutz sich deutsche Einwanderer ansiedelten. Vermutlich waren es die Handwerker, Zimmerleute, Maurer und Steinmetze, die dann den um 1260 beginnenden Ausbau der Burg in Stein ausführten.

Graudenz war die sechste Steinburg, die beginnend mit *Althaus-Kulm, Elbing, Balga, Christburg* und *Thorn* im Preußenland entstand. Mitten in der Bauzeit berannten die Sudauer die halbfertige Burg, um die Festigung der Ordensherrschaft durch dieses starke Bollwerk in strategisch günstiger Lage abzuwenden. Trotz hartnäckiger Belagerung erreichten sie aber nicht ihr Ziel und mußten abziehen. Knapp zehn Jahre später brandete der Tatarensturm heran, der wiederum das Erreichte gefährdete. Der Orden ließ die Stadt räumen und abbrennen, um dem Gegner ein Festsetzen zu erschweren. Die Burg überstand auch diesen Angriff und konnte um 1290 mit dem Bau der Burgkapelle fertiggestellt werden. Für diesen stattlichen Raum, der mit großem Aufwand eingerichtet wurde, beschafften die Ordensbrüder schöne Tonbildwerke, die denen der Griffener Kirche ähneln und die um 1800 nach Abbruch der Burgkapelle in den Turmaufsatz der Graudenzer Pfarrkirche eingemauert wurden.

Nun wuchs die im Schatten der Burg liegende Siedlung, die in die einheitliche Befestigungsanlage einbezogen wurde, zur Stadt heran und erhielt am 17. Juni 1291 durch Landmeister *Meinhard von Querfurt* als Gründungsprivileg die Handfeste nach kulmischem Recht. Um diese Zeit entstand die Pfarrkirche *St. Nikolai* und wenig später das Kaufhaus, das wohl bald als *Rathaus* genutzt worden ist. Im Zuge der Stadtbefestigung mit Mauern, Türmen und To-

Das Wassertor am Südende der Speicherzeile

ren wurde in der Mitte des 14. Jahrhunderts entlang dem Weichselufer eine Reihe von festen Speichern gebaut, die zum Teil auch heute noch stehen. Für den Transport der Getreidesäcke, Ballen und Fässer waren zwischen den Speichern und den Schiffsliegeplätzen lange Rutschen angelegt worden. Trotz eines ansehnlichen Getreide- und Tuchhandels hat Graudenz neben den nahen westpreußischen Handelsstädten Kulm und Thorn nie eine größere wirtschaftliche Bedeutung erringen können.

Sicher war Graudenz als *Komturei* ersten Ranges ein begehrter Amtssitz für die Ordensritter; deshalb finden sich unter den Komturen dieses Konvents auch viele bekannte Namen, wie *Heinrich von Dobyn* (1280/89), *Günther von Schwarzburg* (1292/98), *Sieghard von Schwarzburg* (1313/35), *Heinrich von Boventin* (1346/51), *Johann von Schönfeld* (1379/83), *Ulrich von Hachenberg* (1389/98), die von hier aus eine Laufbahn als Großgebietiger des Ordens antraten. Der Graudenzer Komtur *Wilhelm von Helfenstein* (1404/10) kämpfte mit seinem Konvent unter dem Komturei-Banner mit dem schwarzen Stierkopf auf dem linken Flügel des Ordensheeres in der Schlacht bei Tannenberg am 15. Juli 1410 und blieb mit vielen anderen tot auf der Walstatt zurück.

Von der schweren Niederlage bei Tannenberg erholte sich der Ordensstaat nicht wieder. Ihre Folgen legten sich lange und schwer auf das Land und sprengten den Zusammenhalt des Gemeinwesens. Bei Beginn des dreizehnjährigen Städtekrieges lehnten sich die Bürger in vielen Städten auf; sie waren des Kampfes müde und verführt von den Versprechungen des polnischen Königs und seiner deutschen Kollaborateure, die im Preußischen Bund und Eidechsenbund schon lange gegen die Ordensherrschaft arbeiteten. 1454 zwangen die Graudenzer Bürger und der Landadel die Ordensbesatzung zur Herausgabe der Burg.

Die *Ordensburg Graudenz* war zwischen 1260 und 1290 auf dem alten Burgplatz nördlich des späteren Stadtgebiets in Stein ausgebaut worden. Zum Weichseltal und zur östlichen Landseite beherrschte der steile Bergkegel das Umland. Andererseits schränkte die von den heimischen Höhenburgen bekannte Geländeform die Ausdehnung des befestigten Burggebiets auf etwa siebentausend Quadratmeter ein. Für das Haupthaus stand somit nur ein kleines trapezförmiges Plateau zur Verfügung, dem im Süden, jenseits des tiefen Hausgrabens, eine dreieckige Vorburg vorgelagert war. Die sich im Südosten anschließende Stadt bildete mit ihrer doppelten bewehrten Mauer eine zweite Vorburg. Ein unmittelbar nordöstlich des Burghügels verlaufender tiefer Einschnitt im Höhenzug bot nach Abböschung auch in dieser Richtung einen natürlichen Schutz. Die Hauptburg bildete mit ihren vier ungleichen

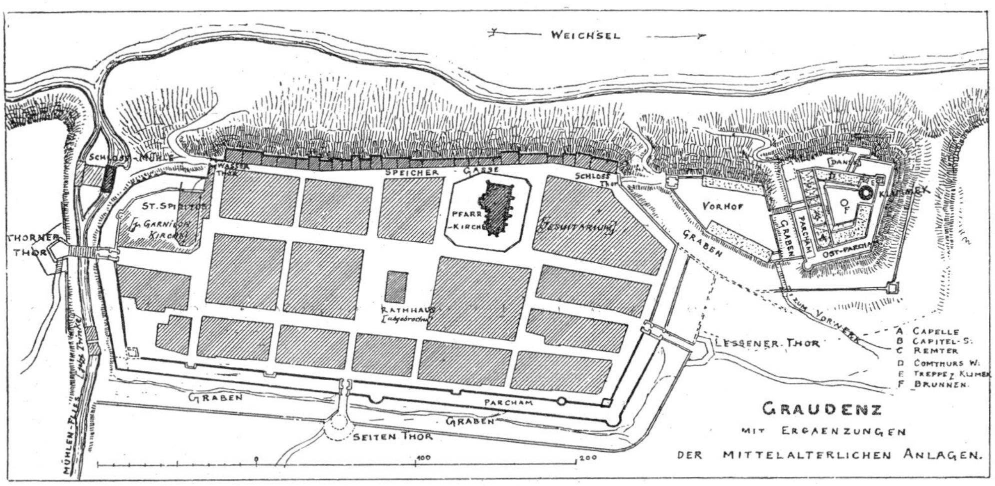

Stadtplan im Mittelalter

Flügeln ein Trapez, in dessen nördlicher Ecke der hier *Klimek* genannte mächtige Bergfried frei stand und nur von den aus den beiden Flügeln verlängerten Wehrmauern umgeben war. Ein umlaufender, holzgedeckter Kreuzgang in dem als Kämpe bezeichneten Hof bot Zugang zum Hauptgeschoß aller Burgflügel. Im Burghof lag ein sehr tiefer Brunnen.

Den *Südflügel*, der die Haupträume *Kapelle, Kapitelsaal* und *Konventsremter* beherbergte, erreichte man über die Zugbrücke über den tiefen Hausgraben. Vor dem granitgefaßten, gewölbten *Haupttor* zum Burghof lag ein zwingerartiger Vorbau auf dem Parcham, der als Verteidigungsterrasse die ganze Burg umgab und von einer Parchammauer eingefaßt war. Der Südflügel muß als Hauptflügel später als die drei anderen etwa um 1290 fertiggestellt worden sein. Von der im Ostteil dieses Flügels gelegenen, geräumigen Hauskapelle wird später noch zu berichten sein. An sie schloß sich der *Kapitelsaal* mit 4 Außenfenstern, die Wappenstube über dem Torweg und der Speiseremter an. Um in der Fassade eine gleichmäßige Fensterreihung zu erreichen, lagen die kleineren Fenster des Kapitelsaales und des Remters in hohen Mauerblenden, die der Größe der Kapellenfenster entsprachen. Mittig wurde die Außenfront des Eingangsflügels von einem risalitartigen flachen Mauerpfeiler getrennt, der aber auch die Vermutung zuläßt, daß hier einmal früher eine hohe Fallgatternische gelegen

Burg Graudenz von Süden, Zeichnung von 1848 (höhere Bürgerschule)

haben kann. Von der Inneneinrichtung der letztgenannten Räume ist lediglich überliefert, daß auf die Gewölbe der sogenannten Wappenstube viele Wappen gemalt waren und man deren Fenster durch starke eiserne Kreuzstäbe geteilt hatte.

Der fast rechtwinklig anschließende kürzere *Ostflügel* bestand aus einem Gebäude untergeordneter Bedeutung mit *Brauhaus* und *Bäkkerei*, wie sich aus der überlieferten Anordnung eines Schlots und eines Backkamins sowie den wenigen Fensteröffnungen ableiten läßt. Vielleicht lagen im Hauptgeschoß dieses Flügels einst die *Firmarie* (Spital) und das *Dormitorium* (Schlafsaal), wie das in anderen Burgen zum Zwecke der Wärmeausnutzung der Fall war. Auf einer Ansicht aus dem Jahr 1656 springt der Chor der Kapelle aus dem Ostflügel polygon hervor, wie bei der Burgkapelle der Marienburg. Diese Darstellung muß bezweifelt werden, weil der Visitationsbericht von 1795 ausdrücklich den geraden Abschlußgiebel des Südflügels erwähnt.

Vom kurzen, weitwinklig anschließenden *Nordflügel* ist das Vorhandensein einer großen Küche mit mächtigem Schlot sowie einiger Vorrats- und Nebenräume überliefert. Seine Außenwand lief bis zum Schnittpunkt mit der verlängerten Westmauer als hohe Wehrmauer weiter und ließ Platz für den in der nördlichen Hofecke freistehenden Bergfried. Vom Wehrgang aus führte in dreizehn Meter Höhe eine Zugbrücke zum Eingang des Turms.

Dieser als Klimek bezeichnete, etwa dreißig Meter hohe *Bergfried* stand bis zum Ende des Zweiten Weltkriegs noch als Wahrzeichen der alten Burg da, allerdings um ein Drittel seiner Höhe gekürzt. Über einem Sockel aus behauenen Sandsteinquadern, die von buntglasierten Profilsteinen abgedeckt waren, erhob sich der durchgehend zylindrische Backsteinbau ohne äußere Absätze. Seine Wände waren über drei Meter stark, so daß bis zur Hälfte seiner Höhe innen nur ein runder, schmaler Schacht vorhanden war. Erst über der in halber Höhe gelegenen Eingangstür, die durch einen Vorflur

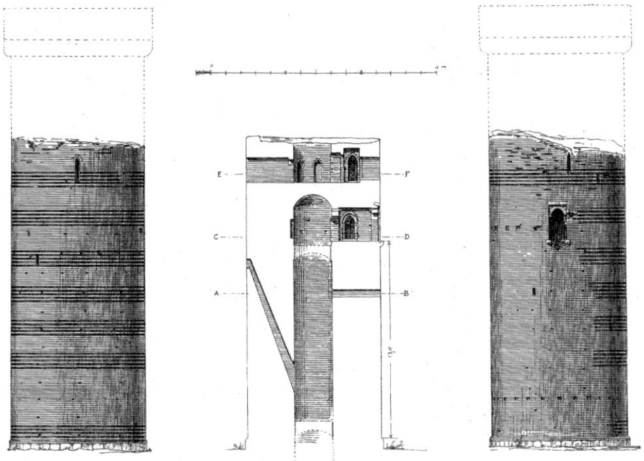

Der Stumpf des Klimek (Hauptturm), aufgenommen von C. Steinbrecht 1885

zu einem gewölbten Raum führte, waren über zwei Wendeltreppen in der Mauer zwei übereinanderliegende Räume und die vorkragende, zinnenbewehrte Plattform zu erreichen. Der mächtige Turm hatte nur wenige, gegeneinander versetzte schmale Lichtschlitze. Zur Belebung seiner glatten Außenwand hatten die Erbauer zehn breite Ringe aus je fünf Schichten Glasursteinen abwechselnd mit normalen Ziegelsteinen eingemauert.

Am hohen Weichselufer schloß der gestutzte *Westflügel* mit einer in seiner Verlängerung weitergeführten Wehrmauer den Burgkomplex ab. Der alte Westflügel enthielt die Wohnung des Komturs, von der 1388 ein Gemach durch Unterspülung in die Weichsel stürzte. Hierüber berichtet der Ordenschronist Johann von Posilge (um 1400): »unde geschah gros schade, das des Kompturs gemach von Graudencz nedir vil in die Wysel.«

Von diesem Flügel aus führte früher ein Bogengang zum weichselwärts ausgebauten *Danzker*, der auf Zeichnungen bis ins 18. Jahrhundert dargestellt ist. Vermutlich war er den Abortanlagen der Burgen Rehden oder Schönsee ähnlich.

Von der Ordensburg Graudenz besitzen wir keine Grundrisse, weil die Burg schon früh verfiel und deshalb nach Rückgabe an Preußen in der 1. Hälfte des 19. Jahrhunderts bis auf die Grundmauern abgerissen wurde. Lediglich der mächtige Bergfried blieb bis 1945 erhalten. Unser Wissen über diese alte Burganlage ist zusammengesetzt aus Visitationsberichten sowie aus Ansichten und Stadtplänen des 17. und 18. Jahrhunderts, die Steinbrecht und andere am Ende des vorigen Jahrhunderts auswerteten.

Erst kürzlich wurde dem Verfasser bekannt, daß im 2. Weltkrieg umfangreiche Grabungen auf dem Burgberg vorgenommen worden sind, deren Ergebnisse bisher lediglich in einer unveröffentlichten Dissertation von 1942 beschrieben wurden. Der in Mainz wohnende Verfasser dieser Arbeit, Dr. Ing. Hans Jacobi, will sie zusammen mit seinen Forschungsergebnissen über die Burg Roggenhausen veröffentlichen und stellte uns einen Übersichtsplan (Grundriß) als Vorabdruck zur Verfügung.

Aus dieser Zeichnung, die die Ergebnisse der Ausgrabungen zusammenfaßt, ergibt sich die genaue Lage des Haupthauses mit seinen Flügeln und dem Hauptturm. Der trapezförmige, überwiegend schiefwinklige Grundriß hat seine Begründung sicher nicht nur in der vorgefundenen Geländeform, sondern auch in der Verwandtschaft mit der altertümlichen Kulmer Burgform. Die neuen Forschungsergebnisse scheinen aber auch die Annahme zu bestätigen, daß der Südflügel mit den Repräsentationsräumen einer späteren Bauzeit angehört hat als die unscheinbaren älteren Burghäuser an der Ost- und Nordseite mit den Wirtschafts-

Rekonstruktion des Erdgeschosses (Jacobi)

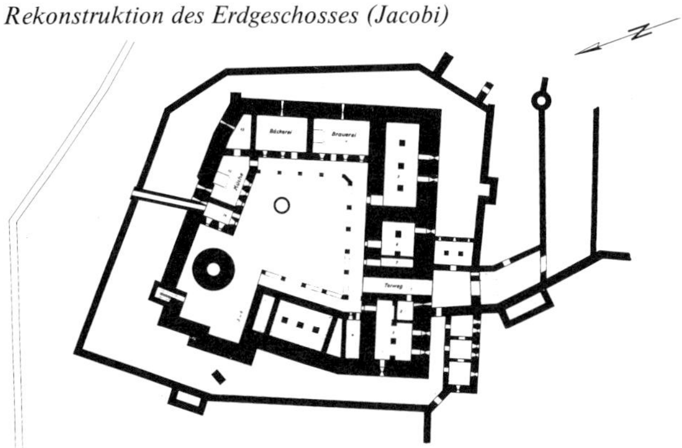

Aufsatz des Graudenzer Altars aus dem 14. Jahrhundert

und Schlafräumen. Weitere Erkenntnisse sind aus der geplanten Veröffentlichung zu erwarten.
Unser Blick wendet sich noch einmal der im Südflügel gelegenen *Burgkapelle* zu, die etwa sechzehn Meter lang und von drei Gewölbejochen überspannt war. Von ihren vier Fenstern lag eines im Chor in Richtung Osten. Zu beiden Seiten des Kirchenschiffs war in langer Reihe Chorgestühl nach Klosterart aufgestellt, dem sich vorn zum Altar zu zwei schwere, aus Eichenholz geschnitzte Sessel mit Lesepulten für Probst und Komtur anschlossen. Ein Inventar von 1383 führt als Kirchengut unter anderem einen großen und zwei kleinere Altäre, eine Holztafel mit Reliquie und drei Monstranzen mit Heiligtum auf.
Das Kostbarste aus dieser Burgkapelle sind aber die später als *»Graudenzer Altar«* bezeichneten Tafelgemälde aus der Zeit von 1370/90 von einem mittelrheinischen Meister. Dieser Doppelflügelaltar, der später in der St. Lorenz-Kapelle der Marienburger Vorburg aufbewahrt wurde, gehört zu den hervorragendsten Meisterwerken der deutschen Malerei des 14. Jahrhunderts. Die Tafelbilder haben das Marienleben und die Leidensgeschichte Christi zum Thema: Im Mittelfeld sind Krönung und Tod Mariens dargestellt; bei geöffneten Innenflügeln sieht man vier Bilder aus dem Marien-

Im Jahre 1656 (Pufendorf)

leben; bei offenen Außenflügeln werden acht Bilder aus der Leidensgeschichte sichtbar, und wenn der Altar ganz geschlossen ist, zeigen sich vier Tafelbilder, davon eines vom Jüngsten Gericht.
In klarer Komposition hat der unbekannte Künstler Figuren von außerordentlicher Schönheit geschaffen, zu deren sprechenden Bewegungen sich sehr ausdrucksvolle Köpfe in vollendeter Porträttechnik gesellen. Besonders gelungen sind die anmutigen Frauenköpfe mit ihrer einfühlsamen Betonung des Fraulichen. Eine reiche Farbenpalette erfüllt die Tafelbilder mit einer erstaunlichen Farbfrische, die von Blau, Zinnober und Gelb bis zum Violett, Rosa, Weiß und Schwarz reicht. Über die Person des Künstlers fehlen jegliche Hinweise in den Ordensarchiven, doch ist der Meister nach den vorliegenden Gemeinsamkeiten mit dem Friedberger Altar in Darmstadt, dem Apostelaltar aus Wittingau und den Wandmalereien des Falkenstein-Grabmals in Koblenz mit Sicherheit der mittelrheinischen Schule zuzuordnen. Heute befindet sich der Graudenzer Altar im Warschauer Nationalmuseum.
Westpreußen mit Graudenz wurde nach dem *Zweiten Thorner Frieden* von 1466 als *»Preußen königlichen Anteils«* zunächst als autonomes Gebiet unter die Schutzherrschaft der polnischen Krone genommen, geriet aber zunehmend unter polnische Oberhoheit, die letztlich durch das Lubliner Dekret vom 18.3.1569 zu einer fiktiven Union mit Polen führte. Die westpreußischen Stände setzten in der Folge dem polnischen Bestreben Widerstand entgegen, Westpreußen vollends zu einer polnischen Provinz herabzudrücken. Die Landtage der westpreußischen Stände tagten abwechselnd in *Graudenz* und in *Marienburg*. Dennoch litt das Land unter den unglücklichen Verhältnissen, als Gebiet mit überwiegend deutscher Bevölkerung weitab von der polnischen Zentralregierung sehr vernachlässigt zu werden.
Im schwedisch-polnischen Krieg gerieten Stadt und Burg vier Jahre unter schwedische Besatzung, bis sie 1659 nach mehrtägiger Belagerung zurückerobert wurden. Dabei brannten Teile der Stadt nieder und auch die Burg erlitt Beschädigungen. Aus dieser Zeit stammen Pläne und Ansichten aus Pufendorfs Werk (1656) sowie der Visitationsbericht von Strzesz (1667). Damals begannen Teile der Burg zu verfallen, wie zum Beispiel die Mauern auf der Weichselseite. Deutliche Verfallserscheinungen zeigt der Lustrationsbericht von 1737 auf, wonach unter anderem die Dächer des Ostflügels und des Kreuzgangs in sehr schlechtem Zustand waren. Im Bericht des Probst Pohlki von 1795 wird erwähnt, daß das Dach der Burgkapelle heruntergebrochen, der Giebel ohne Abstützung vom Einsturz bedroht und das Abbruchmaterial für die Reparatur des schadhaften Turmes der Pfarrkirche verwendet worden sei.
Bald nach der Wiedereingliederung Westpreußens in das Königreich Preußen im Jahre 1772 begann die Wirtschaft der Stadt mit 2172 Einwohnern durch die Neuansiedlung von Kolonisten und durch den Bau der Festung aufzublühen. Leider wurde für den Festungsbau Material aus der alten, bereits im Verfall befindlichen Ordensburg entnommen und damit dieses kunstgeschichtlich und historisch wertvolle Denkmal nach und nach abgebrochen. Einer Intervention der *Königin Luise von Preußen* ist es zu verdanken, daß wenigstens der Klimek als Wahrzeichen erhalten blieb. Die neu erbaute

Festung Graudenz bestand 1806/07 ihre Bewährungsprobe unter ihrem tapferen Kommandanten *General de Courbière*, als sie sich gegen Angriffe des napoleonischen Heeres behauptete. Nach den Befreiungskriegen schritt der Ausbau der nach ihrem Verteidiger *Courbière* benannten Festung fort, wofür nun sogar die Burgfundamente abgerissen und verwendet wurden.
In den ersten sechzig Jahren der preußischen Verwaltung hatte sich die Einwohnerzahl von Graudenz nach der Zählung von 1837 auf 5918 Bürger verdoppelt und stieg in den folgenden Jahren bis 1910 auf 40 325 Einwohner an, wovon 33 496 Deutsche, 5034 Polen und der Rest anderer Volksangehörigkeit waren. Als nach dem Ersten Weltkrieg die Stadt ohne Volksabstimmung vom Deutschen Reich abgetrennt wurde und eine harte Polonisierungswelle einsetzte, veränderte sich die Zusammensetzung der Bevölkerungsanteile fast genau ins Gegenteil: von den 33 520 Einwohnern im Jahr 1930 waren nur noch 6942 Deutsche. Nach dem Zweiten Weltkrieg aber wurden vollendete Tatsachen geschaffen, indem man die nicht getöteten oder verschleppten Deutschen aus ihrer Heimat vertrieb.
Bei den polnisch-russischen Kämpfen im Jahre 1920 hatten Vorausabteilungen der Roten Armee schon einmal Graudenz erreicht. Das wiederholte sich am 27. Januar 1945. Die alte Festung konnte unter Generalmajor Ludwig *Fricke* noch bis zum 5. März 1945 gehalten werden, dann erlag auch sie dem feindlichen Ansturm. Der russische Schriftsteller Lew *Kopelew*, der den Angriff als Sowjetmajor mitmachte und heute im Westen lebt, schildert in seinem erregenden Buch »Aufbewahren für alle Zeit!« (DTV 1979) den Kampf und Untergang dieser alten deutschen Stadt; sein Bericht über Graudenz endet:
»Schließlich begann man mit der Räumung der Festung. Ein Gefangenensammelpunkt war am entgegengesetzten Stadtrand eingerichtet. Die erste Kolonne, die wir am Eingang trafen, bestand aus Ärzten, Sanitätern und Schwestern. Man hatte sie an die Spitze gestellt, um durch das Rote Kreuz die Herzen der Sieger zu besänftigen. Darum brachte man sie als erste fort und ließ zweitausendfünfhundert Verwundete ohne Versorgung; ein junger Arzt weinte fast . . .«
Der altehrwürdige Klimek der deutschen Ordensburg Graudenz steht heute nicht mehr. Die deutsche Bevölkerung der Stadt ist tot oder vertrieben. Noch stehen viele Gebäude aus deutscher Zeit, in denen nun Polen leben. In den zurückliegenden vier Jahrzehnten ist eine ganze Generation hier aufgewachsen. Aber können siebenhundert Jahre deutschen Lebens und Wirkens in dieser vom Deutschen Orden gegründeten Stadt einfach weggewischt werden?

Rehden

Schönste Burgruine des deutschen Ostens

Komtursiegel, 14. Jhdt.

Beim Verlassen des Städtchens Rehden auf der alten Heerstraße, die von *Strasburg* kommend in nordwestlicher Richtung über *Engelsburg* nach *Graudenz* führt, ragt mitten aus der sumpfigen, früher mit mehreren Seen durchsetzten Niederung zwischen zwei Höhenrändern die noch immer stolze Burgruine wie ein massiger Brückenpfeiler hervor. Der breite, elegant gegliederte Hauptflügel mit der hohen Fallgatternische in der Mitte und seinen beiden schlanken Ecktürmen vermittelt einen großartigen Eindruck. In seiner klaren, prägnanten Kastellform, seinen sicher abgewogenen Verhältnissen und der sorgfältigen Bauausführung steht dieses Konventshaus in der Spitzengruppe der Ordensburgen und verkörpert als steinerner Zeuge der Ordenskultur Geist und Können des Deutschen Ordens in seiner Blütezeit im 14. Jahrhundert. Wie bei den Schwesterburgen, der alten *Marienburg* aus der Landmeisterzeit und der Burg *Mewe*, hat besonders hier der Kon-

Rekonstruktionsskizze von C. Steinbrecht (1884)

Eingangsflügel mit Ecktürmen sowie Remter- und Kapellenfenstern

Blick von Norden auf die Hofseite des Ost- und des Südflügels

ventshausstil seine reinste Ausprägung gefunden. Trotz der beklagenswerten Abbrüche am Ende des 18. Jahrhunderts gibt uns Rehden dennoch einen unverfälschten, kunstgeschichtlich besonders wertvollen Einblick in die hochstehende Ordensbaukunst, gerade weil keine Umwandlungen zu Nützlichkeitszwecken und keine Restaurierung stattgefunden haben.

König Friedrich Wilhelm III. von Preußen haben wir zu verdanken, daß diese herrliche Ruine nicht gänzlich abgebrochen worden ist, denn er gebot 1827 den Abbrucharbeiten Einhalt und förderte die Erhaltung des Bauwerks durch Bereitstellung von tausend Talern für Konservierungsarbeiten. Wie in Marienburg, Brandenburg, Lochstädt und vielen anderen Ordenshäusern gebührt aber dem großen Archäologen, Architekten und Kunsthistoriker *Conrad Steinbrecht* (1849–1922) das Hauptverdienst an der Wiederentdeckung und wissenschaftlichen Aufnahme, an der Dokumentation und Restaurierung dieser Kunstdenkmäler. Er hat in unermüdlicher Arbeit hervorragende Lagepläne und Grundrisse, Ansichten und Detailskizzen sowie Baubeschreibungen angefertigt und damit den Zustand der Burgen am Ende des vorigen Jahrhunderts festgehalten. Darüber hinaus hat er auf Grund seiner umfassenden Kenntnisse der Ordensarchitektur und ihrer Stilformen sowie nach Fundstücken und alten Überlieferungen detaillierte Rekonstruktionen vieler Ordensburgen vorgenommen. Eine seiner Rekonstruktionszeichnungen zeigt die Burg Rehden in ihrer mittelalterlichen Gestalt.

Das *Konventshaus Rehden* als Sitz einer der bedeutendsten Komtureien des Kulmer Landes ist ein quadratisches Kastell mit knapp fünfzig Meter Seitenlänge. Dem südlichen Hauptflügel mit Torweg, Kapelle und Remter schließt sich der angeschobene Ostflügel an, der den Kapitelsaal sowie das Dormitorium, den Schlafsaal der Konventsbrüder, enthielt. Im Norden und Westen waren jeweils kurze Flügel mit Küche und Firmarie (Spital) sowie mit der Komturwohnung angefügt, von denen aus eine hohe Wehrmauer bis zum Eckturm weiterführte. Beherrschend stand in der Nordwestecke, frei im Winkel innerhalb der Mauern, der achteckige, hohe *Bergfried,* ein gewaltiger, trutziger Wehrturm von 13 Meter Durchmesser und einer unteren Mauerstärke von fünf Metern. Seine obere Plattform war mit Verteidigungswaffen, wie Wurfmaschinen und später großen Feuerbüchsen, ausgerüstet. An allen vier Ecken des Kastells standen gleichartige, schlanke Ecktürme, die aus den Mauern vorsprangen und oben mit Zinnen sowie einer brandsicheren Steinpyramide abgeschlossen waren. Um den gewaltigen Mauerklotz zog sich ein breiter Parcham mit umlaufender Wehrmauer, der wiederum von einem breiten, tiefen Wassergraben umge-

Eingangsportal im Südflügel mit Fallgatternische, Ornamenten und Verzahnungen der Zwingermauern

Hauptgeschoß des Haupthauses (nach Steinbrecht)

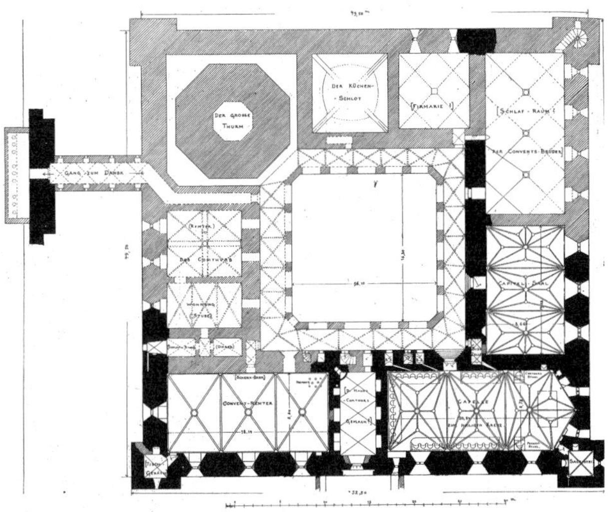

ben war. Von der südlich vorgelagerten geräumigen Vorburg führte eine Brücke mit eingefügter Klappbrücke zum Eingang der Burg, deren Portal ein Zwinger mit seitlichen Fangmauern vorgelagert war.

Der Blick auf den *Südflügel* der Burg beeindruckt uns auch heute noch durch die ausgewogenen Verhältnisse und die gekonnte Gliederung der Wandflächen mit Fenstern, Luken, Ornamenten und mit der hohen Portalnische, die Mittelpunkt der architektonischen Massenverteilung ist. Zur Auflockerung großer Mauerflächen hatte der Ordensbaumeister eine dekorative Rautenmusterung aus schwarzglasierten Backsteinen gewählt, deren Glanz freilich in den Jahrhunderten verblichen ist. In der Mitte des Flügels liegt das Eingangstor mit schwerer Graniteinfassung, das früher wegen der festeren Verschlußfähigkeit einflügelig war und zusätzlich mit einem schweren Sperrbalken gesichert wurde. Unter dem Torweg lagen, wie in allen Burgen, keine Kellerräume, um ein Unterminieren des Portals zu verhindern. Das schwere eichene Fallgitter lief in einer hohen Nische und wurde vom oberen Nischenfenster aus, an dessen Granitbank noch die Rille für die Seilführung über ein Rollenlager zu erkennen ist, mit einer Winde hochgezogen. Unter der Windenkammer liegt das für die Konventshäuser typische kleine mittlere Gemach zwischen Kapelle und Remter. Hier konnte der für Haus und Hof zuständige Hausvogt den gesamten ein- und ausgehenden Verkehr übersehen. Neben dem Portal sind zwei Spitzbogennischen in die Hauswand eingelassen, die den Torwächtern als Unterstand dienten. Darüber befinden sich Bandfriese mit Dreipaßbögen, deren Konsolen als Engelsköpfe ausgebildet sind; eine der sparsam verwendeten äußeren Schmuckformen, die die Jahrhunderte überdauert haben. Sehr ähnliche Bandfriese wurden auch in Elbing und Marienburg gefunden, was auf zusammenhängende Bauleitungen hindeutet. Der Parcham vor dem Tor war bis zur Mauer als Torzwinger ausgebaut. Beiderseits der Tornischen sind noch die Verzahnungen im Mauerwerk zu erkennen, an denen die beiden Fangmauern mit Wehrgängen an die Hauswand anschlossen. Ebenso zeichnet sich noch deutlich die vermauerte Türöffnung zum Wehrgang des Zwingers in der Hauswand ab.

Im östlichen Teil des Eingangsflügels lag die geräumige, vorrangig ausgestattete *Burgkapelle zum Heiligen Kreuz.* Ihr Ostchor war von zwei Schrägwänden abgeschlossen, in die zwei schmale hochragende Spitzbogenfenster sowie mehrere Wandnischen und die von Blendarkaden mit Maßwerk umrahmte Tür zur Sakristei im Eckturm eingelassen waren. Von außen erkennt man die Kapelle an den drei hohen Spitzbogenfenstern in der Südwand, die die halbe Gebäudehöhe erreichen. Die Kapelle ragt mit ihrem Gewölbe bis ins Wehrganggeschoß. Sie hat eine innere Höhe von nahezu fünfzehn Metern und damit ein bis dahin einzig dastehendes Verhältnis von Breite zu Höhe. Drei Gewölbejoche mit schön gezeichneten vierzackigen Rippensternen, die auf lang heruntergezogenen Gewölbediensten mit Kapitellen und Konsolen ruhen, überspannen den gut dimensionierten Raum. Von den schön skulpierten Kalksteinkapitellen, die von doppelten Reihen Blattwerk aus Hahnenfuß, Eichenlaub und Rosenranken eingefaßt sind, aber auch figürlichen Schmuck tragen, hat Steinbrecht einige Skizzen überliefert. Das östliche Dienstkapitell zeigt Christus mit Kreuznimbus.

Die Kapelle war früher farbig ausgemalt, wovon noch Spuren in den Tiefen der Profile und an anderen geschützten Stellen zeugen. Blaue, zinnoberrote, schwarze und braune Farbreste konnten festgestellt werden. An den Rippen der Gewölbedienste waren Rot und Blau vorherrschend, während die Fensterumrahmungen rot abgesetzt waren. In einer flachbogigen Nische am Westende der Südwand finden sich Gemäldespuren zum Thema Erlösungswerk, an der Seiten- und Hinterwand ist die Leidensgeschichte dargestellt, und die Fensterleibungen weisen Spuren von sitzenden Gestalten und von heiligen Frauen auf.

Kapitelle der Gewölbedienste aus der Burgkapelle (nach Steinbrecht)

Der Altar hatte ein farbiges Madonnenbild, über dem ein Kruzifix emporragte. Entlang der Seitenwände befanden sich 32 geschnitzte Kirchenstühle, die von Wandfriesen eingerahmt waren. Zu beiden Seiten des Altars standen zwei große thronartige Sessel für die Vorsteher des Konvents, den Komtur und den Probst. Sie waren aus Eichenstämmen in einem Stück geschnitzt und reich verziert.

Für die nach den strengen Ordensregeln büßenden Brüder gab es in der hofseitigen Längswand Bußzellen in Mauertiefe mit einem kleinen Sehschlitz in Richtung Altar. Das zweiflügelige Kapellenportal war von einer tiefen Profilreihe mit grün und gelb lasierten Formsteinen umrahmt und über den Kreuzgang des Hofes erreichbar. Im Gegensatz zu vielen hölzernen Hoflauben war dieser aus massivem Stein, hatte profilierte spitzbogige Arkaden und war mit grüngelben Glasursteinen und eingelegten Bändern dekoriert.

In der Westhälfte des Hauptflügels lag der *Konventsremter.* Seine drei Spitzbogenfenster waren erheblich niedriger als die der Kapelle. Der niedrigere Raum hatte wuchtige, schwere Kreuzgewölbe, die in Mannshöhe auf Kragsteinen auflagen. Auch diesen Raum schmückten plastische Stuckarbeiten und farbige Dekorationen. Hier trafen sich die Ordensbrüder zu den gemeinsamen Mahlzeiten und zum geselligen Verkehr. Der Remter konnte vom Kellergeschoß aus über Heizkammern mit Feldsteinen im Erdgeschoß geheizt werden.

Vom Kapitelsaal, der sich im Ostflügel an die

Kapelle anschloß, ist nur die südliche Eckwand mit zwei Fenstern erhalten geblieben. Er besaß drei zweiteilige halbhohe Spitzbogenfenster und hofseitig ein reich dekoriertes Portal. Das dreijochige Sterngewölbe ähnelt dem der Kapelle, zeigt aber deutlich die Neigung zu zierlicheren Rippen in Birnstabprofil. Sicher fand sich in diesem vornehmen Raum früher auch reicher plastischer und malerischer Schmuck. Er diente als Sitzungssaal, in dem der Konvent unter Vorsitz des Komturs zur Beschlußfassung zusammentrat, in dem aber auch täglich die Ordensregeln verlesen wurden.

Von den übrigen Räumen der Burg, wie dem Dormitorium, der Firmarie, der Ordensküche, den Komturgemächern sowie dem Bergfried ist fast nichts erhalten geblieben, so daß sich die Rekonstruktion auf Fundament- und Mauerreste, Einzelfunde und überlieferte Nachrichten stützen mußte. Sehr deutlich ist auch heute noch die Lage des *Danzkers* in der Parchammauer unmittelbar über dem westlichen Wassergraben erkennbar. Die vier weit überstehenden Kragsteine mit Unterzügen trugen dieses wichtige sanitäre Bauwerk, das über einen gedeckten Gang zu erreichen war, der auf weitem Bogen den Parcham überspannte.

Über das Leben in den Ordenshäusern, das sich zumindest bis zum Beginn des 15. Jahrhunderts sehr streng nach den Ordensregeln vollzog, liegen mancherlei Nachrichten vor. Wie schon im Absatz über den Kapitelsaal erwähnt, wurden die Ordensregeln täglich verlesen. Der Tagesablauf war vom frühen Morgen bis zum Abend genau eingeteilt, wobei auch insbesondere die Zeiten der Gebete und gemeinsamen Gottesdienste zeitlich festgelegt waren. Während des gemeinsamen Mittagessens im Konventsremter wurde nicht gesprochen, sondern ein Priesterbruder las aus der Heiligen Schrift vor. Bei Vergehen durften die Ordensbrüder nicht an den gemeinsamen Mahlzeiten und Gottesdiensten teilnehmen. Die Büßenden sonderte man in kleinen, dunklen Bußzellen ab. Die Chronik berichtet darüber: »ist die schult gros, so sal manen sundern von en essen an irem tische, mal sol en besunder setzen«. Die Nacht verbrachten die Brüder auf hartem Lager, mit dem Mantel zugedeckt, das Schwert zur Seite, im gemeinsamen Schlafsaal, dem Dormitorium. In der Hofwand befand sich eine kleine Öffnung zur unbemerkten Inspektion des Raumes, denn fortwährende Aufsicht wurde als Stütze der Tugend und Ordnung angesehen. Dennoch haben sich gelegentlich Verstöße gegen die Ordensregeln ergeben, die streng bestraft wurden.

Südwesteckturm, im Vordergrund Danzkerruine mit vier Kragsteinen

Peter von Dusburg berichtet in seiner Preußischen Chronik von 1321 von einer wunderbaren Vision eines Ordensbruders in Rehden, der meinte, seine Seele nur durch Übertritt in einen strengeren Orden retten zu können. Im Traum erschienen ihm die Stifter der damaligen Ordensgemeinschaften, die aber alle seine flehentliche Bitte um Aufnahme ablehnten. Auch die heilige Jungfrau Maria, die Patronin des Deutschen Ordens, erschien ihm in Begleitung vieler Deutschordensbrüder. Als er sie inständig um Erlaubnis bat, wenigstens in der Gemeinschaft seiner Brüder bleiben zu dürfen, lehnte sie dies unter Hinweis auf die seiner Meinung nach nachlässige Ordenszucht ab. Dabei hob sie die Mäntel einiger Ordensritter und wies bedeutungsvoll auf ihre Wunden aus dem Heidenkampf. Und sie fragte ihn, ob er nicht den Eindruck habe, daß seine Brüder einiges für den Namen Jesu Christi gelitten hätten. Erwachend widerrief er seine Vorwürfe gegen den Orden. Er blieb in der Gemeinschaft und wurde wenig später im Kampf von den Heiden erschlagen.

Der Ort *Rehden,* nach einem alten Stadtsiegel auch *Redin* genannt, wurde bereits 1223 von *Bischof Christian,* einem deutschen Missionar aus dem Zisterzienserkloster Lekno, erworben und 1231 an den Deutschen Orden weiterverkauft. Hier hatte sich zuvor die prussische Feste *Radzin* befunden. Nach der siegreichen Schlacht an der Sirgune (Sorge) im Jahre 1234, die den Weg zu Haff und Ostsee freimachte, baute der Orden unter Mithilfe von Kreuzfahrern des Markgrafen Heinrich von Meißen eine Sicherungsburg. Bereits 1234 gründete der Landmeister *Hermann Balk* die Stadt *Redin,* die aber im Preußenaufstand um 1242/46 zerstört wurde. Die Burg hielt den Angriffen des mit den prussischen Aufständischen verbündeten Pommerellenherzogs *Swantopolk* stand und wurde auch später im großen Preußenaufstand nicht erobert. Seit 1251 sind die Namen der Komture von Rehden überliefert.

Nach dem großen Aufstand begann der Ausbau der jetzigen Burg in Stein, von der bereits 1285 die Burgkapelle zum Heiligen Kreuz erwähnt wird. Bei den Kunsthistorikern wird die Zeit des Ausbaus in Stein sehr unterschiedlich angegeben, denn *Steinbrecht* datiert sie von 1300 bis 1310, während *Clasen* sie um 1330 bis 1340 vermutet und Bernhard *Schmid* sie dazwischen angibt. Jedenfalls erfolgt der Steinausbau

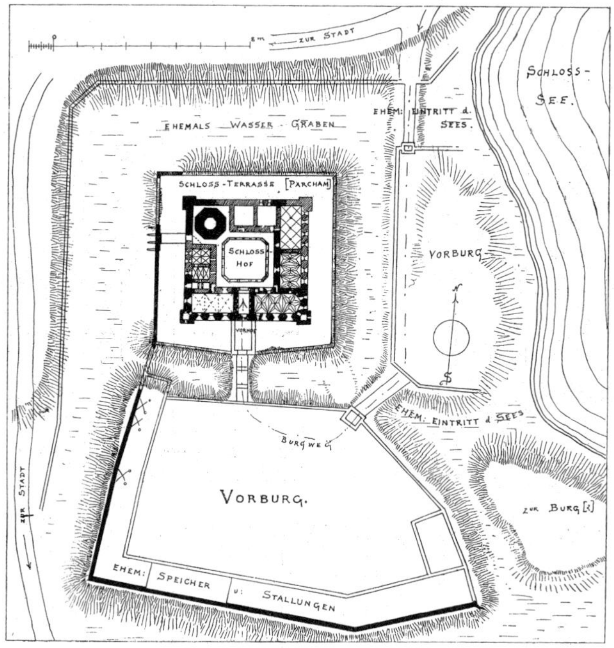

Lageplan (nach Steinbrecht, 1884)

verhältnismäßig spät, nämlich als 19. Burg. Das lag vor allem daran, daß Rehden nun nicht mehr im Kampf- und Grenzgebiet lag und auch keinen Wasseranschluß für den Transport von Baumaterial hatte.

1286 war die Stadt niedergebrannt, deren Handfeste gerade im Jahr zuvor von Landmeister *Conrad von Tierberg d.J.* erneuert worden war. Im Jahre 1329 wurde in der Burg Rehden eine große Landesversammlung unter Beteiligung des Hochmeisters, der Gebietiger, vieler Ritter sowie zweier Bischöfe abgehalten, in der wohl unter anderem Beschlüsse über den weiteren Ausbau des Burgensystems gefaßt worden sind. In Strasburg fand im selben Jahr eine gleichartige Versammlung statt.

Nach der unglücklich ausgegangenen Schlacht bei Tannenberg am 15. Juli 1410 gelang den Polen erst nach längerem Widerstand im September 1410 die Eroberung der Burg, die aber bald darauf von einem Entsatzheer unter dem Marschall von Livland belagert und nach dem Waffenstillstand von den Polen geräumt wurde. Um 1412 war Rehden unter seinem perfiden Komtur *Georg von Wirsberg* Mittelpunkt eines Aufstandes des Landadels. Wirsberg und seine Genossen wurden nach ihrem mißglückten meuchlerischen Anschlag gegen den Hochmeister *Heinrich von Plauen* in einem harten Strafgericht abgeurteilt.

Der zunächst abgewendete Abfall vom Orden bricht dann aber vierzig Jahre später, begünstigt durch den Niedergang des Ordens, geschürt von Polen und betrieben von den nach Freiheit strebenden eigennützigen Handelsstädten, endgültig durch. Die Burg Rehden gerät 1454 in die Hand des aufständischen Städtebundes. Obwohl die Ordensstreiter schon den Wehrgang der Parchammauer erstiegen hatten, schlug die Rückeroberung fehl. So gingen Rehden, das gesamte Kulmer Land und weitere große Gebiete dem Ordensstaat im zweiten Thorner Frieden von 1466 verloren.

Auf der Burg residierte nun für längere Zeit ein polnischer Burghauptmann. Schon bald setzte an den nur zum Teil genutzten Gebäuden der Verfall ein, dem in der Mitte des 17. Jahrhunderts im schwedisch-polnischen Krieg Verwüstungen durch schwedische Truppen folgten. Nachrichten aus den Jahren 1720/30 sprechen von schadhaften Decken, und ein Lustrationsbericht von 1765 stellt allgemeine Verwahrlosung fest. Nach der Wiedergewinnung des Landes durch Preußen im Jahre 1772 wird die Burg wegen ihres miserablen Zustandes als nicht erhaltenswert bezeichnet und mit dem systematischen Abriß begonnen. Nachdem die Amtswohnung aus der Burg verlegt worden war, begann die Ausraubung. »Jeder nahm, was er loskriegte« heißt es in einer Überlieferung. Staat und Stadt verwendeten die Burgziegel beim Bau des Rathauses, des Pächterhauses und der Stallungen der Domäne; aber auch Privathäuser wurden aus ihnen gebaut. Um 1800 stürzte das Gewölbe der Kapelle ein. Obwohl 1827 König Friedrich Wilhelm III. dem Abbruch Einhalt gebot, dauerte es noch bis 1911, bis die Kapelle ein Schutzdach erhielt.

Aus der genau vor hundert Jahren vorgenommenen kunsthistorischen Aufnahme der Ruine durch Conrad Steinbrecht, die auf Weisung des preußischen Kultusministers Gossler stattfand, sind uns ausgezeichnete Unterlagen überliefert worden. Insbesondere Kapelle, Kapitelsaal und Remter konnten bis ins Detail rekonstruiert werden. Es wurden nach Einzelfunden von Resten des Kreuzgangs, von Portaleinfassungen, Kapitellen und Gewölbediensten der Formenreichtum und die dekorativen plastischen Elemente aber auch die Ausmalung der Räume festgestellt und dokumentiert. Das alles belegt den außerordentlich hohen Stand der kulturellen, künstlerischen und handwerklichen Leistungen des deutschen Ordenslandes und seiner Menschen vor siebenhundert Jahren. Nach jahrzehntelanger selbstquälerischen Hervorkehrung der negativen Seiten der deutschen Geschichte steht es uns gut an, dieser schöpferischen Taten unserer Vorfahren wieder mehr zu gedenken.

Der heutige Besucher findet die Ruine in befriedigendem Zustand. Nach dem Kriege ist zu ihrer Erhaltung einiges getan worden, worauf unter anderem die bis über das Wehrgeschoß erhöhte Mauer des Eingangsflügels, die Bedachung der Burgkapelle und konservierende Mauerreparaturen hinweisen. Die schöne Ruine der Burg Rehden wird ihre Besucher wohl noch lange Zeit durch ihre monumentale, kraftvolle Eleganz erfreuen.

Engelsburg

Vergessene Burg im Kulmer Land

Komtursiegel, 14. Jhdt. (Nachbildung)

Eine der ältesten Burgen des Kulmer Landes liegt unmittelbar an der Straße von Graudenz nach Rehden, etwa auf halbem Wege zwischen beiden Städten. Als wir an einem heißen Frühsommertag des letzten Jahres vor dem alten Backsteintor der Vorburg hielten, begegnete uns ein Landmann, der an einem Schulterjoch zwei Eimer mit frischem Brunnenwasser den ansteigenden Weg zum Hof hinaufschleppte. Freundlich bot er uns radebrechend einen köstlichen Trunk aus seinen Eimern an. Ob es wohl Wasser aus dem gleichen Brunnen war, der vor über sieben Jahrhunderten die deutschen Ritter mit seiner kristallklaren Frische erquickt hat? Noch heute lassen die trutzigen Ruinen Größe und Wehrhaftigkeit der längst verfallenen Burg des deutschen Ordens erahnen.

Bereits im Vertrag von *Lonyz* vom Jahre 1222 wird die ehemalige Burg *Pokriwen* erwähnt, an deren Stelle der Deutsche Orden unter Landmeister Hermann *Balk* um 1236 die *Engelsburg* gründete. Für die im Jahre 1278 eingerichtete Komturei wurde der ursprüngliche Holzbau in Stein neu aufgeführt, wobei zuerst ein Mauerring mit Torhaus und anschließend das Haupthaus entstanden. Erst etwa fünfzig Jahre später errichtete man an der Ostseite parallel zum Hausgraben, ein weiteres großes Steinhaus. Es schloß etwas versetzt an das Torhaus an und enthielt die Kapelle.

Die ganze *Hauptburg* bestand aus einem ummauerten Hof in Form eines unregelmäßigen Sechsecks, in den die genannten drei Häuser an der Ostmauer eingefügt waren. Hofseitig verband ein zweigeschossiger hölzerner Kreuzgang die Häuser miteinander und führte zu den Eingängen im Hauptgeschoß, denn es gab keine Treppen im Haus. Vermutlich enthielt der Hof aber noch ein oder zwei altertümliche Fachwerkhäuser an der Westseite, die später Wirtschaftszwecken dienten.

Das noch heute bis zum Hauptgeschoß vorhandene *Torhaus* mit seinem steingefaßten Torweg liegt an einem trapezförmigen Vorhof, der zwischen Hausgraben und Hauptportal als Zwinger ausgebaut gewesen sein dürfte. Im Torhaus befindet sich neben dem Torweg eine Pförtnerzelle mit Kamin. Bemerkenswert ist aber der darüberliegende kleine, kapellenartige Raum mit zwei Jochen Kreuzgewölbe, dessen Rippen sich auf runden Ecksäulen aus gebranntem Ton abstützen. Die frühgotischen Kelchkapitelle und die altertümlichen Gewölbeformen stammen aus der Zeit älterer Thorner Bauten. Überhaupt gehören auch alle anderen noch vorhandenen Gebäudereste, nämlich die Fundamente, Keller und halbhohen Mauern, einer frühen Epoche der Ordensbaukunst im 13. Jahrhundert an. Ein deutlicher Hinweis auf die frühe Entstehungszeit dieser Burg ist auch das sorgsam aufgeführte Mauerwerk aus Backsteinen im Klosterformat (9 × 15 × 32 cm) im frühgotischen Mauerverband mit zwei Läufern und einem Binder. Beeindruckend sind die halbhohen Mauerreste der Kapelle am Haus-

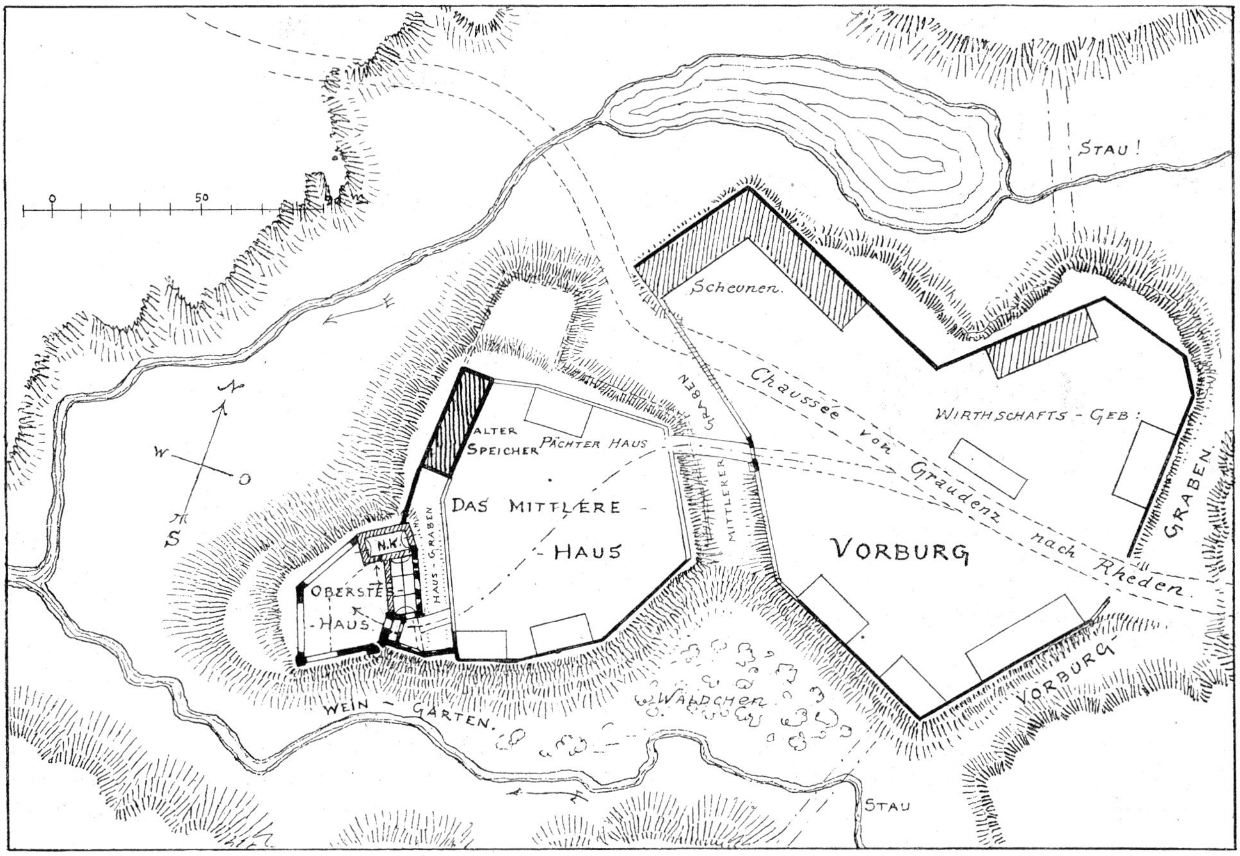

Lageplan (nach Steinbrecht und Heise)

graben in ihrer hohen Qualität sowohl hinsichtlich der handwerklichen Ausführung als auch des Materials. Man bedenke, daß diese mächtigen Mauerklötze vor siebenhundert Jahren errichtet wurden und in den letzten Jahrhunderten fast ohne Pflege und ohne Bedachung Wind und Wetter ausgesetzt waren.

Östlich vor dem Hausgraben lag die geräumige *Vorburg,* hier mittleres Haus genannt, die als unregelmäßiges Sechseck ganz den gegebenen Geländeverhältnissen angepaßt und von einer Wehrmauer umgeben war. Von den Baulichkeiten sind nur noch das eingangs erwähnte Tor und ein alter Speicher vorhanden. Das Tor liegt am Graben, der das mittlere Haus von der östlich vorgelagerten Vorburg trennte. Angeblich war der zugeschüttete Graben früher von einer Zugbrücke überspannt. Von der heute jenseits der Chaussee liegenden Vorburg sind noch ein Teil der Umfassungsmauern sowie zwei ordenszeitliche Backstein-Scheunen erhalten.

Das Vorburgtor hat einen gemauerten weiten Spitzbogen, der mit einem Band aus schwarzglasierten Backsteinen und von viereckig umlaufenden Mauervorsprüngen eingefaßt ist. Bekrönt wird das Tor von einem Zier-Wehrgang mit kleinen Spitzgiebeln und Fialen. Ein Schild mit dem schwarzen Ordenskreuz zierte früher die Mitte über dem Torbogen; sein Platz ist noch jetzt an den Befestigungseisen im Mauerwerk erkennbar.

Der alte *Speicher* liegt am Nordende des Hausgrabens und erfüllte damals als nordwestliche Verteidigungsbastion im Mauerring zwei Funktionen. Die Schießluken im Obergeschoß weisen darauf hin. In seiner Nordwest-Ecke springt ein schmaler Vorbau schräg hervor, des-

Torhaus mit Eingang zur Hauptburg

sen Bestimmung als kleiner Eckturm oder als Kamin umstritten ist. Dort findet sich im oberen Drittel der Außenmauer ein Backsteinfries aus kleeblattähnlichen Vierpässen.

Aus der Grundrißgestaltung der Engelsburg, die sich völlig der Geländebeschaffenheit unterordnet, ergeben sich zusätzliche Hinweise auf ihr Alter. Schon um 1280 setzte sich nämlich im Ordensbau die annähernd quadratische Kastellform durch. Hier, wie in Althaus Kulm und in Graudenz, handelt es sich um charakteristische Abschnittsbefestigungen, die eine von zwei Tälern begrenzte spitze Landzunge eines Höhenzuges ausnutzen, indem sie das Haupthaus auf der Spitze durch Gräben abtrennen und durch abschnittsweise angelegte Vorburgen sichern. Diese sogenannte Kulmer Burgform, die an die Höhenburgen des Altreichs anschließt, findet sich auch später noch vereinzelt wieder, so z.B. bei der Burg Preußisch Mark in Pomesanien.

Die Engelsburg hatte eine zusätzliche Sicherung durch zwei nördlich und südlich nahe vorbeifließende Bäche, die sich im Westen vereinigten und so wasserreich waren, daß sie, bei Gefahr angestaut, große Teile der angrenzenden Täler überschwemmten. Daneben sorgte ein permanenter kleinerer Stau für Fischteiche, aus deren starkem Besatz mit guten Speisefischen die hochmeisterliche Tafel in Marienburg beliefert wurde. An den Südhängen des Burgflügels wurden von den Rittern Wein und Obst angebaut, um Tafel und Keller abwechslungsreich zu füllen.

Ritter, Priesterbrüder und Halbbrüder der Engelsburg machten dem Namen ihres Konvents Ehre, denn ihre Frömmigkeit und Humanität wurden im ganzen Lande gepriesen. So schreibt der zeitgenössische Chronist *Peter von Dusburg* um 1320, daß Besucher der Engelsburg den Namen des Hauses sehr passend fanden, weil dort wirklich Engel wohnten.

In der langen Reihe der uns namentlich überlieferten 25 Komture zu Engelsburg, beginnend mit *Heinrich Brabantius* im Jahre 1278 und endend mit *Graf Friedrich von Zollern,* der 1416 in diesem Ordenshause an der Pest starb, leuchten viele bekannte Namen und Schicksale auf von Männern unterschiedlicher Eigenschaften und Taten. Manche von ihnen, wie *Günther von Schwarzburg, Friedrich von Wenden* und *Friedrich von Zollern,* erreichten nach ihrer Amtszeit in Engelsburg hohe Positionen als Großgebietiger des Deutschen Ordens, andere kamen erst am Ende ihrer großen Laufbahn nach Engelsburg, um in dieser schönen kleinen Komturei den Lebensabend zu verbringen. Zu den letzteren gehörte der abgedankte Hochmeister *Ludolf König,* der nach einem Mißerfolg in Livland schwermütig geworden war und die letzten drei Lebensjahre bis zu seinem Tode im Jahre 1348 in Engelsburg verlebte. Auch der tatkräftige Retter der Marienburg, Hochmeister *Heinrich von Plauen,* wurde nach sei-

Ecke der Kapelle am Hausgraben

Inneres der Kapelle mit Fensterleibungen und Gewölbeansätzen

nem erzwungenen Amtsverzicht für kurze Zeit Komtur von Engelsburg.

In der Schlacht bei Tannenberg am 15. Juli 1410 kämpfte der Engelsburger Komtur mit seinen Rittern und Mannen in der Mitte der Schlachtordnung im Befehlsbereich der Bannergruppe Ermland. Zu diesem Heerhaufen, der unmittelbar neben dem Treffen des Hochmeisters stand, gehörten auch die Aufgebote aus Osterode und Roggenhausen. Das rote Banner der Komturei Engelsburg mit dem großen silbernen Engel wehte inmitten des Kampfgetümmels, bis die feindliche Übermacht zur Niederlage führte. Unter den vielen gefallenen Ordensstreitern blieb auch der Komtur zu Engelsburg, *Burghard von Wobeke,* tot auf dem Schlachtfeld liegen.

Die schwere Niederlage des Deutschen Ordens bei Tannenberg hatte nachhaltige Auswirkungen auf den ganzen Ordensstaat. Sie führte auch zur Auflösung der Komturei Engelsburg, deren Gebiet der Komturei Rehden und der Vogtei Roggenhausen zugeteilt wurde. Im zweiten Thorner Frieden von 1466 fiel Engelsburg mit dem autonomen Gebiet Westpreußen als Preußen königlichen Anteils an Polen und wurde Sitz eines Starosten. Bald fingen die Gebäude an zu verfallen, und 1611 brannte die Burgkapelle ab; sie wurde jedoch schnell wieder aufgebaut. Bei der Besetzung durch die Schweden im Jahre 1657 kam es zu Übergriffen, die auch zu Gebäudeschäden führten. Im fortschreitenden Verfall stürzte 1789 die Kapelle ein.

In dem seit 1772 wieder zum Königreich Preußen gehörenden Land ging man mit alten

Tor zur mittleren Vorburg

Gebäuden nicht zimperlich um. Für die in der Vorburg errichtete Domäne wurden Steine aus der alten Burg gebrochen. Später diente sie dem Chausseebau als Steinbruch. Am Ende des 18. Jahrhunderts war die Burg so gründlich

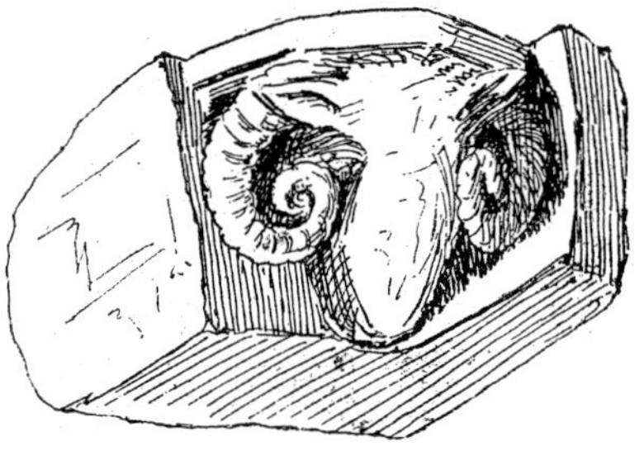

Kalksteinkonsol-Fundstück

abgebrochen, daß nur noch wenige Reste Rückschlüsse auf das frühere Aussehen gaben. Der bekannte Kunsthistoriker und Konservator *Conrad Steinbrecht* fand im Jahre 1910 bei seinen Nachforschungen in Engelsburg »eine trefflich gepflegte Domäne« vor und rettete noch, was zu retten war. Ihm verdanken wir einige Funde, aber vor allem die zeichnerische Fixierung in einem rekonstruierten Lageplan sowie Zeichnungen vom Vorburgtor und vom kapellenartigen Raum im Torhaus.

Engelsburg hat in der Neuzeit nie irgendeine Bedeutung erlangt. Es war und blieb eine kleine Gemeinde, die 1905 nur 288 Einwohner hatte und wirtschaftlich vorwiegend auf die Domäne und die Landwirtschaft ausgerichtet war. Heute wirkt der Bereich um die Burg abgelegen und ungepflegt. Die Gebäude sind stark vernachlässigt.

Man hat den Eindruck, als wenn sich die Engel schon vor Jahrhunderten von ihrer Burg zurückgezogen hätten, die nun am Rande der Welt liegt.

Elbing

Komtursiegel, 14. Jhdt.

Landmeistersitz und Hauptspital des Deutschen Ordens in Preußen

Elbing ist von seiner Gründung an als Hafen- und Handelsstadt geprägt. Schon in frühgeschichtlicher Zeit war die nahegelegene Wikingersiedlung Truso ein bekannter Handelsort, über den der Seefahrer Wulfstan im 9. Jahrhundert berichtete. Er segelte durch eines der damaligen Nehrungstiefs und den als Ilfing bezeichneten Elbingfluß in den Drausensee. Die damaligen Gewässerverhältnisse waren besonders in diesem Gebiet gänzlich anders als heute.

Noch um das Jahr 1300, als Elbing bereits fünfzig Jahre Hauptort des Ordenslandes Preußen war, boten sich der Schiffahrt wesentlich gün-

Das Weichseldelta um 1300 (nach H. Bertram)

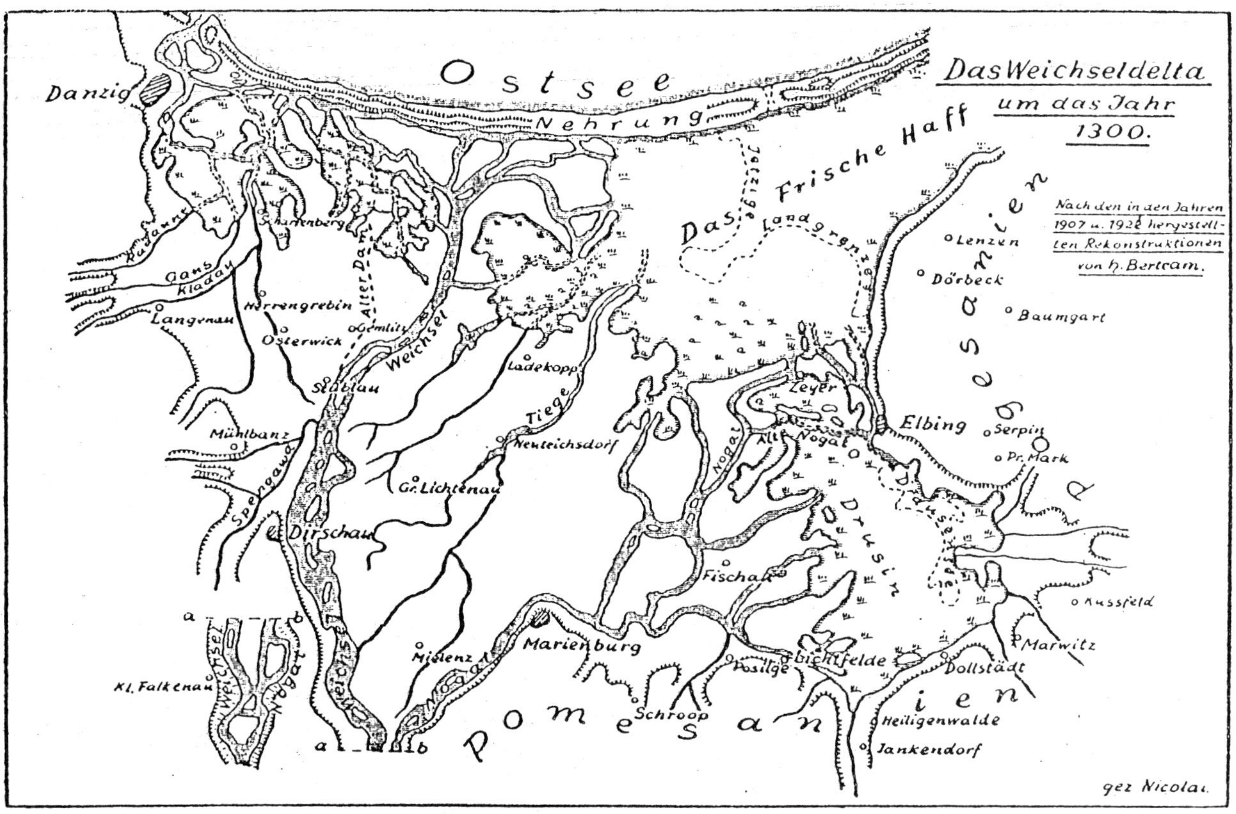

stigere Bedingungen. Nach einer Rekonstruktion von H. Bertram war das Weichseldelta damals trotz bereits teilweise vorhandener Eindeichungen ein Labyrinth von Flußläufen. Die Nogat führte als ein der Weichsel ebenbürtiger Fluß sehr viel Wasser, das in mehreren Mündungsarmen in den damals um ein Vielfaches größeren Drausensee, in das Frische Haff sowie in den Elbing-Fluß floß. Die Haffküste lag im Vergleich zur jetzigen Uferlinie um bis zu zehn Kilometer landeinwärts. Ein Vorteil für die Elbinger Schiffahrt waren die einst im westlichen Teil der Nehrung liegenden Seetiefs. Diese günstigen Bedingungen für Schiffahrt und Handel haben sich auf die Dauer nicht erhalten, so daß Wassermangel und versandete Tiefs die Elbinger Schiffahrt zunehmend beeinträchtigten. Beschränkungen durch die geringe Wassertiefe des Haffs und lange Umwege durch das Pillauer Seetief ließen Elbing den Wettbewerb um die Vorherrschaft in Handel und Schiffbau gegenüber Danzig verlieren.

Für den Deutschen Orden, der seinen Kampf um 1231 an der mittleren Weichsel bei Thorn aufgenommen hatte, war das Erreichen der Küste lebenswichtig, denn nur auf dem See-

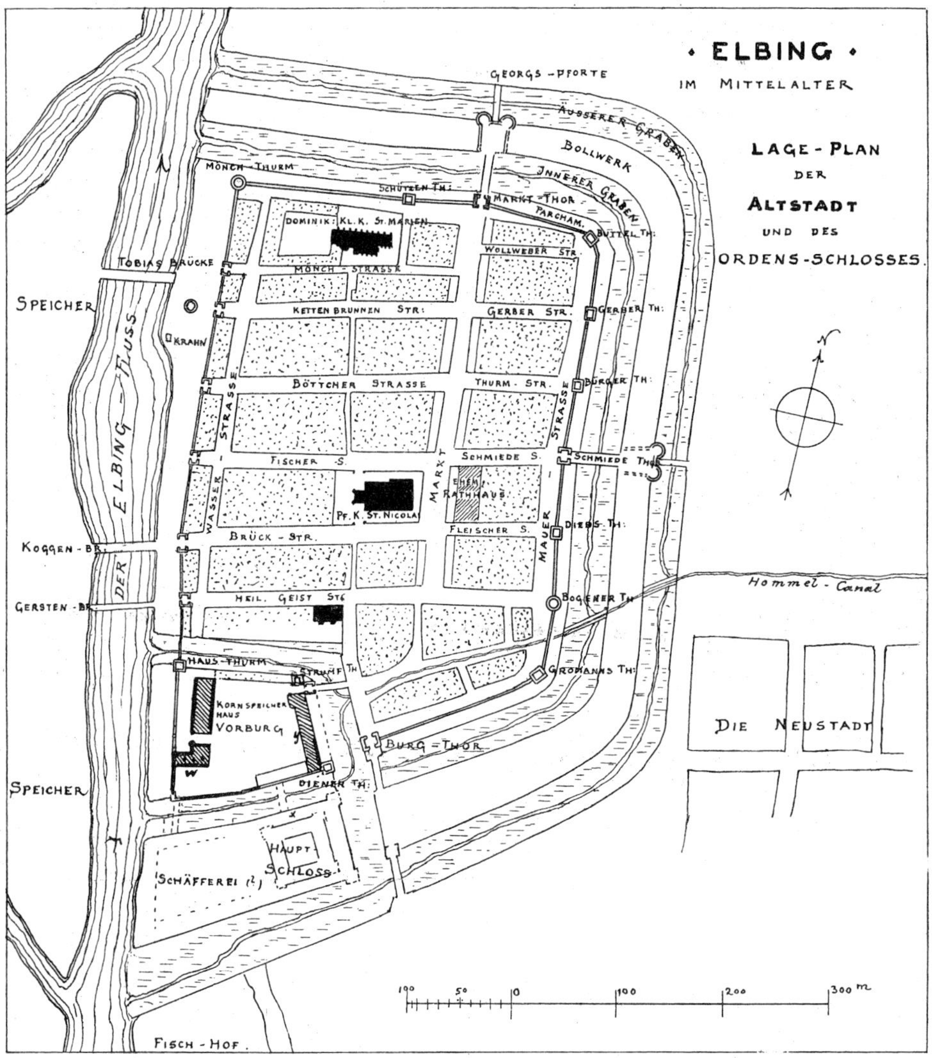

Lageplan (nach Steinbrecht)

wege konnte er seine Nachschubprobleme lösen. Als der reiche Markgraf Heinrich von Meißen mit seinem Kreuzfahrerheer den Deutschen Orden bei einem Feldzug unterstützte, ließ er um 1237 die Schiffe Pilgrim und Friedeland bauen, die das Ordensaufgebot die Nogat hinunter bis in die Nähe des alten Truso trugen. Landmeister Hermann Balk legte dort zwischen Elbing-Fluß und Hommelbach Burg und Stadt Elbing an. Die Stadt wurde mit Einwanderern besiedelt, die über See aus Lübeck und dem niederdeutschen Raum kamen.
In Elbing verband sich die erfolgreiche Landmacht des Deutschen Ordens mit der Seemacht Lübeck, denen die prussischen Völkerschaften in den Gauen Pomesanien, Pogesanien, Warmien und Natangen bald unterlagen. Sie unterwarfen sich im Christburger Frieden vom 7. Februar 1249 der Oberhoheit des Ordens. Dennoch hatte es großer Anstrengungen bedurft, im ersten Preußenaufstand nach 1242 neben dem Kulmer Land wenigstens die beiden neuen festen Plätze Elbing und Balga zu behaupten. Auch in dem 1260 ausbrechenden großen Preußenaufstand konnte Elbing gehalten werden. Außer dem Bischof von Ermland mit seinem Domkapitel hatten sich Bürger und Besatzung der Städte Braunsberg und Heilsberg sowie viele Menschen aus der Umgebung hinter die schützenden Mauern von Elbing geflüchtet, wo inzwischen das Haupthaus des Deutschen Ordens in Preußen mit dem Sitz des Landmeisters eingerichtet worden war.
Außer seiner günstigen Lage als Handelsplatz hatte Elbing aber auch gute Voraussetzungen für seine Verteidigung. Haff, Nogatdelta sowie Elbing-Fluß und Drausensee schützten es von drei Seiten. Die Stadtbefestigung und die Burg bildeten eine Einheit, die von einem gestaffelten Ring von Mauern und Gräben umgeben war. Zwischen dem Grabensystem, das von einer Zuleitung aus dem Hommelbach mit Wasser versorgt wurde, und dem Elbing-Fluß bestanden mehrere Verbindungen. Die Burg legte man in einem versumpften, niedrigen Bachgelände unmittelbar am Elbing-Fluß an der Südwestecke der Altstadt an. Sie erhielt durch Gräben und den Fluß eine Insellage und war durch die Vorburg gesichert. Obwohl die nachhaltigen Zerstörungen der Burg im Städtekrieg 1454 sowie die Verbauungen in den folgenden Jahrhunderten eine Rekonstruktion der Anlage stark erschweren, so kann nach den Fundamenten und Funden mit einiger Sicherheit angenommen werden, daß die Ordensburg unmittelbar an die Stadtbefestigung und das Heilig-Geist-Hospital anschloß.
Bei der Gründung der Burg im Jahre 1237 wurden die Befestigungsanlagen wie üblich aus Holz und Erde aufgeführt. Aber schon sehr früh ging man etwa um 1245 zum Ausbau in Stein über, denn die Burg hatte eine herausragende strategische Bedeutung und löste 1251 Althaus Kulm als Haupthaus des Ordens in Preußen ab. Für die Verlegung des Sitzes des Landmeisters nach Elbing war eine Reihe von Gründen maßgebend. Außer der verkehrsgünstigen Lage mit Schiffsverbindungen ins Altreich und insbesondere nach Lübeck sowie der besseren Nachschubversorgung gaben wohl vorrangig strategische Überlegungen den Ausschlag. Die Eroberung der preußischen Küstenregion war bei den schlechten Landwegen von See aus und mit Unterstützung maritimer Kampfmittel besser zu erreichen. Nicht ohne Einfluß für die Entscheidung war sicher auch die am 12.5.1237 vollzogene Verei-

Die Kapelle des Ordensspitals zum Heiligen Geist

nigung mit dem livländischen Schwertbrüderorden, mit dem in der Folge gemeinsame Operationen sowie gegenseitige Hilfeleistungen stattfanden. Hierfür war natürlich eine funktionsfähige Verbindung zwischen den beiden Ordensteilen und zwischen ihren Landmeistern erforderlich. Die Gründung von Burg und Stadt Memel durch den livländischen Orden im Jahre 1252 als südliche Bastion seines Territoriums und Sperrburg am Eingang des Kurischen Haffs verfolgte diese Zielrichtung. Memel blieb mit seinem schmalen kurländischen Küstenstreifen lange Zeit die einzige Landverbindung zwischen Preußen und Livland und wurde erst 1328 dem preußischen Ordensteil unterstellt. Mit der Gründung von Elbing und seiner Aufwertung als Hauptort des Ordens war für die weitere Entwicklung ein wichtiger Schritt in Richtung Aufbau der Seemacht und des Handels des Ordens getan, der noch Jahrhunderte fortwirkte.

Die Burg Elbing gehört der frühen Phase der Stilentwicklung des Konventhauses zum eigenständigen Burgentyp des Deutschen Ordens an. Sie hatte in Lage und Bauform starke Ähnlichkeit mit der Burg Thorn, jedoch war in Elbing die Regelmäßigkeit des zwar noch schiefwinkeligen und ungleichseitigen Burgplatzes bereits durch gradlinige Begrenzungen weiterentwickelt. Dennoch hatte die frühe Burgform hier noch nicht die kastellartige Geschlossenheit späterer Ordensburgen erreicht, und ihre einzelnen Gebäude lagen vorwiegend am Rande des ausgedehnten Burgplatzes. Zur Brandenburg und den anderen Haffburgen sind enge bauliche Beziehungen erkennbar, so daß die Vermutung nahe liegt, daß sich in Elbing eine Art zentraler Bauhütte befunden hat. Das sehr große Ordenshaus galt seinerzeit als die schönste und bestausgestaltete Ordensburg nach der Marienburg, was seiner Funktion als Landmeisterresidenz und als Versammlungsort des Generalkapitels entsprechen würde.

Nach 1312, als Marienburg bereits Residenz des Hochmeisters geworden war und einige Großgebietigerämter dezentral vom Haupthaus ein-

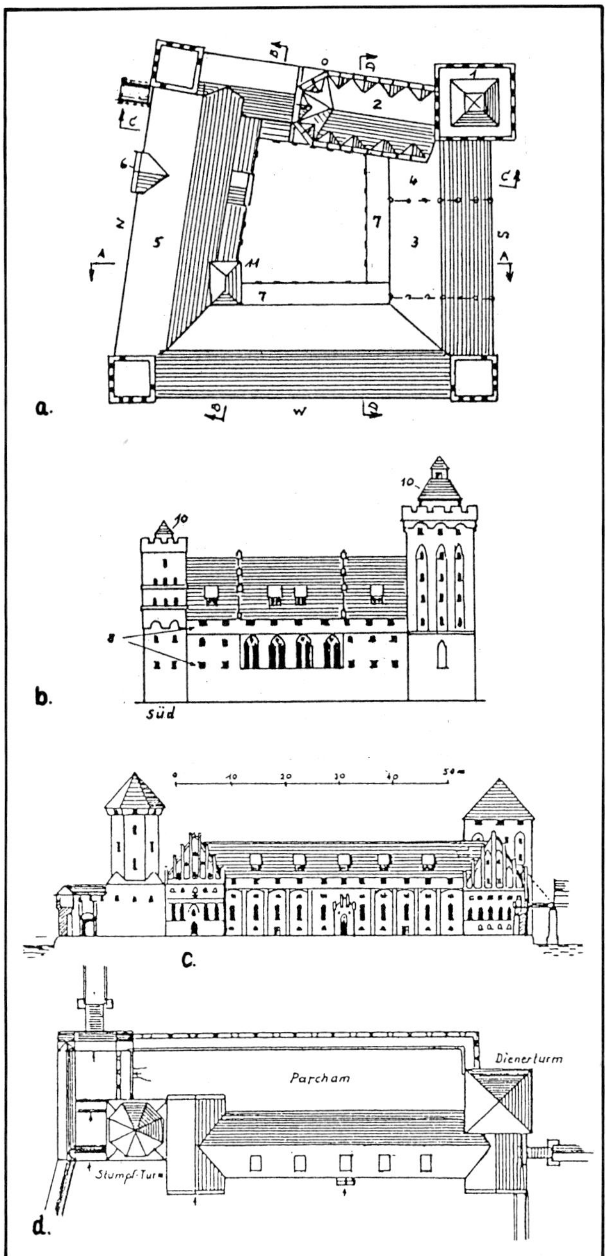

Rekonstruktionsskizzen (nach G. Salemke): a) Draufsicht der Hauptburg; b) Ansicht des Südflügels; c) Seitenansicht der Firmarie; d) Draufsicht der Firmarie

gerichtet wurden, saß in Elbing der Oberste Spittler des Ordens, dem das vorbildlich organisierte Gesundheitswesen und sämtliche einundachtzig Spitäler im Lande unterstellt waren.

Außer dem ältesten Hospital in Preußen, dem Heilig-Geist-Hospital, gab es in Elbing drei weitere Spitäler, in Danzig sieben, in Thorn sechs und in fast allen anderen Städten mit Ordensburgen eine Reihe weiterer, die zum Teil in Verbindung mit den Firmarien zugleich Altersheime für Ordensangehörige waren.

Die Bebauung des 42.000 m^2 großen Burgplatzes läßt sich durch die nach 1454 vorgenommenen Abbrüche und Umbauten nur unvollständig rekonstruieren. Ausgrabungen in den Jahren 1936–38 legten nur einige Gebäudefundamente frei und wurden später nicht fortgeführt. Unstrittig ist die Feststellung, daß das Burggebiet in zwei Teile gegliedert war, deren nördlicher unmittelbar an das Heilig-Geist-Hospital und die Stadt angrenzte. Beide Teile wurden in ost-westlicher Richtung von einem Quergraben mit Stützmauer, dem für die Ordensburgen typischen Hausgraben zwischen Haupt- und Vorburg, getrennt. An seiner Stelle verlief in neuerer Zeit die Kalkscheunstraße.

Lageplan der Haupt- und Vorburg (nach G. Salemke)

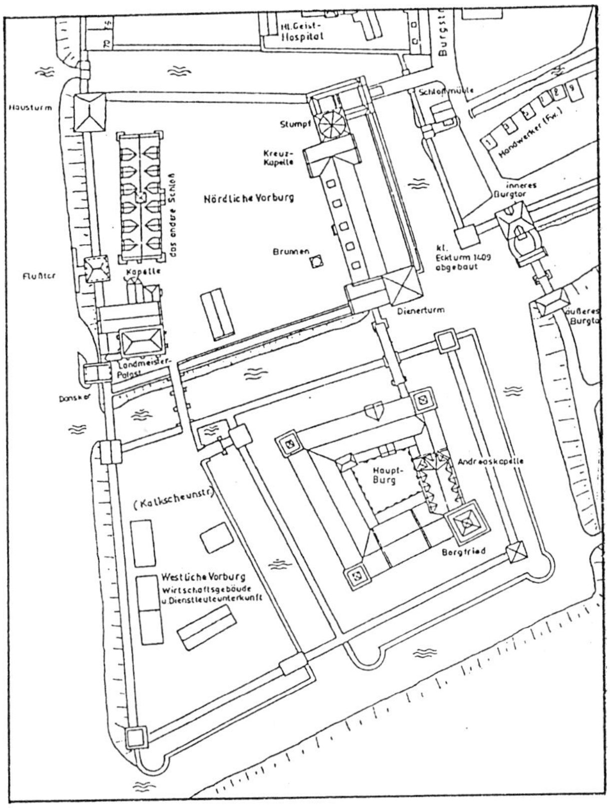

Der nördliche Burgteil mit Landmeistersitz und Firmarie war im Westen an den Elbing-Fluß angelehnt und an den drei anderen Seiten von einem Burggraben umgeben, dessen Wasser vom Hommelbach zugeleitet wurde. Am deutlichsten läßt sich die Bebauung an der Ostseite erkennen, denn dort sind noch mittelalterliche Bauteile in dem über 56 Meter langen Lagergebäude erhalten, das im Norden und im Süden von vorspringenden quadratischen Türmen, dem Stumpf- und dem Diener-Turm, eingefaßt wurde. Im Inneren des Gebäudes sind noch heute spitzbogige Gewölbeansätze erkennbar. Am Nordende dieses Langhauses, das vermutlich als Firmarie der Kranken- und Altenpflege diente, schloß sich rechtwinklig ein kurzer Querbau an. Am Südende führt eine noch erhaltene Abschlußmauer am Hausgraben entlang bis zum Elbing-Ufer. Vermutlich lag hier der Übergang zum Haupthaus mit Eingangspforte und Brücke über den Graben. Im Südwestteil des Platzes hat sich ein ordenszeitliches Haus von etwa 20 x 25 m mit zweischiffigem Keller und anschließender ähnlicher Kellerruine erhalten. Es wird von den Forschern als Gebietigerwohnung vom Ende des 13. Jahrhunderts angesehen, in dem zuerst der Landmeister und später der Oberste Spittler wohnten. Gewisse Einzelformen dieses Hauses erinnern an den Marienburger Kapitelsaal. In der Neuzeit beherbergte das umgebaute und

Siegel des Oberstspittlers

verputzte Haus die Wohnung des Schuldirektors. Parallel zum Elbing-Fluß liegt, in Nord-Süd-Richtung verlaufend, der Rest des Ordenskornhauses, das 1458 zum Brigitten-Kloster, 1536 zum Gymnasium und in der Neuzeit zur Agnes-Miegel-Schule umgebaut worden ist. Die ursprüngliche Bebauung der Nordseite des Burgplatzes zwischen Haus- und Stumpf-Turm ist unbekannt. Sicher verlief dort eine Wehrmauer am Burggraben entlang, die möglicherweise auch an der Innenseite mit Gebäuden besetzt gewesen sein kann. Vielleicht liegen dort im Erdreich noch alte, unentdeckte Fundamente.

Im Nordteil des Burggeländes, insbesondere auf dem späteren Schulhof, wurden 1914, 1919 und 1937 wichtige Funde gemacht, die die Annahme erhärten, daß sich hier die Landmeisterresidenz befunden hat. Der bedeutendste Fund ist eine sechzehneckige Säule von siebzig Zentimeter Durchmesser und 2,80 Meter Höhe mit dem dazugehörigen sechzig Zentimeter hohen Sockel aus Gotländer Kalkstein. Sie stammt aus dem 13. Jahrhundert und muß in einem bevorzugten Raum, vielleicht dem Remter oder der Kapelle, gestanden haben. Diese Säule befindet sich, wie unser Bild zeigt, noch heute im parkartig verwilderten Burghof. Weitere wesentliche Funde an dieser Stelle waren die Reste einer Terrakottafigur, eine Heilige darstellend, die starke Ähnlichkeit mit den Bildstöcken der Goldenen Pforte am Eingang zur Marienburger Burgkapelle hat. Ferner fanden sich Buchstabenplatten mit gotischen Majuskeln, wie wir sie von Birgelau, Balga, Lochstädt und Marienburg kennen. Genauere Untersuchungen des Schriftbildes und der Form des Tonplattenfrieses ergaben Gleichartigkeit mit demjenigen des Marienburger Kapitelsaales.

Die Elbinger Burg hatte vermutlich keinen Bergfried, sondern nur Ecktürme. Nach der Überlieferung befand sich im Burggebiet eine schöne eigene Kirche mit Gewölben auf gehauenen kantigen Pfeilern aus Naturstein, die nach der Zerstörung der Burg zum Bau des Schmiedetores verwendet wurden. Einer der Pfeiler könnte der noch heute auf dem Burghof stehende sein.

Südlich des Hausgrabens, der späteren Kalkscheunstraße, wo in der Neuzeit die Berufsschule lag, wird die Hauptburg vermutet. Da

Eine alte Säule steht noch heute auf dem Vorburghof

Säule aus Gotländer Kalkstein

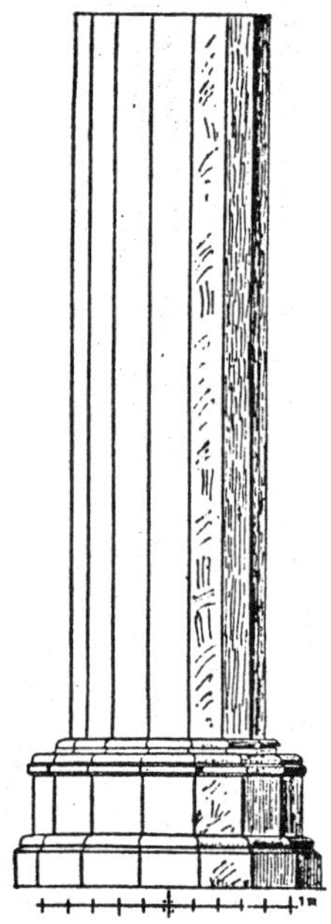

sich über der Erde nichts erhalten hatte, wurden 1937/38 bei Suchgrabungen Teile großer Kellerruinen mit Fundamenten aus rohen Granitsteinen auf einer Teilfläche von etwa 27 Metern Länge und 9 Metern Breite freigelegt. Da sich hier nur wenige Formsteine fanden, wird in diesen Resten ein Wirtschaftsgebäude vermutet. Es ist unbekannt, ob sich in den Jahren nach 1945 weitere Funde oder neue Erkenntnisse ergeben haben.

Neben den wenigen bereits genannten Funden aus dem künstlerischen Bereich geben überlieferte Nachrichten Kunde vom vielfältigen Kunstschaffen in der Ordenszeit Elbings. Das Ordenshaus enthielt in seinen vornehmen Räumen, wie dem Saal des Generalkapitels, dem Landmeisterremter und der Kapelle wertvolle Wand- und Tafelmalereien. Am Ende des 14. Jahrhunderts wurden zwei Elbinger Maler vom Hochmeister ausgezeichnet, nämlich Johannes Wilde und ein Meister Albert.

Eine wertvolle Silberarbeit aus dem Jahre 1388 hat sich in dem kunstvoll dekorierten Flügel des Feldaltars des Elbinger Konvents erhalten, dessen Umschrift lautet: »THVCVNT : DRIHVNDIRT : IOR : VNDE : ACH : VNDE : ACHZIC : IOR : DO : LIS : MACHEN : BRVDER : THILE : DAGICTER : VON : LORICH : HVCKVMPTHVR.«

Gerühmt wurden auch die Arbeiten des Elbinger Goldschmiedes William vom Ryne in der Zeit nach 1394. Offensichtlich gingen aber bereits in der Mitte des 14. Jahrhunderts die Möglichkeiten der künstlerischen Gestaltung dem strengen Hochmeister Heinrich Dusemer zu weit in den Bereich der Prachtliebe und Völlerei hinüber, denn er warnte die Seinigen ausdrücklich vor dem Wohlleben und der Prunksucht in der Stadt Elbing.

Die Komturei Elbing gehörte zu den bedeutendsten in Preußen. Ihr Gebiet verlief in einem Streifen vom Haff aus in südöstlicher Richtung bis hinter Ortelsburg und Willenberg an die masowische Grenze. Die Vogteien und Pflegeämter Fischau, Pr. Holland, Mohrungen, Ortelsburg und Willenberg unterstanden dem

Außenflügel des silbernen Feldalters der Komturei Elbing von 1388 (Hauskomtur Dagicter von Lorich)

Elbinger Komtur und seinem Konvent aus 39 Ordensbrüdern. In der langen Reihe der seit 1246 namentlich überlieferten Komture in Elbing, die ab Mitte des 14. Jahrhunderts zugleich das Amt des Obersten Spittlers innehatten, ragen Persönlichkeiten wie Ortulf von Trier und Siegfried Walpot von Bassenheim heraus, die sich in der Siedlungspolitik besonders verdient machten. Sie sind Gründer der Städte Ortelsburg und Passenheim, denen sie ihre Namen gaben.

Die Geschichte der Stadt Elbing hatte bereits in früher Zeit eine von der im Ordensland üblichen Norm abweichende Entwicklung genommen. Als Tochterstadt Lübecks verlieh ihr

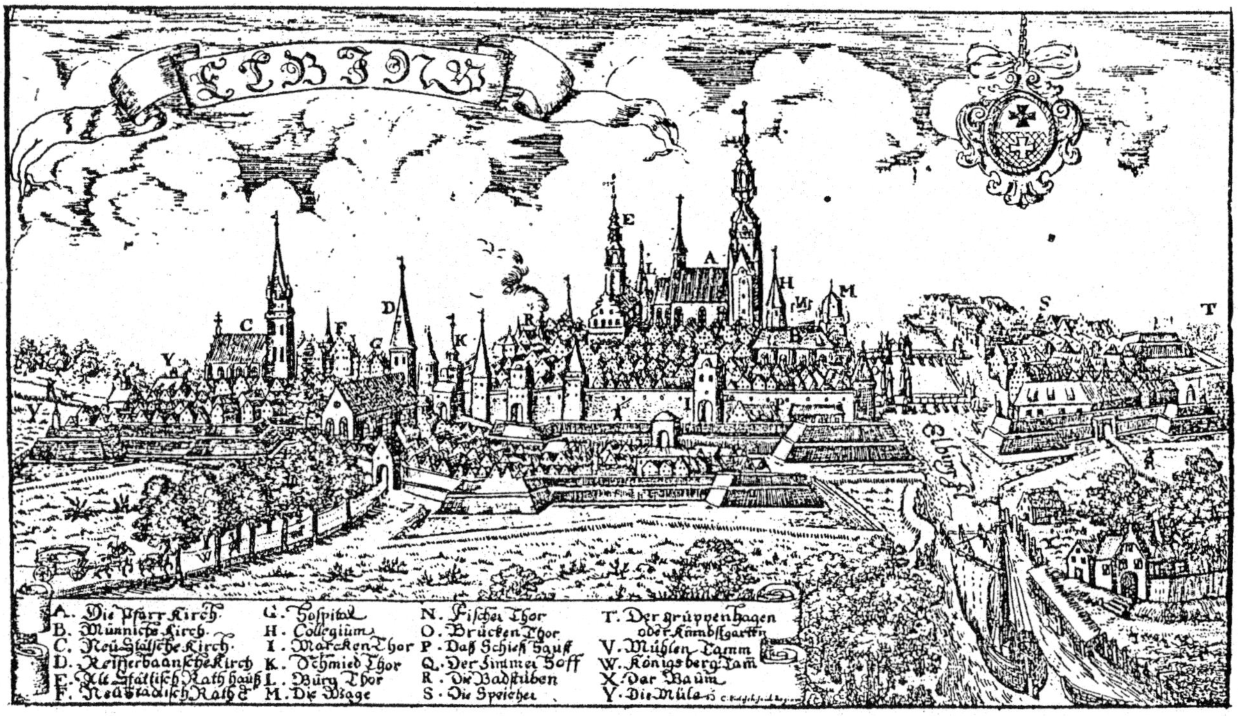

Stich von Elbing (nach Hartknoch 1684)

der Hochmeister Heinrich von Hohenlohe um 1246 das beschränkte lübische Stadtrecht und dazu ein ungewöhnlich großes Territorium. Später folgten Zugeständnisse in der Gerichtsbarkeit und im Appellationsverfahren. Über ein Jahrhundert lang war Elbing Preußens führende Handels- und Seestadt und erwarb sich als Hansestadt Macht und Reichtum. Als sich 1440 die Stände und Städte zum Preußischen Bund zusammenschlossen und die Gegensätze 1454 zum offenen Krieg mit dem Orden führten, wandte sich die Stadt vom Orden ab und ging als autonome Stadtrepublik unter die Oberhoheit des Königs von Polen. Anders als Westpreußen konnte die Stadt Elbing auch über das Lubliner Dekret hinaus ihre Unabhängigkeit bis zum Ende des 17. Jahrhunderts bewahren. Sie fand deshalb in den Kämpfen der großen Mächte auch nie Hilfe beim polnischen König und wurde häufig von fremden Truppen besetzt. 1703 verpfändete die polnische Krone den Stadtstaat an Preußen, das nun Elbing besetzte und 1772 zusammen mit den westpreußischen Gebieten wieder in das Königreich Preußen eingliederte.

Siegel der Altstadt, etwa seit 1350

Als Bestandteil Preußens und Deutschlands erlebte Elbing die Höhen und Tiefen der neueren deutschen Geschichte in den letzten zweihundert Jahren. Am 9.2.1945 fiel es zerstört in die Hände der Sowjets und wurde danach, seiner einstigen Gestalt und Bedeutung beraubt, in polnische Verwaltung übernommen.

Balga

Alte Burg am Weg zum Meer

Komtursiegel, 13. Jhdt.

Nur dreizehn Kilometer hinter der polnisch-sowjetischen Demarkationslinie, die heute Ostpreußen teilt und den nördlichen Teil hermetisch abschließt, liegen die Ruinen einer der bedeutendsten Burgen des Deutschen Ordens, der Komturburg Balga. Die Burg stand auf dem westlichen Steilufer einer nach Norden in das Frische Haff hineinragenden breiten Landzunge, die so aussieht, als wäre sie in Urzeiten aus der gegenüberliegenden samländischen Küste herausgebrochen und um etwa 16 km nach Süden verschoben worden. Nach Gestalt und Bodenformation paßt sie fast genau in die als Fischhausener Wiek bezeichnete nördliche Haffbucht. Vor dem Entstehen der Frischen Nehrung verband ein Dünenzug Balga mit dem gegenüberliegenden Kamstigall, und der Ur-Pregel umfloß die Höhe in südwestlicher Richtung. Das verlandete Sumpfgebiet um Balga läßt noch den alten Flußlauf erkennen, der wohl kurz vor Rosenberg seine Mündung hatte.

Geologisch bemerkenswert sind auch die sich auf der gegenüberliegenden Nehrung bis ins späte Mittelalter verändernden Durchlässe, die sogenannten Seetiefs, die man in Preußen mit dem niederdeutschen Wort Balge bezeichnete. Sechs Tiefs sind uns überliefert, von denen in diesem Zusammenhang nur die im nördlichen Bereich gelegenen erwähnenswert sind. Das nördlichste bei Lochstädt trennte das Samland von der Nehrung, versandete aber bereits um 1311. Südlich davon lag bei Wogram das alte Pillauer Tief, das um 1510 vom Neutief abgelöst wurde, das bei einem schweren Sturm im Jahr 1497 aufgerissen worden war und heute der einzige Zugang zum Haff ist.

Vom neun Kilometer südlich gelegenen mittelalterlichen Alttief ist nur noch der auf guten Karten neben dem Holm eingetragene Name überliefert worden. Aber wenige Kilometer weiter lag an der dort auch heute nur knapp vierhundert Meter breiten Stelle der Nehrung das Balgasche Tief der Ordensburg gegenüber. Seine Benutzung als Schiffahrtsweg in der Ordenszeit ist belegt. Um den Handel der konkurrierenden Hansestadt Elbing lahmzulegen, versenkten die Danziger 1456 dort einige Blockschiffe. Die versandende Fahrrinne wurde von ihnen um 1520 noch zusätzlich durch eine eingerammte Pfahlwand geschlossen, so daß Strömung und Sand das Tief völlig verschwinden ließen.

Kurze Zeit nachdem der Orden die Küste bei Elbing erreicht hatte, versuchte er, den strategisch wichtigen Brückenkopf nach Osten auszuweiten. Bei der fehlenden eigenen Landverbindung zum Altreich, die durch den unsicheren und schlechten Heerweg über fremdes Territorium nur unvollkommen ersetzt wurde, war der Seeweg von großer Bedeutung. So versuchten die Ritter, mit Hilfe der von Markgraf Heinrich von Meißen bereits für die Eroberung von Truso gestifteten Schiffe »Pilgrim« und »Friedeland«, im Jahre 1237 die prussische Feste Honeda vom Haff aus zu erobern. Dieser

Angriff mißlang, und nur ein Teil der Ordensmannschaft konnte sich auf die Schiffe retten. Zwei Jahre später gelang es dem Ordensmarschall Dietrich von Bernheim, nach Überbrükkung der vorgelagerten Sümpfe, Honeda im Sturm zu nehmen. Sogleich wurden die Befestigungen verteidigungsbereit gemacht, denn die Warmier griffen bald wieder an, belagerten die Feste und versuchten sie auszuhungern. Als die Not der Belagerten um die Jahreswende 1239/40 schon sehr groß war, gelang es einem Entsatzheer unter Herzog Otto von Braunschweig, über See heimlich in die Burg zu kommen und die durch einen Überläufer zum Sturmangriff verleiteten Warmier vernichtend zu schlagen. Im Nachstoßen wurden die benachbarten Prussenburgen Partegal und Scrandim (Schranzenburg) zerstört.

Die durch den Sieg erzielte Kampfpause benutzte man, um die Feste auszubauen, wobei neben den bisherigen Werkstoffen Holz und Erde auch Steine verwendet wurden. Balga gehört somit neben Elbing und Althaus Kulm zu den ältesten Steinburgen des Deutschen Ordens.

Die neue Befestigungsart bewährte sich bald in dem 1242 losbrechenden ersten Preußenaufstand, in dem nur Balga und Elbing dem wütenden Ansturm trotzten. Der neu eingerichtete

Alter Stich aus der preußischen Historie, 1684

Konvent der Komturei Balga bekräftigte durch sein Siegel den am 7. Februar 1249 durch Vermittlung des päpstlichen Legaten Jakob von Lüttich abgeschlossenen Christburger Vertrag, der den bekehrten Prussen die Freiheits- und Besitzrechte einräumte. Doch der Kampf ging weiter, wobei Balga Ausgangspunkt für Kriegsfahrten nach Natangen und ins Samland war. Bei Germau scheiterte 1253 ein über das Haff vorgetragener Angriff auf das Samland unter Führung des Christburger Komturs Heinrich Stange. Zwei Jahre später konnte mit Hilfe eines Kreuzfahrerheers unter König Ottokar von Böhmen die Pregelmündung erreicht und von der dort gegründeten Burg Königsberg aus das Samland erobert werden.

Schwere Rückschläge stellten sich im großen Preußenaufstand von 1260 bis 1273 ein, doch konnte die inzwischen durch Steinausbau stark befestigte Burg Balga den Angriffen und der Belagerung widerstehen. Eine schwere Niederlage erlitt ein Ordensheer 1261 bei Pokarben, nur fünfundzwanzig Kilometer östlich von Balga, durch den in Magdeburg ausgebildeten Natangerführer Herkus Monte. Wie verbissen und brutal das Ringen war, zeigt die Verbrennung des gefangengenommenen Magdeburger Ritters Hirzhals auf einem Scheiterhaufen. Herkus mußte seinen früheren Gastgeber nach dreimaligem Losen als Götteropfer verbrennen lassen.

Die schwierige Lage des Ordens wurde durch Zuzug neuer Kreuzfahrerheere entscheidend verbessert. Wieder war es ein Markgraf von Meißen, der zur Hilfe herbeieilte, die Burg Balga entsetzte und 1272 die Prussen bei Pilzen, nahe Kreuzburg, schlug. Ein Jahr später brach dann dieser letzte große Aufstand der baltischen Ureinwohner des Landes Preußen zusammen.

In den Jahren 1290 bis 1300 wurde Balga erneut erweitert und zu einer der schönsten und stärksten Burgen des Ordenslandes ausgebaut. Sie ist dem Typ der Abschnittsbefestigungen zuzuordnen, wie sie in den Höhenburgen Westdeutschlands entwickelt und an der Weichsel

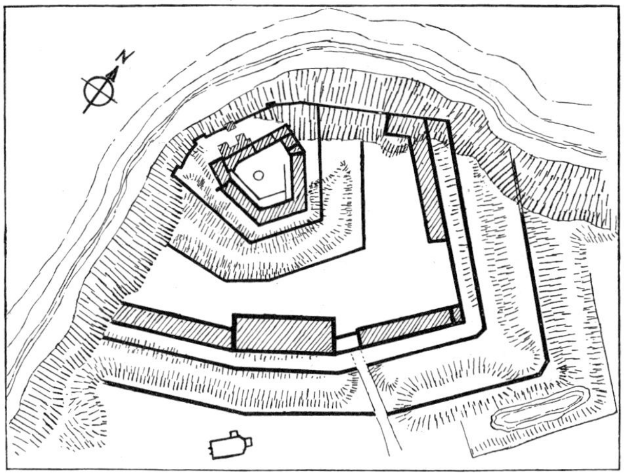

Lageplan der Burg (nach Steinbrecht)

fortgebildet worden waren. Auf dem fast dreißig Meter hohen Steilufer des Haffs, zum Festland durch einen Sumpfgürtel abgegrenzt, lag das unregelmäßig sechseckige Haupthaus. Von der Vorburg war es durch einen Hakengraben mit Mauern getrennt. Die Vorburg selbst umschloß konzentrisch das Haupthaus im Osten und Süden. Zwei parallele Wehrmauern mit zwischenliegendem Parcham und vorgelagertem Vorburggraben waren die äußere Sicherung. An die innere Vorburgmauer angebaut lagen langgestreckte Wohn- und Wirtschaftsgebäude.

Das gesamte befestigte Burggelände umfaßte ein Terrain von über 35 000 Quadratmeter. Der Zugang führte von Südosten über eine Zugbrücke über den Vorburggraben zum Torhaus der Vorburg und von dort im Bogen zu dem nach Norden versetzten, stark gesicherten Torgebäude der Hauptburg. Ähnlich wie in Thorn waren dabei durch Mauern und Tore gebildete Zwischenhöfe zu durchqueren. Die haffseitige Ringmauer lag im oberen Bereich der Steilküste und war mit Strebepfeilern und Substruktionen gegen Unterspülung durch die Brandung gesichert. Wie die meisten älteren Ordensburgen besaß auch Balga keinen Bergfried.

Den trapezförmigen Burghof mit mittig gelegenem Brunnen umstanden die schweren Hausflügel, denen offene Arkaden eines massiven Kreuzgangs vorgesetzt waren. Nur an der Westseite, an dem schmal an die Außenmauer angelehnten Schlafhaus, verlief eine hölzerne Vorlaube. Haffseitig setzte hier der auf Pfeilern zum Danzkerturm am Ufer führende gedeckte Gang an. Danzker waren die Abortanlagen der Burgen, die »den Danzigern zu Schimpf und Posse« so genannt wurden.

Im anschließenden Südflügel lag über einem zweischiffigen Keller, dessen schweres Kreuzgewölbe mit Ziegelrippen auf Granitpfeilern ruhte, die vermutlich reich ausgestattete Burgkapelle. Der Konservator Conrad Steinbrecht fand 1885 bei seinen Ausgrabungen an dieser Stelle zahlreiche Formsteine der großen Kapellenfenster, Maßwerkreste sowie farbiges Glas mit Ornamenten und altgotischen Majuskeln. Rote, grüne und gelbe Profilsteine der Portalgliederung, glasierte Tonskulpturen, Wölbprofile und Reste von Wimpergen deuten auf vielseitige baukünstlerische Elemente hin. Die aus vorzüglichem Material in reifer Durchbildung bestehenden Funde wurden später in der Marienburg aufbewahrt.

Grundriß der Burg (nach Steinbrecht)

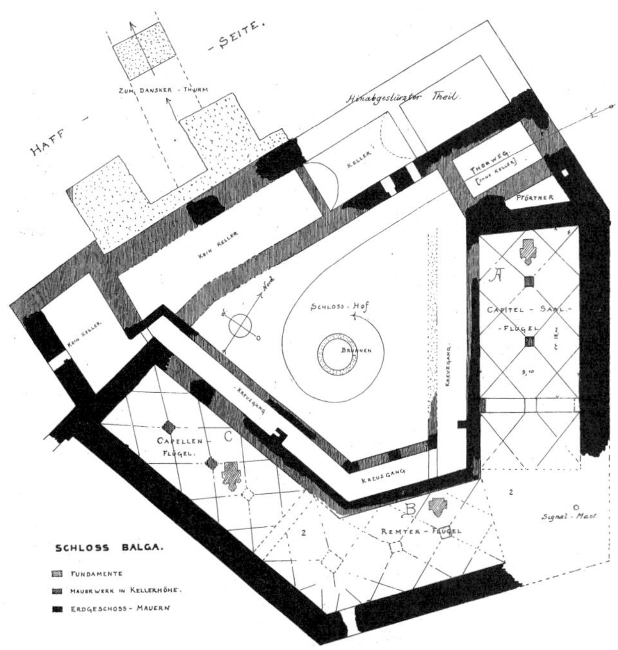

Zeichnung der Vorburgruine von C. Steinbrecht, 1881

Der kürzere Südostflügel hatte den gleichen zweischiffigen Keller, dessen Außenmauer fast drei Meter stark war. Nach den dortigen Funden, zu denen plumpere Wölbprofile sowie Kalksteinplatten mit Heizlöchern gehören, wird in diesem Flügel der als Speisesaal und Aufenthaltsraum dienende Remter vermutet.

Durch seine noch erkennbaren Kellerfundamente läßt sich der in nordöstlicher Richtung verlaufende benachbarte Flügel am besten rekonstruieren. Der in seinem Hauptgeschoß liegende Kapitelsaal hatte eine lichte Weite von über neun Metern und war mindestens achtzehn Meter lang. Gefunden wurden dort Rippen eines Kreuzgewölbes, eine Eckkonsole, aber deutlich weniger glasierte Formsteine. An seiner nördlichen Ecke knickt der Flügel stumpf nach Westen ab und geht in das massive Torgebäude über, das vielleicht einst einen Turm besessen hat. Der Torweg war wie üblich nicht unterkellert.

Interessant ist in Balga auch die großräumige Vorburg, weil sich dort noch gut der an die Außenmauer angebaute Häuserring nachweisen läßt. Das an der Südostecke gelegene Vorburghaus mit Turm war als Ruine bis zum Wehrgeschoß erhalten. Es enthielt außer einem größeren Speicher einige gewölbte Wohnräume für Gäste oder Ordensbeamte, die gut ausgestaltet waren und Spitzbogenfenster hatten. Auffällig ist dort das reich profilierte Portal im Hauptgeschoß mit seinem hofseitigen Treppenaufgang.

An der westlichen Schmalseite dieses 42 Meter langen Gebäudes lag das Vorburgtor, während am Ostende ein etwa 25 Meter hoher Turm bis 1945 als Wahrzeichen stehengeblieben ist. Dieser Vorburgturm hatte sechs Stockwerke, und seine oberen Geschosse setzten sich durch zweimaliges leichtes Vorspringen vom Unterbau ab. Der obere Raum mit ringsumlaufenden Wehrfenstern sowie Kamin und Danzkererker diente der Wachmannschaft zum Aufenthalt. In unserer Zeit beherbergte er ein Heimatmuseum.

Natürlich darf die unmittelbar vor dem Vorburggraben liegende Dorfkirche St. Nikolaus nicht unerwähnt bleiben. Dort wurde beim Bau am Ende des 13. Jahrhunderts, abweichend von den Stilelementen der Gotik, das reich gegliederte spitzbogige Portal mit einer rechtwinkligen Umrahmung aus Vierpaßbogen versehen. Diese an arabisch-maurische Portalbauten erinnernde Gestaltung hat in Publikationen der jüngsten Zeit zu spekulativen Behauptungen über die originäre Ordensbaukunst geführt. Man folgte dem »modernen Trend«, Leistungen und Bedeutung des Deutschen Ordens abzuqualifizieren.

An einer großen zivilisatorischen Leistung des Ordens war die Komturei Balga, deren Bezirk vom Haffufer in einem fast zweihundert Kilometer langen Streifen bis hinter Lyck reichte, maßgeblich beteiligt, nämlich an der Urbarmachung und an der Besiedlung des Wildnisgebiets. Allein im Bereich des unterstellten Waldamts Eisenberg wurden unter Eingliederung der prussischen Bevölkerung vierzig Dörfer neu angelegt. Eisenberg hat übrigens den Namen seines Gründers, des Balger Komturs Heinrich von Isenberg (1300–1315) erhalten, der, wie einer seiner Nachfolger, Dietrich von Altenburg, großen Anteil am Aufbau des Siedlungswesens hatte.

Die wichtige Komturei Balga war eine begehrte Position für aufstrebende Ordensbeamte. Deshalb finden sich unter den Komturen so berühmte Namen wie Werner von Battenberg (später britisch Mountbatten), Winrich von Kniprode, Henning Schindekopf oder Friedrich Graf von Zollern. Allein fünf Hoch- oder Landmeister, drei Großkomture und sechs Marschälle sind über die Komturei Balga zu ihren hohen Ämtern aufgestiegen. Der Balgaer Komtur stand einem großen Konvent von 36, später 24 Ordensbrüdern vor. Er war seit 1308 gleichzeitig Vogt von Natangen und in den letzten 75 Jahren der Ordensherrschaft zugleich oberster Trapier.

Zum Ende der Ordenszeit wurde auch Balga von den Erscheinungen des Niedergangs betroffen. Die Konvente von Balga, Brandenburg und Königsberg lehnten sich gegen die Ständepolitik des Hochmeisters Paul von Rusdorf auf und schürten den Streit mit dem Deutschmeister. Im Februar 1454 stürmten die Städtebündler zusammen mit dem Braunsberger Pöbel die Burg und brannten einige Gebäude nieder. Obwohl 1499 die Komturei aufgehoben wurde, fanden noch 1457 sowie 1516/18 gründliche Ausbesserungen der Burg statt, die dann noch einmal um 1520 einer polnischen Belagerung widerstand.

Als 1525 das Ordensland ein Herzogtum wurde und sich die Reformation durchsetzte, entschädigte Herzog Albrecht den vormaligen Bischof von Samland, Georg von Polenz, durch Verleihung des Kammerguts Balga auf Lebenszeit. Als Polenz 1550 starb und nur noch ein Amtshauptmann die spätere Domäne verwaltete, setzte bereits der Verfall der Gebäude ein. Die Nutzung als Kriegsmagazin im Schwedenkrieg um 1627 brachte Eingriffe in die Bausubstanz.

Ab 1647 aber fand über Jahrzehnte hinweg der beklagenswerte Abbruch der alten Ordensburg statt. Große Quader wurden zur Befestigung der Wälle sowie zum Bau der Mauern und des Zeughauses quer über das Haff nach Pillau gebracht. Es folgte nach 1700 der Abbruch der Hälfte des Haupthauses für Bauten in Pillau und im Dorf Balga. Im Winter wurden die Riesenblöcke der Substruktionen am Steilufer mit Schlitten nach Pillau zur Hafenbefestigung geschafft, mit der Folge, daß in Balga das Hochufer unterspült wurde und mit Teilen der Burg ins Haff stürzte. Um 1770 war die Ruine öffentlicher Steinbruch, und es wurden die Mauern bis zum Fundament abgetragen. Den Schlußakt des bedauerlichen Endes dieser baukünstlerisch wie historisch wertvollen Burg bildete das Zuschütten des Brunnens im Jahre 1794, nach dem sich dort ein Unfall ereignet hatte.

Das seit 1849 im Besitz der Familie von Glasow befindliche Rittergut Balga auf dem Ordenshof war Ende März 1945 Schauplatz des Elends der

Vorburgruine (nach Steinbrecht, 1888)

in der Kesselschlacht von Heiligenbeil zusammengetriebenen deutschen Truppen und Zivilisten.

Nach dem Bericht eines Militärarztes der 61. Infanterie-Division war im untersten Geschoß des Vorburgturmes der Hauptverbandsplatz eingerichtet. Verwundete und andere Soldaten suchten aber auch hinter den dicken Mauern der oberen Räume des Turmes und der langen Hauswand Schutz vor Artilleriebeschuß. Nach einem Volltreffer stürzte der Turm mit donnerndem Getöse zusammen, wobei glücklicherweise der unterste Raum erhalten blieb. Wenige Tage später wurde dann auch die hohe Mauer des Vorburghauses durch Treffer zerstört und begrub die in ihrem Schutz liegenden Verwundeten unter sich.

Die letzten Verteidiger suchten in den Behelfsunterständen am Steilufer des Haffs Deckung, bis sie einige Tage danach mit Sturmbooten zur Nehrung übergesetzt wurden. Damit war nach über siebenhundert Jahren der schon bei der Eroberung heiß umkämpfte Platz Balga nach zähem Kampf verlorengegangen.

Not und Elend jener Tage leben nicht nur in der Erinnerung der Überlebenden fort. Einer der ganz seltenen Besucher dieses Gebiets berichtete, daß man heute noch von den Trümmern der hochliegenden Burgruine aus bei günstigen Beleuchtungsverhältnissen Dutzende von Panzern, Autos und Treckwagen im flachen Haffwasser sehen kann. Sie zeugen von einer Tragödie geschichtlichen Ausmaßes.

Birgelau

Ordenshaus im Kulmer Land mit dem Birgelauer Reiter

Komtursiegel, 14. Jhdt.

Am Hochuferrand des Urstromtals der Weichsel, nur eine halbe Meile nordwestlich von Thorn, entstand schon sehr früh im Zuge der ersten, dem Nessauer Brückenkopf vorgelagerten Burgenlinie Thorn-Unislaw der feste Platz *Birgelau.* Er lag in strategisch günstiger Lage an der Straße Thorn-Kulm und als Fernsicherung des Weichselübergangs auf einer vorspringenden Ecke der steil abfallenden Uferhöhe. Vermutlich war hier schon früher eine heidnische Befestigung. Auf dem vom Ritterorden fast rechtwinklig zurechtgestutzten Plateau wurde der Burgplatz durch einen äußeren Hakengraben gesichert und nahm das Konventshaus und die Vorburg auf. Ersteres erhielt zusätzlich einen umlaufenden Parcham mit Mauer und rundherum einen inneren Hausgraben, der auch die Vorburg vom Haupthaus trennte.

Es handelt sich um eine Zwischenlösung der Befestigungsform, die anderswo nicht vorkommt. Das unregelmäßige Fünfeck mit einem rechten Winkel stellt in der Entwicklung zum geschlossenen Kastell die erste primitive Form eines Konventshauses und eine Fortentwicklung gegenüber den ersten Burgen dar, aus der bereits der Wille zur klargeordneten, einheitlichen Form erkennbar ist. Auch die noch rundbogigen, tonnenartigen Kreuzgewölbe haben wegen technischer Beschränkungen nur dekorativ aufgesetzte Spitzbögen und lassen romanische Stilformen nachklingen. Birgelau ist neben Thorn und Althaus Kulm eine der ältesten Ordensburgen im Kulmer Land.

Die erste hölzerne Burganlage stammt aus der Zeit um 1245 und wurde 1262 von den Litauern zerstört, wobei lediglich der Turm, in den sich die Burgbesatzung rettete, überlebte. Ob in dieser Anlage noch Teile einer heidnischen Burg enthalten waren und ob Alt-Birgelau mit der 1232 vom Deutschen Orden eroberten *Pippins-Burg* identisch ist, läßt sich nicht belegen. Jedenfalls beginnt der Ausbau aus Stein bald nach dem Litauerüberfall und dürfte mit dem Einsetzen des ersten Komturs, *Arnold von Kropf,* um 1270 abgeschlossen worden sein. Die Reihe der Komture zu Birgelau ist bis zur Umwandlung in ein Pflegeramt um 1416 namentlich bekannt.

Schon bald nach Fertigstellung belagerte der Sudauerfürst Skomand die Burg Birgelau vergeblich, und bei Ausfällen der Besatzung erlitten beide Seiten erhebliche Verluste. Nachdem Pommerellen befriedet war und die Angriffe von dieser Seite ausblieben, verlor Birgelau militärisch an Bedeutung und wurde zunächst der Komturei Thorn und später Nessau angegliedert. Als die Burg im dreizehnjährigen Städtekrieg in die Hände der aufständischen Landesritter fiel und in Auswirkung des Niedergangs des Ordens im Zweiten Thorner Frieden Polen zugesprochen wurde, sank sie zu einem zweitrangigen Sitz eines polnischen Starosten herab. In mehreren Bränden büßte sie wesentliche Bestandteile ihrer Gebäude ein. Dennoch sind auf die Neuzeit einige bedeuten-

Ansicht vom Tal aus, nach einer Zeichnung von C. Steinbrecht, 1888

de Bauwerkteile überkommen, die sie auch heute noch als wichtiges Denkmal deutscher Bau- und Bildhauerkunst auszeichnen.
Der teilweise erhaltene und wiederhergestellte Torturm der Vorburg springt weit in den ehemaligen Graben vor und wirkt auch heute noch trutzig und wehrhaft. Er ist an jeder Seite mit drei spitzbogigen Nischen versehen, aus deren Schießscharten das Vorgelände und der Graben mit Schußwaffen bestrichen werden konnten. Über das mit Granitgewänden ausgekleidete Spitzbogentor ragt ein Staffelgiebel mit hohen Mauerblenden empor.
Beim Durchschreiten des Torwegs fällt der Blick sogleich über den jetzt freien Platz des Vorburggeländes und des zugeschütteten Hausgrabens auf den auffälligen Mittelpunkt in der nördlichen Wehrmauer: das *Tor zur Hauptburg*. Über dem derben runden Granit-Torbogen ist ein dekorativ mit zierlichen Backsteinprofilen aufgesetzter Spitzbogen als Tympanon mit Tonfiguren reliefähnlich ausgefüllt. Dieses älteste Werk der Bildhauerkunst in Ordensburgen stammt aus der Zeit um 1270 und stellt drei Ordensritter dar. Der mittelste zu Pferde wird der *Birgelauer Reiter* genannt. Er ist von einem weiteren Spitzbogen aus Profilsteinen umrahmt. Seitlich von ihm erkennt man

Das Torhaus der Vorburg

einen stehenden und einen knieenden Ritter. Die Relieffiguren haben in den über siebenhundert Jahren durch Witterung und andere Einflüsse gelitten, sind aber noch durchaus zu erkennen.
Eine weitere Kostbarkeit dieses Portals stellt das außen den großen Spitzbogen umrahmende Tonziegelband mit Buchstaben in Form gotischer Majuskeln dar, die zum Teil mehr oder weniger gut lesbar sind. Die lesbaren Teile der Inschrift lauten: . . . SALT NICHT LANT GR. M IN DE CAPELLEN MVS CIR M. E.« Es gab vielerlei Deutungen des Spruches, aber wohl keine befriedigende. Ähnliche Schriftfriese auf glasierten Tonplättchen fanden sich auch in anderen Ordenshäusern und Kirchen, so z.B. in der Marienburg, in den Burgen Lochstädt und Brandenburg sowie in Kirchen und Kapellen in Arnau, Elbing, Frauenburg und Thorn. Sie sind einzigartig in Europa und dürften von den Rittern aus dem Orient mitgebracht worden sein, jedenfalls soweit es Idee und Technik betrifft. Ähnliche Inschriften ursprünglich babylonischer Technik, natürlich in anderer Buchstabenform, gab es an alten Bauten in Syrien und am Euphrat. Es ist ein großer Zufall, daß diese Kleinode ordenszeitlicher bildender Kunst in Birgelau erhalten geblieben sind.
Von den Gebäuden des Konventshauses blieben, vor allem im Westflügel nur Teile erhalten. Hier finden sich noch alte wohlerhaltene Keller und Teile des Gewölbes im Erdgeschoß. Von dem darüber gelegenen Konventsremter und dem Kapitelsaal existieren nur noch dürftige Reste, die die scharfkantigen Kreuzgewölbe

Tor zur Hauptburg mit Tonfiguren »Birgelauer Reiter« sowie Tonziegelband mit Spruch in gotischen Majuskeln (von 1270)

Eingang zum inneren Hof, Gemälde von C. Steinbrecht, 1886

Buchstabenstein vom inneren Tor

auf langen Wanddiensten mit Kragsteinen aus Kalksandstein sowie die Spitzbogenfenster mit ihren Nischen nur noch erahnen lassen.

Die Kapelle in der Nordecke der Anlage wurde um 1830 abgebrochen, und auch der Südflügel, der das Dormitorium und die Komturwohnung enthielt, ist neu überbaut worden. An der Nord- und Ostseite bildeten starke Wehrmauern den Abschluß des Burgplatzes. Sie sind unten aus Feldstein und im oberen Drittel aus Backstein mit Mustern aus gesinterten Ziegelsteinen aufgemauert. Die Pforte mit dem Brückenübergang zum neuen Schloßpark stammt aus jüngerer Zeit.

Um 1800 war die Burg in Privatbesitz und diente als Gutshof. Der preußische Artillerieleutnant *Giese* nahm 1825 auch Birgelau bei seiner Bereisung Ost- und Westpreußens mit Grundriß und Ansichten in seine Skizzensammlung auf.

Zu Beginn des 20. Jahrhunderts restaurierte man Teile der Burg, und zwar erhielten 1911 der Remter und 1929 der Kapitelsaal neue Gewölbe. Nach 1920 ging die Burg in das Eigentum des *Bistums Kulm* über.

Heute wird das einigermaßen unterhaltene

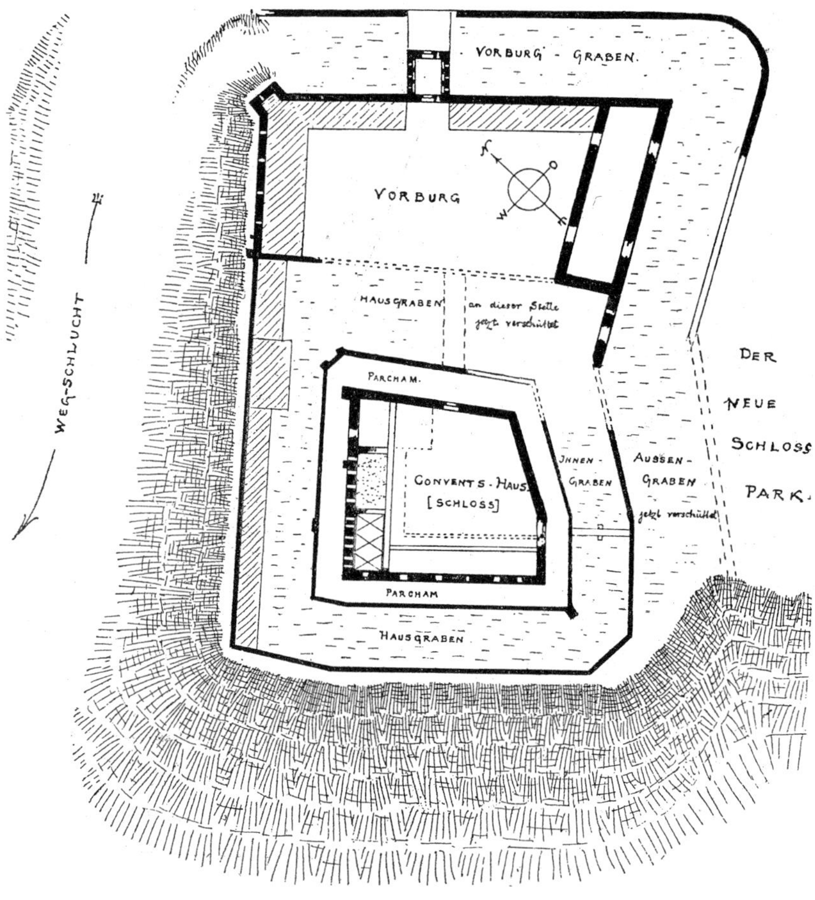

Lageplan der Burg (nach Steinbrecht, 1888)

Wehrmauer am Hausgraben zwischen Vor- und Hauptburg

Haus als Alten- und Pflegeheim mit einem Wirtschaftshof genutzt. Es besteht die berechtigte Hoffnung, daß es noch lange erhalten bleibt und den späteren Generationen den Kunstsinn und die zivilisatorische Kraft des Deutschen Ordens veranschaulicht.

Südgiebel des Hauptflügels

Roggenhausen

Eine kulmische Ordensburg im Schutze der Schreinmadonna

Siegel des Pflegers, 14. Jhdt.

In der landschaftlich schönen Lage des Grenzgebietes zwischen dem Kulmer Land und Pomesanien haben die Ossa und ihr Nebenflüßchen Gardenga zwei steile Schluchten in das bewaldete Hügelland hineingefräst. Wegen ihres natürlichen Schutzes auf der Spitze des von beiden Flüssen gebildeten Hügelvorsprungs entstanden hier schon in vorgeschichtlicher Zeit primitive Befestigungen. Ob die etwa um 200 n. Chr. in diesem Gebiet siedelnden ostgermanischen Stämme der Goten und Gepiden diesen abgeschlossenen Hügelvorsprung bereits als Feste oder als Fluchtburg benutzt haben oder ob erst die Wikinger im 10. Jahrhundert hier schanzten, kann nur vermutet werden. Erst zu Beginn des 13. Jahrhunderts lichtet sich der frühgeschichtliche Schleier auch in diesem Raum. Nach Feststellungen Caspar Hennebergers aus dem Jahre 1583 hat an dieser Stelle um 1200 die prussische Feste *Rogaw* gestanden, die vom Deutschen Orden noch in der ersten Hälfte des 13. Jahrhunderts von *Thorn* aus erobert worden ist. Erleichtert wurde dem Orden das Vordringen in das pomesanische Gebiet durch die Kapitulation des Burghauptmanns von Rogaw, der aus Eigennutz auch noch die anderen prussischen Wehranlagen in der Umgebung verriet. Es begann sodann die planmäßige Gründung und Anlage von Bauerndörfern. Im Waldgebiet an der Ossa lassen sich die ersten deutschen Siedlungen nachweisen, an deren Südrand die Stadt und Burg *Rehden* entstanden.

Nach anfänglicher Verwendung der alten Wallanlage begann der Deutsche Orden um 1270, die Burg *Roghausen*, wie ihr Name zuerst lautete, in Stein auszubauen. Dies geschah im Rahmen der 3. Burgenlinie, wobei als Schutz gegen Nordosten die Grenzburgen *Graudenz, Engelsburg, Roggenhausen, Rehden* und *Strasburg* errichtet wurden. Während die beiden erstgenannten Burgen noch in der unregelmäßigen Kulmer Burgform entstanden, setzte sich in Roggenhausen bereits die Regelmäßigkeit der rechteckigen bis quadratischen Grundform durch. Es hat den Anschein, daß die Burg Roggenhausen nach längerer Bauzeit in der stilbildenden Epoche des Konventshauses fertiggestellt worden ist. Sie wäre demnach baugeschichtlich zwischen den Burgen Birgelau und Brandenburg einzuordnen. Zweifelsfrei ist hier, insbesondere nach den neueren Forschungsergebnissen, der Übergang zum rechteckigen Grundriß deutlich erkennbar. Sicher führte auch der vorgefundene günstige Burgplatz nach Zurechtstutzen der Langseiten im übrigen zur Anpassung an das Gelände. Durch zwei etwa in Nord-Süd-Richtung verlaufende Senken, die, wie bei den Abschnittsburgen im Altreich üblich, als Haus- und Vorburggraben ausgeschachtet wurden, entstanden zwei Hügelplateaus, von denen das kleinere, westliche das Haupthaus aufnahm.

Die größere östliche Hochfläche mit mehr als drei Hektar Grundfläche faßte man als *Vorburg* mit einer Wehrmauer ein. Im Südosten sprang

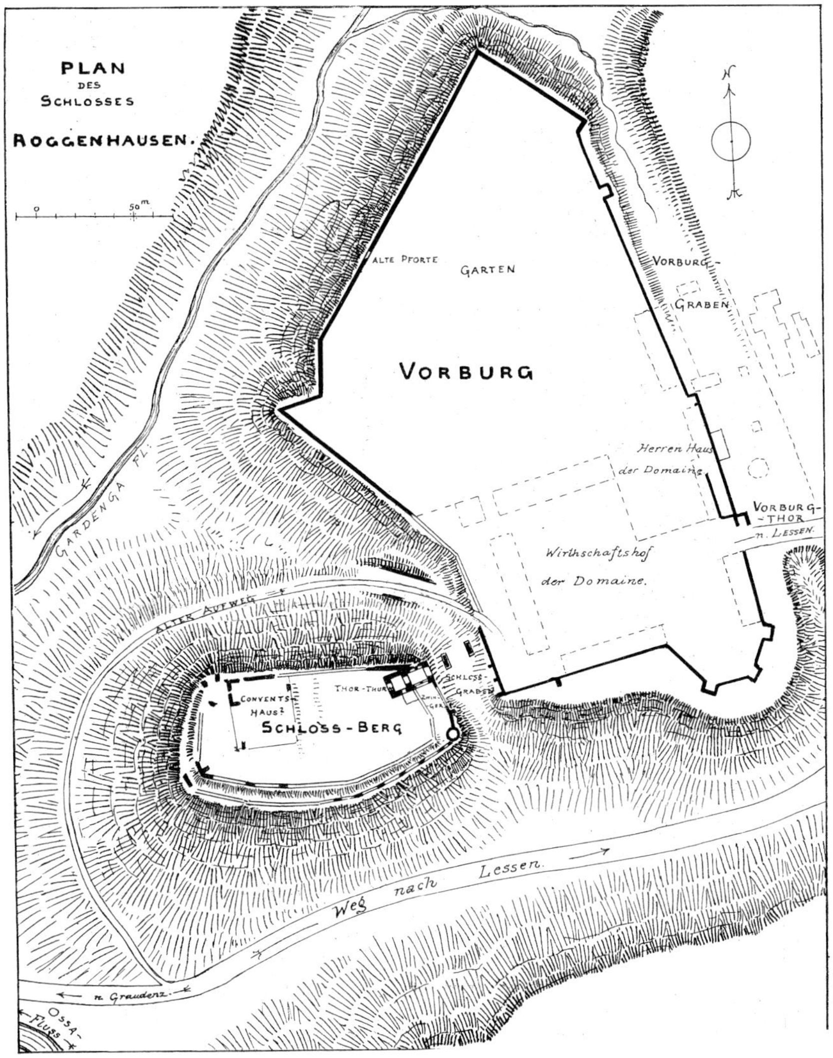

Lageplan der Burg (nach Steinbrecht, 1888)

in die Lessauer Schlucht ein Flankenwerk mit Türmen vor, von dem aus Angriffe auf das nördlich anschließende Vorburgtor abgewehrt werden sollten. Diese auffallend große Vorburg war vielleicht, wie später auch in *Schlochau*, ursprünglich als Terrain für eine Stadtgründung vorgesehen, denn das gesamte befestigte Burggebiet war mit über 60 000 Quadratmetern neben *Althaus Kulm* das ausgedehnteste in der preußischen Landmeisterzeit. Im Vorburggelände lagen Wirtschafts- und Werkstattgebäude, aber mehr als die Hälfte blieb unbebaut und wurde als Garten und Wiese benutzt. Mitten in der nordwestlichen Vorburgmauer findet sich eine alte kleine Pforte zum Gardenga-Tal. Der unregelmäßige Verlauf der Mauer ist geländebedingt, jedoch dürften die wighausartigen Vorsprünge wohl auch als Flankierungswerke anzusehen sein. Außer der Zufahrt zum östlichen Vorburgtor führte noch ein alter Weg von der Lessener Schlucht rund um den Burgberg und über eine aufgeschüttete Rampe zur Südwestecke der Vorburg, von wo aus wiederum der Hausgraben mit einer Holzbrücke auf zwei gemauerten Pfeilern sowie einer Zugbrükke überquert werden konnte.

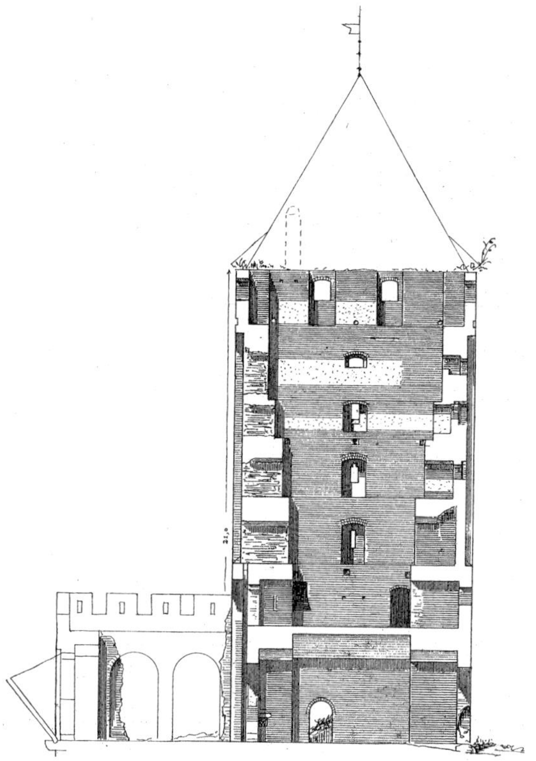

Torturm mit Zwinger und Zugbrücke, Längsschnitt (C. Steinbrecht, 1888)

Torturm mit Eingang und Brücke über den Burggraben

Das auf der westlichen Hügelspitze gelegene *Haupthaus* war durch einen dem Torhaus grabenseitig vorgelagerten Zwinger mit Wehrgang sowie durch zwei schwere Tore und ein Fallgatter im Torturm stark gesichert. Noch heute prägt der gewaltige quadratische *Torturm* mit seiner hohen Fallgatternische und den auf allen Seiten scharfkantig ausgemauerten drei schmalen, hohen Blenden das Bild der Ruine. Der Turm ist bis zum Dachansatz 21 Meter hoch und hat Ähnlichkeit mit den Vorburgtürmen in Balga und dem erheblich höheren in Preußisch Mark. Er dürfte später als das Haupthaus, etwa um 1310, entstanden sein. Über dem spitzbogigen Torweg, dessen Bögen bis zu den Kämpfern mit Granitsteinen ausgekleidet waren, lagen noch sechs Geschosse, die jeweils in allen vier Seitenwänden mit einem Lichtschlitz versehen waren. Die neuzeitlichen Fenster in der Vorderfront wurden erst 1910 eingebrochen, als der Turm der Domäne als Getreidespeicher diente. Im oberen Wehrgeschoß sind an jeder Seite zwei breite Schießluken vorhanden. Der massige, aber gut proportionierte Torturm ist ohne Zierformen auf einem sieben Meter hohen Sockel fest und sorgsam aufgemauert. Zu seinen beiden Seiten schlossen sich die Wehrmauern an, die das ganze Bergplateau umgaben. Nur an der Südflanke zur Lessener Schlucht verlief eine zusätzliche Vormauer, die einen zwölf Meter breiten Parcham bildete. Hier findet sich noch heute ein kleiner, runder Flankierungsturm, von dessen Schießluken aus sowohl der Parcham als auch der Burggraben und der Abhang zur Schlucht bestrichen werden konnten.

Von den Gebäuden des Konventshauses sind nur einige spärliche Mauer- und Kellerreste

Fallgatternische über dem Portal im Torturm

Flankierungsturm an der Südostecke der Parchammauer

überliefert, die Conrad Steinbrecht bei seiner Aufnahme der Burg vor hundert Jahren gefunden hat und die ihm nicht für eine Rekonstruktion des Haupthauses ausreichten. Er legte lediglich den vermuteten Verlauf der Außenmauern fest und widmete sein Hauptaugenmerk der gründlichen architektonischen Aufnahme des Torturmes. Dennoch vermittelt der damals skizzierte Lageplan mit den eingezeichneten Mauerresten und den Bebauungslinien ein recht anschauliches Bild dieser Burganlage.

Zu einer wesentlichen Verbesserung unserer Kenntnisse über die Burg Roggenhausen tragen die 1941 durchgeführten umfangreichen Grabungen des damaligen Baurats Dipl.-Ing. Hans Jacobi bei. Aus seiner gründlichen Aufnahme der Bebauungsreste im Boden ergeben sich weitgehende neue Erkenntnisse über Form, Größe und Lage des Haupthauses sowie die Tatsache, daß der Burgberg in nord-südlicher Richtung durch einen Hausgraben (Quergraben) getrennt war. Der östliche Teil mit dem Torturm gehörte zur 1. Vorburg, während auf dem westlichen Teil des Terrains das fast quadratische Haupthaus stand. Damit wird die Annahme von Prof. Clasen widerlegt, daß in Roggenhausen noch die unregelmäßige Kulmer Burgform vorherrschte. Die Grabungsergebnisse lassen ferner auf zwei Ecktürme an beiden Stirnseiten des Nordflügels sowie auf eine an der Talseite ausgebaute Danzker-Anlage schließen.

Bisher wurden die Arbeiten von 1941 über die Burgen Roggenhausen und Graudenz nicht veröffentlicht, sondern von Dr. Ing. Hans Jacobi lediglich für seine Dissertation verwendet. Der Verfasser, der eine zusammengefaßte Abhandlung seiner damaligen Arbeiten veröffentlichen will, stellte uns dankenswerterweise eine Ergebniszeichnung für den Vorabdruck zur Verfügung.

Die geschichtliche Überlieferung erwähnt die Burg erstmalig um 1285, als der Ordensritter *Wynandus* Komtur zu Roggenhausen war. Seine Nachfolger *Arnold von Kropf* und *Sieghard von Schwarzburg* sowie alle weiteren Komture bis 1336 sind namentlich überliefert. Ihnen folgten von 1336 bis 1454 Vögte. Einige von ihnen erreichten hohe Ämter im Ordensstaat, insbesondere *Konrad von Erlichshausen*, der 1441 Hochmeister wurde. In der Schlacht bei Tannenberg am 15. Juli 1410 fiel der Roggenhausener Ordensvogt *Friedrich von Wenden* an der Spitze seiner Mannschaft, die Seite an Seite mit den Osteroder, Engelsburger, Lesker und Allensteiner Aufgeboten in der Mitte des Treffens hinter der Bannergruppe des Hochmeisters *Ulrich von Jungingen* kämpfte.

Etwa gleichzeitig mit ihrer Zurückstufung von einer Komturei zur Vogtei wurde ihr die Burg *Starkenberg* angegliedert, die um 1260 aus Holz gebaut und in Erinnerung an die Ordensburg *Montfort* im heiligen Lande mit ihrem deutschen Namen benannt worden war. Diese Burg ist frühzeitig völlig untergegangen. Lediglich die zugehörige große Ordensmühle hat sich in Teilen noch lange in der *Sluper Mühle* erhalten.

Nach der Niederlage bei Tannenberg wurde 1416 die Komturei Engelsburg zwischen Rehden und Roggenhausen aufgeteilt. Im 13jähri-

Grundriß der Burg (Jacobi)

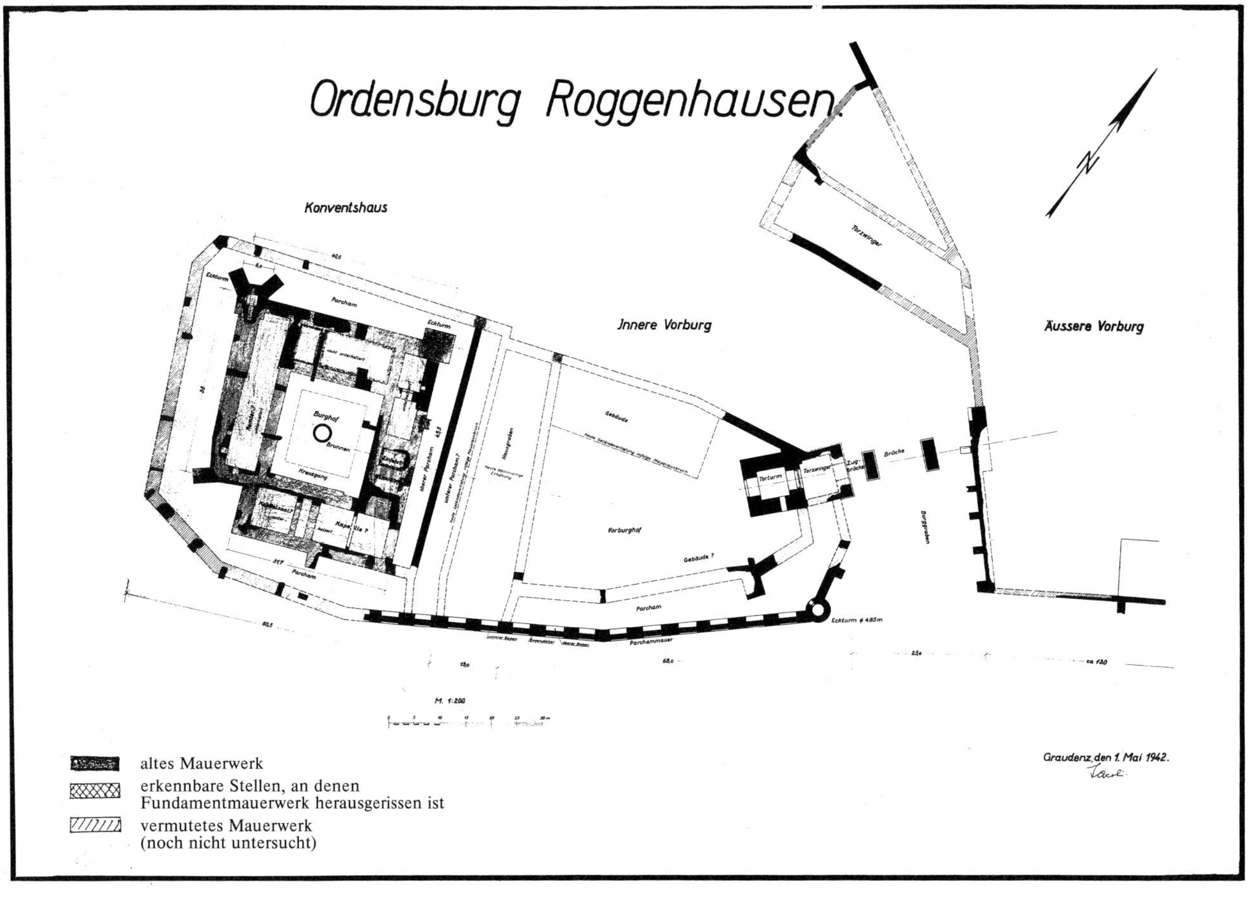

gen Städtekrieg fiel Roggenhausen in die Hände des Preußischen Bundes und wurde ausgebrannt. Mit dem anschließenden zweiten Thorner Frieden begann für Westpreußen die Zeit der polnischen Oberhoheit, die von 1466 bis 1772 anhielt. Roggenhausen diente einem polnischen Starosten als Verwaltungssitz. Um 1564 bemerkte ein Zeitgenosse, daß die Burg vom Felde her mit ihren zahlreichen Türmen noch sehr schön aussähe; aber innen war sie bereits Ruine. Die landwirtschaftliche Nutzung als königlich-polnisches Tafelgut zerstörte weitere wertvolle Bauteile. Im schwedisch-polnischen Krieg um 1628 nahmen die Schweden versuchsweise Minensprengungen an den alten Festungswerken vor. Gleichwohl muß noch ein Teil der Gebäude erhalten geblieben sein, denn von 1636 bis 1697 saß als Starost auf Roggenhausen der polnische Kammerherr und Obrist Johann Theodor Dietrich *Graf von Schlieben*, der gleichzeitig Woiwode von Livland und Herr auf Cadinen war.
Der Historiker *Hartknoch* bemerkte noch um 1675 über die Burg: »Man muß durch sieben Tore gehen, ehe man recht ins Schloß kommt«, obwohl 1686 bereits von verfallenen und verkommenen Gebäuden die Rede ist. Bei Übernahme als Domäne durch das Königreich Preußen im Jahre 1772 wurden die restlichen Teile des Haupthauses nach und nach abgebrochen und als Material für den Festungsbau in *Graudenz* verwandt. Nur der große Torturm und der kleine Mauerturm blieben erhalten. In der Vorburg mußten Teile der Umfassungsmauern und des Torbaus den Wirtschaftsgebäuden der Domäne weichen. Zuletzt blieb nur übrig, was der Besucher auch heute noch vorfindet:

- der etwas ausgebesserte *Torturm*, in dem die Polen ein kleines Museum eingerichtet haben,
- der kleine runde *Flankierungsturm*, dessen Zeltdach noch heute mit den früher als »Mönche und Nonnen« bezeichneten, stark gewölbten Dachpfannen gedeckt ist,
- zerklüftete Mauerklötze des *Haupthauses* und Kellerhöhlungen
- und letztlich noch Reste zweier gemauerter Brückenpfeiler im Burggraben sowie der Wehrmauer und der Vorburgmauer.

Aber noch an zwei entfernten Orten finden sich Hinweise auf Roggenhausen.
Im Dom zu *Marienwerder* ist der 1396 verstorbene Domkustos *Nicolaus Rogehusen* beigesetzt. Seine Grabinschrift an der Südwand besteht aus einer gemalten, rechteckigen Inschrifttafel, die teilweise erhalten geblieben ist. Sicher ist die Annahme berechtigt, daß dieser Priesterbruder des in den Deutschen Orden inkorporierten Bistums Pomesanien aus Roggenhausen stammte.
Im *Germanischen Nationalmuseum zu Nürnberg* fällt dem aufmerksamen Besucher in Raum 12 eine Schreinmadonna vom Ende des 14. Jahrhunderts mit der Herkunftsbezeichnung Westpreußen auf. Es ist eine vergoldete Lindenholzfigur von 126 cm Höhe, die die Gottesmutter mit dem Christuskind darstellt. Die Figur läßt sich in der Senkrechten wie ein Schrein aufklappen, wobei dann ein sogenannter Gnadenstuhl mit Gottvater sichtbar wird. Auf die beiden aufgeklappten Flügel sind die geistlichen und weltlichen Stände als Schutzflehende aufgemalt.
Diese Schreinmadonna hat das Germanische Nationalmuseum 1926 in Amsterdam erworben; dorthin soll sie aus Paris gekommen sein. Weiter zurück ließ sich die Herkunft zunächst nicht verfolgen, wenn nicht zufällig im Innern des Bildwerks ein polnisch geschriebener Brief von 1732 entdeckt worden wäre. In diesem schreibt ein gewisser Adam *Bialoblocki* auf Schloß Roggenhausen an einen Herrn *Bolemienski* in Landen (poln. Trzcianie) von einer Kirmes in Zaskocz im Kreise Briesen. Aus den Ortsangaben kann entnommen werden, daß die Madonna mindestens noch zu Anfang des 18. Jahrhunderts in dieser Gegend gestanden haben muß.
In einer kunstgeschichtlich erschöpfenden Abhandlung weist Walter *Fries* 1929 die Herkunft dieser und einer Reihe von ähnlichen Schreinmadonnen aus dem westpreußischen Raum nach, die heute in Paris (Cluny-

Die Schreinmadonna von Roggenhausen im Nürnberger Germanischen Museum

Museum), Öfver-Tornea (Schweden), Kalmar (Schweden) und Sejny (Suwalki) sowie bis zum Kriegsende in den westpreußischen Orten *Elbing* (Hochaltar der Marienkirche), *Liebschau und Klonowken* (Kr. Dirschau) aufbewahrt wurden. Alle genannten Schreinmadonnen gehören der Deutsch-Ordensgruppe aus der Zeit um 1400 an. Bei fast allen befinden sich unter den Stifterfiguren auf den Schreinflügeln in vorderster Reihe Ordensritter, deren schwarzes Kreuz auf dem weißen Mantel selbst bei weniger gut erhaltener Bemalung noch erkennbar ist. Ursprünglich scheint diese Art des Andachtbildes aus dem französisch-schweizerisch-westdeutschen Raum zu stammen. Die älteste Schreinmadonna aus dem 12. Jahrhundert wurde in Boubon (Frankreich) gefunden. Dennoch ist die im Cluny-Museum in Paris ausgestellte aus Westpreußen. Der frühere preußische Landeskonservator *Bernhard Schmid* vertrat nach seinen Forschungen 1939 die Auffassung, daß die heute in Nürnberg vorhandene Schreinmadonna aus der Burgkapelle zu Roggenhausen stammt. So wird in der altehrwürdigen Reichsstadt Nürnberg ein wichtiges Werk der sakralen Kunst aus der über 700jährigen deutschen Kultur unserer ostdeutschen Heimat bewahrt.

Heilsberg

Bischofsburg in bestem Ordensstil

Stadtsiegel, 14. Jhdt.

Vom großen Recnteck des Marktplatzes sind es nur ein paar Schritte auf der abschüssigen Straße, und man steht am Ufer der Alle. Gegenüber ragt der monumentale, dunkelrote Mauerklotz der Burg über Büsche und Bäume hervor, gekrönt von dem steilen Dach und zwei etwas verspielt aufgesetzten Ecktürmen. Nach wenigen Metern flußaufwärts ist auch der von hohen, schmalen Fenstern gegliederte Eingangsflügel zu sehen, in dessen Mitte eine sehr hohe Nische mit Spitzbogenabschluß das Portal birgt. Man ist sich bei dem strengen Anblick nicht ganz sicher, ob ein Besuch willkommen ist. Distinguierte Würde mischt sich mit Verteidigungsbereitschaft. Man vermutet eine Ordensburg. Ein quadratisches Kastell mit großflächigen Außenwänden und steilen Dächern, mit Wehrluken in langer Reihe unter der Traufe. Alles überragt noch ein trutziger Bergfried, und ringsum versperren Wasserläufe und Wehrmauern den Weg zum Eingang, den eine feste, eichene Pforte abschließt. Über ihr hing früher noch ein schweres Fallgatter. Ein Bild, wie wir es von anderen Burgen des Deutschen Ordens kennen und das uns an die Burg Mewe am westlichen Weichselufer erinnert.
Und doch ist Heilsberg keine Ordensburg, sondern eine Bischofsburg. Fürstliche Residenz und schwere Festung in einem Bauwerk, das in der äußeren Architektur den Konventshäusern gleicht, aber in seiner Bestimmung als Hofburg viel mehr Repräsentations- und Wohnräume besitzt. Der Übergang von der strengen, kriegerischen Komturburg zur leichteren, weicheren bischöflichen Baukunst, von der Burg zum Palast, wird spürbar, wenn man im Innenhof auf die überraschend fremden Formen stößt, die an Arkadenhöfe südlicher Schlösser erinnern. Dennoch begegnet man auf Schritt und Tritt Zeugnissen der Ordensbaukunst, ob in den gewaltigen Kreuzgewölben der Wirtschaftsräume oder auf dem Bergfried, in der Gliederung der Mauerflächen oder in der Anlage der Gräben und Wehrmauern. Neben der Marienburg bietet Heilsberg das vollständigste

Lageplan von Stadt und Burg (nach Giese, 1825)

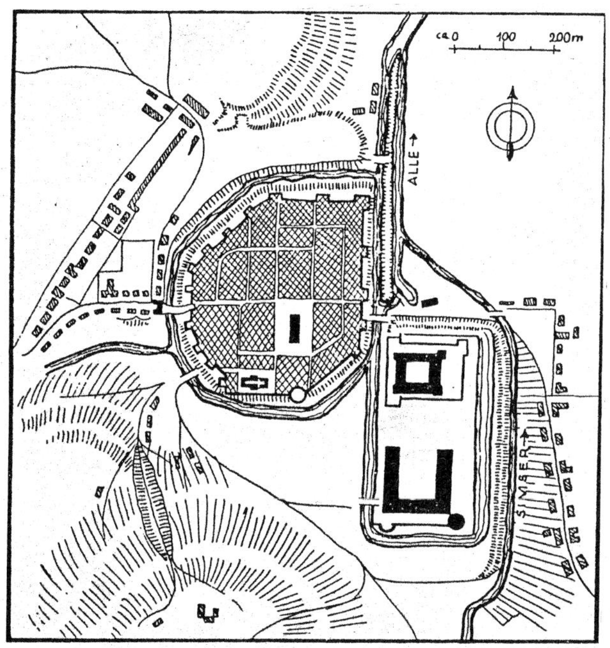

Eingangsflügel und Ostflügel von Südosten

Bild einer Burg der Ordenszeit, mit dem Vorteil, daß diese Burg nie planmäßig zerstört worden ist und dadurch verfälschenden Restaurierungen weitgehend entging. Natürlich wurde auch hier, insbesondere nach dem Brand von 1497 und während der Regentschaft polnischer Bischöfe von 1551 bis 1772 vieles dem Zeitgeschmack angepaßt.

Die wesentlichen Teile der Burg entstanden ab 1350 binnen fünfzig Jahren in der Amtszeit der Bischöfe Johann I. von Meißen, Johann II. Stryprock und Heinrich III. Sorbom, die als selbständige Landesherren des Ermlands eigenständiger waren als ihre drei Amtsbrüder in den Bistümern Kulm, Pomesanien und Samland, deren Domkapitel in den Orden incorporiert waren. Andererseits waren ermländische Bischöfe wie Johann III. Abezier (1415–1424) und Franz Kuhschmalz (1424–1457) treue Freunde des Deutschen Ordens. Von Johann III. wurde überliefert, daß er stets für den Orden eintrat, »als ob ihm ewiges Gedeihen und Verderben daran liege«. Bischof Franz, ein unversöhnlicher Gegner der Polen und des Eidechsenbundes, ging 1455 lieber außer Landes, als daß er dem Orden die Treue brach, wie so viele Städte und der Landadel. Trotz gelegentlicher Spannungen hat sich der Deutsche Orden auch im Ermland immer einen starken Einfluß zu wahren gewußt.

Bereits um 1240 hatte der Ritterorden das Gebiet des Grieven von Warmien mit dem Bollwerk Licbark erobert und unter Führung des Vizelandmeisters Hermann von Altenburg eine Befestigung angelegt, die jedoch schon im ersten Preußenaufstand zerstört wurde. Auch

Ansicht der Burg (nach Heitmann, 1890)

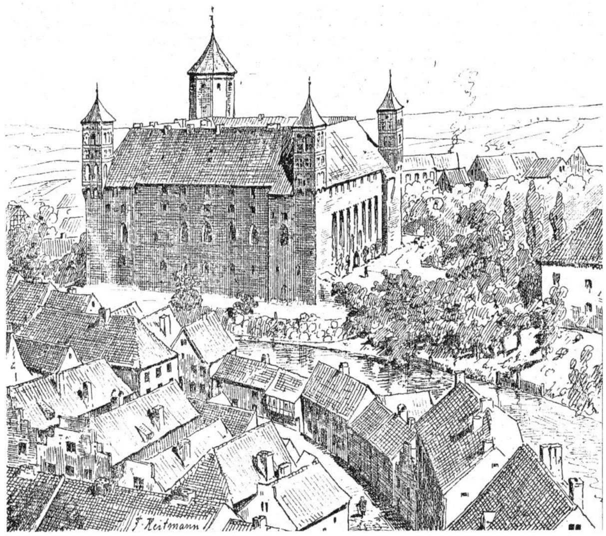

das nach der Übergabe Warmiens an Bischof Anselm errichtete Kastell Heilesberch nahmen die Prussen 1261 im großen Aufstand ein, als nach längerer Belagerung das Pferdefleisch verzehrt war und die Besatzung abziehen mußte. Es konnte erst 1273 durch Landmeister Konrad von Thierberg zurückerobert und mit einer neu errichteten primitiven Burg gesichert werden, die 1311 erfolgreich gegen die Litauer verteidigt wurde.

Schon damals hielt sich der in Braunsberg residierende Bischof von Ermland, Eberhard von Neiße, zeitweise in dem von ihm 1308 zur Stadt erhobenen Heilsberg auf. Bischofsitz wurde Heilsberg aber erst nach Ausbau der Burg in Stein um 1350 und blieb es bis 1795. Nach der Niederlage von Tannenberg und nach der erfolgreichen Verteidigung der Marienburg wohnte der Hochmeister Heinrich von Plauen fast zwei Jahre auf der Burg, die im Hungerkrieg einer polnischen Belagerung widerstand.

Der revolutionäre Ausschuß ermländischer Ritter zog die Stadt auf die Seite des Eidechsenbundes und damit im Städtekrieg in die Front der Ordensgegner. Bald nach einer erfolglosen Belagerung durch den Ritterorden mußte sie den Abfall teuer bezahlen. Böhmische Söldner besetzten die Burg für sechs Jahre als Pfand für ausstehenden Sold, bis Bischof Paul von Lagendorf sie auslöste. Dank ihrer guten Verteidigungsanlagen überstand die Burg auch in den folgenden Jahrhunderten drei Belagerungen im Pfaffenkrieg, im Reiterkrieg und im schwedisch-polnischen Erbfolgekrieg. Erst König Karl XII. von Schweden gelang 1703 die Eroberung. Nach Überwinterung auf der Burg verließ er sie im Frühjahr 1704 unter Mitnahme ihrer kostbaren Bibliothek und vieler Kunstschätze in sieben Wagenladungen.

Als nach der Übernahme des Ermlands in das Königreich Preußen im Jahre 1772 bald darauf der letzte Bischof polnischer Herkunft, Ingnaz Graf Kasicki, Heilsberg verläßt und die Burg leersteht, beginnt der Verfall. Die Bischöfe residieren nach einer Übergangszeit in Oliva künftig in Frauenburg. Ein Teil der Verteidigungsanlagen wird abgebrochen. Nachdem die Franzosen die Burg 1807 als Lazarett benutzt haben, bleibt eine Wüstenei zurück und der Verfall schreitet fort.

Auf Grund der wiederholten Eingaben des Bischofs entscheidet sich König Friedrich Wilhelm IV. von Preußen im Jahr 1844 bei einem Besuch in Heilsberg für die Erhaltung der Burg und stellt eine Geldbeihilfe für die Wiederherstellung zur Verfügung. Erst 1857 beginnen die Reparaturen, in deren Verlauf auch die Dächer neu gedeckt werden. Wenn auch der verwendete bläuliche Schiefer in Farbe und Form nicht mit dem dunkelroten Ziegelmauerwerk harmonierte, so war doch dem Verfall Einhalt geboten. Die Verwendung des Baus als bischöfliches Waisen- und Krankenhaus diente ebenfalls diesem Ziel, wenn es auch beim Umbau einige schwerwiegende Eingriffe gab.

Nach unversehrt überstandenem Ersten Weltkrieg wurde die Burg nach 1926 unter Leitung des Regierungsbaumeisters K. Hauke feinfühlig wiederhergestellt. Einen wesentlichen Beitrag hierzu leistete der Schloßbauverein, dem außer Bischof Bludau, Generalfeldmarschall von Mackensen und den Spitzen der Behörden auch die Dichterin Agnes Miegel und viele Bürger angehörten.

Im Zweiten Weltkrieg wurde die Burg erheblich beschädigt. In ihrer Nähe fielen Teile der Stadt und insbesondere der Marktplatz mit seinen schönen schlesischen Giebelhäusern und Laubengängen den Kämpfen und Brandschatzungen zum Opfer. Heute befinden sich in der wiederhergestellten Burg ein Museum für das Ermland und Masuren sowie Clubräume. Die Gebäude werden gut unterhalten und machen einen gepflegten Eindruck.

Wer durch den Torweg mit der hohen Fallgatternische schreitet, findet in dem quadratischen Innenhof umlaufende zweigeschossige Laubengänge, die unten auf gedrungenen Bögen auf schweren Granitpfeilern ruhen, während oben weitgespannte Spitzbögen auf schlanken Säulen aus schwedischem Kalkstein einen luftigen, arkadenartigen Kreuzgang bilden. Die

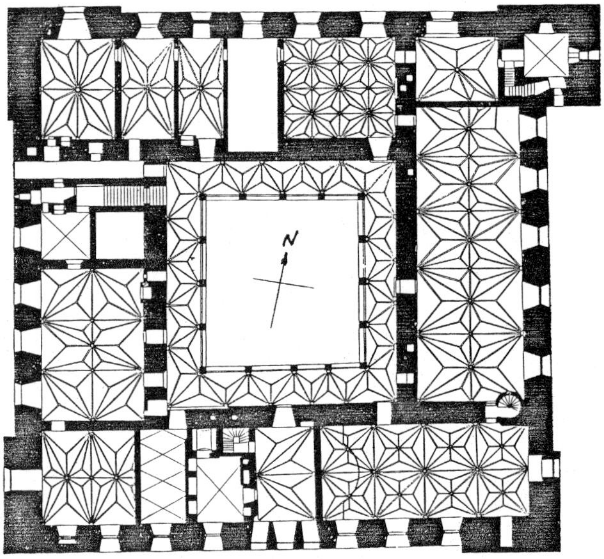

Grundriß des Hauptgeschosses (nach Boetticher)

Leichtigkeit seiner Gewölbe ist so groß, daß man die Säulen untereinander sowie mit der Mauer durch Eisenstangen verbunden hat.
In jüngster Zeit wurden in der Hoflaube Wandmalereien aus der 1. Hälfte des 15. Jahrhunderts freigelegt, die von 24 Putzschichten überdeckt waren. Insbesondere im Kreuzgang am West- und Nordflügel fanden sich figürliche und ornamentale Malereien in Temperatechnik, die »Himmelfahrt« und die »Darbringung des Bistums Ermland durch Bischof Anselm« darstellen.
Vom oberen Kreuzgang betritt man die im Südflügel liegende Kapelle, die von drei Jochen eines sechszackigen Sterngewölbes auf Marienburger Rippen und später vorgelegten Rokoko-Pilastern überwölbt ist, in dessen Kappen sich Engel tummeln. In den Schildbögen finden sich alttestamentarische Szenen in Fresken. Orgel, Empore und Wandverkleidung, aber auch Leuchter und Altäre vermitteln die lebhafte Ornamentfülle des Rokoko im 18. Jahrhundert, die einen starken Kontrast zu der Strenge der ordenszeitlichen Architektur bildet. Gerade in diesem Flügel läßt sich deren Einfluß gut ablesen, denn auch hier findet sich die übliche Dreiteilung des Ordenshauses mit dem kleinen Gemach über dem Torweg. Dieses ist allerdings inzwischen dem im Westteil dieses Flügels liegenden sogenannten Gerichtssaal zugeschlagen worden, der früher die Bibliothek des Bischofs enthielt. Bei der letzten Restaurierung wurden auch hier wertvolle Wandmalereien in Tempera aufgedeckt, die aus der Zeit um 1500 stammen und neben Maßwerkornamenten und Draperie christliche Motive wie Kreuzigung, Weltgericht, Madonna mit Stifterfiguren sowie Bischofsgestalten darstellen.
Im Ostflügel beeindruckt der Große Remter von 27 m Länge mit seinem alterhaltenen sechszackigen Sterngewölbe und den Wänden in grün-rotem Schachbrettmuster. Die bereits 1923 freigelegten wertvollen Wandgemälde von 1370, die damals mit barocken Landschaften

Der Bergfried ist achteckig auf quadratischem Unterbau

Burghof mit zweigeschossigem massiven Laubengang

und einer purpurnen Anstrichschicht übermalt waren, sind erhalten geblieben. Besonders das an der südlichen Stirnwand befindliche Bildnis der Marienkrönung vermittelt die mittelalterliche Kunstgesinnung. In gotische Ornamente eingesponnen finden sich in den Schildbögen der hofseitigen Wand die Wappen der ermländischen Bischöfe mit Beischriften, die wohl vom Ende des 17. Jahrhunderts stammen. Der Remter, der heute als Museum dient, muß in alter Zeit, ausstaffiert mit mittelalterlichen Möbeln und Leuchtern, im Schein vieler Kerzen einen imponierenden Eindruck gemacht haben.

In seine Nordost-Ecke ragt der quadratische Unterbau des oben achteckigen Hauptturms hinein. Man kann den Bergfried vom Remter aus durch einen Eingang betreten und findet einen quadratischen Raum mit einfachem Kreuzgewölbe und zwei Fenstern, der von alten Kunsthistorikern als Hauskapelle bezeichnet wurde. Auch dieser Raum war ausgemalt. Über eine Mauertreppe kann man in einen dunklen Raum mit Kellerwölbung hinabsteigen, der im Boden eine Öffnung zum darunterliegenden tiefen, dunklen Verließ hat. Geht man die Treppe hinauf, so kommt man durch mehrere gewölbte Räume, deren oberster weiträumig und mit acht Wehrfenstern versehen ist. Das dieses Stockwerk außen abschließende breite Putzband war früher mit farbigem Ritzwerk verziert. Anstelle des heutigen Zeltdachs saß einst eine Kuppel auf dem Turm, die samt Glocke 1567 von einem heftigen Sturm in den Burggraben geworfen wurde. In der ersten Hälfte des vorigen Jahrhunderts hatte der Turm eine Haube mit offener Laterne.

Nach dem Abstieg betreten wir den Nordflügel, der die Bischofswohnung beherbergte. Der kleine Remter, wegen der farbenstarken Purpurpracht des überaus reichen, verwirrend viellinigen Sterngewölbes auch Roter Remter genannt, war der Audienzraum des Bischofs. Die erhaltene alte Gewölbemalerei in ihrer schweren farbigen Ornamentik wirkt wertvoll und intim. Man wird sich vorstellen können, wie

Gemälde des Nicolaus Copernicus

stimmungsvoll die Empfänge des Bischofs in kleinerem Kreis hier waren, und wir denken an die Gegenwart unseres großen deutschen Astronomen Nicolaus Copernicus, der um 1506 mehrere Jahre als Berater und Leibarzt des Bischofs Lukas von Watzelrode, seines Onkels, im Heilsberger Schloß tätig war.

Die anschließenden Gemächer dienten den Bischöfen als Privaträume. Bischof Johann IV. Dantiskus (1537–1548), mit bürgerlichem Namen Flachsbinder, hatte hier seine kostbare Gemäldesammlung, zu der unter anderem Bilder von Holbein gehörten. Herzog Albrecht von Preußen schickte seinen Hofmaler Crispin Herranth, einen Schüler Dürers, zum Kopieren der besten Gemälde oft hierher.

Der Ordensbaukunst begegnet man fast körperlich, wenn man von den Wirtschaftsräumen im Erdgeschoß in zwei Kellergeschosse, tief unter dem Flußspiegel der Alle, steigt. Gleichartige Räume von gewaltigen Kreuzgewölben mit groben Ziegelrippen überspannt, die auf niedrigen, schweren Granitpfeilern ruhen. Räume, wie man sie in vielen Ordensburgen findet. Hier wurden, sicher vor jedem Zugriff, Vorräte und Gerätschaften für Zeiten der Kriege und Belagerungen verwahrt.

Durch die hufeisenförmig südseitig vorgelagerte Vorburg mit Bauten der Bischöfe aus dem 17. und 18. Jahrhundert führt unser Weg zurück zur Stadt. Vorbei am halbrunden Bastionsturm am Eingang. Hier soll früher ein äußeres Torhaus gestanden und jedem mit seiner Zugbrükke und schweren Pforte den Eintritt verwehrt haben, der nicht willkommen war. Und das waren in den Jahrhunderten nicht wenige . . .

Vom Vorburgturm am Ufer der Simser bis zum Haupthaus

Braunsberg

Eine lübische Hansestadt mit ermländischer Bischofsburg

Stadtsiegel, 13./14. Jhdt.

Nur wenige Kilometer sind es bis zum Frischen Haff, wenn man von Braunsberg die Passarge hinunterfährt. Im Mittelalter herrschte zwischen den Speichern der Stadt und dem Bollwerk an der Passargemündung lebhafter Verkehr. Die vom 14. bis 17. Jahrhundert der Hanse angehörende Handelsstadt pflegte Geschäftsbeziehungen zu allen Ostseeländern; aber auch an der englischen Ostküste kreuzten Braunsberger Kauffahrteischiffe. An der Lastadie, dem weiter flußabwärts gelegenen Schiffsladeplatz, lagen Speicher und Kornhäuser, denn die Güter mußten vor der Verschiffung gelagert, gesammelt und für die Ausfuhr behandelt werden. Es waren ausschließlich landwirtschaftliche Produkte und Halbwaren, die ausgeführt wurden, wie Getreide, Flachs, Hopfen und Mehl, aber auch Honig, Wachs, Häute, Garn und Leinwand. Wichtig für das Land war die Einfuhr von Fertigwaren und Rohstoffen wie Metallen, Waffen und Geräten sowie von Fischen, Wein und Gewürzen. Stadt und Hinterland hatten Vorteile von dem Seehandel, und Braunsberg gelangte zu Ansehen und Wohlstand.

Neben den großen preußischen Hansestädten Thorn, Kulm, Danzig, Elbing und Königsberg, die besseren Zugang zu den großen Handelswegen hatten, wurde es mit der Zeit schwer, sich zu behaupten. Der kleine, flache Hafen verbot den Einsatz tiefgehender, großer Seeschiffe, die zudem für die Fahrt über das flache Haff geeignet sein mußten. Das von der offenen See abgeschlossene Haff brachte den drei Hansestädten Braunsberg, Elbing und Königsberg auch die Gefahr, daß die Seetiefs als einzige Durchlässe leicht blockiert werden konnten. Das geschah 1456, als die Danziger im Balgaschen Tief alte Schiffe versenkten, um den Deutschen Orden und die konkurrierenden Handelsstädte zu schädigen. Im Jahre 1520 sperrten sie es durch versenkte Blockschiffe und durch eine Pfahlwand gänzlich. Die sogleich einsetzende Versandung schloß das Tief für immer.

Wie wichtig dieses Tief für die Schiffahrt war, zeigt die frühe Anlage der Seefeste Honeda durch die Prussen auf dem gegenüberliegenden Haffufer und die an gleicher Stelle vom Deutschen Orden nach 1239 errichtete Burg Balga. Nachdem das Kahlberger Tief bereits um 1300 und bald darauf auch das Lochstädter Tief versandeten, blieb als einziger Durchlaß zur offenen See nach Sperrung des Balgaschen Tiefs nur noch das Pillauer Tief. Dort hatte sich um 1376 das Alte Tief bei Wogram gebildet, das 1497 von einem neuen Durchbruch bei Neutief abgelöst wurde, der seit 1510 bis heute für Seeschiffe befahrbar ist. Hier bündelte sich sodann der Verkehr aller Haffanlieger.

Die Braunsberger Hanseakten schließen mit dem Jahr 1604 ab, obwohl noch 1681 der altstädtische Rat sein Seerecht und seine hanseatische Würde betonte und in dieser Zeit noch Braunsberger Schiffe in der Ostsee kreuzten. Zu Beginn unseres Jahrhunderts blieb von der

Siegel des Bischofs Anselm von Ermland (um 1250)

einstigen hanseatischen Seeschiffahrt nur ein kleiner, bescheidener Dampfer, der dem Verkehr mit Königsberg und Pillau diente.
Jetzt ist es über 700 Jahre her, daß am 1. April 1284 Bischof Heinrich I. Fleming der Altstadt von Braunsberg die Handfeste nach lübischem Recht erteilte. Weitere vierzig Jahre zurück liegt die Eroberung dieses Gebiets des prussischen Gaues Warmien und die Errichtung einer Holz-Erde-Befestigung. Im ersten Preussenaufstand zerstört, gründete der Lübecker Lokator Johann Fleming die Stadt erneut, die von Bischof Anselm von Ermland mit Stadtrecht ausgestattet wurde. Das Ermland war seit 1243 bischöfliches Territorium unter dem Schutz des Deutschen Ordens. Für die ersten hundert Jahre wählten die Bischöfe Braunsberg als Residenz.
Im großen Preußenaufstand gaben Bischof und Bewohner ihre Stadt auf und flohen nach Elbing.
An der heutigen Stelle, etwas oberhalb der ersten Ansiedlung, entstand um 1277 die civitas Brunsberg wieder mit Burg, Befestigungsanlagen und Hafen. Um 1320 wurde die Burg in Stein ausgebaut. Bei einer Auseinandersetzung mit ihrem Landesherrn, dem Bischof Heinrich III. Sorbom, erstürmten 1396 die Bürger die Burg und rissen einen Teil der Mauern nieder. Mit Hilfe des Deutschen Ordens setzte sich der Bischof durch, und die Bürger mußten den Schaden auf eigene Kosten beseitigen. Bei vielen Kriegszügen des Deutschen Ordens leistete das Bistum mit eigenen Truppen Heeresfolge. Auch in der Schlacht bei Tannenberg am 15. Juli 1410 focht unter dem Braunsberger Banner ein Aufgebot mit, das aus zwei »Maygen« zu je dreißig Reitern und Fußvolk bestand.
Bald nach dieser Niederlage und dem Niedergang der Ordensmacht traten die Braunsberger auf die Seite der Bündischen, stürmten und plünderten die Burg und rissen ihre Mauern und Türme nieder. Aktionen des Elbinger Komturs gegen die Aufständischen im Jahre 1455 konnten die Lage nicht wiederherstellen. Dafür gelang es kurz darauf böhmischen Söldnern unter John Schalski, die Burg für sechs Jahre in ihre Gewalt zu bekommen und sodann Stadt und Bürger zu peinigen und auszuplündern.
Im Thorner Frieden von 1466 erlangte Polen die Oberhoheit über das Bistum und besetzte die Stadt zeitweilig. Elf Jahre später mußte Bischof Nikolaus von Tüngen dem polnischen König als Schirmherrn der ermländischen Kirche den Treueid leisten. Die Bestimmungen des Petrikauer Vertrags verpflichteten das Domkapitel, nur noch dem polnischen König genehme Bischöfe zu wählen. Im Reiterkrieg besetzten die Ordensstreitkräfte Braunsberg für fünf Jahre. Dann zwang sie der Frieden von Krakau im Jahre 1525 zur Räumung der Stadt. Der Hochmeister Albrecht von Brandenburg wurde nach Leistung des Huldigungseids belehnter Herzog von Preußen. Auch Braunsberg wurde zur Huldigung König Sigismunds von Polen gezwungen und blieb Teil des im polnischen Reichsverband selbständigen Bistums Ermland.
Wir kennen die Burg Braunsberg nur von einem ausgezeichneten Kupferstich von Paul Stertzell aus dem Jahre 1635. Bis in unsere Zeit erhalten ist lediglich der Torturm zwischen Haupt- und Vorburg. Er hat, wenn auch arg zerschunden, alle Zeiten überdauert und könnte als Symbol für die Geschichte dieses schicksalsgeprüften Landes gelten.

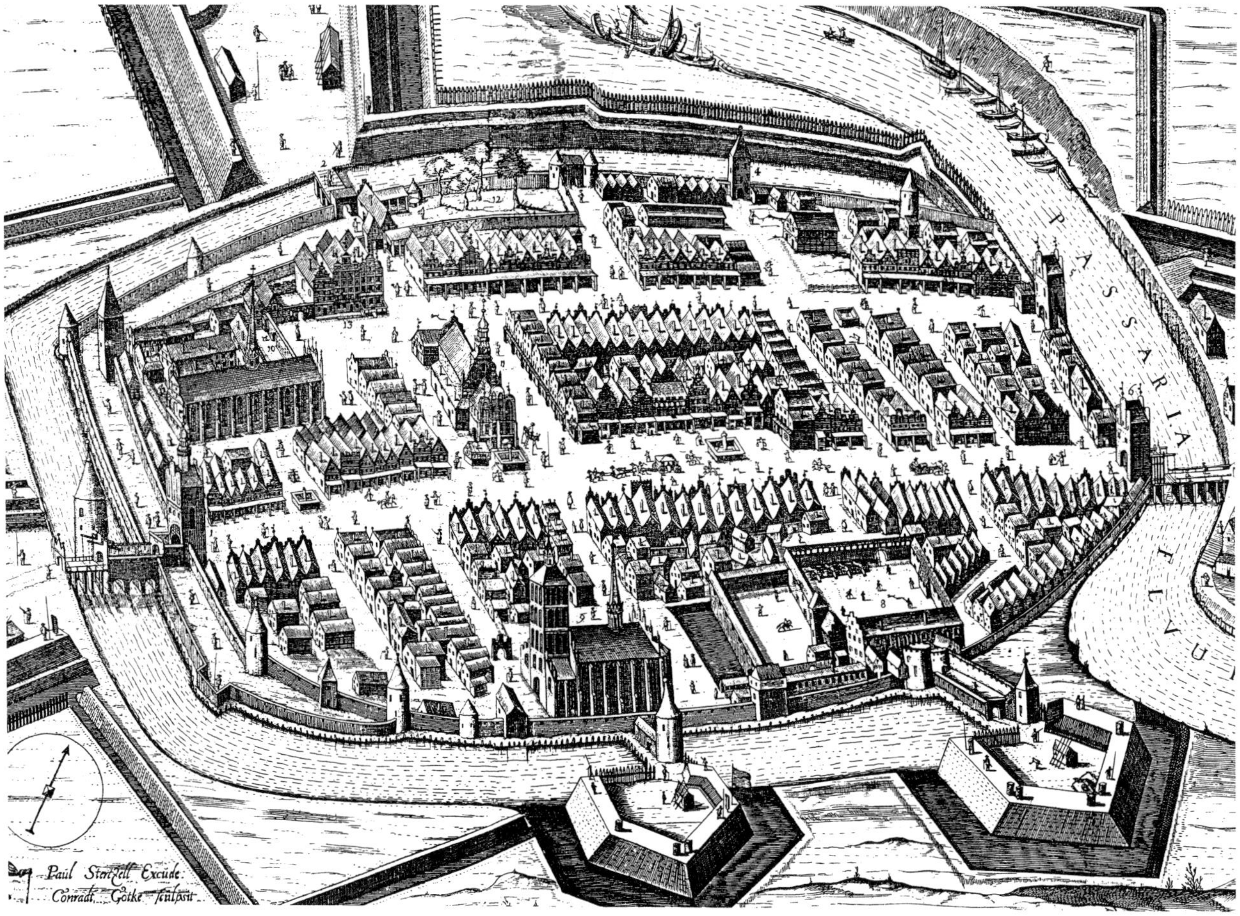

Plan von Stadt und Burg um 1635 (nach Paul Stertzell)

Lageplan der Stadt

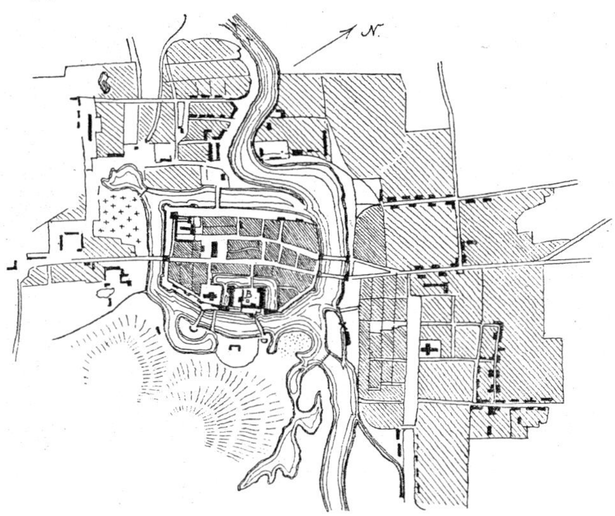

Die Bischofsburg lag im Süden der Altstadt innerhalb der Stadtmauer. Nur durch einen schmalen Parcham von dieser getrennt, lag das langgestreckte Haupthaus im Konventshausstil und füllte die ganze Südseite des fast quadratischen Burghofs aus. Es war zweigeschossig, hatte tonnengewölbte Keller und ein hohes Satteldach, das von einem Staffelgiebel begrenzt wurde. Nach der Anordnung der je vier hohen und mittelhohen Spitzbogenfenster müssen wohl ein großer Remter und eine Kapelle seine Haupträume gewesen sein. Dem Haus waren zwei starke Rundtürme in der Stadtmauer vorgelagert, zwischen denen eine Pforte in einen Zwinger führte. Diese aus der Ringmauer weit herausragende Bastion hat als Flankierungs-

werk und zur Beherrschung der dicht vorbeifließenden Passarge gedient.
Während die Ostseite des Burghofs von Nebengebäuden abgeschlossen wurde, die an einem vorspringenden, quadratischen Eckturm endeten, lief an der Nordseite eine hohe Mauer mit doppeltem Wehrgang entlang. Das Rundbogentor wurde erst nach der Ordenszeit in die Nordmauer gebrochen. Auch westseitig verlief als Abgrenzung zur Vorburg eine Wehrmauer, an deren Südseite der eingangs erwähnte Torturm sowie ein kurzer Hausflügel lagen. Unmittelbar westlich schloß die rechteckige Vorburg mit ihren Wehrmauern an. Durch sie führte der Hauptzugang zur Burg von der St.-Katharinen-Kirche aus über eine Zugbrücke, die den vorgelegten Quergraben überbrückte.
Der heute noch vorhandene Torturm mit fast quadratischem Grundriß hat eine Höhe von etwa 18 Metern. Wie die früher anschließende Wehrmauer ist er auf einem hohen Feldsteinsockel gegründet. In der Ost- und Westwand des Turms sind noch die hohen, inzwischen zugemauerten Spitzbogen des Torwegs zu erkennen, und in allen Wänden finden sich Mauerblenden sowie zugemauerte Öffnungen unterschiedlichster Art und Entstehungszeit. Der Turmabschluß mit den Eckzinnen und den beiden Reihen von Zackenblenden stammt vom Bau des Lehrerseminars um 1873, als der Turm in das neue Gebäude einbezogen wurde und als Aufgang zu den Schlafräumen diente.
Man erkennt auch noch die deutlich markierten Dachansätze des Schulhauses an allen 4 Seiten. Ob im Inneren des Turms der vielfach als Kapelle bezeichnete Raum im Obergeschoß erhalten geblieben ist, ließ sich nicht feststellen. Dieser Raum, der über zwei Geschosse reichte, hatte ein schönes vierzackiges Sterngewölbe, tiefe Spitzbogennischen in den Wänden und in

Torturm (Bauzustand 1981). a) Kirchenseite; b) Hofseite

Torturm (Nord- und Westseite)

Torturm (Süd- und Ostseite)

halber Höhe einen schmalen Umgang. Er spiegelte den hohen Stand der Architektur des frühen 14. Jahrhunderts wider, die im angrenzenden Ordensstaat die Epoche des reichen Stils war.

Die Sonderstellung des Bistums Ermland, die ihm sowohl vom Ordensstaat als auch später vom polnischen Königreich eine formelle Unabhängigkeit mit Selbstverwaltung einräumte, bewahrte es nicht vor Heimsuchungen in Kriegs- und Notzeiten. Über alle Zeiten blieb sein deutscher Charakter erhalten, und die Bevölkerung war bis auf kleine Minderheiten im Süden immer deutsch. Die beiden schwedisch-polnischen Kriege, der Nordische und der Siebenjährige Krieg und Napoleons große Armee hinterließen tiefe, schmerzliche Spuren. Braunsberg wurde ein Jammerbild seines einstigen Wohlstands, bemerkte ein Zeitgenosse. Die Bevölkerung wuchs von 4244 Einwohnern im Jahr 1782 auf 21 142 Bürger zu Beginn des Zweiten Weltkriegs, der die Stadt bis zum letzten Kriegsjahr verschonte.

Dann brach 1945 das Inferno der Schlacht um den Heiligenbeiler Kessel über sie herein. Die Eroberer fanden am 20. März 1945 nur ein großes Trümmerfeld vor, in dem da und dort ein paar beschädigte Häuser stehengeblieben waren. Heute wirkt Braunsberg wie eine fremde Stadt im Schatten der willkürlichen Demarkationslinie, die nur 8 km vom Stadtzentrum entfernt vorbeiläuft. Die alte Reichsstraße 1 ist durch Schlagbäume gesperrt. Verkehr findet hier, »am Ende der Welt«, nicht statt.

Vom Schlagbaum aus sucht unser Blick am Ende des schnurgeraden Straßenabschnitts die Stadt Heiligenbeil, die der Deutsche Orden vor 680 Jahren gründete. Aber in der menschenleeren Einöde können wir nichts erkennen. Gern würden wir zur Ruine der Ordensburg Balga fahren, die nur 13 km entfernt ist, oder die knappe halbe Stunde Autofahrt nach Brandenburg unternehmen, wo einst das größte Konventshaus des Ordens stand. Oder über das Haff nach Lochstädt segeln... Und wie nahe liegt unser Königsberg, keine 50 km von hier, und ist doch eine unerreichbare, von den Eroberern uns entfremdete Stadt. Es bleibt uns nur die Erinnerung an ein schönes Land, an die Heimat. Wir wollen ihre Konturen gelegentlich liebevoll nachziehen, damit nichts von ihrer Schönheit verblaßt und damit wir wenigstens ihr Bild unbeschädigt unseren Kindern übergeben können.

Marienburg

Stadtsiegel, 13./14. Jhdt.

Hochmeistersiegel, 14. Jhdt.

Komtursburg – Hochmeisterresidenz – Nationaldenkmal

Es gibt wohl kaum eine andere Burg in Deutschland, die mit so viel Superlativen und mit so vielen Höhen und Tiefen unserer Geschichte verbunden und auch belastet ist, wie die *Marienburg* am Nogatufer in Westpreußen. Aus einem ganz normalen *Konventshaus* als Sitz einer Komturei entwickelte sie sich Anfang des 14. Jahrhunderts zum repräsentativen *Haupthaus des Deutschen Ordens.* Sie nimmt mit ihrem westeuropäisch geprägten Hochmeisterpalast eine Sonderstellung in der Ordensarchitektur ein. Die Marienburg wurde zu einer der größten und großartigsten Burganlagen, die im Mittelalter in Europa entstanden. Zu dieser Zeit wird die Kraft, die Macht und der Reichtum des Deutschen Ordens in diesem einzigartigen Bauwerk geradezu körperlich greifbar.

Um so tiefgehender waren die Auswirkungen des Niederganges des Ordensstaates, der mit der Niederlage von Tannenberg eingeleitet wurde. Die Marienburg hat nach ihrer heroischen Verteidigung die schmähliche Übergabe an den Feind durch verräterische Söldner ebenso erlitten, wie das Land die willkürliche Abtrennung weiter Räume des deutschen Kulturgebietes. Ein blühendes, mit pulsierendem Leben erfülltes Land wurde verheert und sank danach für drei Jahrhunderte herab zur tiefsten polnischen Provinz. Die Burg selbst benutzte der fremde Landesherr gelegentlich als Nebenresidenz, und die polnische Woiwod-

Die Marienburg (Schmuckblatt nach Friedrich Koch, 1920)

Der schöne Blick vom westlichen Nogatufer auf Burg und Hochmeisterpalast

schaft hielt den fortschreitenden Verfall durch notdürftige Reparaturen nicht auf.
So war es kaum verwunderlich, daß die preußische Verwaltung nach 1772 in ihren der sprichwörtlichen Sparsamkeit dienenden nüchternen Zweckmäßigkeitserwägungen die Fremdnutzung oder sogar den Abriß der heruntergekommenen Bauwerke plante. Dem patriotischen Aufschrei des jungen Tilsiter Studenten *Max von Schenkendorf* gelang es 1803, die Öffentlichkeit auf die sich anbahnende Kulturschande hinzuweisen und zusammen mit anderen für die Erhaltung der Marienburg zu mobilisieren. Knapp ein Jahr später ordnete *König Friedrich Wilhelm III. von Preußen* die Erhaltung des Kulturdenkmals an.
Der folgende Wiederaufbau der verunstalteten und teilweise zerstörten Burg dauerte ein ganzes Jahrhundert und ist insgesamt als eine große künstlerische und nationale Leistung zu werten. Er vollzog sich unter Einbeziehung romantisch-patriotischer Strömungen in der zur staatlichen Einheit drängenden Nation. Trotz mancher historischer sowie stilistischer Mängel und Übertreibungen sind wir Heutigen nicht berechtigt, mit überheblicher professoraler Besserwisserei diese Leistungen unserer Väter und Vorväter herabzuwürdigen.
Man muß sie aus ihrer Zeit zu verstehen und zu erklären versuchen. Auch wir erwarten doch von den uns folgenden Generationen eine Beurteilung unserer Leistungen und auch unseres Versagens unter Berücksichtigung unserer Möglichkeiten und der Zeitverhältnisse.

Die Komtursburg

Bei ihrem Vorstoß nach Norden erreichten die Ordensritter um 1236 die prussische Festung *Alyem,* die am Nogatufer nahe dem Platz der späteren Marienburg lag, und eroberten sie. Zuvor waren Stadt und Burg *Zantir* umgangen

Rekonstruktionszeichnung von C. Steinbrecht

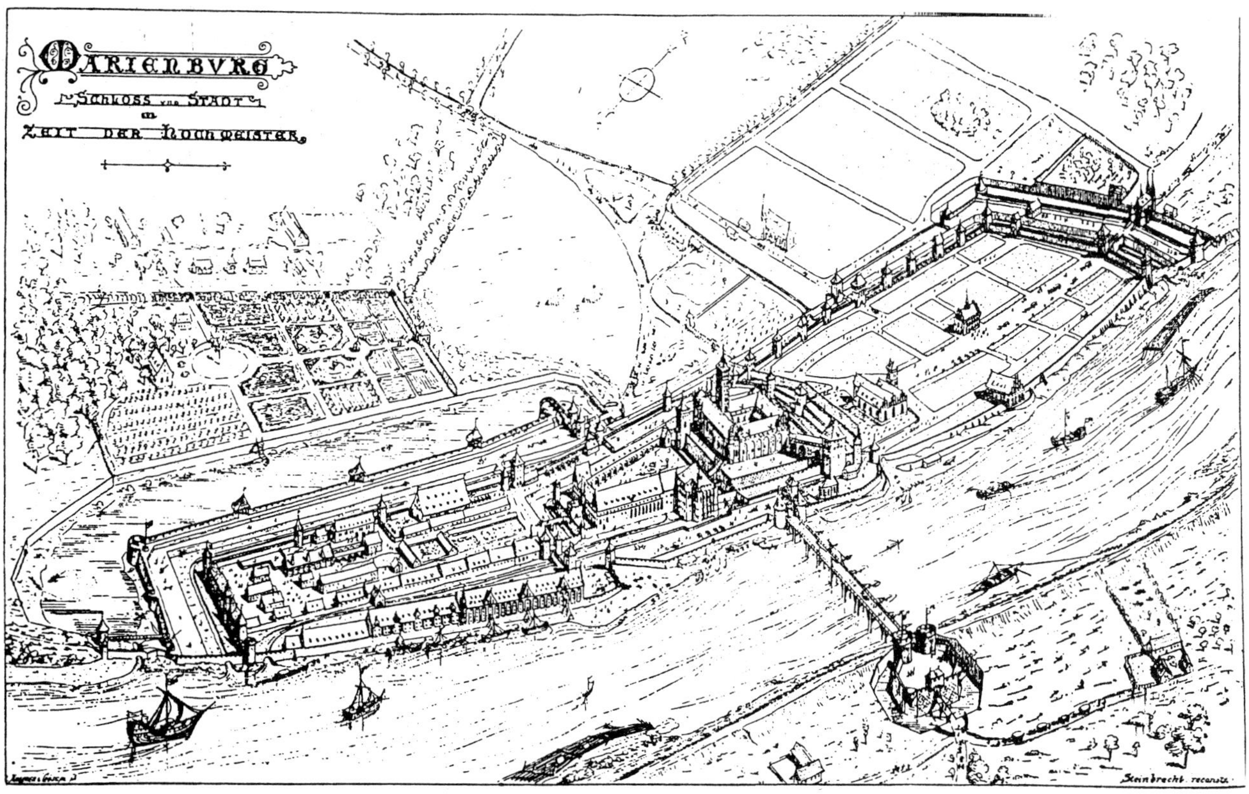

worden, die seit 1233 im Besitz von *Bischof Christian von Preußen* waren und ihm als Missionsbasis dienten. Diese Burg an der Südspitze des Werders, der damals *Insel Zantir* genannt wurde, mußte 1239 dann doch vom Deutschen Orden besetzt werden, weil sie den Zugang zum Werder und den wichtigen Wasserweg zum Frischen Haff beherrschte. Die Nogat war zu dieser Zeit noch ein zumindest gleichwertiger Fluß gegenüber der Weichsel.

Zantir ging im ersten Preußenaufstand an den mit den Prussen verbündeten Herzog *Swantopolk* von Pommerellen verloren, der dort eine neue Burg und Weichselsperre errichtete. Als er sich von Zantir aus gegen Christburg wandte, gelang es 1249 einer Ordensstreitmacht, die Burg zu erstürmen. Um 1250 ging das Gebiet durch Schiedsspruch des päpstlichen Legaten *Wilhelm von Modena* und durch Verzicht *Sambors II.* endgültig in den Besitz des Deutschen Ordens über. Daran änderte auch die kurzzeitige Belagerung der Burg Zantir durch aufständische Prussen im Jahre 1277 nichts. Vielleicht haben die Beschädigungen der alten Befestigung, in erster Linie wohl doch die ungünstige Lage, dazu beigetragen, daß man die Burg Zantir aufgab. Nachdem die etwa 18 Kilometer nogat-abwärts gelegene neue *Marienburg* in ihrem ersten Bauabschnitt fertiggestellt war, ließ Landmeister *Mangold von Sternberg* die alte Burg im Jahre 1280 abbrechen und das verwendbare Baumaterial auf dem Wasserwege nach Marienburg bringen.

Zantir wurde aufgegeben, an die Stelle trat die neue *Komturei Marienburg* mit den unterstellten Vogteien *Leske, Stuhm* und später auch *Grebin,* den Pflegeämtern *Lesewitz, Montau* und *Meselanz,* dem Waldamt *Bönhof* sowie dem Fischmeisteramt *Scharfau.* Offensichtlich handelte es sich eher um eine Verlegung des Hauptsitzes der Komturei, denn Heinrich, letzter Komtur zu Zantir, ist vermutlich identisch mit *Heinrich von Wilnove* (1276–1298), dem ersten Komtur von Marienburg.

Mit dem Bau der Marienburg ist um 1274 begonnen worden, nachdem die etwa zwei Jahre

Wahrzeichen der Landmeister

vorher eingerichtete Bauhütte mit ihren großen Ziegelöfen die Produktion der erforderlichen 4,5 Millionen Backsteine und Dachziegel aufgenommen hatte. Für das Vermauern der unvorstellbar großen Menge Backsteine im Klosterformat (9 × 16 × 32 cm) waren Scharen von Maurern unter Leitung von fachkundigen Meistern eingesetzt. Sicher verwendete man zunächst das von Zantir überführte Holz zur Errichtung von Palisaden, um sich vor Angriffen der Prussen zu schützen. Die aus der alten Burg stammenden Holzhäuser wurden aufgestellt und boten dem Führungs- und Verwaltungsapparat Unterkunft; die vielen anderen am Bau Beschäftigten mußten in Hütten und Zelten wohnen.

Um diese Zeit entstand südwestlich der Großbaustelle die *Stadt* als Ansiedlung der vielen Menschen, die mit dem Bau sowie mit der Versorgung und mit den Dienstleistungen beschäftigt waren. Bereits am 27. April 1276 erteilte der Landmeister *Conrad von Thierberg* dem städtischen Gemeinwesen eine Handfeste, die um 1304 von Landmeister *Conrad Sack* erneuert und durch Zuweisung von acht Hufen Land an die Stadt erweitert wurde.

Neben Holz und Steinen waren viele andere Baustoffe erforderlich. Das Wasser wurde

Skizze der ersten Marienburg um 1280

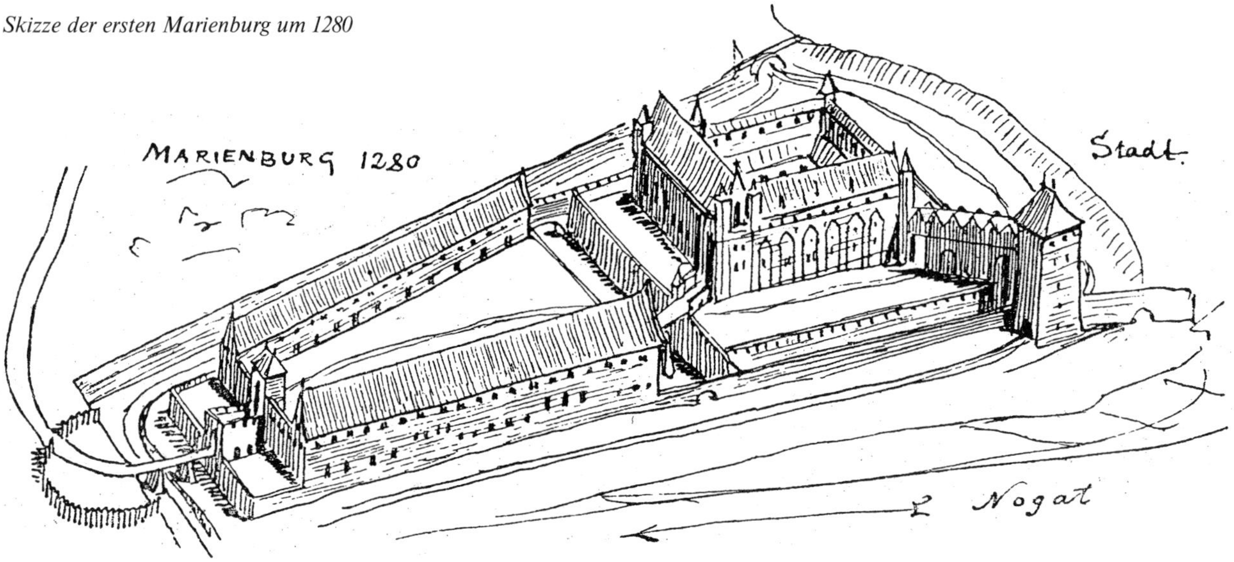

durch neu angelegte Gräben herangeführt und in Vorratsteichen gesammelt. Kalk kam über See von der schwedischen Insel Öland und mußte gebrannt, gelöscht und zu Mörtel verarbeitet werden. Zuschlagstoffe wie Sand und Kies wurden in nahen Gruben gewonnen. Werkzeuge, Baueisen, Glas und vieles andere kam mit Schiffen über Lübeck aus dem Altreich. Es war eine großartige Leistung der Planung und des Arbeitseinsatzes, eine so große Festungsanlage in einem unerschlossenen, zum Teil sogar noch feindlichen Lande zu errichten.

Kunstgeschichtlich ist die erste Marienburg dem Konventshaustypus in seiner Phase zwischen der Stilbildung und dem reifenden Stil zuzurechnen. Der Bau wurde noch von der zweiten Generation der Ordensritter geplant und begonnen, aber erst von der dritten Generation abgeschlossen. Fast gleichzeitig entstanden außer der Marienburg an der Küste des Frischen Haffs eine Reihe von Burgen; zu dieser Gruppe der Haffburgen gehören *Brandenburg* (1272), *Lochstädt* (1275) und *Königsberg* (1278), die den älteren Haffburgen *Elbing* (1245) und *Balga* (1245) folgten.

Nachdem sich in *Birgelau* mit zwei rechtwinklig zueinander angeordneten Burghäusern eine partielle Regelmäßigkeit des Grundrisses durchgesetzt hatte, brachte die weiträumige *Brandenburg* den Übergang zum rechteckigen Grundriß. Erst die Marienburg näherte sich, zwar zunächst noch dreiflügelig, dem quadratischen Grundriß, der dem späteren Idealbild des streng geschlossenen, vierflügeligen Konventshaustyps entspricht.

Die erste *Marienburg* entstand in einer etwa zehnjährigen Bauzeit, wobei in folgender Reihenfolge nach- bzw. nebeneinander nachstehende Gebäude errichtet worden sind: Zuerst führte man die Umfassungsmauern und den Nordflügel auf, der zugleich Haupt- und Eingangsflügel war. Zusammen mit dem Westflügel parallel zur Nogat entstand die nördlich vorgelagerte große Vorburg auf dem Platz des heutigen Mittelschlosses. Es folgten der Danzker und der Südflügel. Nach Osten fand der verhältnismäßig geräumige Hof durch eine hohe Mauer mit Wehrgang seinen Abschluß, an die innen schmale Wirtschaftsgebäude angelehnt wurden. Alle vier Ecken des Kastells waren mit kleinen Ecktürmen besetzt, die Beobachtungs- und Flankierungsaufgaben erfüllten. Der ersten Burg fehlte der in dieser Zeit noch übliche Hauptturm, so daß die Vermutung naheliegt, daß dessen Aufgaben von dem Danzkerturm und dem diametral gegenüber liegenden Pfaffenturm wahrgenommen worden sind.

Komtursburg-Nordseite (Rekonstruktion)

Allerdings hat sich die frühere Annahme nicht bestätigt, daß anstelle des Pfaffenturms einst der Hauptturm gestanden habe, weil die inzwischen untersuchten Fundamente zu schwach sind. Der Pfaffenturm war wohl eine vorgeschobene Verteidigungsbastion, die sowohl den Hausgraben, der Vor- und Hauptburg voneinander trennte, wie auch den Parcham decken sollte. Die gesamte Burganlage wurde von einem Wassergraben umgeben und gesichert.

Heute wie einst betritt man die Burg von Norden her über eine Brücke, die den Graben überspannt und in den Torzwinger mündet, der dem Torhaus der Vorburg vorgelagert ist. Die trapezförmige Vorburg auf dem Gelände des heutigen Mittelschlosses war an drei Seiten von Wehrmauern umgeben, an die Wirtschaftsgebäude anlehnten. Wie üblich blieb die dem Haupthaus zugewandte Seite unbebaut, um eindringenden Feinden das Festsetzen in Deckung zu erschweren und um vom Haupthaus aus freies Schußfeld im Bereich des Hausgrabens zu behalten. Der Hausgraben war zuerst von einer Palisade eingefaßt. Sie wurde später durch die Parchammauer ersetzt und im Osten durch die flankierend vorgeschobene Bastion, den sogenannten Pfaffenturm, gesichert. Über den Graben führte eine Zugbrücke zum Torzwinger an der Westecke des Hauptflügels, wo, ganz auf die Seite verschoben, das Hauptportal lag.

Der *Hauptflügel* der Burg weist die typische strenge Bauform der Ordensarchitektur auf. Über dem niedrigen Feldsteinsockel steigt eine mächtige dunkelrote Backsteinmauer auf, die durch eingestreute Sintersteine nur schwach belebt wird und deren Gliederung mit drei mit-

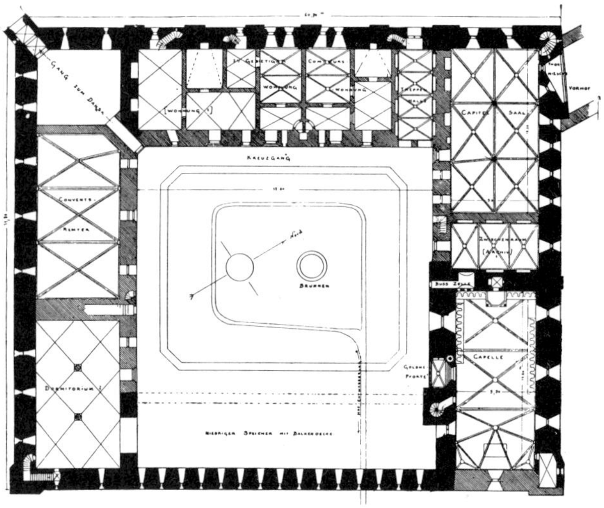

Grundriß des Haupthauses um 1300, vor dem Umbau (nach Steinbrecht)

telgroßen spitzbogigen Kapellenfenstern und einer Reihe kleinerer, in tiefen Spitzbogennischen liegenden Fenstern ihr nur einen Teil der Schwere nimmt. Die leicht vorspringenden Ecktürme sowie eine mittige risalitartig vorstehende Mauerstrebe gliedern die Front, die durch die eigenartig an das Westende versetzte hohe Fallgatternische des Hauptportals ungewohnt unsymmetrisch ist. Oben wird die Hausmauer durch einen dekorativen, sämtliche Flügel außen und innen umlaufenden Bogenfries abgeschlossen. Die regelmäßige Reihe der Wehrfenster ist auf der Nordseite durch dazwischensitzende Wappenschilde geschmückt. Das hohe, steile Satteldach endete an der Ost- und Westseite in reich mit Fensteröffnungen und Blenden gegliederten Giebeln, die außer vom Eckturm von einem weiteren gleichartigen kleinen Mauerturm eingerahmt waren.
In der über dreizehn Meter hohen Fallgatternische im Westende der Hauswand sitzt verkantet das spitzbogige gedrungene Tor, von schwerem Granitgewände eingefaßt. Außer dem Fallgatter, das mit einer schweren Winde hinauf- und heruntergelassen werden konnte, sicherte das Tor in der Höhe der Nische eine Wurfscharte mit Gießnase. Der Torweg führt, von dicken Steinsäulen eingefaßt, schräg durch das Erdgeschoß des Hauptflügels und tritt in der Nordwestecke in den Innenhof. Dieser war damals von einem hölzernen Vorlaubengang an den Hausmauern umgeben, von dem man durch einzelne Eingänge die Räume des Hauptgeschosses erreichte.
Die Raumeinteilung des Hauptflügels entsprach dem damals üblichen Schema der Dreiteilung. Zwischen den beiden fast gleichgroßen Haupträumen, der *Burgkapelle* und dem *Kapitelsaal*, lag der für diese Stilepoche typische kleine Zwischenraum. In der Regel befand sich in diesem sonst über dem mittigen Torweg gelegenen kleinen Gemach der Amtsraum des Hauskomturs; hier wird vermutet, daß es das Archiv beherbergte. Der westlich anschließende *Kapitelsaal* hatte drei Doppeljoche Kreuzgewölbe auf zwei Mittelstützen. Breite Querrippen lagen sowohl in der Mittellinie der Saaldecke wie auch zwischen den einzelnen Jochen. Eine Reihe von insgesamt zehn verhältnismäßig kleinen Fenstern gab dem Versammlungsraum des Konvents ausreichende Helligkeit, wahrte aber gleichzeitig die stille Würde dieses Mittelpunkts des Konvents. Über die Einrichtung des alten Kapitelsaales können nach den Umbauten und Zerstörungen nur Vermutungen angestellt werden. Man kann sicher davon ausgehen, daß sie im wesentlichen aus hölzernem Chorgestühl an den Wänden und aus einem massiven geschnitzten Sessel für den Vorsteher des Konvents, den Komtur, bestand. Die künstlerisch anspruchsvolle Ausgestaltung des Raumes fand vorwiegend erst nach Umwandlung der Komtursburg in das Haupthaus des Deutschen Ordens statt.
Bereits in der Hofwand der im Ostteil des Hauptflügels liegenden *Burgkapelle* deuten Inschriften und das aufwendige Portal darauf hin, daß hier der vornehmste Raum des Ordenshauses liegt. Die Kirchenfenster waren von Tonplattenfriesen mit Inschriften umgeben, von denen nur Fragmente erhalten blieben. Die gotischen Majuskeln sind hier mit künstlerischen Verzierungen versehen. Lesbar sind z.B. noch am westlichen Fenster die Wörter AQUIS VO-

Vollplastische Tonfiguren in der Vorhalle der Goldenen Pforte

CABITUR sowie unter dem Bogenfries des Wehrgangs die Abkürzung IHC für IHESUS CHRISTUS. Der kleine Vorraum vor dem reichgeschmückten Kapellenportal mit der beziehungsreichen mittelalterlichen Bezeichnung *»Goldene Pforte«* ist mit außergewöhnlich vielgestaltigem gotischen Zierrat versehen. In den Nischen mit Sitzbänken steigen schmale Formsteinsäulen auf und rahmen bunte Kacheln mit Tiermotiven und darüber im Tympanon zwischen gotischem Maßwerk eingefügte Gruppen kleiner Figuren ein. Die Figuren sind aus getrocknetem Ton geschnitten, bemalt und gebrannt. Sie stellen neutestamentarische Geschichten dar. Das spitzbogige Portal ist von schlanken Steinsäulen eingerahmt, die von Kapitellen mit plastischem Laubwerk und Fabelwesen bekrönt werden, auf denen auf der einen Seite die fünf klugen und auf der anderen die fünf törichten Jungfrauen stehen. Die mehrfach gegliederte spitzbogige Umrahmung im

Goldene Pforte

Oberteil ist mit Weinranken und anderem Blattwerk ausgefüllt. Man vermutet das Werk eines mitteldeutschen Meisters aus Magdeburg, denn ähnliche Schöpfungen finden sich in den Domen und Münstern von Magdeburg, Bamberg, Straßburg und Freiburg.

Der später erheblich vergrößerte Kirchenraum hatte in seiner Urform sechs große Fenster, von denen drei in der Nordwand und eines im Chor lagen. Zwei einfache Kreuzrippengewölbe und ein komplizierteres Chorgewölbe überspannten den Raum. Der gerade Chorabschluß mit einem Fenster in der Ostwand sollte durch die aufwendigere Gewölbeform mit Kappenteilung bereichert und zum Zielpunkt der Raumbewegung gemacht werden. Über die ursprüngliche Einrichtung der Kapelle mit Chorgestühl und Bildwerken wissen wir nur wenig. Unsere Kenntnisse beschränken sich auf die Ausstattung nach dem Umbau im zweiten und dritten Jahrzehnt des 14. Jahrhunderts.

Im *Westflügel* mit seinem herrlichen Blick auf Nogat und Werder lagen die *Amts- und Wohnräume* des Komturs, des Hauskomturs und anderer Gebietiger. Es waren meist kleine Räume, denn der Flügel war hier zum Teil auch in seiner Breite unterteilt. Nach den hofseitigen Eingangstüren zu schließen, handelt es sich um drei abgeschlossene Wohnungen mit jeweils drei Räumen, die scharfkantige oder rippengestützte Kreuzgewölbe und einen Kamin besaßen. Im Erdgeschoß dieses Flügels lag die *Konventsküche*, altertümlich von einem schweren Kreuzgewölbe überspannt, das auf starken Granitsäulen ruhte. Über dem Herd befand sich ein weit herabgezogener Rauchfang. Anordnung und Gewölbe stimmen mit der Küche der Burg Lochstädt weitgehend überein.

Von der Südwestecke des Hofes, zwischen dem Nogat- und dem Südflügel, führte im Hauptgeschoß quer durch den Eckraum der Gang zum *Danzker*. Über den Parcham und die Wehrmauern führte er auf einem gemauerten, gedeckten Bogengang weit hin zum massiven, annähernd quadratischen Danzkerturm. Dieser hygienischen Abortanlage über dem Ablauf

des Mühlenbachs wird von verschiedener Seite auch die Funktion eines Flankierungsturms oder einer letzten Zufluchtsstätte zugeschrieben.
Im anschließenden Südflügel lagen der *Konventsremter,* der Speisesaal der Ritterschaft, sowie das *Dormitorium,* der Schlafraum der Brüder. Von der benachbarten Küche war der Remter über eine Treppe leicht zu erreichen. Er war mit schweren Eichentischen und festem Gestühl ausgestattet. Drei Joche Kreuzrippengewölbe bildeten den oberen Raumabschluß und eine Reihe mittelhoher Fenster sorgte für die erforderliche Helligkeit. Die Ordensbrüder nahmen die Mahlzeiten stets gemeinsam ein, wobei Redeverbot herrschte und lediglich die Verlesung von geistlichen und erbaulichen Texten gestattet war. Der Remter diente aber auch dem geselligen Beisammensein der Ritter in den wenigen Mußestunden.
In der östlichen Hälfte des Südflügels, der an die Stadt grenzte, lag das Dormitorium, in dem die Ritter gemeinsam schliefen, auf hartem Lager, nur mit dem Mantel zugedeckt, das Schwert griffbereit zur Seite.
Im Osten war die alte Ordensburg nur durch eine hohe Mauer mit Wehrgang abgeschlossen, an die sich ein schmales Wirtschaftsgebäude mit Pultdach anlehnte. In dem in wenigen Jahrzehnten folgenden Umbau der Burg werden sodann insbesondere an der Ostseite des Haupthauses sowie in der Vorburg entscheidende Veränderungen vorgenommen. Aus der schlichten Komtursburg entsteht dann eine repräsentative Residenz und die zentrale Verwaltung für das ganze Ordensland.

Die Hochmeisterresidenz

Fast genau hundert Jahre hatte der Deutsche Orden in Palästina bestanden, als die Moslems *Akkon* im Jahre 1291 zurückeroberten und die Ritter vertrieben. Der Hochmeistersitz wurde nach *Venedig* verlegt. Aber inzwischen waren nach dem Scheitern einer langfristigen Ansiedlung im ungarischen Burzenland die Aktivitäten in den Nordosten, in das Land zwischen Weichsel und Memel, verlegt worden. Hier in *Preußen* gelang es dem Orden, die territoriale Basis für sein Streben nach einem eigenen Staat zu erkämpfen. Nach Niederschlagung der beiden Preußenaufstände trat im letzten Viertel des 13. Jahrhunderts die Konsolidierung des neuen Landes zu einem geschlossenen Staatswesen ein. Es lag deshalb nahe, durch Verlegung des Haupthauses vom fernen Venedig nach *Marienburg* diese Entwicklung zu fördern. Am 14. September 1309 zog *Hochmeister Siegfried von Feuchtwangen* in seine neue Residenz Marienburg ein. Nachdem fast gleichzeitig Pommerellen mit Danzig in den Besitz des Deutschen Ordens gelangt war, begann im 14. Jahrhundert die Zeit der größten Blüte des Ordensstaates mit breit angelegter gesellschaftlicher, kultureller und wirtschaftlicher Entfaltung.
Das für eine normale Komturei erbaute *Konventshaus Marienburg* genügte nun nicht mehr den Ansprüchen, die an den Wohnsitz und die Residenz des Hochmeisters sowie an den Regierungssitz eines bedeutenden Landes und einer in vielen Teilen Europas vertretenen Organisation zu stellen waren. Obwohl einige Ämter mit ihren Großgebietigern dezentral in anderen Ordenshäusern untergebracht waren, blieb doch dem Haupthaus ein überwiegender Anteil der Führungsaufgaben mit dem dazugehörigen Verwaltungsapparat vorbehalten. *Königsberg* wurde als Sitz des Obersten Marschalls zentraler Ort der militärischen Führung und Hauptwaffenlager. In *Elbing,* das seit 1251 Sitz des preußischen Landmeisters und Haupthaus in Preußen gewesen war, richtete der Oberste Spittler sein zentrales Amt für das Gesundheitswesen mit der Oberaufsicht über alle Spitäler des Landes ein. Auch das zentrale Aufsichts- und Beschaffungsamt für Bekleidung und Ausrüstung unter Leitung des Obersten Trapiers wurde außerhalb des Haupthauses in der Burg *Christburg* eingerichtet. In unmittelbarer Umgebung des Hochmeisters blieben der Großkomtur und der Oberste Treßler mit ihren Mitarbeitern in der Marienburg.

Für diese zentralen Stellen und vor allem für eine den notwendigen Repräsentationspflichten des Hochmeisters als Staatsoberhaupt entsprechende Residenz waren umfangreiche Um- und Neubauten in der Marienburg erforderlich. Aber die Bauabwicklung ging zwar gründlich, jedoch recht langsam vor sich. Vielleicht spielte dabei auch eine Rolle, daß Siegfried von Feuchtwangen bereits im März 1311 starb und sein Nachfolger, *Carl von Trier,* wenige Jahre nach seiner Wahl nach Westdeutschland übersiedelte. Dennoch wurde das gesamte Konventshaus samt Vorburg in den Umbau einbezogen und ein neuer Ostflügel und eine neue Vorburg hinzugefügt. Nur die Keller- und Erdgeschoßräume im Nord- und Westflügel blieben in der alten Form erhalten. Die Bauabschnitte im alten Haupthaus, das nun zum Hochschloß wird, und in der alten Vorburg, die künftig als Mittelschloß bezeichnet wird, gehen ineinander über und lassen sich zeitlich im einzelnen nicht genau bestimmen. Wir wollen uns zunächst ausschließlich den Baumaßnahmen im neuen Hochschloß zuwenden und hernach

Hauptgeschoß des Haupthauses (nach Steinbrecht)

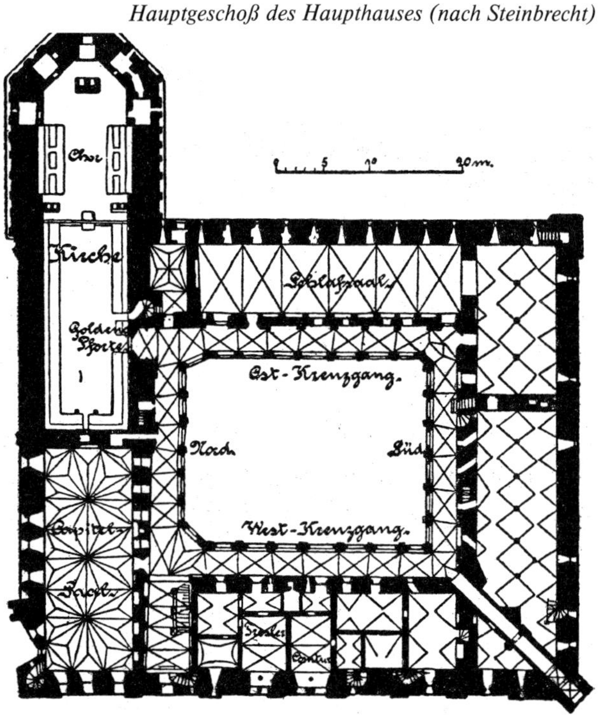

über das Mittelschloß und über die neue Vorburg berichten.

Dem durch die neuen Aufgaben und die größere Burgbesatzung entstandenen Raummangel wurde zunächst durch Ausbau des vierten Burgflügels an der Ostseite begegnet. Nach Abreißen der leichten, an die Ostmauer angelehnten Wirtschaftsgebäude wurde ein etwas schmalerer neuer Burgflügel angefügt, der das *Dormitorium* aufnahm und zusätzliche Schlafplätze bereitstellte. In den alten Schlafraum im Südflügel bezog man auch noch den bisherigen Konventsremter ein, der in das neue Obergeschoß verlegt wurde. So verdreifachte sich die Raumfläche der Schlafsäle. Für diese Raumnutzung war nur wenig Licht und somit wenig Fensterfläche nötig. Deshalb konnten die schmalen Lichtschlitze in der für die Verteidigung so wichtigen Ostmauer beibehalten werden.

In das Nordende des neuen Ostflügels fügte man um 1340 nachträglich den *Glocken-* und *Wachturm* mit einer Höhe von 44,50 Meter bis zur Mauerkrone ein. Der rechteckige, schmale Turmunterbau nahm die Flügelbreite ein und ruhte mit seiner Südwand auf einem großen Mauerbogen. Mit reichem Blendenschmuck und Friesen gegliedert, ragen vier Geschosse über die Dachfirste der benachbarten Hausflügel empor. Ähnlich den Türmen von Marienwerder und Riesenburg verjüngt er sich in kaum erkennbaren Absätzen nach oben und wird durch eine Zinnen- und Wehrgangskrönung abgeschlossen. Der in unserer Erinnerung bewahrte Abschluß mit hohem Walmdach und Dachreiter stammte aus dem 19. Jahrhundert; er löste damals sechs vorangegangene unterschiedliche Turmabschlüsse ab und wurde beim Wiederaufbau nach dem Kriege durch die wahrscheinliche Urform einer Zinnenbekrönung ersetzt.

Der Südflügel erhielt ein neues Obergeschoß, das die aus dem Hauptgeschoß verdrängten beiden Remter aufnahm; nämlich das *Refektorium* und die *Herrenstube,* die als Speise- und Aufenthaltsräume dienten.

Blick vom Nordosten auf Burgkirche und Turm, Pfaffenturm und Gästedanzker

Der zweischiffige *Sieben-Säulen-Remter* entsprach dem Stil des Kapitelsaals, jedoch mit einfacheren Formen und Wölbungen, weil es sich beim *Speisesaal* um einen Raum des täglichen Gebrauchs handelte. In der anschließenden *Herrenstube* war durch farbige Ausmalung der Gewölbe und Wände sowie durch einen Kamin viel Wert auf wohnliche Behaglichkeit gelegt worden. Von Jagden und Turnieren kündeten die großen Wandgemälde. Eine reich verzierte gotische Wandloge nahm vortragende Sänger und Spielleute auf. Hier sollten den Rittern in den wenigen Stunden der Entspannung Geselligkeit und Erinnerung an die entsagten weltlichen Spiele geboten werden.

Beim Umbau erhielt der bisherige hölzerne Hofumgangs eine vielbewunderte steinerne Gestalt. Die Bögen des unteren Kreuzgangs ruhen auf schweren Pfeilern und Säulen. Seine mit kunstvollem Maßwerk ausgefüllten spitzbogigen Arkaden umgeben den ganzen Burghof. Hoch empor steigen die schönen Kreuzrippengewölbe und schließen die Vorlaubengänge oben ab. Dem umlaufenden zweigeschossigen Kreuzgang wurde an der Seite des Südflügels ein weiteres Geschoß zugefügt, um die neuen Remter des Obergeschosses zu erreichen. In Marienburg und in allen Ordensburgen waren die Räume des Haupt- und Obergeschosses in aller Regel nur über den hofseitigen Umgang mit zum Teil abwerfbaren Treppen zu erreichen. Die Treppen zu den Wehrgängen im Obergeschoß führten meist von den Haupträumen aus in den Mauern nach oben.

Fast in der Mitte des Burghofes lag der *Brunnen*, der zu unserer Zeit durch ein neuzeitliches Brunnenhaus überbaut war, auf dessen spitzem Zeltdach ein Pelikan seine Flügel breitete. Obgleich die Bauart des Brunnenhauses nicht überliefert ist, so soll doch auch früher dieses Symboltier den Brunnen geziert haben. Der Pelikan, der seine Jungen mit dem Fleisch aus der eigenen Brust füttert, um sie in großer Not vor dem Hungertode zu bewahren, galt den Ordensbrüdern als Symbol hingebender Liebe.

In dem über dem Nogatufer liegenden Westflügel forderte der gestiegene Raumbedarf den Umbau der Räume für die Gebietiger. Die Amts- und Wohnräume für den Treßler und für

Burghof des Hochschlosses mit Kreuzgang und Brunnenhaus

den Hauskomtur wurden den neuen Erfordernissen angepaßt.

Am durchgreifendsten war jedoch die Umgestaltung der Haupträume im Eingangsflügel an der Nordseite. In den *Kapitelsaal* zog man den bisherigen kleinen Zwischenraum mit ein, so daß sich neue Raumverhältnisse zugunsten der Länge ergaben. Von den drei schlanken, achteckigen Granitpfeilern mit reich skulpierten Kapitellen steigen Rippenbündel zum Gewölbe hinauf und fallen nach lebhaftem Fächerspiel über kantige Wanddienste herab zu den zierlichen Konsolen. Durch die Kappeneinteilung mit Hilfe des Rippendreistrahls entstehen reiche Sterngebilde, die dem Gewölbe trotz seiner konsequenten Prinzipientreue etwas Verwirrendes geben. Mittelpunkt des die Wände umziehenden Chorgestühls für die Mitglieder des Konvents ist der an der östlichen Schmalseite stehende Sessel des Hochmeisters. Darüber sind in die Schildbögen große Wandgemälde eingefügt, die eine Reihe von Hochmeistern und Gebietigern darstellen. Von drei Seiten lassen zahlreiche Fenster ausreichendes Licht in diesen würdigen Versammlungsraum des Konvents einfallen.

Vermutlich zuletzt umgebaut wurden die *Burgkapelle St. Marien* und die darunter liegende *Gruftkapelle St. Annen* innerhalb des Bereichs des Hochschlosses. Ein alter gemalter Schriftfries über den Blendarkaden belegt die Fertigstellung am 1. Mai 1344; er lautet:

VNSIRS:HERIN:IARE:LOVF
TVSVNT:DRIHVNDIRT:WAS:CZV-:
HOVF
DARVF:VIR:VND:VIRCZIK:IAR
ICH:GOTIS:HVS:VOLLBRACHT-:
WARD:GAR
ALSO:DA:DER:ZWELFBOTIN:TAG
FILIPPI:UND:IACOBI:GELAG:
ZU:LOBE:GOTS:AN

Durch den neu angebauten Chor, der fast zwanzig Meter weit nach Osten in den Parcham vorspringt, wurde die Länge der Burgkapelle annähernd verdoppelt. Hierzu waren neue Fundamente und ein neues Untergeschoß erforderlich, in das eine Unterkirche, die St.-Annen-Kapelle, eingefügt wurde. Im dreiseitigen Chorabschluß der Oberkirche blieb die mittelste Fensteröffnung einem acht Meter hohen *Muttergottesbildnis* gewidmet. Es wurde von einem schwäbischen Meister als Halbfigur aus Stuck hergestellt und mit farbigen Glaspasten überzogen. Die Monumentalfigur war auf Weitwirkung angelegt und strahlte dem sich von Osten Nähernden an sonnigen Morgen schon aus erheblicher Entfernung entgegen. Sein farbiger Glanz aus Gold, Rot, Blau und Weiß wirkte wie ein Mosaik. Das nach Osten gerichtete Marienbildnis verkörperte sinnfällig die missionarische und kulturelle Aufgabenstellung des Deutschen Ordens unter dem Patronat der Muttergottes.

Burgturm und Marienkapelle nach dem Wiederaufbau. Es fehlt das große Marienbildnis in der Chornische

Durch die *Goldene Pforte* betrat man den langen Kirchenraum im hinteren Drittel. Hier kam die Steigerung der Raumlänge fast übertrieben zum Ausdruck, denn der schmale Raum zwang den Blick zur Chorwand hin, wo hinter dem Lettnergitter der *Hochaltar* von zwei prächtigen farbigen Glasfenstern eingerahmt wurde. Die mittlere Mauerblende wurde über dem Altar im Schildbogenfeld durch ein großes Wandgemälde mit Christus als Weltenrichter abgeschlossen. Hier oben lief das sechsteilige Kreuzrippengewölbe mit Hilfe der dreistrahligen Kappenteilung zu reichen neunzackigen Sternen zusammen. Unter den Wanddiensten, von denen aus die Rippenbündel wie Fontänen zum Deckengewölbe emporschossen, standen achtzehn lebensgroße Apostelfiguren. Ringsum an den Wänden waren unter Arkadenbögen mit gemalten Heiligenbildern nebeneinander die schweren geschnitzten Chorstühle aufgestellt. Die westliche Schmalseite des Kirchenraumes nahm die mit feinem gotischen Maßwerk sowie mit Wimpergen und Fialen reich verzierte Empore ein, deren Mittelpunkt ein kanzelartig vorspringender Ambon bildete. Von der ursprünglichen Ausstattung der Burgkapelle wurde vieles bereits im 17. Jahrhundert von den Jesuiten beseitigt. Den letzten Krieg überdauert hat ein Torso des Corpus von der großen Kreuzigungsgruppe an der Nordwand.

Die unter der St.-Marien-Kapelle gelegene Gruftkapelle St. Annen hat Hochmeister *Dietrich von Altenburg* als Grablege für die Hochmeister einrichten lassen. Er selbst ist dort im Oktober 1341 beigesetzt worden, und nach ihm fanden weitere zehn Hochmeister hier ihre letzte Ruhestätte, und zwar:

Heinrich Dusemer	† 1351
Winrich von Kniprode	† 1382
Konrad Zollner von Rotenstein	† 1390
Konrad von Wallenrod	† 1393
Konrad von Jungingen	† 1407
Ulrich von Jungingen	† 1410
Michael Küchmeister von Sternberg	† 1424
Heinrich von Plauen	† 1429
Paul von Rusdorf	† 1441
Konrad von Erlichshausen	† 1449

Drei ihrer Grabsteine aus Gotländer Kalkstein haben sich erhalten, nämlich von D. v. Altenburg, H. Dusemer und H. v. Plauen. Die Krypta überspannte ein tiefes vierzackiges Sterngewölbe.

Für den durch den Vorbau der Kapelle unterbrochenen Parcham wurde durch zwei Portale ein Durchgang geschaffen. Beide Portale und ihre vorgelegten Nischen haben reichen Figurenschmuck, der fast mit demjenigen der Goldenen Pforte zu vergleichen ist. Am Südportal stehen in der Nische zwei fast lebensgroße Apostelfiguren. Die Bogenfelder darüber sowie über der Pforte sind von Skulpturen ausgefüllt, die die Kreuzlegende, die Himmelfahrt und das Jüngste Gericht darstellen. Alles ist eingerahmt von feingegliederten Säulen, Kapitellen und Bogenprofilen, die mit reichem Blattwerk geschmückt sind. Im Tympanon des Nordportals begegnen uns unter einer Figurengruppe der Marienkrönung wieder die klugen und die törichten Jungfrauen. Verlassen wir durch diese Pforte die weihevolle Gruftkapelle, so können wir vom Parcham aus über den Hausgraben hinüber zum neuen Mittelschloß blicken, das aus der bisherigen Vorburg entstanden ist.

Die Baumaßnahmen im *Mittelschloß* verliefen in der ersten Hälfte des 14. Jahrhunderts gleichzeitig mit den Umbauten im Hochschloß. Zuerst entstanden an der Westseite Wohngebäude für den Hochmeister, von denen später

Grabinschriften für Dietrich von Altenburg, † 1341, und Heinrich von Plauen, † 1429, in der St.-Annen-Gruftkapelle

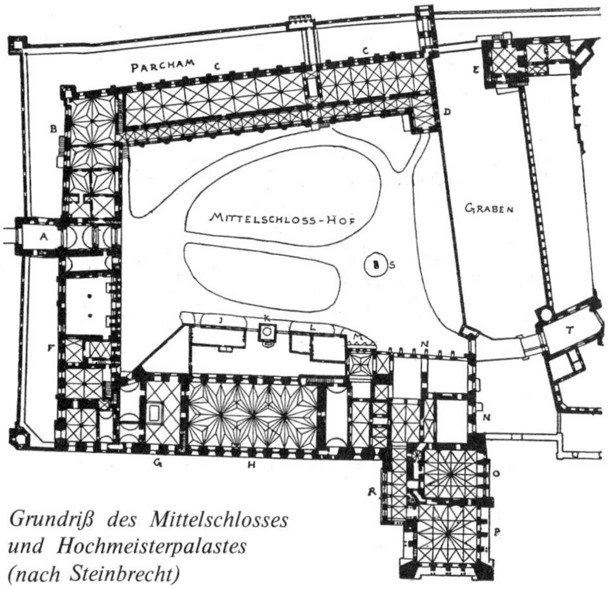

Grundriß des Mittelschlosses und Hochmeisterpalastes (nach Steinbrecht)

Der Giebel der Firmarie (Nordseite)

Teile sowie der 26 Meter lange Keller mit fünf Jochen Kreuzgewölbe in den neuen Hochmeisterpalast einbezogen wurden. Der bedeutendste Teil im Nogatflügel war *Meisters Großer Remter,* der samt Küche zwischen 1318 und 1324 gebaut worden ist. Sein Grundriß von 30 × 15 Metern weist das alte Verhältnis von 2 : 1 auf. Er ist der größte Saal aller Ordensburgen und in seinen architektonischen Formen, seinem leichten Gewölbe und seiner vornehmen Würde wohl einmalig im Mittelalter. Hier fanden die großen Empfänge für deutsche und ausländische Herrscher und Fürsten statt. Für die Kreuzfahrer und Ritter galt es als besondere Auszeichnung, vom Hochmeister zum sogenannten Ehrentisch geladen zu werden. Der *Große Remter* war zweischiffig und hatte große Ähnlichkeit mit dem Kapitelsaal des Hochschlosses. Von drei sehr schlanken roten Granitpfeilern mit figurenreichen Kapitellen schießen zarte Rippenstrahlen baumhaft zu einem weitgespannten feinen Netz empor und fallen an den Seitenwänden zwischen den hohen lichten Fenstern wieder anmutig zu den kleinen Gewölbeanfängern herab. Nirgends woanders im Ordensland fanden sich gleichartige zartgliedrige Gewölbeformen.

Im Anschluß an die Nebenräume des Remters entstand die *Firmarie,* das Kranken- und Altenhaus der Burg, das den westlich des Torhauses gelegenen Teil des Nordflügels einnahm. Außer einer großen Badstube mit Kammern darüber enthielt dieser Gebäudetrakt zwei quadratische Remter mit Mittelsäule und insgesamt drei gewölbte Geschosse. Einige Kunsthistoriker vermuten hier die erste Hochmeisterwohnung, wofür auch der schöne siebenteilige Staffelgiebel an der Nordseite spricht.

Von der Mitte nach Osten verschoben lag im Nordflügel das *Torhaus* mit dem Torweg und einem vorgelegten Zwinger, der vom Parcham durch Flankenmauern abgeteilt war. In einer hohen Nische des Torhauses lief das Fallgatter, das zum Schutz des Tors an Ketten herabgelassen werden konnte. Zur neuen Vorburg führte eine Brücke über den Burggraben.

Zugbrücke über den Hausgraben zwischen Hoch- und Mittelschloß

Das schwere alte Tor des Hochschlosses

Zeitlich nach dem Großen Remter wurde zwischen 1320 und 1330 im Ostteil des Eingangsflügels gleich neben dem Torhaus die *Großkomturei* erbaut. Für die Büros des »Innenministeriums« richtete man eine Reihe kleinerer Räume ein. Daneben gab es an der Nordostecke einen großen remterartigen Amtsraum mit einer Mittelstütze, die das Gewölbe trug.

Ganz zuletzt um 1360 entstand zugleich als baulicher Abschluß an der Ostseite des Mittelschlosses der Ostflügel. An einem fast siebzig Meter langen Gang innerhalb der mit zwölf großen Mauerblenden unterteilten Hofwand lagen viele kleine Gastkammern für die häufigen Besucher. Der zweischiffige Flügel war in der Mitte durch einen Quergang unterteilt, der zum Gästedanzker auf der Parchammauer führte.

Aber noch vorher waren in der Amtszeit des Hochmeisters *Dietrich von Altenburg* (1335–1341) in der neuen Vorburg Wirtschafts-, Wohn- und Werkstattgebäude sowie das große Kornhaus an der Nogat entstanden. Bald danach baute man das große *Vorburggebäude*, das hinter seiner 130 m langen Front Gesindewohnungen, Speicher, Brau- und Malzhaus sowie die Schäfferei (Handelskontor) beherbergte. Diesem Gebäudekomplex wurde 1358 am Südende die *Lorenzkapelle* angefügt, die für das Gesinde bestimmt war. Auch die Vorburg hatte ringsum Wehrmauern und -türme. Der eben erwähnte Hochmeister ließ um 1340 eine Pfahlbrücke über die Nogat schlagen und an beiden Ufern Brückentore mit Verteidigungsanlagen errichten. Das auf unsere Zeit überkommene *Brückentor* am östlichen Nogatufer erinnert uns mit seinen beiden flankierenden Rundtürmen an das Holstentor in Lübeck.

Den Abschluß und zugleich Höhepunkt der Erweiterungs- und Umbauten der Marienburg bildet der *Hochmeisterpalast* am Südende des Westflügels des Mittelschlosses. Hier waren die im Anschluß an den Großen Remter gelegenen Wohnräume des Hochmeisters bereits nach 1370 erneuert worden. Von 1383 bis 1393 entstand sodann der häufig für sich als Hochmeisterpalast bezeichnete weit vorspringende Nogatflügel mit den beiden berühmten Remtern. In den folgenden Jahren vollendete Baumeister *Niclaus Fellenstein* dieses Bauwerk europäischer Bedeutung durch Fertigstellung der Hofseite des Palastes.

Der Nogatflügel des Hochmeisterpalastes hat vier gleichartige Geschosse, von denen das obere Prachtgeschoß die beiden quadratischen Remter mit Mittelsäule sowie einen gut ausgestalteten Vorflur enthält. Im *Winterremter* wird noch das räumlich Feste betont, denn nur in einer Wand sind Fenster und das prächtige Rippengewölbe liegt niedriger. Im *Sommerremter* dagegen löst sich die Räumlichkeit in dem lichtdurchfluteten Raum völlig auf, denn drei Seiten bestehen überwiegend aus großen rechteckigen Fenstern und das vom Mittelpfeiler ausgehende Rippennetz des hohen Palmettengewölbes mit seinen dreistrahligen Kappenteilungen bringt eine vibrierende Deckenbewegung hervor. In der Blüte der Ordensbaukunst, kurz vor ihrem Untergang, entstand hier ein Wunderwerk der Architektur.

Im Außenbau des Palastes kommt das gleiche Prinzip zum Ausdruck, das für die Innenräume bezeichnend war. Einfache, monumentale Grundformen bestimmen den kubischen Baukörper. Aber ihre Auflösung durch ideenreiche Zusätze formt ein reich bewegtes Gebäude. Die Schauseite an der Nogat wird von kräftigen Mauerpfeilern eingerahmt und durch drei Zwischenpfeiler gegliedert. Erstaunlich ist die Unterbrechung aller dieser massigen Backsteinpfeiler durch paarweise eingeschobene Granitsäulchen. Dahinter liegen die großen Fenster des Remtergeschosses mit feinem Maßwerk und bringen eine zusätzliche Auflockerung in das aufgewühlte Mauergerüst der Fassade, die von einem reich gegliederten Wehrgang gekrönt ist. Das Dach trat früher ganz zurück und ließ den Wehrgang mit seinen Zinnen und Wurfscharten oben offen.

Eine einigermaßen hinreichende Beschreibung des Hochmeisterpalastes und seiner Schönheit ist allein Stoff für ein Buch. Im Rahmen dieser Arbeit können nur Blickpunkte festgehalten werden, die bei der Betrachtung der Marienburg einen Gesamteindruck vermitteln. Trotz ihrer unterschiedlichen, zum Teil sogar kontrastreichen Einzelheiten, die die gewohnte Einheitlichkeit der Ordensbauten vermissen lassen, wirkt das Bauwerk nicht zusammengesetzt, »denn *eine* Empfindung schuf sie zum charakteristischen Ganzen«, wie Johann Wolfgang *Goethe* 1772 in seiner Baukunst sagt.

Die weitere geschichtliche Entwicklung führte nach einer für den Deutschen Orden günstigen Zeit des Ausbaus seines Landes und seiner Macht zur Katastrophe von Tannenberg am 15. Juli 1410. Vom 25. Juli bis zum 19. September 1410 konnte der tatkräftige Komtur *Heinrich von Plauen*, der aus Schwetz herbeigeeilt war, die Marienburg gegen das polnisch-litauische Heer erfolgreich verteidigen. Als die Litauer und Masowier wegen der ausbrechenden Seuchen abzogen, mußte der polnische König die Belagerung aufgeben.

Über vierzig Jahre danach belagerten die Polen noch einmal erfolglos die Burg, als 1454 der dreizehnjährige Krieg mit dem Aufstand der Städte und des Preußischen Bundes begann. Die Marienburg fiel 1457 den Polen durch Verrat böhmischer Söldner kampflos in die Hände, die sie dem polnischen König verkauften. Trotz der Rückeroberung der Stadt durch den Orden und ihrer drei Jahre währenden Verteidigung durch den tapferen Bürgermeister *Bartholomäus Blume* fielen Burg und Stadt im zweiten Thorner Frieden für dreihundert Jahre unter polnische Oberherrschaft.

Ein Kapitel deutscher Aufbauarbeit war in diesem Teil Preußens für lange Zeit abgeschlossen.

Das Interregnum

Zu den schwärzesten Stunden der stolzen Marienburg zählt die Nacht vom 6. Juni 1457, als der Hochmeister des Deutschen Ordens, *Ludwig von Erlichshausen,* seine Residenz unter unwürdigen Umständen verlassen und nach *Königsberg* fliehen mußte, wo fortan der Hauptsitz des Ordens war. Bereits am nächsten Tag zog der Polenkönig Kasimir IV. in die Burg ein. Er war durch das Inkorporationsprivileg von 1454 und später durch den zweiten Thorner Frieden in Personalunion zum Landesherrn »Preußens königlichen Anteils« geworden. So lautete die damalige amtliche Bezeichnung für die vom Ordensstaat abgetrennten Gebiete Westpreußens, wobei diese Länder nicht Teile des polnischen Staates wurden. Marienburg verlor seine Stellung als Hauptort des Landes, und die Burg sank in den Rang einer gelegentlich benutzten Nebenresidenz herab. Für diese Zwecke reichte der Hochmeisterpalast, während die neu eingerichtete Starostei in den Räumen der ehemaligen Großkomturei untergebracht wurde.

Im übrigen stand die Burg und insbesondere das Hochschloß leer. Sie wurde deshalb nicht unterhalten, aber bei unterbliebener Fremdnutzung auch nicht durch Umbauten oder Abbrüche verändert. Erst allmählich siedelten sich, ausgehend von der Vorburg, Handwerker, Händler und Kätner im Burggelände an, klebten ihre Katen und Schuppen wie Schwalbennester an die Wände der einst stolzen Burg und verunstalteten ihre Räume als Lager und Werkstätten. Dreihundert Jahre später mußte der preußische Staat viel Zeit und erhebliche Geldmittel aufwenden, um die vielen Hausbesitzer legal wieder aus dem Burgbezirk zu entfernen. Die nur zum kleinen Teil genutzten Gebäude waren dem Zugriff und dem Mißbrauch der wechselnden Besatzung sowie der Bevölkerung ausgesetzt. Was nicht niet- und nagelfest war, wurde entwendet, herausgebrochen oder zerstört. Aus den stattlichen Kellern wurden Abfallgruben und Kloaken, deren Ausmaß sich von Jahrzehnt zu Jahrzehnt dem Platzbedarf entsprechend ausdehnte und deren Einwurföffnungen dementsprechend höhergelegt wurden, bis selbst Treppenaufgänge von Unrat verschüttet waren. Auch vor den Brunnen machte das Unwesen nicht halt, so daß sie, nachdem sie durch Verschmutzung verkommen waren, verfielen. Schadhafte Dächer führten zur Zerstörung von Mauerwerk und Gewölben.

Im Jahre 1644 wurden bei einem großen Brand alle Dächer im Hochschloß vernichtet und erst nach sechzig Jahren erneuert. In der Zwischenzeit durchweichten die meisten Gewölbe und stürzten ein oder mußten später entfernt werden. Als Spätfolge brach noch im 18. Jahrhundert das schöne Gewölbe des Kapitelsaals herunter.

Um 1650 erhielten die seit einigen Jahrzehnten im Burgbereich angesiedelten Jesuiten das Benutzungsrecht für die St. Marien- und für die St.-Annen-Kapelle. Sie beseitigten das alte wertvolle Inventar und ersetzten es u.a. durch Barock-Altäre. Lediglich der große Schrein des gotischen Hochaltars blieb erhalten. Nach ihrer Profanisierung durch den Bischof baute man Meisters Kapelle am Hochmeisterpalast zum Eingangsflur um. Ein Jesuiten-Kollegium entstand zwischen der Marienkapelle und der Bartholomäuskapelle, ungefähr auf dem Platz des Pfaffenturms. Die Jesuiten benutzten nämlich nicht das Hochschloß, sondern zogen ihr neues Gebäude vor.

In den polnisch-schwedischen Kriegen von 1626 bis 1629, von 1656 bis 1660 und von 1703 bis 1712 wurden Stadt und Burg nach Belagerung eingenommen und jahrelang von schwedischen Truppen besetzt. Die Burg benutzten die *Schweden* als Stützpunkt und legten neue Befestigungen an. Seit 1629 stand die Marienburg für sechs Jahre unter *kurbrandenburgischer Verwaltung.* Im Siebenjährigen Krieg diente sie den *Russen* als Winterquartier. Man kann sich leicht vorstellen, daß die langjährige Besetzung durch fremde Truppen, denen um 1807 noch die *französische Armee* folgte, den Gebäuden und Räumlichkeiten erheblichen Schaden zufügte. Die Franzosen benutzten das Mittel-

schloß als Lazarett und zogen sogar die St.-Marien- und St.-Annen-Kapelle als Hospital-Magazin in die Fremdnutzung ein. Meisters Großen Remter verwandelten sie von einer Zimmererwerkstatt über die Nutzung als Pferdestall schließlich nach Einziehen einer Zwischendecke in ein Militärkrankenhaus.
Als *Preußen* am 14. September 1772 Stadt und Burg wieder übernahm, fand man eine Wüstenei vor. Die langwährende Vernachlässigung durch die Polen hatte die Burg in einen solchen Zustand gebracht, daß die Preußen in ihrem starken Ordnungssinn zunächst glaubten, die Gebäude nicht mehr erhalten zu können. Die Beweise für den jämmerlichen Zustand der Burg sind vielfältig. Bereits 1744 beklagte der aus Königsberg stammende Literaturprofessor Johann Christoph *Gottsched* den Verfall des historisch und kulturell wertvollen Gebäudes. Es war deshalb naheliegend, daß die nach drei Jahrhunderten zurückgekehrten Hausherren sogar den Abriß der völlig verhunzten Gebäude erwogen. König *Friedrich der Große* rettete die Marienburg durch eine seiner üblichen Randnotizen; sie lautete »Das Schloß bleibt stehen«.
Die Rettung des noch heute bewunderten historischen Baudenkmals glückte jedoch nur vordergründig, denn Zweckmäßigkeitserwägungen und nüchterne Sachentscheidungen führten nach Umbau der Gebäude zur Verwendung als Kaserne später als Kriegsmagazin und letztlich 1799 als Getreidespeicher, wobei in die Bausubstanz bedrohlich eingegriffen wurde. Um die Wende zum 19. Jahrhundert schlug der Regierungsbaumeister *Gilly* den Abriß der ganzen Burg vor, um aus den gewonnenen Ziegeln ein modernes Magazin zu errichten. Aber ausgerechnet sein ihn begleitender Sohn Friedrich, vom Reiz der noch durchscheinenden edlen Architektur begeistert, hielt die Ruinen in einigen Zeichnungen fest, die, ausgestellt und als Kupferstiche und Aquatintablätter verbreitet, in der Öffentlichkeit Aufmerksamkeit und Verständnis für die Erhaltung der alten Ordensbauwerke auslösten. Pfarrer *Wedekes* Bemühungen und vor allem der beredte Protest des jungen Studenten *Max von Schenkendorf* vom 26. August 1803 fielen auf fruchtbaren Boden, denn binnen Jahresfrist erging eine königliche Kabinettsordre zur Erhaltung der Marienburg.

Das Nationaldenkmal

Erst nach der Befreiung vom französischen Usurpator Napoleon konnte an den *Wiederaufbau* der Burg gedacht werden. Dem preußischen Oberpräsidenten *Theodor von Schön* gelang es, das Bürgertum für die nationale Aufgabe zu gewinnen und seine Spendenfreudigkeit zu beleben. So entstand damals als ostdeutsches Gegenstück zum Kölner Dom in der Marienburg ein weiteres *Nationaldenkmal.* Am 3. August 1817, dem Geburtstag König Friedrich Wilhelms III. von Preußen, wurde offiziell mit der Wiederherstellung begonnen.
Einem Marienburger Bürger kommt besonders großer Anteil an der Sicherung historischer Baunachrichten zu. Pfarrer Dr. *Häbler* hatte in acht Bänden über viele Jahre aus allen erreichbaren Quellen, Urkunden und Chroniken Daten und Fakten zusammengetragen, die für die beginnende Restaurierung unentbehrlich waren. Nach den Plänen des berühmten Magdeburger Architekten *Costenoble* beschränkte sich die Wiederherstellung auf den Hochmeisterpalast und Meisters Großen Remter sowie später die Burgkirche St. Marien samt dem angrenzenden Turm. Das übrige Hochschloß wurde für irreparabel angesehen.
Zunächst aber mußten große Mengen Unrat und Schutt mühsam aus den Kellern und Untergeschossen entfernt werden. In den ersten zwei Jahren wurden von den Bewohnern des Marienburger Werders achtundvierzigtausend Fuhren Müll und Schutt freiwillig und unentgeltlich abgefahren. Man entfernte die dem Bauobjekt nahegelegenen Katen und Ställe und sorgte für die Ableitung von Kloaken und Wasser.
Die erste Wiederherstellung dauerte von 1817 bis 1839 und beschränkte sich auf die bereits

erwähnten Gebäude und Räume des Mittelschlosses. Die Bauräte *Hartmann* und *Gersdorf* übernahmen die Bauleitung, während *Schinkel* die fachliche Beratung des Oberpräsidenten *von Schön* und Gerichtsdirektor *Hüllmann* die örtliche Aufsicht übertragen wurden.
Die ersten Arbeiten begannen an *Meisters Großem Remter.* Dabei war auf Wandmalereien, Bruchstücke von alten Fenstern und von Verzierungen sowie andere Funde besonderes Augenmerk zu richten, um die fehlenden Teile originalgetreu ersetzen zu können. Viele Arbeiten und Bauteile finanzierten Spender, deren Wappen und Namen als Glasmalerei auf den Fenstern festgehalten wurden. Die Stadt *Marienburg* stiftete den Eingang, *Danzig, Elbing* und *Thorn* je ein Fenster und die übrigen Fenster übernahmen die *Stände der westpreußischen Kreise.* Aber auch *Kulm* und *Marienwerder* beteiligten sich und finanzierten die Schenkbank und die steinerne Treppe. So konnte durch die gemeinsame Anstrengung der westpreußischen Städte und Kreise bereits 1821 der herrliche Remter fertiggestellt und seiner Bestimmung übergeben werden.
Inzwischen war auch mit den Arbeiten im *Hochmeisterpalast* begonnen worden. Unnachsichtig zerstört worden war hier der *Sommerremter* bei der Einrichtung als Schulzimmer und als Weberei. Bei seinem Wiederaufbau von 1817 bis 1819 mußten die Wände, Fenster, Steinbänke und Gewölberippen in mühsamer Kleinarbeit nachgebildet werden. Nur der Kamin hatte sich durch Verbauung in alter Form unbeschädigt erhalten. An der Seitenwand fanden sich zwischen Kamin und Eingang Reste gemalter Wappen sowie eine zwischen den beiden Fensterreihen umlaufende Inschrift, von der nur ein einziges Fragment entziffert werden konnte, nämlich die Wörter »als ich kommen bin«. Aber leider konnten weder Wappen noch Schriftband gerettet werden. Dafür wurden die zehn hohen und breiten Fenster unter Schinkels Anleitung mit Glasmalereien aus der Geschichte des Ordens versehen. Da die Ausstattung des Sommerremters von den preußischen Prinzen gestiftet worden war, wurden in die unteren Fensterreihen die Wappen des preußischen Königshauses als Glasmalereien eingefügt.
Im Jahre 1819 folgte die Wiederherstellung des *Winterremters.* Der das Gewölbe tragende achteckige Granitpfeiler mußte vom Mauerwerk aus polnischer Zeit befreit werden. Die damals in zwei Etagen eingerichteten Zimmer hatten die Vernichtung der Fenster, der Gewölberippen und der Wandmalereien zur Folge gehabt. Anhand von Fundstücken wurden Fenster und Gewölbe wiederhergestellt. Allein die Wandgemälde aus der Zeit des Hochmeisters Konrad von Jungingen waren nicht mehr zu retten.
Schwierig gestaltete sich die Restaurierung der *Hochmeisterwohnung,* denn auch sie war durch Fremdnutzung zerstört und verbaut worden.
Um 1831 konnte der erste Bauabschnitt abgeschlossen werden. Man mußte nun für den weiteren Wiederaufbau geschichtliche und architektonische Untersuchungen vornehmen, um das Primat der originalgetreuen Restaurierung einhalten zu können. 1855 wurde das Hochschloß durch *Blankenstein* architektonisch aufgenommen. Seine Vorarbeiten bildeten die Basis für den 2. Abschnitt des Wiederaufbaus, der 1882 begann. Zuvor waren 1877 bis 1879 die schwedischen Befestigungen aus dem 17./18. Jahrhundert abgetragen worden.
Über den ersten Bauabschnitt berichtet ein 1844 erschienenes Buch des Dichters *Joseph Freiherr von Eichendorff* mit dem Titel »Die Wiederherstellung des Schlosses der deutschen Ordensritter zu Marienburg«. Eichendorff gibt darin nicht nur die einzelnen Phasen des Wiederaufbaus der Burg und eine Beschreibung der Gebäude wieder, sondern berichtet auch als Zeuge von der Wiedergeburt des deutschen Patriotismus, indem er schreibt: »Deutschland hatte, fast überrascht, sich selber wiedererkannt, und die Herzen, einmal vom Hohen berührt, wurden auch für die großen Erinnerungen der Vorzeit und die Denkmale, die von

ihnen zeugen, wieder empfänglich. Man erkannte, daß es kein Vorwärts gebe, das nicht in der Vergangenheit wurzelte, daß der Stammbaum jedes neuen Gedankens in der Geschichte, den Gesinnungen und Irrtümern der vorübergegangenen Geschlechter nachzuweisen sei, und man sehnte sich überall nach einem dauernden Symbol dieser neuen Überzeugungen und Zustände.«
Ein Name ist mit der Wiederherstellung der Marienburg sowie mit der Erforschung und Bewahrung vieler anderer Burgen des Deutschen Ordens aufs engste verbunden: *Conrad Steinbrecht* (1849–1923). Als Archäologe, Kunsthistoriker und Architekt erforschte er zunächst die gesamte Ordensbaukunst, indem er von Thorn ausgehend die Burgen der Landmeisterzeit aufnahm. Ordenszeitliche Quellen und alte Abbildungen bildeten zusammen mit den vielen hundert Fundstücken, die er in mühsamer Arbeit aus dem Bauschutt heraussuchte, das Fundament seines Wiederaufbaus der Marienburg. Wo das Gefundene und Festgestellte nicht ausreichte, wurden Baumerkmale und Funde aus den anderen verwandten Haffburgen Balga, Brandenburg oder Lochstädt vergleichend oder übernehmend verwendet. Seinem Prinzip »kein Schritt anders als im geschichtlichen Sinne« blieb er im Grundsatz treu, wenn er auch Zugeständnisse an Spender und an die Funktion des mittelalterlichen Hauses als Nationaldenkmal mit musealen Aufgaben machen mußte. Er selbst bekennt sich in seinem Aufsatz von 1896 auch ganz deutlich zu den »wichtigen Erinnerungen vaterländischer Geschichte und zahllosen Fäden kultureller Arbeit, die sich in dieser Stätte vereinigen; von hier gehen stete Anregungen für patriotischen Sinn, für Betätigung in Kunst und Technik aus. Es ist mit einem Wort ein Schöpfungsbau, und den müssen wir uns mit allen Mitteln handgreiflich wiederherstellen: nicht bloß verständlich für den Kenner, sondern anschaulich für das Volk, damit das Deutschtum an der Weich-

Grundriß von Hoch- und Mittelschloß sowie Hochmeisterpalast (Stand 1937)

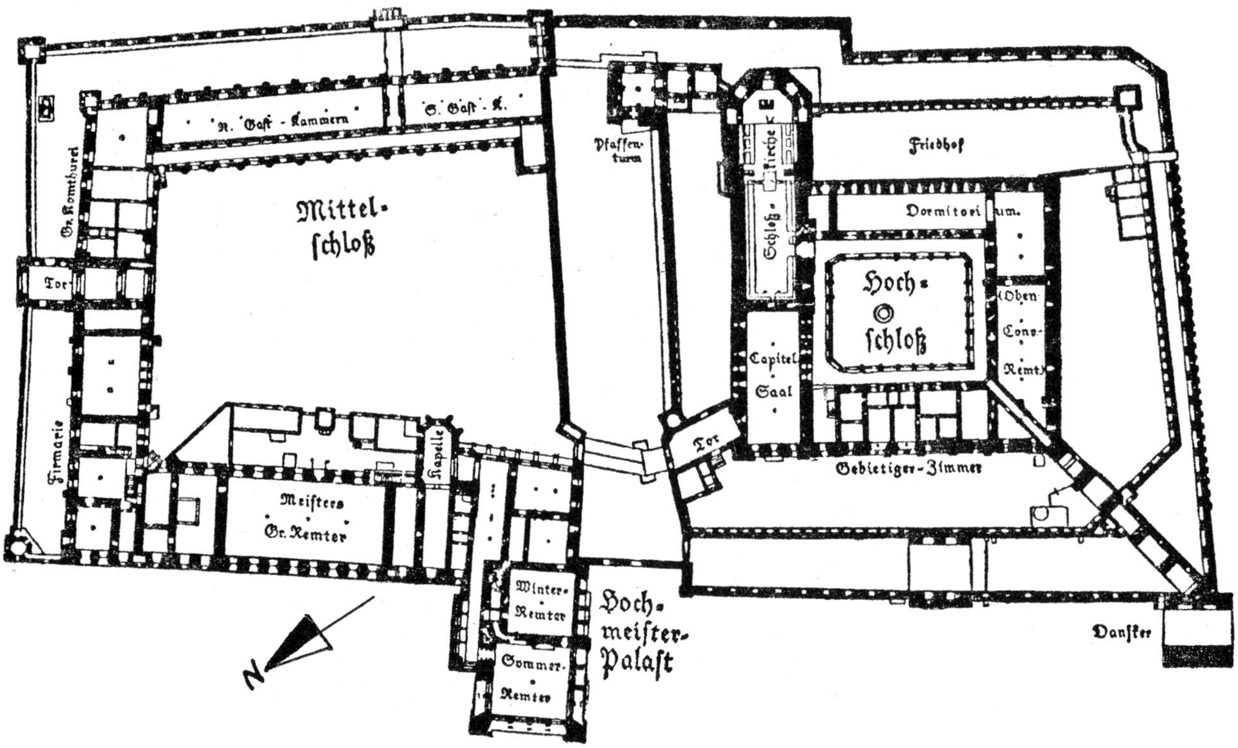

Hochmeisterkapelle mit umlaufendem Schriftfries aus gotischen Majuskeln

sel sich seines älteren Heimatrechts und seiner höheren Kulturaufgaben bewußt bleibt.«

In diesem Sinne arbeitete Conrad Steinbrecht von 1882 bis 1922 mit großem Erfolg vierzig Jahre lang an der Wiederherstellung der Marienburg. Die hervorragende Arbeit des *»Baumeisters der Marienburg«* wird auch heute, nach hundert Jahren, noch anerkannt und als beispielhaft bezeichnet. Sie war auch für den Wiederaufbau nach dem Zweiten Weltkrieg eine wesentliche Grundlage, denn er hatte jede Phase der Arbeiten textlich und bildlich festgehalten.

Der zweite Wiederherstellungsabschnitt von 1882 bis 1922 war umfassender und gründlicher als der erste und wurde von C. Steinbrecht geleitet. Dabei mußten einige erneuerte Gebäudeteile nach neu gewonnenen Erkenntnissen abgerissen oder verändert werden. Begonnen wurde mit der Restaurierung der *Marienkirche.* Es folgte 1888 die Wiederherstellung des Gewölbes des *Kapitelsaals* sowie des *Kreuzgangs.* Nach Abschluß der Arbeiten an der *Burgkapelle* wurde 1895/97 das Obergeschoß des *Pfaffenturms* aufgebaut und bis 1900 sodann die *Bartholomäuskapelle* im Mittelschloß erneuert. Im ersten Jahrzehnt des 20. Jahrhunderts folgten Arbeiten am *Großen Remter* an der *Lorenz-* sowie der *Hochmeisterkapelle,* am Nord- und Ostflügel und ferner an der *Großkomturei.* Wesentlich für die Erhaltung des Baudenkmals war auch die 1914/15 und 1921/22 vorgenommene Wiederherstellung der Palastdächer. Aus Zweckmäßigkeitserwägungen wurden die Dachtraufen dabei über den Wehrgang und die Zinnen gezogen; ein ahistorischer Kompromiß, der übrigens auch bei der jüngsten Wiederherstellung der Burg zugunsten des Wetterschutzes eingegangen worden ist.

Auch zwischen beiden Weltkriegen fanden unter Leitung des von Steinbrecht lange Jahre als Mitarbeiter eingearbeiteten Provinzialkonservators *Bernhard Schmid* noch viele und umfangreiche Arbeiten statt, so die Wiederherstellung der *äußeren Wehranlagen* und der *Torburg auf dem Sande.* Man benannte dieses östlich vom Mittelschloß gelegene Tor nach dem Retter Ost- und Westpreußens in der Tannenbergschlacht von 1914, dem späteren Reichspräsidenten Generalfeldmarschall *Paul von Hindenburg.*

Im Zweiten Weltkrieg brandete gegen die Marienburg der Ansturm der Roten Armee. Obwohl die mittelalterliche Burg für einen Kampf mit modernen Waffen nicht angelegt war, hielt das traditionsreiche Bollwerk noch einmal stand, und der sowjetische Panzervorstoß auf die Nogatbrücken konnte zurückgeschlagen werden. Die Verteidiger der Marienburg hielten den Brückenkopf bis zum 9. März 1945 und deckten damit die Flucht von Zehntausenden vor den mit barbarischer Grausamkeit hereinbrechenden Sowjetsoldaten. Schon in den ersten Tagen der Verteidigung zerschossen die Sowjets das große *Marienbild* an der östlichen Chorwand der Burgkapelle. Die Vernichtung des über sechshundert Jahre unversehrt gebliebenen Wahrzeichens der Burg war ein schlechtes Omen. Im verheerenden Geschützfeuer der Angreifer stürzte der Turm zusammen und die Zerstörung griff auf die Burgkapelle, den Pfaffenturm, den Ostgiebel und die gesamte Ostseite der Burg über.

Die Bilder von den Zerstörungen erfüllen uns mit großem Schmerz. Auch den damaligen deutschen Befehlshabern war bewußt, daß sie bei der Verteidigung der Marienburg ein wichtiges Kulturdenkmal aufs Spiel setzen würden. Trotzdem mußten sie sich entschließen, es zur Rettung tausender deutscher Menschen zu opfern.

Die Marienburg hat zu jeder Zeit eine besondere geschichtliche und kulturelle Bedeutung gehabt, ob als Komtursburg, als Hochmeisterresidenz oder als Nationaldenkmal. Ihre Bedeutung wird noch lange fortbestehen als Gedenkstätte in einem einst von Unterdrückung und Gewalt befreiten Europa.

Nachzutragen bleibt, daß die Polen die Marienburg unter erheblichem Aufwand im wesentlichen wiederaufgebaut haben.

Stuhm

Burg und kleine Stadt im alten Land Aliem

Stadtsiegel, 14. Jhdt.

Auch die kleinen Städte hatten ihre Bedeutung für das große Gemeinwesen des Ordenslandes Preußen. Ihre Leistungen waren manchmal und gerade in Notzeiten wesentlich größer als die der berühmten und reichen großen Städte. Oftmals war es nur *ein* Mann, *eine* Persönlichkeit, die den Lauf der Geschichte prägte. Von Stuhm gingen vor über vierhundert Jahren zweimal wichtige Impulse zur Bewahrung des Deutschtums in diesem Grenzland aus:

- Die Kriegstaten des tapferen Hauptmanns von Stuhm, *Bernhard von Zinnenberg,* der im dreizehnjährigen Krieg von 1454 bis 1466 sechs Städte für den Orden zurückeroberte und behauptete.
- Der Kampf des *Achatius von Zehmen* im 16. Jahrhundert um die Selbständigkeit der abgetrennten preußischen Landesteile gegen die Hegemonialansprüche Polens.

Stuhm hatte als Sperriegel zwischen zwei Seen eine wichtige Verteidigungsposition an der Heerstraße nach Marienburg. Im Städtekrieg behauptete sich Stuhm neben Marienburg und Konitz im Jahre 1454 als letzter Stützpunkt des Ordens gegen die Polen und die Bündischen. Als es nicht mehr zu halten war, erhielt die Besatzung einen ehrenvollen Abzug. Nur wenige Monate später, nach dem großen Sieg über Polen bei Konitz, eroberte die Besatzung unter dem Ordenshauptmann *Bernhard von Zinnenberg* ihre Stadt zurück.

Dem tapferen Hauptmann von Stuhm gelang es am 27. 9. 1457 mit Hilfe des Bürgermeisters *Bartholomäus Blume,* auch die Stadt *Marienburg* zu befreien, die allerdings drei Jahre später wieder verloren ging. Bürgermeister Blume wurde von den Polen aus Rache hingerichtet. Aber noch drei andere deutsche Städte, nämlich Deutsch Eylau, Strasburg und Kulm nebst Althaus, gewann der Hauptmann im Handstreich zurück, vertrieb die polnischen Okkupanten und hielt die Städte über ein Jahrzehnt, zum Teil sogar bis 1479, unter deutscher Herrschaft.

Nicht kriegerisch, aber deshalb nicht weniger verdienstvoll war hundert Jahre später das standhafte Eintreten des Stuhmer Edelmannes *Achatius von Zehmen* für die deutsche Sache. In dem verhängnisvollen Zweiten Thorner Frieden von 1466 war ganz Pommerellen, das Kulmer Land samt der Michelau und das Marienburger Gebiet einschließlich Stuhm als »Preußen königlichen Anteils« vom Ordensstaat abgelöst und als ein mit Polen in Personalunion verbundener autonomer Staat geschaffen worden. Für die ebenfalls losgelösten Städtischen Territorien Thorn, Elbing und Danzig sowie für das nominell selbständige Bistum Ermland galten besondere staatsrechtliche Verträge. Polen legte aber in einseitiger, unrechtmäßiger Veränderung des Inkorporationsprivilegs von 1454 die Personalunion als Vereinigung der Länder Polen und Westpreußen aus. Achatius von Zehmen bekämpfte zusammen mit *Georg Kleefeld* die Bemühungen Polens, die

»Union« in seinem Sinne zu verwirklichen und Westpreußen völlig zu annektieren. Vier Jahre nach seinem Tode vollzog Polen dann doch gegen den Widerstand der westpreußischen Stände durch das sogenannte *Lubliner Dekret* vom 18. 3. 1569 die unrechtmäßige Eingliederung Westpreußens in den polnischen Staat.
Die wichtige Landenge zwischen dem Barlewitzer- und dem Hintersee trug schon in prussischer Zeit Befestigungsanlagen, die um 1236 vom Deutschen Orden erobert und für seine Zwecke umgebaut wurden. Bereits zu Beginn des ersten Preußenaufstands um 1242 ging dieses Bollwerk wieder verloren; jedoch gleich nach seiner Niederschlagung bauten die Ritter eine neue hölzerne Burg mit Gräben und Wällen an derselben Stelle. Der unregelmäßige Grundriß in der Bauart einer Abschnittsbefestigung ging später auch auf die zwischen 1326 und 1331 in Stein ausgebaute Burg über.
Die Neugestaltung der Burganlage war erforderlich, weil Stuhm Sitz eines Ordensvogtes für das südöstliche Höhengebiet der Komturei Marienburg geworden war. Darüber hinaus suchten die Hochmeister Stuhm gerne als Sommersitz auf, denn es bot mit seiner waldreichen Lage zwischen zwei Seen ideale Bedingungen für ruhige Erholung in guter Luft. Jenseits des Hintersees wurde ein Tierpark für seltene Tierarten eingerichtet, dessen Lage im Rehhofschen Forst noch in der Schroetter-Karte von 1809 verzeichnet ist.
Nach erstmaliger Erwähnung als »hoff« (Ordenshof) im Jahre 1295 wird die Burg 1335 in einer Urkunde genannt. Die Namen der Vögte sind von 1333 an durchgängig bis 1466 überliefert. Es waren keine herausragenden Persönlichkeiten in diesem Amt eingesetzt, aber Namen wie *von Röder, von Baldersheim* und *von Lichtenhain* hatten damals einen guten Klang.

Lageplan von Burg und Stadt

Zeichnung der Burg (A. Boot, 1628)

Der Vogt von Stuhm, *Heinrich von Potendorf,* gehört mit großer Wahrscheinlichkeit zu den vielen in der Tannenberg-Schlacht am 15. Juli 1410 gefallenen Rittern.
Die einflügelige Burganlage lag zwischen den beiden Seen an der Heerstraße. Ihr Hausgraben war zugleich Verbindungsgraben zwischen den Seen und trennte nicht nur die Hauptburg von der westlich anschließenden Vorburg, sondern konnte im Falle eines Angriffs auch die Straßenverbindung unterbrechen. Ringmauer und Graben folgten der alten Absteckung aus dem 13. Jahrhundert und begrenzten den unregelmäßig polygonen Burgplatz. Der im Südwesten liegende Eingang war von der Vorburg aus über die Klappbrücke des Hausgrabens und durch einen Torzwinger zu erreichen. Von dem Granitgewände des Tores hat sich nur die untere Hälfte erhalten. Unmittelbar neben dem Tor lag der siebengeschossige Bergfried, von dem nur ein niedriger Stumpf noch steht. Angesichts der mächtigen Bergfriede von Graudenz, Strasburg und Rehden ist er wohl korrekter als hoher Torturm zu klassifizieren und könnte dem Soldauer Torturm ähnlich gewesen sein. Er schloß sich unmittelbar an den an der Südseite liegenden Hauptflügel an.
Der *Hauptflügel* war 52 Meter lang und gut 10

Hauptportal mit Torturmruine und Zwinger

Reste des Haupthauses am Hintersee

Halboffener Mauerturm an der Nordwest-Ecke

Mauer am Hausgraben (zugeschüttet) mit Eckturm. Im Hintergrund der Barlewitzer See

Meter breit. Er hatte schön gewölbte Keller, deren Kreuzgurtgewölbe zur Hälfte auf Pfeilern ruhte. Im Erdgeschoß ist noch die Unterteilung in fünf Räume erkennbar, so daß für das Hauptgeschoß eine gleiche Raumeinteilung angenommen werden kann. Da dieser Flügel auch als das *Haus des Vogtes* bezeichnet wurde, kann man davon ausgehen, daß dieser hier seine Amtsräume und seine Wohnung hatte. Ferner dürften auch die Räume für den Hochmeister in diesem Flügel gelegen haben. Die erhaltenen Reste des Hauptflügels geben jedoch keine weiteren Aufschlüsse über die Raumnutzung. Es sind lediglich die Mauern bis zum Hauptgeschoß überliefert und durch Umbauten entstellt. Das Wehrganggeschoß und der hofseitige Laubengang fehlen.

Der *Ostflügel* beherbergte die Kapelle und Wirtschaftsräume. Es sind innerhalb neuzeitlicher Gebäude nur noch die Längswände und eine Querwand vorhanden. Ebenfalls mit Gebäuden besetzt waren die anderen Teile der Ringmauer. An der Westseite fügte man im Rahmen des zeitlichen Nacheinander der Nebengebäude ein Wirtschafts- und Speicherhaus an. Die in zeitlichem Abstand vorgenommenen Anbauten wirken unorganisch.

Der Blick des heutigen Besuchers wird insbesondere von dem halbachteckigen *Mauerturm* in der Nordwest-Ecke angezogen. Dieser Turmstumpf aus Backstein steht auf einem Feldsteinsockel. Er hat heute noch eine Höhe von etwa elf Metern und war vor dem Kriege mit einem Notdach abgedeckt. An den anderen drei Ecken der Burg befanden sich früher kleine Mauertürme.

Auf dem Gelände der ursprünglichen *Vorburg*, also westlich der Burg, ist im Jahre 1416 die Stadt mit einer Handfeste neu gegründet worden. Unter Beteiligung des berühmten Ordensbaumeister *Niclaus Fellenstein* und des Danziger Maurermeisters *Hannus Bolle* entstanden die im damaligen Städtebau üblichen gradwinkligen Häuserzeilen.

Die *Neustadt* von Stuhm hatte ein nicht mehr erhaltenes Siegel, das sich gegenüber den anderen preußischen Stadtsiegeln der Ordenszeit dadurch auszeichnete, daß es von länglicher Form war und eine *deutsche* Inschrift (sonst lateinisch) mit folgendem Wortlaut trug: »Sigillum der neugen stat uw dem stume«.

Die Darstellung der Jungfrau Maria mit dem Kinde auf dem Arm fand sich auch auf dem hier abgebildeten älteren Stuhmer Stadtsiegel, das an einer Urkunde im Thorner Stadtarchiv aufbewahrt wird. Letztlich hat sich der Abdruck vom Siegel des Stuhmer Ordensvogts von 1388 erhalten, auf dem die zur Vogtei gehörende *Landschaft Aliem* genannt wurde.

Die kleine Stadt Stuhm hat, wie eingangs erwähnt, auch in schlechten Zeiten treu zum

Siegel der Vogtei Aliem mit Sitz in Stuhm (14. Jhdt.)

Deutschen Orden gehalten. Nach der Erstürmung durch die Polen und die Bündischen fiel es 1466 durch den Thorner Frieden an »Preußen königlich (poln.) Anteils« und wurde Sitz einer Woiwodschaft, des Marienburger Landgerichts sowie periodischer Tagungsort des kleinen Landtags. Diese Ämteransammlung brachte der Stadt einen überdurchschnittlichen Zuzug von Polen. Trotzdem blieb Stuhm in der polnischen Zeit entlegene Provinz und hatte 1772 nur 509 Einwohner. Nach Rückkehr zu Preußen zur Kreisstadt bestimmt, vervierfachte sich die Einwohnerzahl binnen hundert Jahren und erreichte 1943 die Höchstzahl von 7099 Bewohnern. Trotz frühzeitig einsetzender polnischer Zuwanderung und gezielter Polonisierungskampagnen erzielte die polnische Minderheit bei der Abstimmung von 1920 in der Stadt Stuhm nicht den erhofften Sieg, sondern lediglich 26,5% der Stimmen. Das war zwar mit Abstand das höchste Votum aller Wahlkreise in Ost- und Westpreußen, aber es bestätigte dennoch überzeugend, daß diese Stadt wie das ganze Grenzland deutsch war und blieb.

Rößel

Wehrhafte Bischofsburg am Ostrand des Ermlands

Stadtsiegel, 14. Jhdt.

Nicht weit von der prächtigen Wallfahrtskirche Heiligelinde liegt in nordwestlicher Richtung das Städtchen Rößel. Es war der östliche Eckpfeiler des Bistums Ermland und wurde deshalb schon vor über sechshundert Jahren mit einer Bischofsburg als Verteidigungsbastion ausgestattet, die an der Stelle einer prussischen Feste und als Erweiterung der bestehenden Ordensburg errichtet wurde. Hier führte einst die große Handelsstraße vom Frischen Haff und von der Bernsteinküste nach Polen und Südosteuropa vorbei. Auch mußte hier die Grenze zur nahen Wildnis gegen die häufigen Plünderungs- und Verheerungszüge der aggressiven Litauer und Sudauer möglichst stark überwacht werden. Bereits in der Mitte des 13. Jahrhunderts hatte der Deutsche Orden nahe der prussischen Siedlung Resel ein Wachthaus errichtet, das mit Holz-/Erdbefestigungen erweitert wurde.

Im Teilungsvertrag von 1254 erhielt der ermländische Bischof diesen Teil Bartens als territorialen Besitz. Er ließ etwa hundert Jahre später die bestehenden Verteidigungsanlagen massiv in Stein ausbauen. Die Bauarbeiten zogen sich über fünfzig Jahre hin und fielen in die Amtszeit der Bischöfe Johannes I. von Meißen (1350–1355), Johannes II. Streifrock (1355–1373) und Heinrich III. Sorbom. Ab 1360 gilt Rößel als einer der Sitze des Bischofs von Ermland.

Obwohl es sich um eine Bischofsburg handelt, ist sie bei den Wehrbauten des Deutschen Ordens zu berücksichtigen, weil sie in das gemeinsame Verteidungssystem gegen die Litauer einbezogen war und zum anderen, weil sie in ihrem Ursprung eine Ordensburg war. In ihrer landschaftlich schönen Lage auf dem Talrand des tief eingeschnittenen Flüßchens wirkt sie aber eher wie eine Bergburg Westdeutschlands.

Lageplan von Burg und Stadt (nach Giese, um 1826)

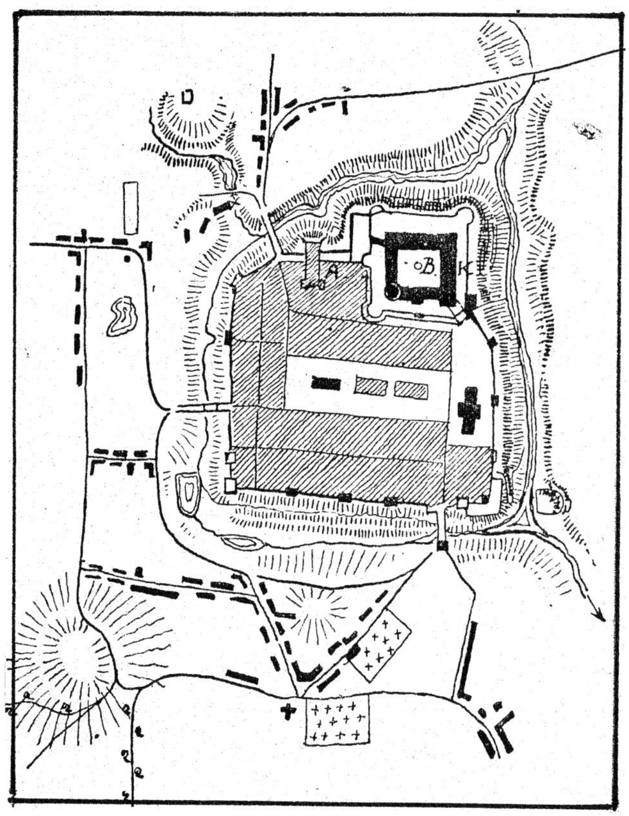

Ansicht der Burg von der Stadtseite mit Bergfried, Torturm und Kirchenumbau

Wurfscharten, sogenannte Maschikuli, in der Wehrmauer

Das rechteckige Kastell mit beachtlichen Abmessungen von rund 40 × 50 m und mit zwei rechtwinklig zusammenhängenden Burgflügeln an den Hangseiten ist nach Norden und Westen von hohen Wehrmauern gesichert, die bei dem massigen, bergfriedartigen Turm an der Nordwestecke zusammenlaufen. Auf quadratischem Unterbau vorspringend, wird der Turm etwa nach einem Drittel seiner Höhe rund und endete früher etwas oberhalb der Wehrmauer mit einem Kranz von Wehrfenstern. 1594 wurde er um ein Drittel erhöht und mit Rillenband, Rundbogenfries und einer engen Reihe von Wehrluken versehen. Erst Anfang des vorigen Jahrhunderts erhielt er das zwölfeckige Zeltdach anstelle des versenkten Kegeldachs.

Die stadtseitige Wehrmauer zwischen Rundturm und Torturm erregt mit ihren ungewöhnlichen Wurfscharten, die auf Konsolen überkragen und zum Herabwerfen von Pech, Steinen und ähnlichem dienen, Aufmerksamkeit. Diese Art der Verteidigungseinrichtungen kommt aus dem arabischen Festungsbau und wird Maschikuli genannt. Sie findet sich in abgewandelter Form am Südflügel der Burg Allenstein sowie am Bergfried in Schwetz wieder. Auch der aus der Wehrmauer vorspringende quadratische Torturm hat insoweit eine Besonderheit, daß er den Zugang durch zwei Fallgatter hintereinander sichert. Der sehr hohe äußere Fallgattertorbogen bildet einen starken Blickpunkt in der gesamten Eingangsfront, die leider durch den Umbau des Südflügels 1822 verunstaltet worden ist.

Der früher schöne Staffelgiebel mit Spitzbogenblenden und Übereckfialen wurde damals neugotisch verändert und mit einem minarettartigen Türmchen bekrönt. Ebenso hat der Umbau zur Kirche den gesamten Südflügel durch Abtragen des Wehrgeschosses und der Gewölbe verdorben.

Grundriß der Burg (nach Jester)

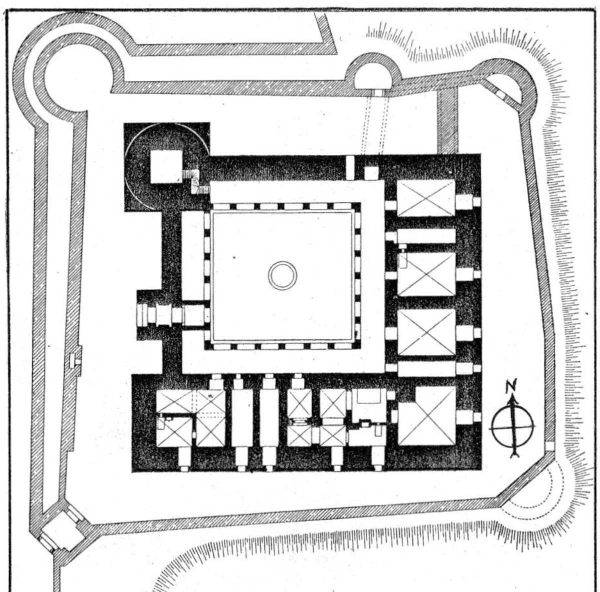

Der Bergfried an der Nordwest-Ecke

Torturm und Wehrmauer

Im rechtwinklig auf der Talseite anstoßenden Ostflügel sind noch Bandrippen- und Kreuzgewölbe im Keller- und Erdgeschoß erhalten. Dagegen mußte der massive Arkadengang im Hof nach dem Brand von 1806 abgebrochen werden. In den beiden zusammenhängenden Flügeln lagen einst die Wohn- und Amtsräume des Bischofs und des Burgvogts sowie das Refektorium, das in den Ordensburgen in seiner Funktion als Speisesaal Remter genannt wurde. Von der anschließenden nördlichen Wehrmauer führte über den Parcham hinweg ein Steg zum Danzker, der in einem Turm der Parchammauer untergebracht war. Diese umgab die ganze Burg und hatte an drei Ecken niedrige, halbrunde Bastionstürme für Feuerwaffen, die erst nach 1500 zur Verstärkung der Abwehr gebaut worden waren. An der Südwestecke lag der einzige Zugang zur Burg in einem bewehrten Torturm.

Bis zum Ende des im Petrikauer Vertrag geschaffenen Abhängigkeitsverhältnisses des Ermlands zu Polen im Jahre 1772 verwaltete ein bischöflicher Burggraf das Kammeramt, dessen Gebäude seit Ende des 17. Jahrhunderts verfielen. Nachdem die 1780 eingerichtete Strafanstalt durch den großen Brand von 1806 unbenutzbar geworden war, schenkte König Friedrich Wilhelm III. die Burg 1822 der evangelischen Kirchengemeinde, die den Südflügel unter Mitwirkung von Schinkel zur Kirche umbauen ließ.

Nach dem Krieg richteten die Polen das Zentralbüro einer regionalen Heimatgesellschaft und eine Galerie für zeitgenössische Kunst in der Burg ein. Im Jahre 1981 war sie eine große Baustelle. Es wurden neben der Restaurierung größere Umbauten vorgenommen, um ein Museum und eine Bibliothek unterzubringen. Es bleibt zu hoffen, daß die bereits augenfälligen Eingriffe in die Bausubstanz nicht erneut das Aussehen und das Wesen dieses Baudenkmals verändern.

Königsberg

Komtursiegel, 13. Jhdt.

Von der Ordensburg
zur Hochmeisterresidenz
Vom Herzogspalast
zum Krönungsschloß

Am bekanntesten ist wohl der uns heimatlich liebgewordene Anblick des Königsberger Schlosses vom Kaiser-Wilhelm-Platz aus, auf den alles überragenden gotischen Schloßturm, den massigen Rundturm und den dazwischenliegenden Barockgiebel des Berwartschen Westflügels. Bereits in diesem Ausschnitt zeigen sich die unterschiedlichen Stilformen des Schlosses, dem zwar die künstlerische innere Einheit fehlte, das jedoch einen Überblick über die siebenhundertjährige Geschichte Preußens vermittelte. Im wesentlichen hat das ehrwürdige Bauwerk in den Jahrhunderten seit seiner Gründung um 1255 sieben Phasen erlebt: Es war zuerst Grenz- und Bischofsburg, dann Konventshaus des Deutschen Ordens; im 15. Jahrhundert stieg es vom Obermarschallamt zur Hochmeisterresidenz em-

Herzogsschloß um 1560, Rekonstruktion

por, wurde 1525 Herzogspalast und 1701 Krönungsschloß preußischer Könige, um sich in den letzten hundert Jahren als Museum und Behördenhaus auszuruhen.
Hundert Jahre nach der Krönung König Wilhelms I. in der Schloßkirche machten es die roten Machthaber 1969 dem Erdboden gleich. Die bei den Luftangriffen Ende August 1944 ausgebrannten und in den Endkämpfen im März/April 1945 schwer beschädigten Gebäude wären, genau wie das Berliner Stadtschloß, durchaus wiederherzustellen gewesen. Aber der den Okkupanten verhaßte preußische Geist sollte mit Stumpf und Stiel ausgerottet werden. Heute stehen auf dem alten Burgplatz die eintönigen Fassaden von Verwaltungs- und Hotelgebäuden der sozialistischen Machthaber.
Die Geschichte des Deutschen Ordens im Samland begann im Januar 1255, als ein Kreuzfahrerheer unter dem Befehl König Ottokars II. von Böhmen und unter Beteiligung Markgraf Ottos III. von Brandenburg sowie des Hochmeisters Poppo von Osterna über das Eis des Frischen Haffs die Südküste des Samlands erreichte und in einer weitläufigen Umfassungsbewegung die befestigte Pregellinie der Prussen aufrollte. Nahe der Einmündung des Pregels in das Haff eroberten die Ritter die auf dem vorspringenden Hochufer gelegene Wallburg Tuwangste. Dort legten sie sofort eine hölzerne Burg an.
Bereits 1242 war dieser Platz »portus Lipze« (Pregelhafen) Gegenstand von Verhandlungen zwischen dem Deutschen Orden und der Stadt Lübeck, wobei der Landmeister Heinrich von Wida den Lübeckern weitgehende Vergünstigungen für den Aufbau der zu gründenden Stadt Pregelmünde einräumte. Lübische Händler und Seefahrer kannten das sambische Land und waren deshalb die geeignetsten Kolonisatoren. Der von den livländischen Schwertbrüdern gemeinsam mit Lübeckern bereits 1246 vorgenommene Einfall ins nördliche Samland hatte nicht zur Niederwerfung des Widerstands der Samen geführt, und ebenso war 1253 der von Balga aus über das Frische Haff vorgetragene Angriff des Christburger Ordenskomturs Heinrich Stange an der Samländischen Küste nahe Witlandsort gescheitert. Erst die massive Unterstützung durch König Ottokar brachte den entscheidenden Sieg über die heidnischen Prussen. Zu Ehren des verbündeten Königs nannte der Deutsche Orden die Burg und die bald entstehende Stadt Königsberg.
König Ottokar übergab dem Orden reiche Geschenke zur Errichtung der Burg, die sogleich mit Hilfe von samländischen Fronarbeitern auf dem östlichen Ausläufer des Hochufers in einem Eichenwald erbaut wurde. Möglicherweise war es die Stelle der Prussenburg Tuwangste, deren Name von dem prussischen Wort wangus abgeleitet war, das Eichenwald bedeutete. Die Ringmauer wurde aus starken Eichenstämmen hergestellt, die mit ihren angekohlten Enden schräg in einen Graben gestellt und mit Packlage aus Feldsteinen sowie mit einem Holzgerüst festgelegt und mit Lehmerde hinterfüllt wurden. Professor Friedrich Lahrs hat Reste dieser Holz-Erde-Mauern 1925/26 bei den Ausschachtungsarbeiten für das Reichsbankgebäude entdeckt.
Diese erste Burg, das »castrum antiquum«, bestand aus Holzgebäuden, denn im Teilungsvertrag vom 14. April 1257 zwischen dem Vizelandmeister Gerhard von Hirzberg und dem Bischof Heinrich von Samland wurde vereinbart, daß der Orden, der auf dem westlichen Burgplatz bereits Steine für den massiven Burgbau gelagert hatte, berechtigt war, zwei Drittel der Burggebäude abzutransportieren. Das östliche Drittel des Burgbergs samt der Burg erhielt das Bistum Samland.
In dem 1260 ausbrechenden großen Preußenaufstand konnte die Burg trotz langer Belagerung gehalten werden. Aus dieser Zeit ist eine Legende überliefert, deren Sachverhalt sich auch in Peter von Dusburgs Chronik von 1321 sowie bei Caspar Henneberger und Lucas David, beide aus dem 16. Jahrhundert, findet.
Damals soll der Komtur von Königsberg den Ordensbruder Ulrich von Magdeburg auf einem Schiff aus der belagerten Stadt vor das See-

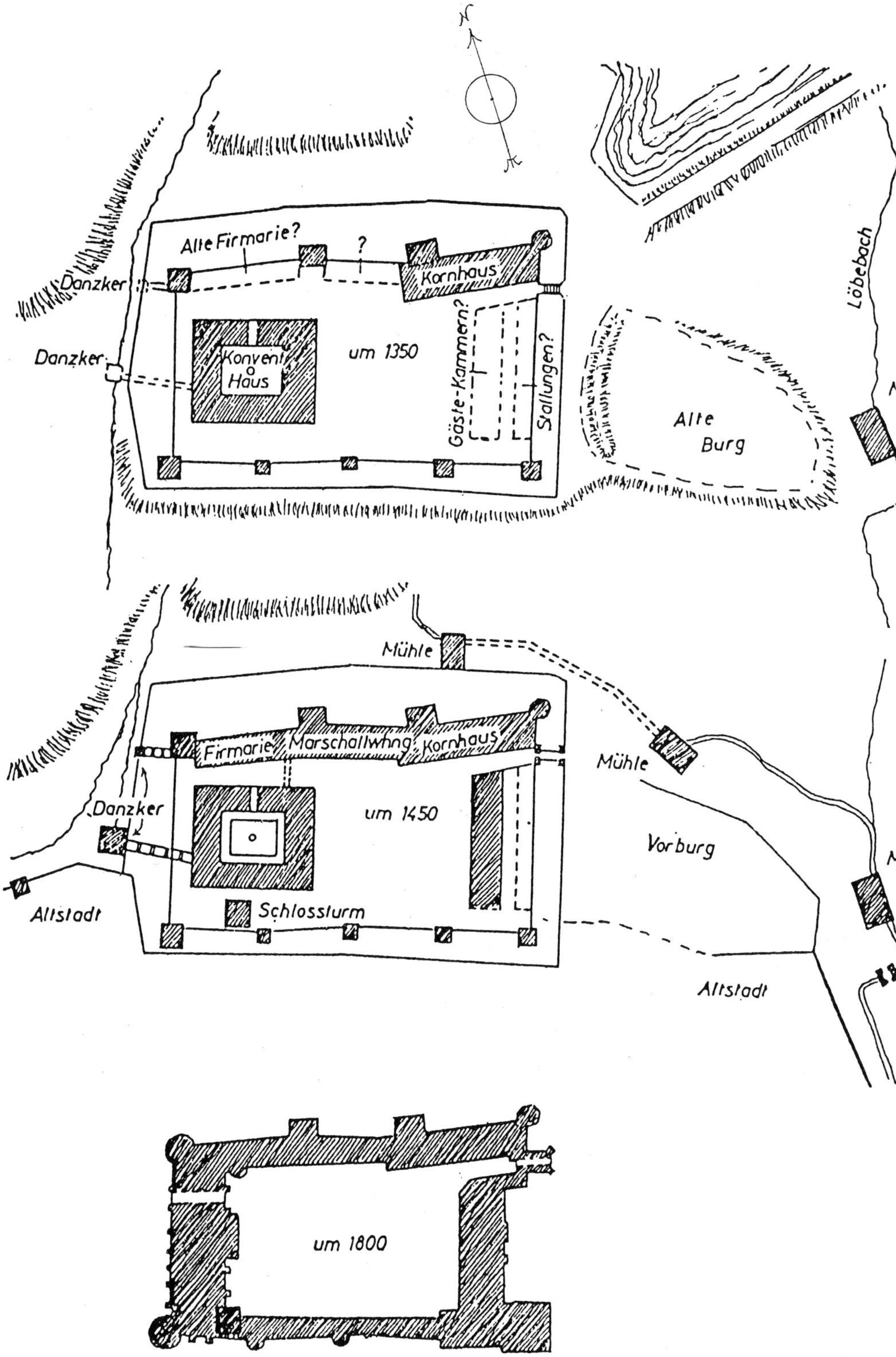

Das Ordensschloß im Wandel der Zeiten (nach F. Lahrs)

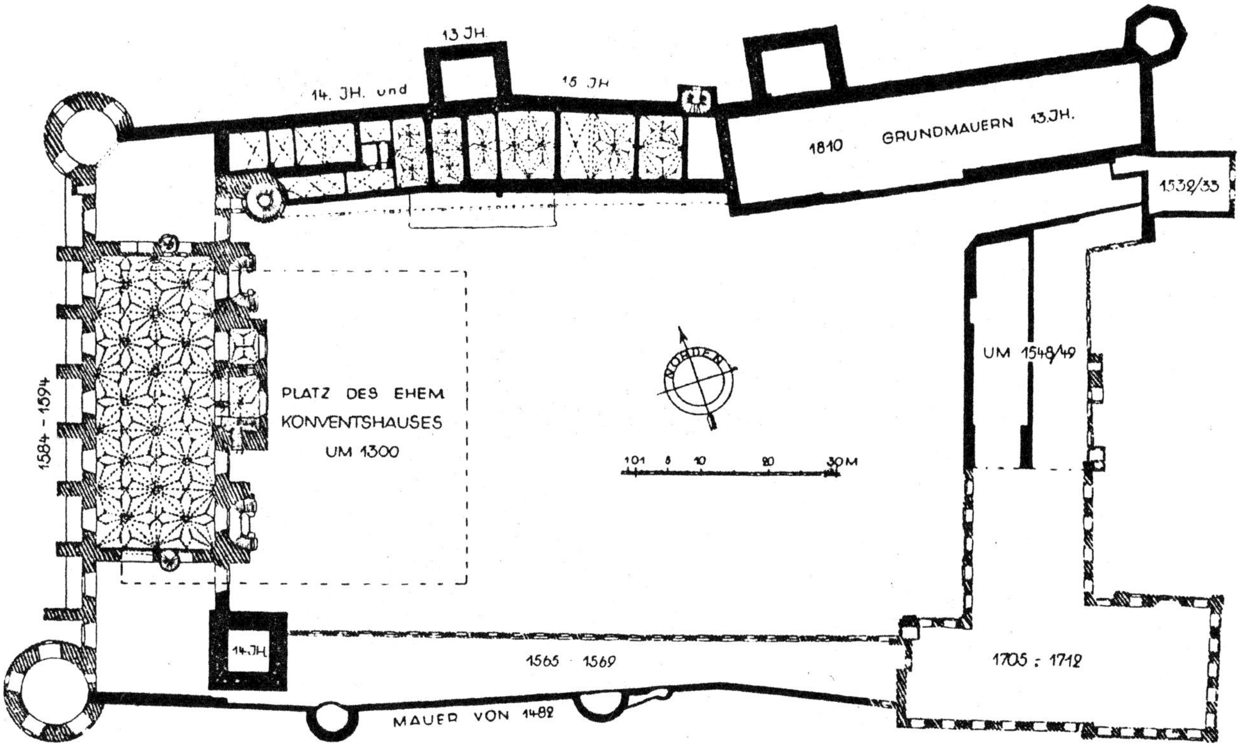

Grundriß vom Schloß mit Konventshaus

tief gesandt haben, um die dort liegenden Nachschubschiffe vor einem Überfall der Prussen zu schützen. Plötzlich näherten sich fünf prussische Schiffe mit starker Mannschaft und wollten Ritter Ulrich mit seinen wenigen Leuten überwältigen. Doch dieser geriet nicht in Furcht, denn Gott hatte ihm eine solche Stärke des Leibes gegeben, daß er damit alle Männer übertraf. Als die Prussen nahe gekommen waren, ergriff er den Mastbaum seines Schiffes und schlug damit so heftig auf das nächste Schiff der Feinde, worin fünfzig Männer waren, daß es Wasser schöpfte und unterging. Als das die anderen sahen, flohen sie. Die bedrängte Burg konnte versorgt werden und der Belagerung weiter standhalten.

Bereits sehr früh wurde mit dem Bau einer steinernen Burg auf dem Westteil des Platzes begonnen. Zuerst entstand die Wehrmauer mit vier Ecktürmen, die den rechteckigen, sehr geräumigen Burghof umgab. Nach den überlieferten Teilen auf der Nordseite war die Wehrmauer etwa fünf Meter hoch aus Feldstein ausgeführt und trug darüber einen aus Backstein aufgemauerten Wehrgang. In der ersten Zeit hat man sich vermutlich mit Holzhäusern beholfen und nach und nach Steingebäude gebaut. Sehr früh entstand das Kornhaus an der Nordmauer (späteres Oberlandesgericht) und der Haberturm, ebenso die beiden hier vorspringenden Mauertürme. Der westliche trug hofseitig eine Bauinschrift, die das 13. Jahrhundert und den Namen des Ordensvogtes Diederich von Liedelau nennt, der von 1278 bis 1292 Ordensvogt von Samland war. Beide Türme stammen somit aus der Zeit um 1280 und waren für Wohnzwecke mit Fenstern, Kaminen, Kreuzgewölben und Danzkererkern ausgestattet.

Auch aus der Südmauer sprangen ursprünglich 3 rechteckige Mauertürme vor, die jedoch 1454 von den aufständischen Altstädtern zerstört

wurden und erst 1484 halbrund wieder aufgebaut worden sind. Sie sind mit den Namen Wirzburgers-, Grubers- und Rabensteiners-Turm überliefert. So findet der Bericht Peter von Dusburgs von 1321 Bestätigung, daß die Burg damals doppelte Mauern und neun Türme hatte. Mit Ausnahme der zur Altstadt abfallenden Südseite waren die anderen Seiten von einem Parcham mit Mauer sowie von Gräben umgeben. Im Norden lehnte an die Parchammauer die Obermühle und gegenüber dem Schloßtor lag die Mittelmühle, die von dem vom aufgestauten Schloßteich gespeisten Mühlkanal getrieben wurden.

Da das eigentliche Konventshaus nach Professor Lahrs Ausgrabungsergebnissen von 1926 erst kurz nach 1300 entstanden ist und sich alte Gebäudespuren fanden, ist anzunehmen, daß es einen frühen Vorgänger hatte. Das durch die

Turm des Vogts Dietrich von Liedelau (1278–1292) (nach Lahrs)

Lageplan des Ordenshauses um 1400

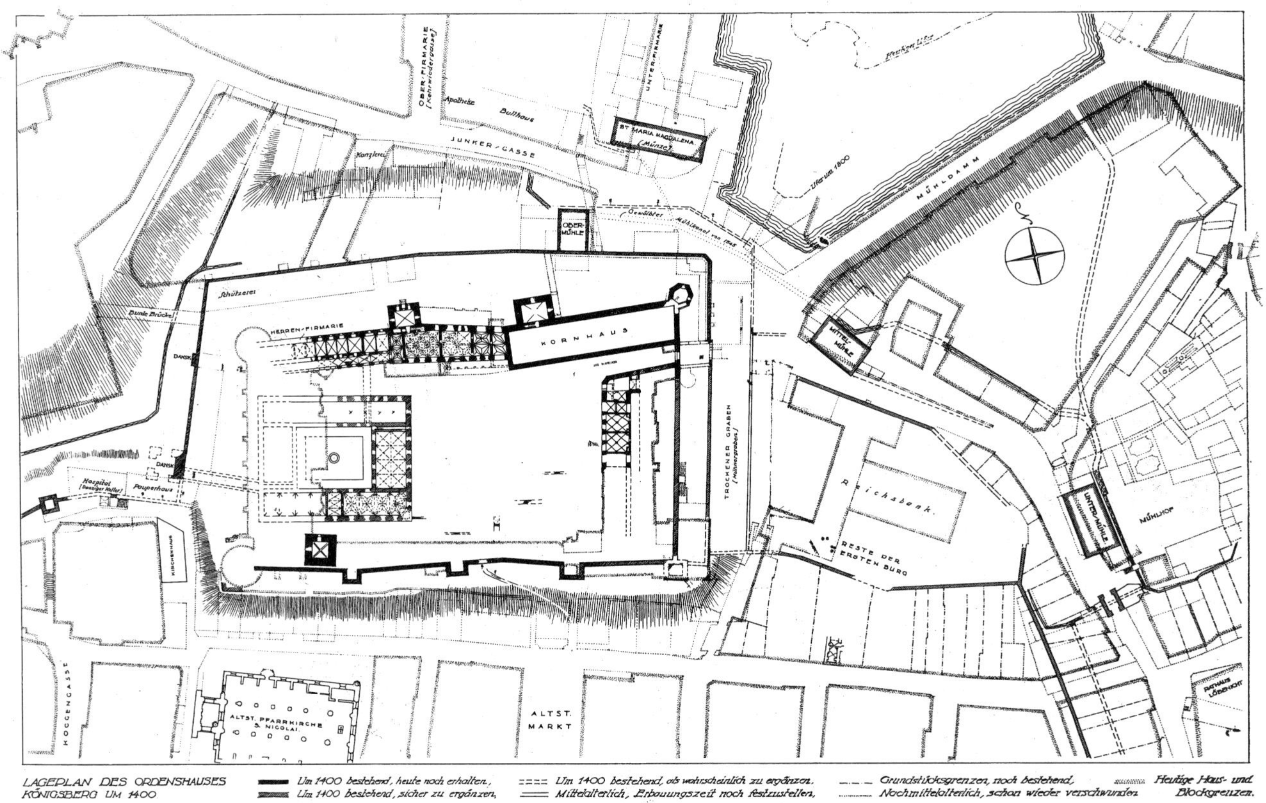

Rekonstruktion des Ordenshauses um 1400 (nach Lahrs)

Ausgrabungen bekannte Konventshaus war vierflügelig und hatte Außenmaße von 47,5 × 58 m. Es war in den großen Burgplatz so hineingebaut worden, daß es im Westen an der Wehrmauer endete und zwischen den durchlaufenden Nord- und Südflügeln und den benachbarten Wehrmauern nur schmale Freiräume blieben. Sein Südflügel war durch den üblichen kleinen Mittelraum geteilt und enthielt die Marienkapelle und den Kapitelsaal, beide wahrscheinlich mit Sterngewölben. Im breiten eingeschobenen Ostflügel mit achtfeldrigem Kreuzgewölbe dürfte der zweischiffige Konventsremter gelegen haben. Vom Nordflügel mit den Amts- und Wohnräumen des Komturs führten zwei Verbindungsgänge zur Herrenfirmarie.

Im eingeschobenen Westflügel fanden die Ritter im großen Dormitorium ihre Schlafstatt. Von dort führte der Danzkergang über zwei Schwibbögen zum Danzkerturm jenseits der Parchammauer. Die Danzkeranlage hatte Ähnlichkeit mit derjenigen der Marienburg. Im Burghof, in dem um alle vier Seiten ein zweigeschossiger Kreuzgang lief, lag in der Mitte der tiefe Brunnen. Vom Konventshaus blieben nur die unterirdischen Grundmauern erhalten. Nord- und Ostflügel wurden von den Aufständischen im Städtekrieg von 1454 niedergerissen und Süd- und Westflügel mußten 1583 dem von Blasius Berwart neu erbauten Westflügel mit der Schloßkirche weichen.

Angelehnt an die Nordmauer hatten sich bis in die Neuzeit große Teile der Herrenfirmarie samt der zugehörigen Kapelle St. Anna und das Marschallhaus erhalten.

Das Altersheim der Ordensbrüder war um 1330 in der Nordwest-Ecke bis zum Liedelau-Turm als langes Gebäude mit hofseitigem Flur und vielen Kammern erbaut worden. Die wenig später entstandene Wohnung des Obersten Marschalls und die Firmariekapelle füllten den Platz entlang der Nordmauer bis zum Kornhaus aus. Die St. Annen-Kapelle war sehr klein und vom Firmarieflur aus betretbar. Malereien in gemalten Maßwerknischen stellten Christus, Maria und Johannes dar; ferner fanden sich Reste von gemalten Weihekreuzen.

Nordflügel (Mittelteil) (nach Lahrs)

Das Marschallhaus hatte im Hauptgeschoß eine Reihe gut ausgestatteter Räume mit Sterngewölben, wie den Remter, die Flurhalle, das Gemach und das Schlafzimmer des Marschalls. Hofseitig verlief vor diesen Räumen eine zweigeschossige massive Vorlaube mit spitzbogigen Arkadenöffnungen unter einer heruntergezogenen Schleppe des Hauptdachs. Das Marschallhaus wurde von 1350 bis 1457 von den Ordensmarschällen, die zugleich Komture von Königsberg waren, bewohnt. Danach zog der aus der Marienburg vertriebene Hochmeister und seine Nachfolger in die für sie hergerichteten Räume ein.

Der große Schloßturm, ein weithin sichtbares Wahrzeichen Königsbergs, war kein Bergfried, sondern diente neben repräsentativen Zwekken als Wart- und Glockenturm. Seine eigenartige Anordnung, frei im Parcham zwischen Burgmauer und Konventshaus, ist auf seine Funktion als Warte zurückzuführen. Der früher unmittelbar südlich der Burg stehende Turm der Altstädtischen Pfarrkirche hätte bei anderer Standortwahl die Sicht vom Schloßturm zum Haberberger Wartturm versperrt, von dem aus die Einfallstraße von Natangen überwacht wurde. Der 84 m hohe Turm war durch lange Blenden und Fensteröffnungen künstlerisch belebt und erhielt unterschiedliche Abschlüsse, beginnend um 1370 mit einem einfachen Zeltdach, das 1584 durch einen abgetreppten Renaissance-Helm abgelöst wurde, dem 1688 eine achteckige Laterne mit Kuppel folgte. 1864 erhielt der Turm nach Stülers Entwurf einen spitzen neugotischen Helm mit vier Ecktürmchen.

Die Älteren von uns sehen noch genau die vertraute Silhouette des Schloßturms vor sich, von dessen Plattform zweimal täglich die Stadtmusikanten Choräle bliesen. Sie haben, besonders zur Weihnachtszeit, auch heute noch diese alten heimatlichen Klänge im Ohr.

Lochstädt

Seefeste bei Witlandsort

Siegel d. Pflegers, 14./15. Jhdt.

Eine besondere Stellung unter den prussischen Gauen nahm das Samland ein. Dieses rechteckige Küstenland zwischen der Ostsee und den beiden Haffen wurde durch seinen Reichtum an Bernstein schon in sehr früher Zeit in der damaligen Welt bekannt und Ziel von Handels- und Kriegsfahrten. Durch die vielfältigen Kontakte mit anderen Völkern und durch die Vermischung mit den seit etwa 900 n. Chr. an der Küste siedelnden Wikingern entwickelten sich die Bevölkerung und ihre Kenntnisse günstiger als im Landesinnern. An der Wurzel der Kurischen Nehrung entstand im Einzugsbereich des Memelstroms der Handelsplatz Wiskiauten als Niederlassung der Wikinger. In den Berichten des Seefahrers Wulfstan tauchte um 890 die Bezeichnung Witland für das Samland auf, der wir an der äußersten Südwestecke des Landes um 1250 wieder begegnen. Witlandsort hieß damals die Landspitze am nördlichsten Durchlaß der Frischen Nehrung, den wir als Lochstädter Tief kennen.

Nachdem der Deutsche Orden bei seinem stetigen Vordringen entlang der Küste des Haffs Balga erobert und als Stützpunkt eingerichtet hatte, lockte das von dort sichtbare gegenüberliegende Ufer des Samlands. Ein Vorstoß des Christburger Komturs Heinrich Stange über das Eis des Haffs wurde im Winter 1253 zurückgeschlagen. Erst zwei Jahre später gelang es einem starken Kreuzfahrerheer unter König Ottokar von Böhmen, über das Eis die Pregelmündung zu erreichen und von dort aus das Samland zu unterwerfen. Offensichtlich führten in diesem Landstrich eine vernünftige Politik des Ordens und die größere Aufgeschlossenheit der samländischen Führungsschicht zu einem erträglichen Zusammenleben, das in der langanhaltenden Treue vieler samländischer Edlen sichtbaren Ausdruck fand.

Die Teilung des gewonnenen Landes zwischen dem Orden und dem eingesetzten Bischof von Samland gestaltete sich schwierig und wurde mehrmals geändert. So tauschte der Orden 1264 das Gebiet am Seetief, das dem Bischof zugefallen war, wegen seiner strategischen Bedeutung gegen ein entsprechendes Territorium am Nordufer der als Schonewic bezeichneten Haffbucht aus. Zur Überwachung der Durchfahrt zwischen Haff und Ostsee wurde unmittelbar am Tief die Burg Lochstädt gegründet. Wenige Kilometer entfernt entstand am Haffufer die Bischofsburg Schönewik, aus deren Ansiedlung Bischoveshusen sich später die Stadt Fischhausen entwickelte.

Wie bei vielen Ortsnamen gibt es auch für Lochstädt einige Deutungen über seine Herkunft, obgleich sie hier mit der Erklärung, es handele sich um die Stätte des Lochs in der Nehrung, vielleicht zu einfach wäre. Darum soll auch die meistgebrauchte Deutung angeführt werden, wonach der Name vom samländischen Landedlen Laucstiete stammt, der angeblich einst hier wohnte. Die Bezeichnung Louchstete findet sich auf dem Amtssiegel des

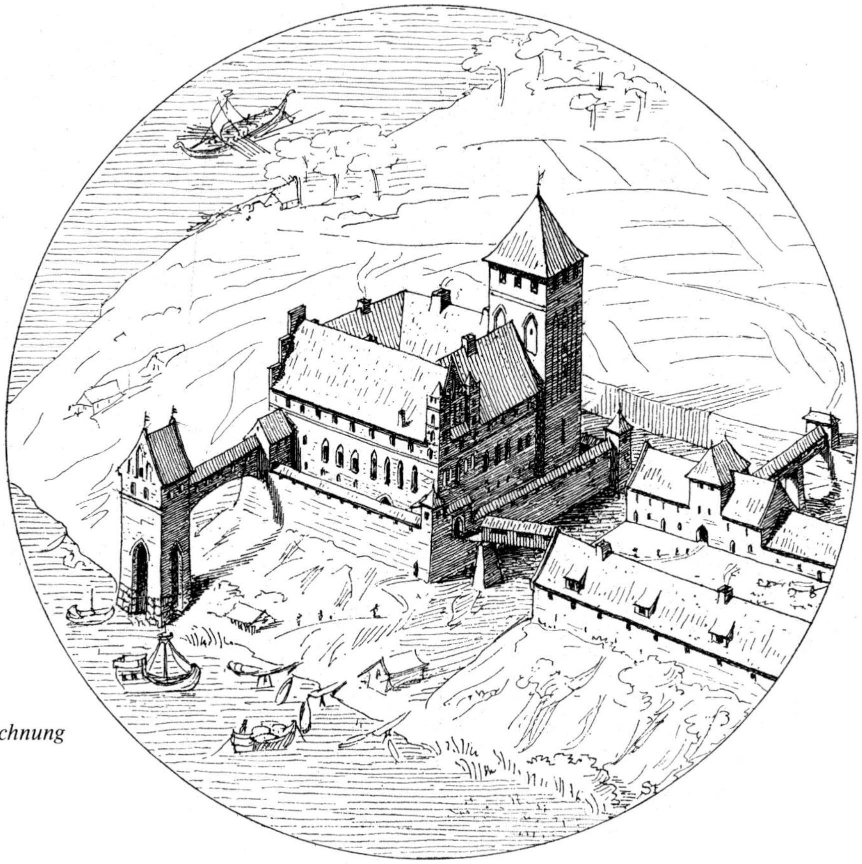

Rekonstruktionszeichnung von C. Steinbrecht

Pflegers der Burg von 1422 und räumt damit wohl der letztgenannten Deutung gewisse Vorteile ein. Über die strittige Schreibweise der zweiten Hälfte des Namens ist damit aber nicht entschieden, es sei denn, man richtet sich nach der amtlichen Karte und die lautet Lochstädt (mit »ä«).

Die bereits zwischen 1275 und 1300 in Stein ausgebaute Burg ist geschichtlich wenig hervorgetreten. Als Konventshaus begonnen, wurde sie nach dem Versanden des Lochstädter Tiefs, das bereits 1311 einsetzte, ab 1327 nur noch von Pflegern verwaltet. Eine gewisse Bedeutung ergab sich aber aus dem Sitz des Bernsteinamts, das dem Großschäffer in Königsberg unterstellt war und der Ordenskasse erhebliche Einnahmen brachte. Das große Ämterbuch enthält für 1392 folgende Eintragung: »51½ tonnen bornsteynes czu Lochsteten by dem bornsteynmeister«. Um 1581 wurde das Bernsteinamt nach Germau verlegt.

Eine traurige geschichtliche Bekanntheit erlangte Lochstädt als letzter Aufenthalt Heinrichs von Plauen, des ruhmreichen Verteidigers der Marienburg. Nach dreijähriger Amtszeit als Hochmeister wurde er durch Intrigen zum Abdanken gezwungen und nach Engelsburg verbannt. Kurze Zeit später setzte man ihn wegen angeblicher verräterischer Umtriebe zehn Jahre lang in Danzig und Brandenburg in strenge Haft. 1424 wurde ihm die Burg Lochstädt zu freierem Aufenthalt angewiesen und der ihm wohlgesonnene Hochmeister Paul von Rusdorf ernannte ihn dort zum Pfleger. Aber Heinrich von Plauen überlebte diese Ehrenrettung nur ein halbes Jahr und starb am 28. Dezember 1429 auf der Burg Lochstädt. Die standesgemäße letzte Ruhestätte in der Hochmeister-

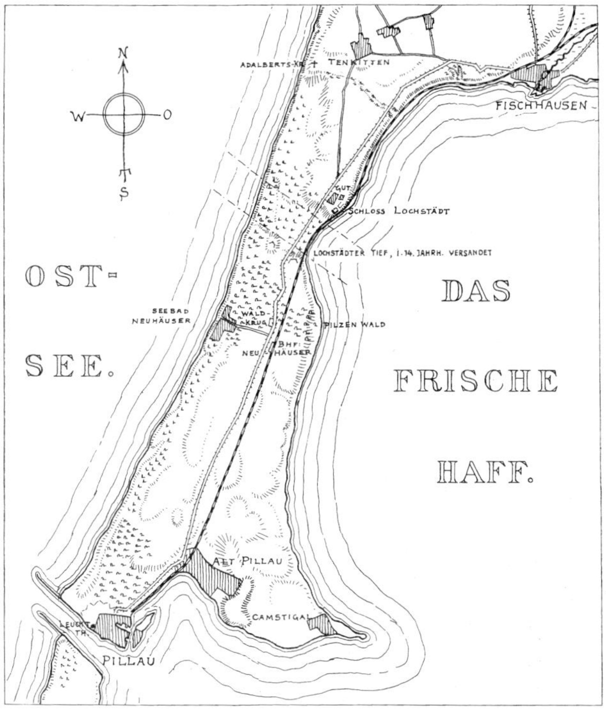

Lage am Frischen Haff

gruft der Marienburg hat man ihm nicht verweigert.

Die Burg Lochstädt gehört zur Gruppe der Haffburgen, die in der zweiten Generation der Ordensritter zwischen 1260 und 1290 entstanden und maßgebend zur Bildung des Konventshausstils beigetragen haben. Brandenburg, Königsberg, Marienburg und Lochstädt entstanden in einer zusammenhängenden Phase des Steinausbaus, und besonders zwischen der Marienburger Komtursburg und Lochstädt besteht eine enge Verwandtschaft, die auf einen gemeinsamen Baumeister und vermutlich auch auf dieselbe Bauhütte schließen läßt. Hier wie dort entstand zuerst eine dreiflügelige Anlage, der erst fast hundert Jahre später der vierte Flügel an der Seite des Seetiefs angefügt wurde.

Auf der leichten Anhöhe des Haffufers hat die Burg Lochstädt in günstiger Lage am Eingang zum Tief einen weiten Blick hinüber zu den Schwesterburgen Balga und Brandenburg. Das

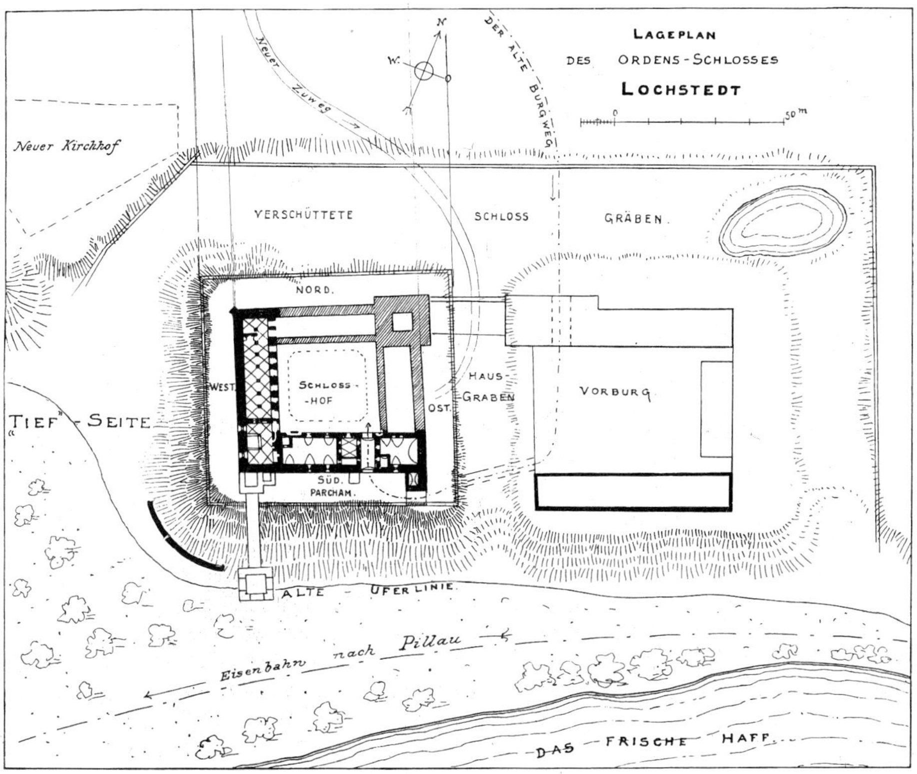

Lageplan der Burg

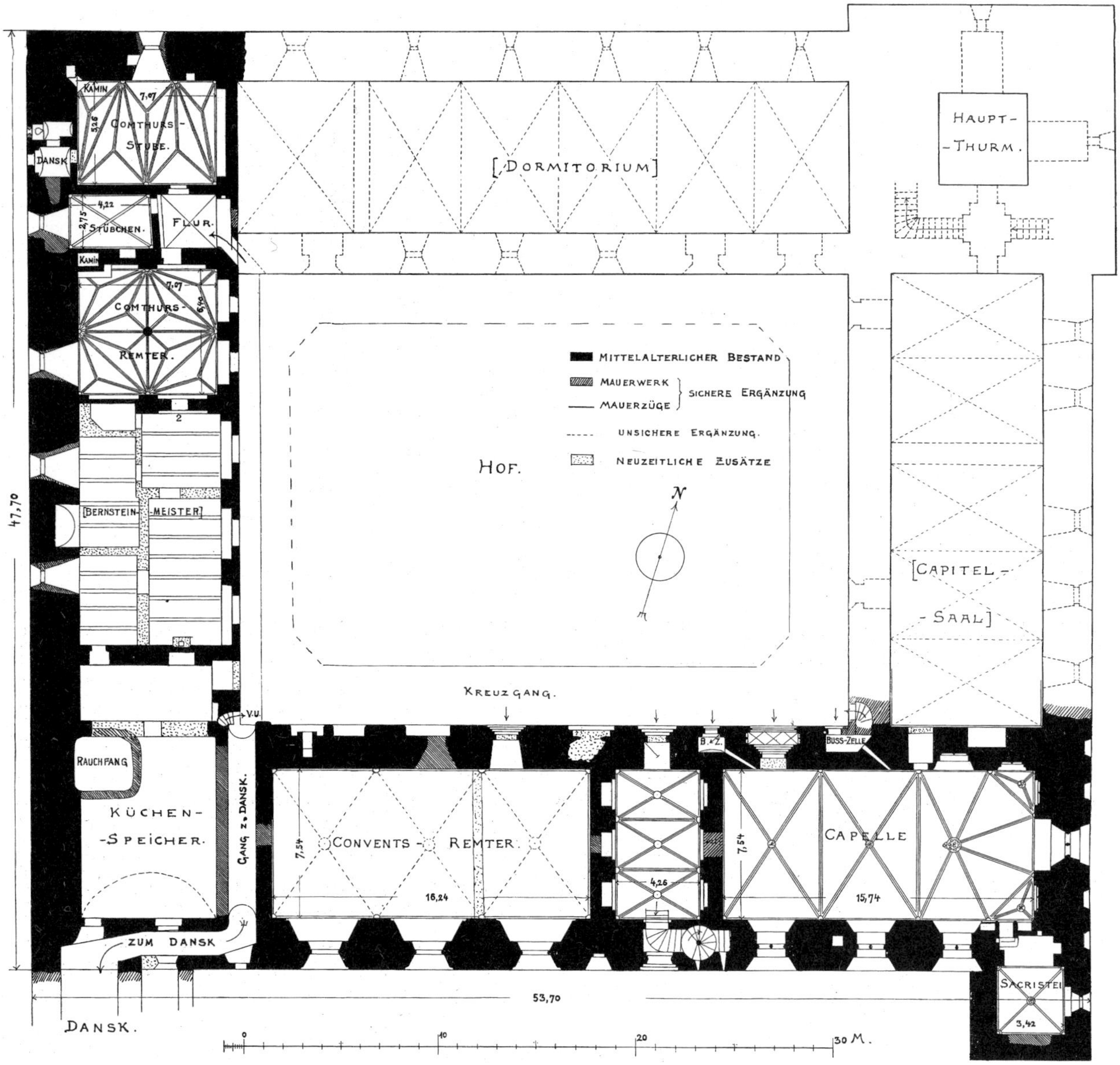

Grundriß des Hauptgeschosses (nach Steinbrecht)

ganze befestigte Burggebiet mit einer Ausdehnung von zwölftausend Quadratmetern war an zwei Seiten durch Haff und Tief und an den beiden anderen durch tief in die Uferböschung eingeschnittene Gräben gesichert. Die östlich anschließende Vorburg trennte der Hausgraben vom Haupthaus. Vom Norden führte der Zugang über eine Brücke und ein gesichertes Torhaus zur Vorburg und von dort diagonal weiter über den Hausgraben zum Zwinger in der Parchammauer der Burg. Der im Südflügel gelegene Torweg war durch ein schweres einflügeliges Portal mit einem in die Mauer einschiebbaren Verschlußbalken gesichert. Erst nach Visitation durch den in seiner Zelle am Torweg untergebrachten Pförtner trat man in den rechteckigen großen Hof, der von einem hölzernen Laubengang umgeben war. Nur

Kapellenportal mit Schriftfries (Gemälde)

über diesen konnte man die Räume im Hauptgeschoß erreichen.
Im Südflügel lagen die vornehmsten und schönsten Räume: Die Kapelle und der Konventsremter. Sie waren durch das übliche kleine Gemach getrennt, das hier den Vorraum der Kapelle bildete. Eine komplizierte dekorative Gliederung und stark profilierte Gewände mit grün-gelb glasierten Tonbogen umrahmen das Kapellenportal, das ein einzigartiges Kunstdenkmal ist. Seine mit Laubwerk überwucherten Kapitelbänder gehören zu den schönsten Schöpfungen der deutschen Gotik. Den Stirnbogen umrahmt ein Fries aus gotischen Majuskeln auf gebrannten Tonplättchen mit der Inschrift: »BENEDIGIT SI DER NAME JHESV CHRISTI.« Die edelen Raumverhältnisse entsprechen denen der alten Marienburger Burgkapelle vor ihrer Erweiterung. Zwei Jochen Kreuzgewölbe mit Querrippen folgt im Chorgewölbe der erste Versuch der Kappenteilung durch den Rippendreistrahl, wodurch hier der Eindruck eines polygonalen Chorschlusses hervorgerufen wird. Vom Gewölbe herab laufen die Rippen an den Wanddiensten zusammen, deren figurenreiche Kapitelle von vorkragenden kleinen Kalksteinsäulen getragen werden. Unterhalb der drei großen Fenster der Außenwand und der Chorblenden verläuft ein breiter spätromanischer Rundbogenfries mit reich bewegtem Rankenwerk, wie er auch in Marienburg, Brandenburg aber auch im Zisterzienserkloster Lehnin in der Mark zu finden ist. Die Kapellenfenster waren früher außen von Spruchfriesen eingerahmt. Aber innen hat sich an einem Fenster in glasierten gotischen Majuskeln der Spruch erhalten »MARIA GVTE HABE VNS IN DINER HVTE«. Über die bis zum Kriegsende noch recht gut erhaltene Burgkapelle ließe sich noch vieles berichten, von der im turmartigen Anbau untergebrachten Sakristei, von den Büßerzellen und den Wendeltreppen in den dicken Mauern oder vom reich mit Skulpturen geschmückten Vorraum.
Vom Konventsremter im Westteil des Südflügels blieb wenig erhalten. Auch er hatte drei Joche Kreuzgewölbe und drei etwas kleinere Fenster zur Haffseite. Sein Portal war eine etwas einfachere Ausführung des Kapellenportals mit der Umschrift »MASE IST ZV ALLEN DINGIN GVT«. Beim Speisen und beim Aufenthalt in diesem Raum brauchten die Ritter auch im Winter nicht zu frieren, denn er wurde von einem Heißluftofen im Erdgeschoß beheizt.
Gleich neben dem Remter verlief im Zwischenraum zum angesetzten Westflügel ein Gang zum Danzker, dessen gedeckter Bogengang zum Danzkerturm am Haffufer führte. Das Vorhandensein dieser wichtigen Sanitäranlage ist durch alte Bilder und durch die Ansatzspuren an der Außenwand belegt.
An der starken Westmauer der ersten Burganlage lag zuerst nur in der Ecke zum Südflügel die erhaltene alte Konventsküche mit ihrem mächtigen Schlot, der auf zwei Granitsäulen ruhte. Auch hier ist die Verwandtschaft mit der Marienburger Küche auffallend. In der zweiten Hälfte des 14. Jahrhunderts wurde der Westflügel voll ausgebaut. In seinem Hauptgeschoß befand sich die baukünstlerisch interessante Gebietigerwohnung mit ihren vier Räumen, von

Teilstück von der linken Seite des Kapellenportals

Teilstück von der rechten Seite des Kapellenportals

denen die beiden kleineren als Vorraum und als Schlafkammer dienten. Von seinem mit reicher Wandmalerei und einem Sterngewölbe ausgestatteten Wohnraum hatte der Komtur einen schönen Ausblick auf die nicht ferne See.
In der tiefen Fensternische wird wohl der alternde Meister Heinrich von Plauen in seinen letzten Jahren häufig gesessen haben. Friese mit Tier- und Pflanzenmotiven und in den drei Schildbögen die lebensgroßen Gestalten der neun »starken Helden« der alten Geschichte, von Hektor bis Gottfried von Bouillon, sind Themen der herrlichen Fresken. Die Hofwand ist mit den »guten Helden« des Ordens, dem Marschall, dem Großkomtur und dem Spittler geschmückt, die man an ihren beigegebenen Bannern erkennt.
Vom selben Maler des ausgehenden 14. Jahrhunderts stammte die Malerei im benachbarten Remter. Neben der von Laubranken und Blumen geprägten Dekorationsmalerei befanden sich dort einige bedeutende Fresken mit biblischen Szenen. Der Maler hatte erfolgreich versucht, die Einheit zwischen Raum und Malerei herzustellen. Über diesem fast quadratischen Raum lag ein schönes Sterngewölbe, das sich von einem achteckigen Mittelpfeiler strahlenförmig ausbreitete. Es waren Räume, die Harmonie und Wohnlichkeit verbunden mit der gebotenen Würde ausstrahlten. Sie konnten durchaus bestehen neben den prächtigen Wohnräumen des Hochmeisterpalastes zu Marienburg und waren vielleicht vorangegangene Versuche für den dortigen großartigen Bauabschluß.
Vom Nord- und Ostflügel sowie von dem zwischen beiden eingeschobenen massigen Bergfried sind nur die Fundamente überliefert. Im

Innenansicht der Kapelle (nach Steinbrecht)

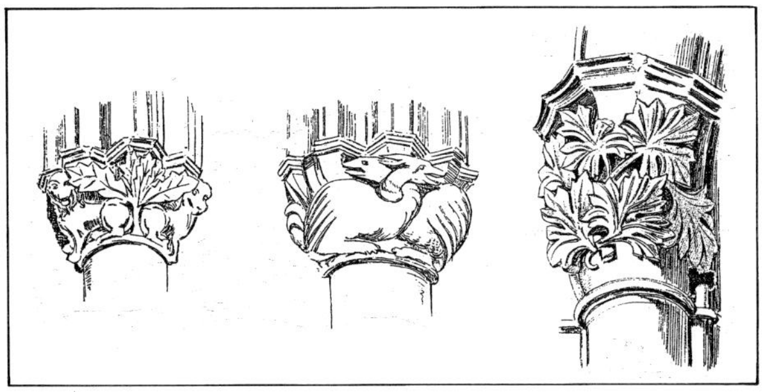

Kapitelle der Gewölbdienste in der Kapelle

Der haffseitige Hauptflügel (nach Steinbrecht)

Ordensburg Lochstädt am Frischen Haff, Radierung von Norbert Dolezich, 1944

Ostflügel lag der Kapitelsaal, dessen hohe Wölbscheiben sich noch in unserer Zeit an der Wand des Südflügels abzeichneten. Das Dormitorium lag im Nordflügel über dem wärmespendenden Brau- und Malzhaus.

Die Burg Lochstädt ist durch ihre Randlage kaum einmal in die Kämpfe des Ordens einbezogen worden. Sie wurde 1513 Leo von Waiblingen und seinen Brüdern auf Lebenszeit verschrieben.

Nach schweren Heimsuchungen durch die Schweden im Dreißigjährigen Krieg wurden um 1701 zwei Flügel sowie der Bergfried abgebrochen und als Baumaterial für die Festung Pillau verwendet. Vorübergehend kamen die restlichen Gebäude in Privatbesitz. Im Jahre 1882 brannte die Vorburg nieder und wurde abgerissen. Die Gemeindeschule war zeitweilig im Konventsremter untergebracht. Nach einer gründlichen Aufnahme durch den Konservator Steinbrecht und nach Aufdeckung der wertvollen Wandmalereien leitete man Unterhaltungsmaßnahmen ein, die aber erst 1937 zu einer umfassenden Wiederherstellung der beiden erhaltenen Burgflügel führten.

Vom Ende der ehrwürdigen Burg im Zweiten Weltkrieg berichtet General Großmann in seinem Buch »Der Kampf um Ostpreußen«: »Im Waldgelände am Tenkitter Riegel ging in der Zeit vom 21. bis 23. April 1945 der erbitterte Kampf weiter. Das Hauptbollwerk des Widerstandes bildete die alte Burg Lochstädt, die als Baudenkmal früher das Ziel so vieler Besichtigungen gewesen war. Hier harrten die Reste der 18. Flak-Division und die Marinebatterie Lochstädt bis zuletzt aus und schlugen sich dann nach Süden durch.«

Damit enden die Nachrichten über die alte Burg des Deutschen Ordens, deren Reste heute unerreichbar für uns im sowjetischen Sperrgebiet liegen.

Tapiau

Brückenkopf im Pregel-Deime-Knie

Komtursiegel, 13./14. Jhdt. (Nachbildung)

Bei der Eroberung des Samlands im Frühjahr 1255 stieß das Kreuzfahrerheer des Deutschen Ordens nach Überschreiten des zugefrorenen Frischen Haffs in einer weiten Umfassungsbewegung bis zur Deime vor. Dabei wurde das Gebiet »Tapiow« mit der prussischen Wallburg Sugurbi erobert und von dort aus das Befestigungssystem am unteren Pregellauf aufgerollt. Die Krönung des Unternehmens war sicher die Gründung der wichtigen Burg Königsberg, aber auch die neue Grenzsperre gegen Nadrauen, Schalauen und Litauen hatte als Sicherung für Königsberg große Bedeutung. Die alte prussische Burg baute der Orden als Holz-Erdburg am westlichen Ufer der Deime aus, dort wo sich später aus einer Lischkensiedlung das Städtchen Tapiau entwickelte.

Im Samland gelang es dem Orden, durch eine vernünftige Politik allmählich gute Beziehungen zur prussischen Einwohnerschaft herzustellen. Sicher waren die Samländer, die schon in den alten Berichten von Seefahrern als menschenfreundlich bezeichnet wurden, der prussische Stamm, der seit frühester Zeit mit anderen Menschen in Berührung gekommen war und dadurch aufgeschlossener war als seine Nachbarn im Binnenland.

Jahrhundertelang bildete der Bernstein den Anziehungspunkt für fremde Eroberer und Händler, die vorwiegend über See ins Samland kamen. Dort an den Küsten hatte eine Vermischung mit germanischen Einwandern stattgefunden, und schon vor der Eroberung waren junge Samländer zur Bekehrung und Ausbildung nach Lübeck geschickt worden. Im großen Preußenaufstand von 1260 blieben viele Samländer dem Orden treu; man nannte sie Witinge und belohnte sie mit Landzuweisungen und durch Erteilung von Vorrechten. So wurden im Gebiet von Tapiau die samländischen Edlen Sapelle und Azeyme mit erheblichem Landbesitz belehnt.

Nachdem um 1275 das angrenzende Nadrauen vom Orden erobert worden war, verlegte man die Burg Tapiau auf das Ostufer der Deime, wo sie einen Brückenkopf im Pregel-Deime-Knie bildete. Noch dreihundert Jahre später erwähnte Caspar Hennenberger diese Maßnahme mit dem Satz »Tappiaw ein Schloss ist auff Nadrowen verlegt«. Mit der Verlegung auf den heutigen Platz begann zwischen 1280 und 1290 der Ausbau der Burg in Stein.

Die Bedeutung der Burg Tapiau ergibt sich daraus, daß sie als Konventshaus geplant und gebaut worden ist, obwohl sie nur wenige Jahre als Komturei bestanden hat. Bereits um 1297 wurde Tapiau zum Pflegeramt zurückgestuft, einem Herrschaftsbereich über einen kleineren Distrikt ohne einen eigenen Ritterkonvent. Von den Tapiauer Amtsinhabern nannten sich nur die ersten drei Komtur, nämlich Ulrich Beier, der 1281 in einer Schlacht gegen den Sudauerfürsten Skomand fiel, Dieterich von Spira (Speier) um 1290 und ein ihm nachfolgender Ritter Werner, der auch Werniko genannt wurde. Alle folgenden Tapiauer Gebietiger hatten nur die Amtsbezeichnung Pfleger. Ihre Stellung unterschied sich kaum von derjenigen der Ordensvögte. Vielfach wurden jüngere Ordensritter zu Beginn ihrer Karriere auf Pflegerämtern eingesetzt, um Erfahrungen zu sammeln. Dafür spricht eine Untersuchung der Laufbahnen der zu hohen Rängen aufgestiegenen Ordensbrüder. Von den Tapiauer Pflegern erreichte Heinrich Dusemer, der von 1326 bis 1328 in Tapiau war, um 1345 das Amt des Hochmeisters, während Wilhelm von Eppingen um 1471 als Großkomtur die zweithöchste Stellung in der Ordenshierarchie erklomm.

Voll ausgebaut wurde die Burg Tapiau nach einer Bauinschrift erst um 1350 durch den Ordensmarschall Siegfried von Dahnenfeld. Als einer der Sammel- und Ausgangspunkte der sogenannten Litauerreisen, alljährlicher Winterkriegszüge gegen die aggressiven heidnischen Nachbarn, an denen Fürsten und vornehme Ritter aus ganz Europa teilnahmen, mußte sie entsprechende Unterkünfte bereitstellen. Sie erhielt deshalb im Westflügel zwei mehrräumige Gebietigerwohnungen, in denen bevorzugte Gäste, wie z.B. im Jahre 1377 Herzog Albrecht von Österreich, zeitweilig Unterkunft fanden. Für das Kriegsvolk waren in der Vorburg ungewöhnlich große Gebäude errichtet worden. Von den Litauerreisen berichtet um 1378 der Chronist Johannes von der Posilge:

»Anno Domini MIIICLXXVIII waz der herczog von lotringen und des Pabist Bruder son Gregorii des Elften ym lande zcu Prüßen unde die herin tatin mit ym eyne reyse hin ken littowen unde brochtin VIIC gefangen von dannen.«

Wenig später fand 1385 in Tapiau die feierliche Taufe Witolds, eines Sohnes des Litauerfürsten Kynstut, statt. Kynstut war 1382 durch seinen Neffen Jagiello ermordet worden, der nun durch eine erschlichene Heirat König von Polen wurde. Die Vettern Jagiello und Witold trieben fortan gegenüber dem Orden eine hinterhältige und verstellungsreiche Politik der Täuschung und des Vertragsbruchs, die letztlich zum gemeinsamen Krieg gegen das Ordensland und dessen Niederlage bei Tannenberg geführt hat.

Die Ordensburg Tapiau ist dem Konventshaustypus des reduzierten, schematischen Stils zuzuordnen. In der normativen alten Grundrißbestimmung durch Anordnung von zwei durchgehenden Hauptflügeln mit dazwischengeschobenen kurzen Nebenflügeln und im Fehlen eines Bergfrieds zeigt sich die Beschränkung auf das Notwendige. Trotz recht sorgsam ausgeführter Bauweise fehlen hier gegenüber dem verwandten Lochstädt die künstlerischen Einzelformen.

Die Gesamtanlage war von einem breiten Burggraben umgeben, und die westliche Vorburgseite durch die Deime geschützt. Hier lag der Zugang zur Burg und eine Brücke zur Siedlung. Wahrscheinlich endete der westliche Vorburgflügel, in dessen Mitte der Torbau noch erkennbar war, in zwei Ecktürmen. Unüblich ist die in den Gieseschen Plan von 1826 eingezeichnete Danzkeranlage im Vorburgbereich, jedoch wäre sie im Hinblick auf die Funktion der Burg als Sammelburg für Heeresteile durchaus denkbar.

Das Haupthaus war mit seinen Maßen von 48 × 46 m fast quadratisch. Außen verlief ringsum ein 10 m breiter Parcham mit Abschlußmauer an den Grabenrändern. Nach Osten sprangen zwei Eckbastionen vor. Die Giebelanordnung entsprach nicht dem Verlauf der Burgflügel, sondern fügte schematisch immer an das linke Ende einer Fassade einen Giebel mit mageren Blenden an.

Über dem hohen Feldsteinsockel mit einer Stärke von über drei Metern setzten im Hauptgeschoß die Backsteinmauern an. Diese waren durch verhältnismäßig kleine Fenster nur wenig belebt und betonten die kubische Masse recht stark. Lediglich die Kapellen- und Remterfenster waren mittelgroß. Den umlaufenden Wehrgang mit seiner Lukenreihe trennte als untere Begrenzung ein flaches Putzband von der großen Wandfläche. Im Burghof mit dem

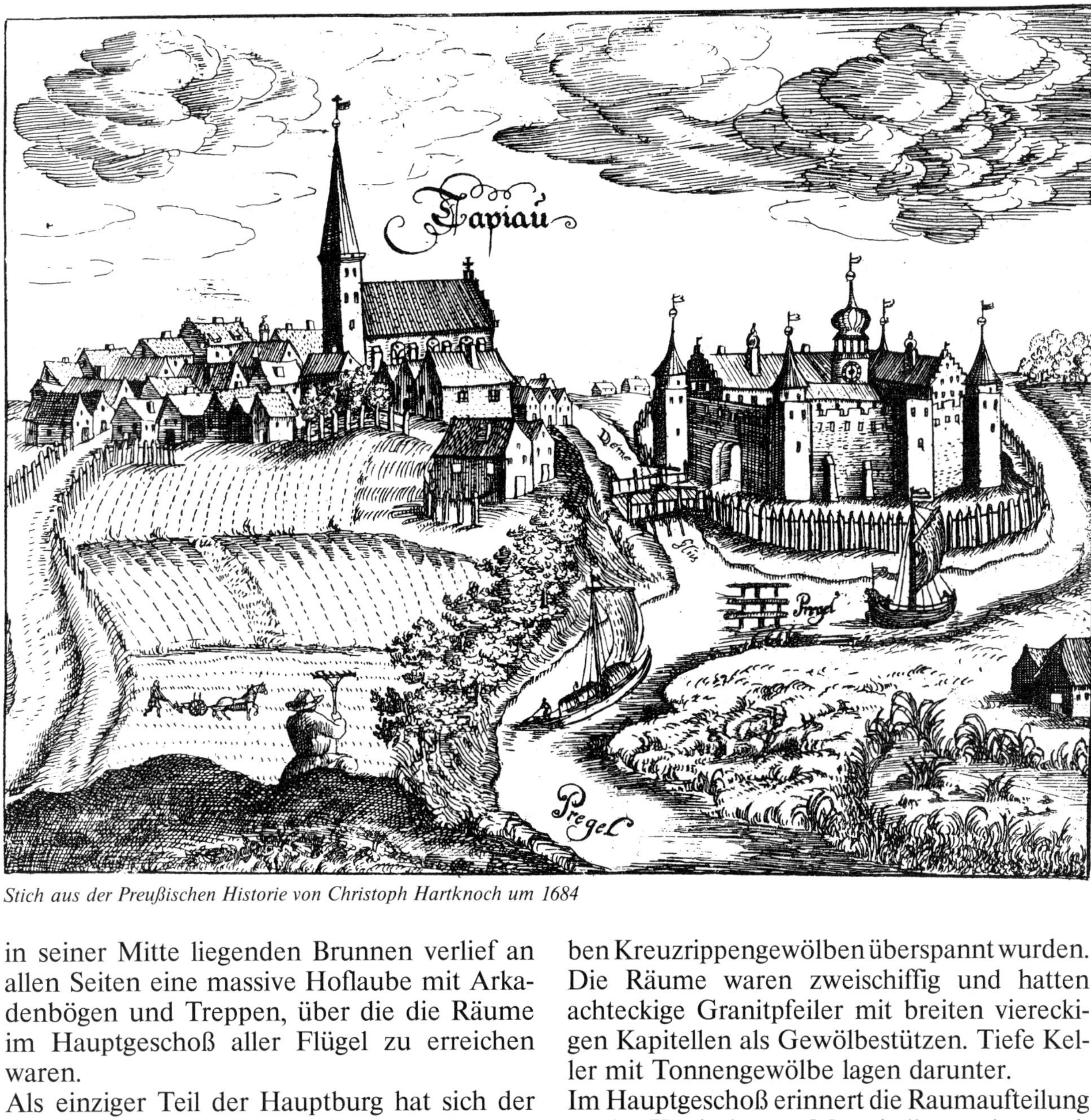

Stich aus der Preußischen Historie von Christoph Hartknoch um 1684

in seiner Mitte liegenden Brunnen verlief an allen Seiten eine massive Hoflaube mit Arkadenbögen und Treppen, über die die Räume im Hauptgeschoß aller Flügel zu erreichen waren.

Als einziger Teil der Hauptburg hat sich der westliche Eingangsflügel mit dem schmalen Torweg erhalten. Der etwas seitlich verschobene Rundbogeneingang wurde von einem Fallgatter geschützt, das in einer halbhohen Spitzbogennische lief. Zum Schutz gegen Untergraben und Ausheben war der Torweg nicht unterkellert und oben durch vorkragende Steine gesichert. Im Erdgeschoß lagen drei fast gleichgroße Räume, die von altertümlich derben Kreuzrippengewölben überspannt wurden. Die Räume waren zweischiffig und hatten achteckige Granitpfeiler mit breiten viereckigen Kapitellen als Gewölbestützen. Tiefe Keller mit Tonnengewölbe lagen darunter.

Im Hauptgeschoß erinnert die Raumaufteilung an das Königsberger Marschallamt, aber auch an Lochstädt und an das Vorburggebäude in Balga mit den gut ausgestatteten Wohnräumen. Hier gab es zwei gleichartige Wohnungen mit je drei Räumen, die durch einen dazwischenliegenden Speicherraum getrennt waren. Betreten konnte man die Wohnungen durch den mittleren Raum vom hofseitigen Kreuzgang aus. In der Gestaltung war die nördliche

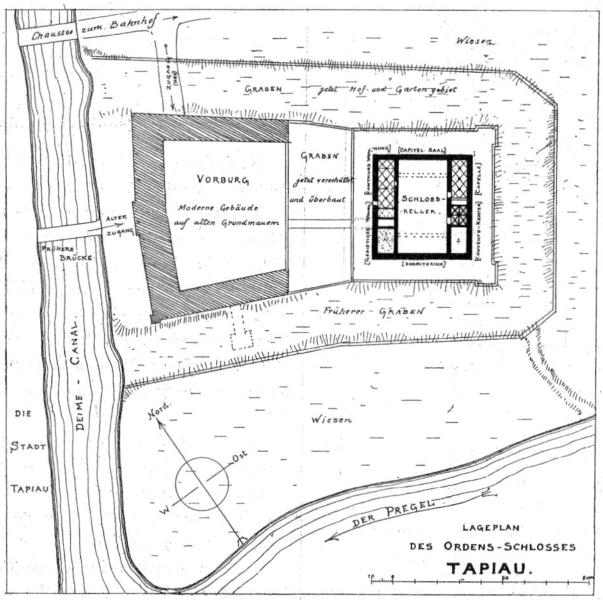

Lageplan des Schlosses (nach Steinbrecht)

Wohnung bevorzugt. Im repräsentativen Komturremter dieser Wohnung wirken Fenster und Gewölbe sehr hoch. Über skulpierten Gewölbekonsolen steigen die Rippen zu zwei Sterngewölben empor, mit neun Schlußsteinen, die reich verziert waren.

Der leider stark beschädigte zentrale Schlußstein trug das Wahrzeichen der Landmeister in Preußen, die Flucht der Heiligen Familie nach Ägypten, das auch auf dem Landmeistersiegel aus dem 13. Jahrhundert zu finden ist. Zu den Raumecken liefen Schrägrippen, die eine Kappenteilung bewirkten. Es handelt sich um ein besonders schönes Sterngewölbe früher Form.

Vom ebenfalls in ganzer Länge durchlaufenden Ostflügel blieb nur der Keller erhalten. Ansatzpunkte und Überlieferungen ließen Rückschlüsse auf die Raumeinteilung zu. Über dem vierräumigen Erdgeschoß fand sich im Hauptgeschoß die im frühen Ordensbau übliche Dreiteilung des Hauptflügels mit einem kleinen Zwischengemach. Nach Nordosten lag die Kapelle mit idealen Raumproportionen von 2:1 und einem kostbaren Sterngewölbe. Sie hatte sechs große Fenster, von denen zwei an der

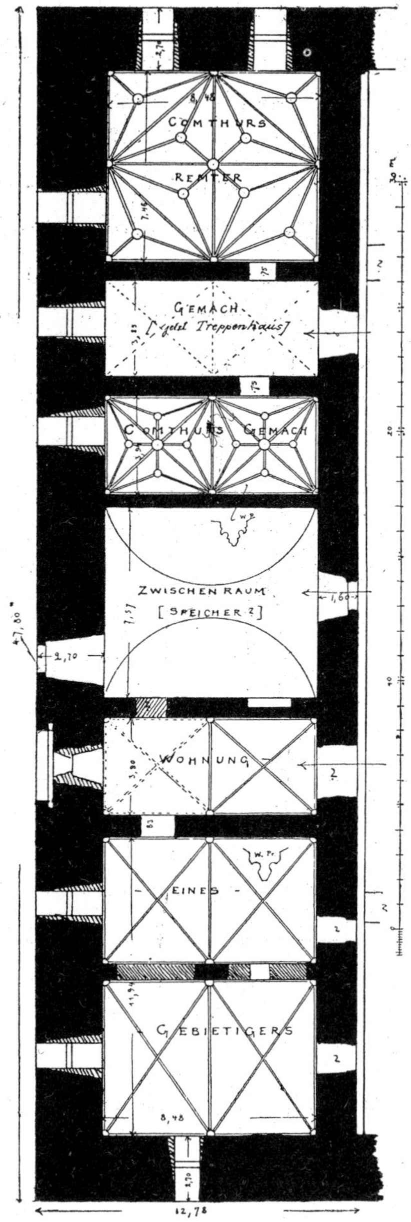

Grundriß des Hauptgeschosses (Staatsarchiv Königsberg, um 1800)

Giebel- bzw. Altarseite lagen. Der etwa gleichgroße Raum im Südteil dieses Flügels dürfte wohl der Konventsremter gewesen sein, dessen Bestimmung hier sicher die Speisung der Reisigen gewesen ist.

In alten Zeichnungen verläuft ein schmaler Gang quer durch diesen Flügel. Wahrschein-

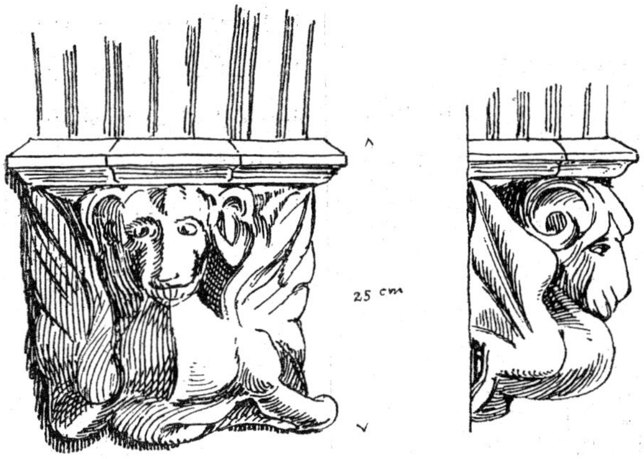

Gewölbekonsolen aus dem Komtur-Remter (nach Steinbrecht)

Nordflügel: Die hohen Spitzbogenfenster gehören links zur Kapelle und rechts zum Komtur-Remter (Zeichnung um 1800, Staatsarchiv Königsberg)

lich war es der Hausgang zum Danzker, der über einen Bogengang den Parcham überquerte und in den über dem Burggraben stehenden Danzkerturm mündete. Eine Aufnahme der Nordfassade von 1800 läßt an der Ostseite einen entsprechenden Bogengang erkennen.

Von den beiden zwischengeschobenen, vermutlich nicht unterkellerten Zwischenflügeln hat sich nichts erhalten. Man kann vermuten, daß im Nordflügel der Kapitelsaal und im Südflügel das Dormitorium (Schlafsaal) gelegen haben.

Die neben der Burg auf dem anderen Deimeufer liegende Lischke hatte 1436 bei ihrer urkundlichen Erwähnung sechs Krüge. Der Ort erhielt 1502 eine Pfarrkirche und wuchs langsam. Als König Friedrich Wilhelm I. Tapiau um 1722 das Stadtrecht verlieh, lebten dort gut tausend Menschen. 1939 betrug die Einwohnerzahl 6315 Bürger.

Landmeistersiegel um 1270. Motiv wie im Deckenschlußstein des Remtergewölbes

Die Burg war im 14./15. Jahrhundert Sitz eines Waldamts und als »Stuthof« Zentrum der Pferdezucht des Ordens. Nach Verlegung der Hochmeisterresidenz von Marienburg nach Königsberg im Jahre 1457 zogen die Liberei, die Bibliothek und das Archiv des Ordens, nach Tapiau um.

In der Herzogszeit war Tapiau Hauptamt, dessen Amtshauptmann seit 1542 zum obersten Landesrat gehörte. Gern weilte Herzog Albrecht in der Burg. Am 20. März 1568 starb er hier in der vertrauten Umgebung.

Ende des 18. Jahrhunderts führte man die alte Burg einer neuen Verwendung als Landesarmenanstalt zu, wobei nur der westliche Flügel erhalten blieb. Später wurde sie als Landespflegeanstalt für Geisteskranke benutzt.

Im ersten Weltkrieg blieben Burg und Stadt Tapiau von der Besetzung durch die russische Armee verschont, weil diese durch deutsche Truppen an der Deime-Linie zum Stehen gebracht wurde. Aber im Januar 1945 rollte die Rote Armee auch über sie hinweg.

Neidenburg

Ein Meisterwerk des Burgenbaus

Stadtsiegel, 16. Jhdt.

Die Burgenfahrt durch den heute zugänglichen Teil Ostpreußens findet ihren Höhepunkt in Neidenburg. Diese Burg verdient sicher die vielen Lobpreisungen von Kennern und Laien, denn sie verkörpert in Lage und Bauform das Bauwerk, das man sich gemeinhin als Prototyp einer Burg vorstellt. Über der Stadt auf einem steil abfallenden Hügel liegt der massige Bau mit zwei trutzigen Türmen und hochgezogenen Mauern, die den Einblick verwehren, und vermittelt den Eindruck einer soliden, verläßlichen Verteidigungskraft, ohne Schnörkel und ohne Kraftmeierei. Eine feste Burg . . .
Kunsthistoriker bezeichnen Neidenburg als wehrarchitektonisches Denkmal ersten Ranges, als entwicklungsgeschichtlichen Höhepunkt der kleinen Burgtypen und als reifes Werk eines hervorragenden Baumeisters. Der ganze Bau ist unter Betonung der Masse und der monumentalen Einfachheit sorgfältig durchgebildet und symmetrisch angelegt. Wie aus dem Musterbuch wirken die fein abgewogenen Verhältnisse und Gliederungen, wobei die strengen Schmuckformen sparsam verwendet wurden. Das architektonische Meisterwerk einer Wehrburg im alten Sinn.

Nach diesem Lobgesang wollen wir uns die Burg etwas näher ansehen, und das ist heute noch möglich, denn sie ist weitgehend erhalten geblieben und dort, wo der Krieg ihr Wunden schlug, inzwischen wieder ausgebessert worden. Der steile Burgberg ist heute von hohen Bäumen bewachsen, die vielleicht etwas von dem früher augenfällig wehrhaften Aussehen wegnehmen. Das Plateau des Hügels wird von dem rechteckigen Burgkomplex ganz ausgefüllt, der einst von einem umlaufenden Parcham mit Wehrmauern umgeben war. Alle Gebäude haben ein meist bis zum Boden des Hauptgeschosses reichendes Feldsteinfundament, über dem die großflächigen Ziegelmauern vom Rautenmuster aus dunkelglasierten Backsteinen aufgelockert und die Wandflächen durch Fenster, Wehrluken und Schießscharten, aber auch durch Blenden, Friese oder Strombänder gegliedert und belebt werden.
Das sogenannte »Rechte Haus«, der Hauptflügel, liegt an der Westseite zur Stadt hin und hat an seinen Schmalseiten dekorativ belebte Staffelgiebel mit Blenden und Fialen. Unter dem hohen steilen Dach befinden sich große Speicherräume mit beiderseitigen Wehrgängen in Mauerdicke, die um den gesamten Gebäudekomplex einschließlich Hofmauern und Türme laufen und mit einer dichten Reihe von Wehrluken versehen sind. Das Hauptgeschoß hat die traditionelle Dreiteilung in Kapelle, Remter und kleineren Amtsraum. Größter und vornehmster Raum ist die im Südteil des Flügels liegende Kapelle mit einem schönen sechszackigen Sterngewölbe, an deren Schmalseite ein kleiner Raum erkerartig hinausgebaut ist. Er ist gegen den Hauptraum geöffnet und mit zwei Jochen Kreuzgewölbe überzogen, aber es bestehen über seine Bestimmung Zweifel, ob

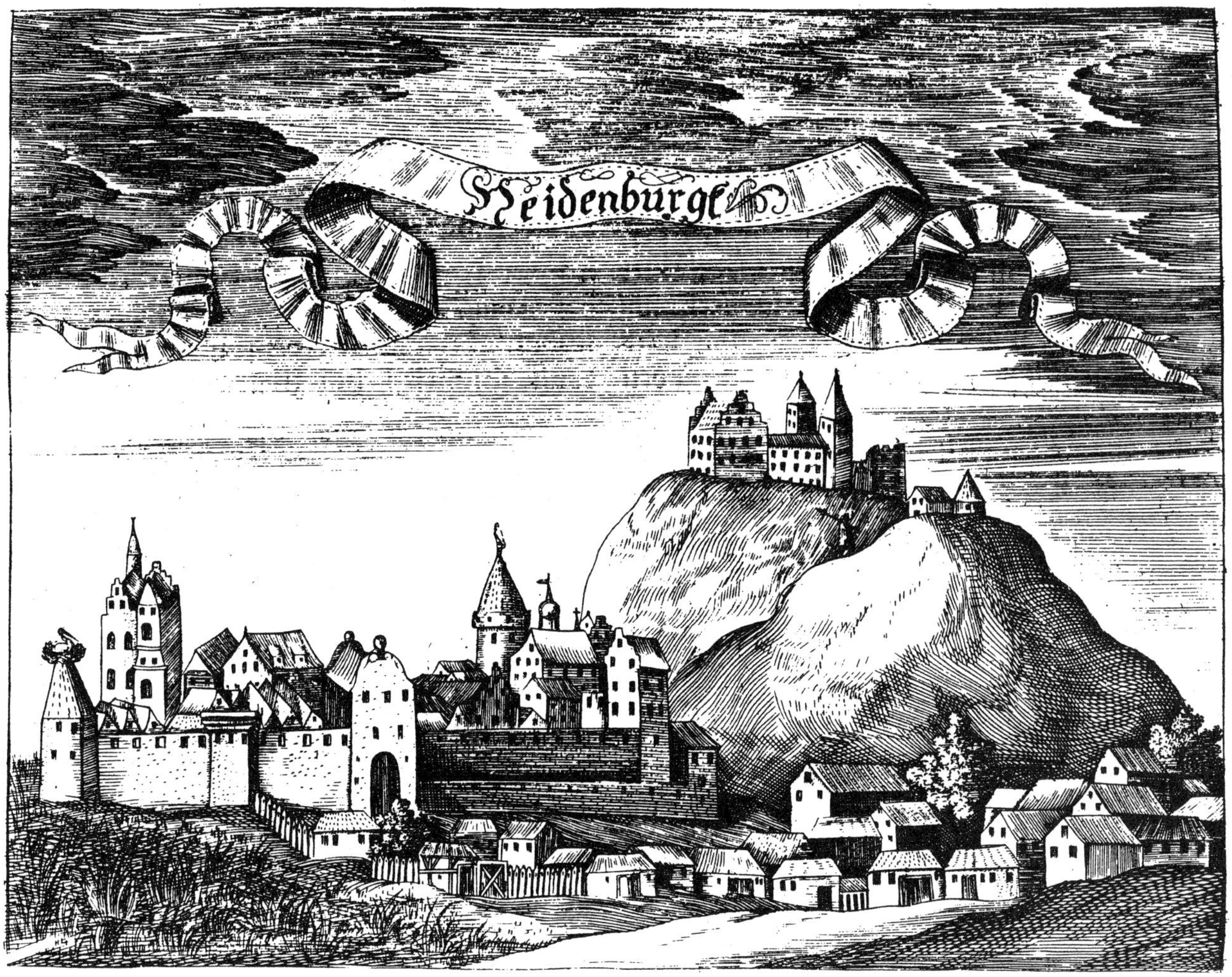

Stich aus Hartknochs Preußischer Historie von 1684

es sich nur um einen kleinen Chor oder um einen gesonderten Andachtsraum für den Gebietiger handelt.
Über die bildliche Ausstattung der Kapelle informiert uns das überlieferte Treßlerbuch des Deutschen Ordens, nach dem im Jahre 1404 der Hochmeister Konrad von Jungingen dem Maler Peter 2½ Mark zahlen ließ »vor ein Alterbret zu molen ken Nydenburg«, das als Altarbild aufgestellt wurde. Etwa aus derselben Zeit stammen auch die erst 1933/34 bei Restaurierungsarbeiten aufgedeckten künstlerisch wertvollen Wandmalereien aus Rankenwerk und figürlichen Darstellungen zu den Themen Martyrium der Zehntausend, Anbetung und die vier Evangelisten.
Wir verlassen die Kapelle durch eine mit strengen Profilsteinen geschmückte Pforte und erreichen über den hölzernen Kreuzgang, der auch früher den ganzen Hof umzog und den Zugang zu den einzelnen Räumen ermöglichte, durch eine ähnliche Pforte den mittleren Raum. Es ist der Remter, der für seine Funktion als Speisesaal über die Kreuzgangtreppe mit der im Winkel des Erdgeschosses gelegenen Küche eng verbunden ist. Aber auch dem geselligen Beisammensein diente der Remter, dessen Ausstattung kaum hinter der der Kapel-

Ansicht Eingangsseite (nach Steinbrecht)

Ansicht Nordseite (nach Steinbrecht)

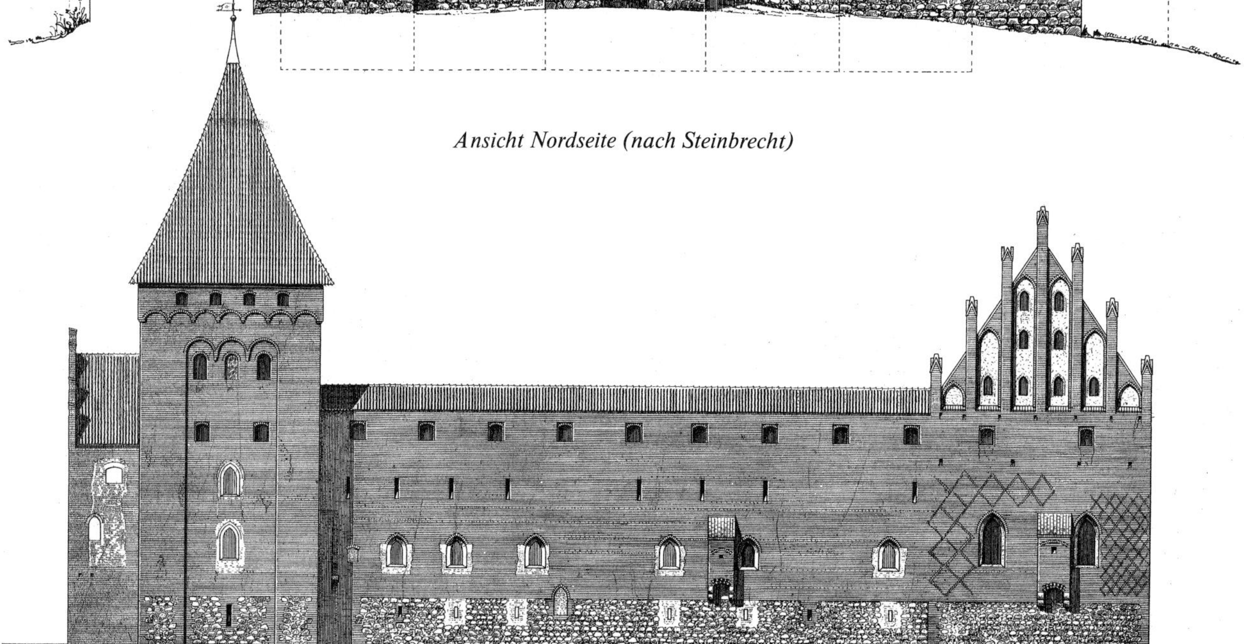

Die Neidenburg heute

le zurückbleibt. Das gleiche Sterngewölbe, ähnliche große Spitzbogenfenster und eine von außen bediente Ofenheizung neben dem Eckkamin vermitteln behagliche Wohnlichkeit. Die Wände waren weitgehend mit Wandgemälden verschönt. Über der Eingangspforte befand sich, von Profilsteinen eingefaßt, ein schönes Bildnis der heiligen Veronika mit Engeln und außerdem vier Wappen. Ferner waren früher neben diesem Gemälde von 1480 noch Reste einer Darstellung des heiligen Georg vorhanden.

Im Bogenfeld der Nordwand wurden in einer etwa 1520 gemalten Kampfszene Drachen dargestellt, gegen die kräftig bewegte Reiter anstürmten, womit der Sieg der Tugenden über das Laster symbolisiert werden sollte. Den Hintergrund bildete eine neben der Stadt auf der Höhe liegende viertürmige Ordensburg. Unser Erstaunen über den vielfältigen malerischen Kontrast zur herben Strenge der äußeren Gestalt der Burg findet auch beim weiteren Rundgang im großen Saal des Eingangsbaus, dem späteren Saal des Schöffengerichts, neue Anregung, denn auch dort befanden sich früher spät entdeckte große Wandmalereien von 1530. In dem spätgotischen Rankenwerk mit einer Kampfszene war eine Loge mit Kielbogenschluß ausgespart, in der man die Zuschauer und Reste weiterer Figuren sah. Hier handelte

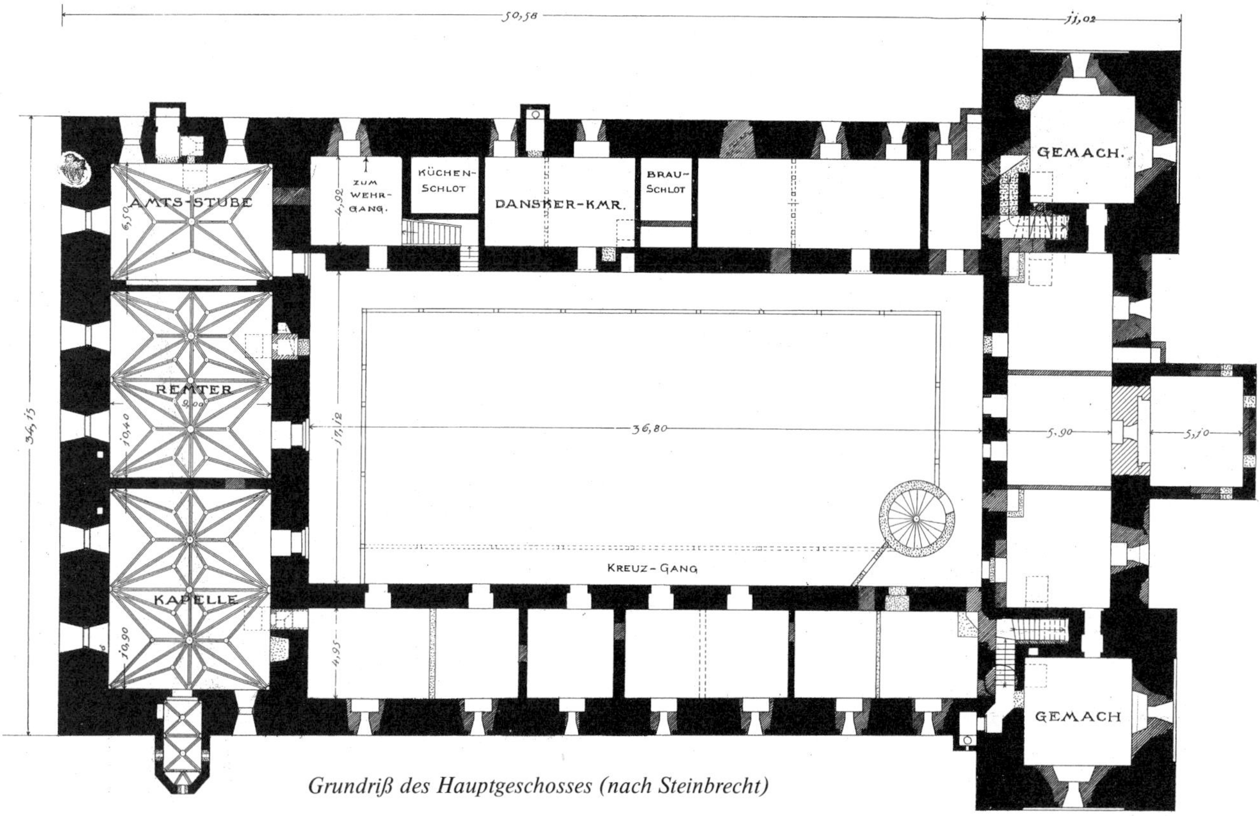

Grundriß des Hauptgeschosses (nach Steinbrecht)

Blick durch den Torweg auf den Burghof

es sich um eine Grisaillemalerei südwestdeutscher Schule.
Durch die Brände bei und nach der Eroberung der Stadt durch die Sowjets im Januar 1945 sind die Wandgemälde in der Neidenburg weitgehend zerstört worden. Durch Restaurierung im Jahre 1964 konnte nur ein sehr bescheidener Teil mit großen Fehl- und Schadstellen gesichert werden. Sicher war die malerische Ausschmückung der Ordenshäuser erheblich reicher, als wir sie uns nach den nicht sehr zahlreich überlieferten Bildnissen vorstellen können. Dennoch geben uns ganz besonders die Wandmalereien in der nun in weite Ferne gerückten Ordensburg Lochstädt im Samland und natürlich auch die alten Bildreste in der Marienburg Kunde vom Kunstsinn der Ordensbrüder und vom Können der alten Meister.
Aber zurück zu unserem Rundgang durch den Hauptflügel, wo wir jetzt durch eine Spitzbogenpforte mit Rahmen aus Profilsteinen mit einem früher vermutlich ausgemalten Bogenfeld die Amtsstube des Pflegers betreten, die aber auch hohen Gästen als Wohnraum gedient haben könnte. Der erheblich kleinere Raum ist von einem vierstrahligen Sterngewölbe überspannt und erhält durch drei große Spitzbogenfenster viel Licht. Er wirkt behaglich wohnlich und ist mit Ofenheizung sowie über einen kleinen Gang auch mit dem nun einmal nicht entbehrlichen Danzker versehen.
Die an die hohe Wehrmauer schmal angedrückten beiden Verbindungsflügel zum Eingangsbau dienen mit Küche und Brauhaus im Erdgeschoß Wirtschaftszwecken, geben aber auch in den vielen kleinen Kammern einer größeren Zahl Kriegsvolks Unterkunft.
Im Osten treten die beiden mächtigen quadratischen Ecktürme weit aus der Mauerflucht hervor. Sie verkörpern eine neue Turmgeneration, denn die größeren Innenräume wie die veränderten Schießscharten sind bereits für Feuerwaffen eingerichtet. Wegen des Raummangels im Hauptflügel sind die Türme mit Wohngemächern ausgestattet. Ihre Wehrhaftigkeit wird von dem durchgehenden Wehrgang und der zwei Stockwerke darüber liegenden Turmwehre sowie den einst im Mittelbau vorhande-

Eingangspforte zur Amtsstube

Nordost-Turm mit neuem Dach

nen vielen Verteidigungsöffnungen unterstrichen.

Über dem ehemaligen Torzwinger ist nachträglich das Torhaus mit seinem stark gegliederten Giebel vorgebaut worden. Der einstige tiefe Hausgraben hatte eine Brücke mit Zugklappe, die den Zugang von den Vorburgen her absperrte. Eine Vorburg ist nach dem verheerenden Stadtbrand von 1804 als Steinbruch benutzt und völlig abgetragen worden, während die andere etwa zur Hälfte noch steht. Einige Kunsthistoriker vermuten in ihrem großen Haus den Vorläufer der jetzigen Burg, jedoch Conrad Steinbrecht, der berühmte Baumeister der wiedererstandenen Marienburg, widerspricht dieser Ansicht.

Aus der 1266 eroberten prussischen Burg Naito war zuerst eine Holz-/Erde-Festung des Ordens entstanden, die schon in der ersten Hälfte des 14. Jahrhunderts ausgebaut wurde. Der tatkräftige Komtur von Osterode, Günther von Hohenstein (1349–1370), begann mit dem Neubau, der jedoch bei einem Literauereinfall unter Kynstut 1376 im Bauzustand teilweise zerstört wurde. Erst der Komtur Kuno von Liebenstein konnte um 1380 die Burg in ihrer jetzigen Gestalt dem Pfleger übergeben. Bereits 1384 fand in ihr ein Städtetag statt.

Wie die benachbarte, verwandte Burg Soldau erlebten auch Burg und Stadt Neidenburg bis zum Ende der Ordenszeit wiederholt Besetzungen, Plünderungen und Brandschatzungen durch die Polen, auch im Zusammenhang mit der Tannenberg-Schlacht. Aus dem bisherigen Kammeramt wurde 1409 ein Pflegeramt unter Leitung des Ritters Wilhelm von Hertenberg und nach 1525 ein herzogliches Hauptamt. Beim Tatareneinfall 1656 rettete der Zufallstreffer aus einer Kanone die Stadt vor den belagernden Horden. Ob dabei der Anführer getötet oder nur der Schreck über das zerstörte Mittagsmahl die Tataren zum Abzug bewegte, ist zwar strittig, jedoch für seine Wirkung unwesentlich.

Feuersbrünste und Pest, russische und französische Besatzung, Verwüstungen und Plünderungen polnisch-französischer Truppen suchten die Stadt in den Jahren bis zum 19. Jahrhundert heim, so wie viele andere ostpreußische Städte und Dörfer.

Beim Abbruch der einen Vorburg im Jahre 1804 erreichte der Zugriff auch das Haupthaus, das die Franzosen 1812 als Getreidespeicher benutzten und verwüstet und ohne Dach zurückließen. Gerettet wurde die Burg durch den Kreisjustizrat Gregorovius, der den Oberpräsidenten Theodor von Schön und den Kronprinzen, den späteren König Friedrich Wilhelm IV., für die Erhaltung dieses Kunstdenkmals gewinnen konnte, was zur völligen Erneuerung in den Jahren 1828/30 führte.

Nach einem friedlichen Jahrhundert liegt die Burg im August 1914 unter russischem Artilleriefeuer, und Kosaken brechen plündernd und

Burgportal und Torweg

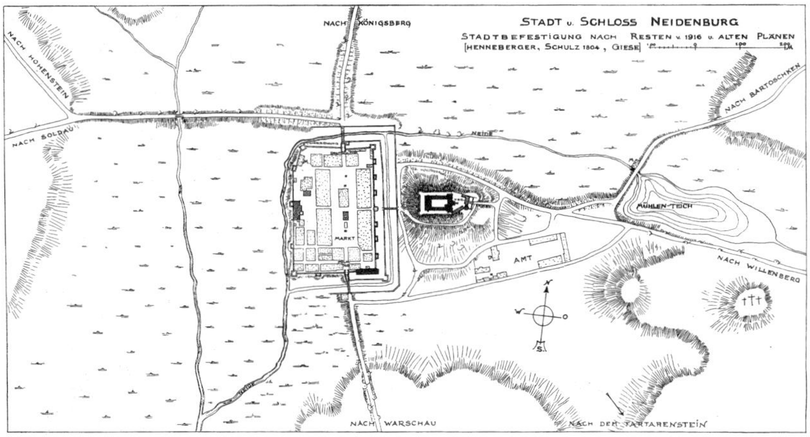

Lageplan von Stadt und Burg (nach Giese, 1826)

brennend in die Stadt ein, die sehr schnell durch Hindenburgs Sieg bei Tannenberg ihre Freiheit zurückgewinnt. Für Hindenburg sollte in der Burg eine Ehrenstätte eingerichtet werden, jedoch mündeten diese Bestrebungen dann 1927 in den Bau der Reichsehrenmals Tannenberg ein.

In der großen Volksabstimmung von 1920 votieren über 98 Prozent der Einwohner des Kreises Neidenburg für Deutschland und Neidenburg bleibt die südlichste Grenzstadt Ostpreußens.

Am 20. Januar 1945 fällt Neidenburg in die Hände der Sowjets, die die geschundene Stadt im selben Jahr den Polen zur Verwaltung übergeben. Inzwischen ist die beschädigte Burg von den Polen mit z.T. unzureichenden Mitteln ausgebessert worden. Besonders deutlich sind die schlecht verheilten Narben noch heute am Torhaus, am Eingangsbau und am Nordturm zu sehen. Auch wirkt der steinerne polnische Adler oberhalb des Hauptportals an diesem Denkmal deutscher Geschichte stilwidrig. Dennoch müssen wir dankbar sein, daß die Polen unsere Neidenburg vor dem Verfall und der völligen Zerstörung bewahrt haben. Sie nutzen das in befriedigendem Unterhaltungszustand befindliche Gebäude für ein Museum, eine Bibliothek und eine Gaststätte. Ein wichtiges Kulturdenkmal ist dadurch einer andauernden Pflege zugeführt, und es besteht die Hoffnung, daß es für lange Zeit erhalten bleibt.

Torhaus zwischen den beiden Türmen an der Ostseite

Preußisch Mark

Feste Burg
und Schatzkammer des Landes

Komtursiegel v. Christburg, 13./14. Jhdt. (ab 1411 Sitz in Pr. Mark)

Wer einen Abstecher an die westliche Grenze Ostpreußens macht, trifft westlich von Saalfeld, kurz vor Alt Christburg, auf eine der interessantesten Ruinen in Pomesanien. Die Reste der alten Burg Preußisch Mark liegen auf einer stark bewaldeten Halbinsel, die weit in den Mottlau-See hineinragt und schon von den Prussen mit Erdwällen befestigt war. Dort führte früher ein bedeutender Handelsweg vorüber.

Um 1274 wird ein Ordenshaus erwähnt, das einflügelig war und einen ummauerten rechteckigen Hof hatte. Dies ist der Ostflügel der später stark erweiterten Burg, dessen langes Fundament mit dem Turmunterbau am Nordende noch heute deutlich erkennbar ist. Zu Beginn des 14. Jahrhunderts war dort der Schäffer Eckart mit dem Handel und der Bevorratung von Getreide beschäftigt. Den erweiterten Steinbau verwalteten ab 1320 Pfleger und gut 30 Jahre später wirkte Konrad Zöllner von Rotenstein kurze Zeit als Vogt in Preußisch Mark. Dieser Ritter machte eine bedeutende Karriere, die nach den Zwischenstufen Komtur von Danzig und Oberstttrapier 1382 zum Hochmeisteramt führte.

Neben der Funktion als Vor-Burg zur Marienburg war dieses Haus wegen seiner Festigkeit wohl auch als Schatzkammer für den allgemeinen Landesgebrauch bestimmt. Entsprechende Einrichtungen sind im Turmunterbau des Ostflügels noch zu erkennen. Wenige Tage nach der Schlacht bei Tannenberg richtete der siegreiche Polenkönig Jagiello seinen Eroberungszug auf Preußisch Mark, das ihm am 20. Juli 1410 übergeben wurde. Von seinem Feldquartier bei Zölp sandte er den Notar Zocka zur Inventarisierung der Schätze zur Burg. Dieser wurde auf dem Rückweg samt seiner Begleitung auf Betreiben des polnischen Befehlshaber Mroĉzko ermordert, um das Bekanntwerden der Aufzeichnungen über die Schätze zu verhindern.

Nur kurze Zeit blieb das Ordenshaus von den Polen besetzt, denn bereits 1411 wurde es von der Komturei Christburg bezogen, deren Burg zerstört worden war. In mehrjähriger Arbeit wurde Preußisch Mark zum Konventshaus umgebaut. Der Komtur von Christburg siedelte bereits 1414 nach dort über. Zeitweise war die Burg wegen ihrer günstigen Lage und wegen ihrer Wehrhaftigkeit Hauptquartier des Hochmeisters während des Kampfes um die Rückgewinnung der vom Feind eroberten oder abgefallenen Gebiete. Auch später im dreizehnjährigen Städtekrieg widerstand die Feste einem polnischen Überrumpelungsversuch und blieb wichtiger Stützpunkt des Deutschen Ordens. Sie wurde im 2. Thorner Frieden von 1466 ausdrücklich als Eigentum des Ordens genannt.

Die Burganlage besteht aus einer Hauptburg mit zwei Vorburgen. Sie liegt auf einer Halbinsel des Singer-Sees, Teil des Mottlau-Sees, eines Quellsees der alten Sorge, die früher Sirgune hieß. An drei Seiten bilden steil abfallende Uferböschungen einen natürlichen Schutz.

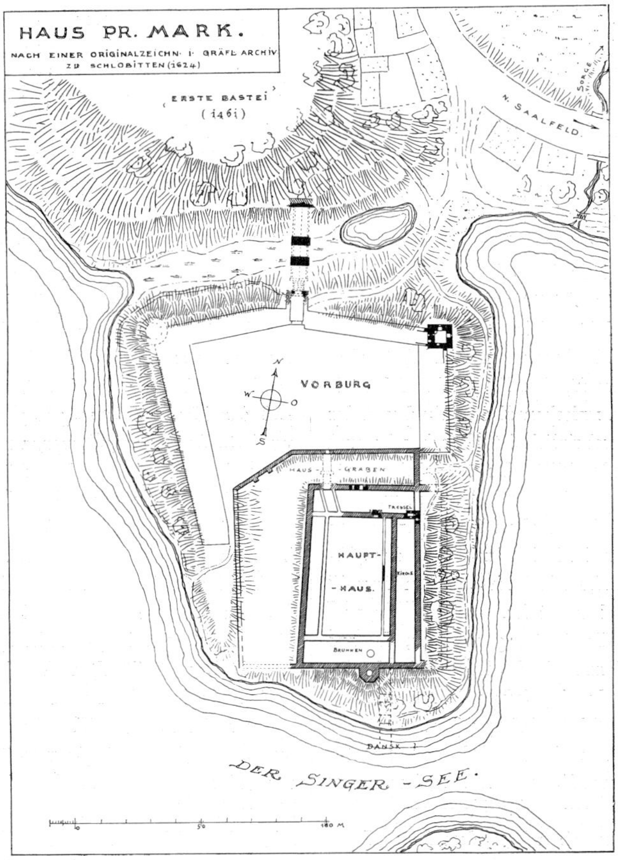

Lageplan und Grundriß der Burg (nach A. Boetticher, 1893)

Granitpfeiler vom Keller des Haupthauses

Die Halbinsel wurde an ihrem Hals aber noch zusätzlich durch einen künstlichen tiefen Durchstich vom Festland abgetrennt und dadurch auch nach der vierten Seite gesichert.

Die auf der Insel liegende Hauptburg und die erste Vorburg sind durch den Hausgraben, einem Hakengraben, voneinander getrennt. Infolge der Geländeverhältnisse erhielt die Burg einen etwas unregelmäßigen Grundriß.

Das Haupthaus bestand aus einer stattlichen vierflügeligen Anlage, die 73 Meter lang und 47 Meter breit war. Zuerst umfaßte es aber lediglich den langen dreigeschossigen Ostflügel und einen ummauerten Hof. Die noch stehenden Fundamente dieses ältesten Teils der Burg lassen zwei Keller mit sieben bzw. drei massigen Granitpfeilern und Gewölben auf schweren Mauerrippen erkennen. Im Mauerwerk sind Wandtreppen kunstvoll eingebaut. Am Südende befindet sich ein quadratischer Raum mit Mittelsäule, während das nördliche Ende des Langhauses von dem bereits erwähnten Turmunterbau begrenzt wird. Auf der Hofseite deutet ein Gang mit sieben Mauerpfeilern auf eine Galerie hin, über die man zur Kapelle gelangte. Diese nahm etwa zwei Drittel des Hauptgeschosses ein und ließ Platz für einen weiteren großen Raum im Südteil dieses Flügels. Vielleicht befand sich hier, ähnlich wie in der Marienburg, der Kapitelsaal. Über einer Balkendecke lag das Wehrgeschoß mit Wehrgang und Luken. Das darüber liegende Dach war 44 Gespärre lang, das sind etwa siebzig Meter.

In der Nordostecke stand ein Eckturm, von dem der Unterbau als acht Meter hoher Mauerklotz noch vorhanden ist. Er enthält das oben

Eingang zur gesicherten Tresselkammer im Haupthaus

Torweg des Haupthauses vom Graben aus

erwähnte merkwürdige kleine Schatzgewölbe mit schwerem Steingewände als Türrahmen. Seine Fugen sind mit Blei ausgegossen und für die Türen sind klobige Eisenangeln tief eingelassen. Die noch erkennbaren, etwas schwerfälligen Sicherheitsvorkehrungen lassen auf eine frühe Bauzeit des Tressels schließen, der zur Aufbewahrung wertvoller Gegenstände gedient hat. Zur Seeseite im Osten war ein Parcham mit Mauer vorgelagert, der teilweise überbaut worden war. Ein Parcham ist ein Waffenplatz der äußeren Befestigungslinie, der meist zwingerartig zwischen Mauern die Burg umschließt.

Zeichnung der Burg nach Abraham Boot um 1632

Im ursprünglich nur von Mauern umgebenen Burghof wurden entsprechend dem steigendem Raumbedarf weitere drei Flügel ausgebaut. Der Südflügel enthielt einen Brunnen und mehrere Wohnräume. Fast mittig sprang ein achteckiger Turm aus der Außenmauer hervor, der vermutlich Ausgangspunkt einer Danzkeranlage war, deren Gang in den See führte. Diese Annahme wird auch durch Zeich-

Vorburgturm an der Nordost-Ecke der Burg

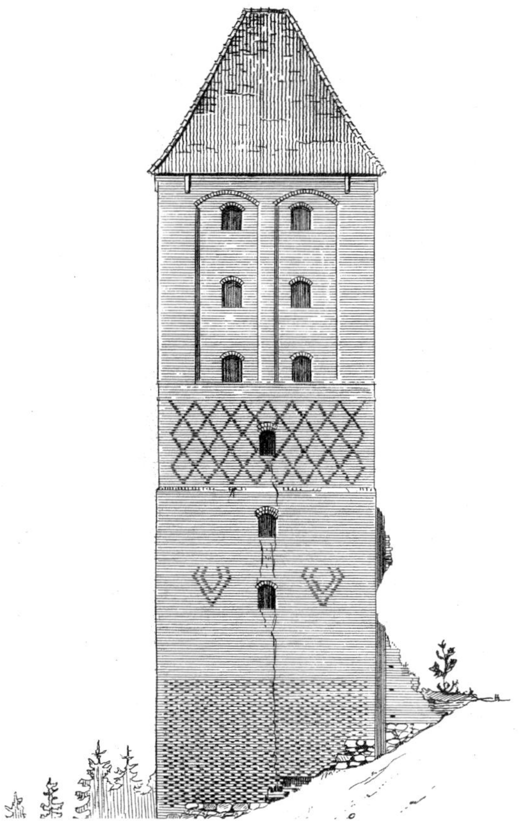

Turm an der Nordost-Ecke der Vorburg (nach Steinbrecht, 1897)

nungen aus dem 17. Jahrhundert gestützt, die Turm und Danzker erkennen lassen. Im Westen wurde dieser Flügel durch einen Staffelgiebel abgeschlossen. An der Westseite waren schmale Wirtschaftsgebäude an die Außenmauer angebaut und unmittelbar auf die Grabenstützmauer aufgesetzt. Der Nordflügel enthielt an seiner Nordwest-Ecke den schrägen Torweg, von dem aus eine Brücke den Hausgraben überspannte. Beidseitig war der Graben mit Stützmauern aus Backstein versehen, auf die auch hier die Gebäude direkt aufgesetzt waren. Die heutigen Mauerruinen lassen noch den Torbogen erkennen.

Nördlich des Haupthauses und von ihm durch den Hausgraben getrennt liegt die erste Vorburg mit unregelmäßigen Grundriß. Sie war an der Ost- und Westseite am steilen Seeufer mit schmalen Gebäuden auf den Wehrmauern bebaut. Mitten in der Nordseite lag zum Durchstichgraben eine große Toranlage mit Turm und Staffelgiebel. Von dem an der Nordwest-Ecke gelegenen Rundturm sind Fundamentreste noch zu erkennen.

Am anderen Ende des Nordflügels steht heute noch der 35 Meter hohe, trutzige Eckturm der Vorburg mit quadratischem Querschnitt. In seiner eleganten Gliederung und den abgewogenen Verhältnissen erinnert er an die Türme in Balga und in Roggenhausen. Sechs Stockwerke enthielten Verliese, Wohnzellen und Wachräume. Unter dem erhaltenen alten Dachstuhl hing über Jahrhunderte eine Glocke mit dem Hochmeisterwappen aus dem 14. Jahrhundert. Lange Zeit diente der Turm auch als Glockenturm und wurde Transparn oder Transpanon genannt. Über einem Granitsockel liegt ein schwarz-rot geschichteter Ziegelunterbau, dem in halber Höhe ein breiter Gürtel schwarzer Rauten aus gesinterten Ziegeln folgt. Über einem Putzfries mit Backsteinrändern liegen auf jeder Seite zwei flachbogige, breite Blenden, die in drei Stockwerken übereinander je eine Fensteröffnung haben. Der aus der Mauerecke vorspringende Turm wird als Flankierungs- und Beobachtungsturm gedient haben. An seiner West- und Südseite sind noch die Querschnitte der anschließenden Gebäude abgeprägt. Hier hatte der Turm eine verkürzte Blende und nur zwei Luken.

Über eine lange, hohe Brücke, deren gemauerte Pfeiler heute noch als Ruinen stehen, gelangte man früher zur zweiten Vorburg, die nordwestlich des Durchstichs auf einem Bergrücken lag. Sie wurde auch als »Erste Bastei« bezeichnet. Bis hierher drangen die Polen im dreizehnjährigen Krieg im Jahre 1461 bei einem von Marienburg vorgetragenen Überrumpelungsversuch vor, konnten aber die Burg nicht erobern. Seit 1796 steht auf diesem Platz die evangelische Kirche.

Vor den umfangreichen Erweiterungsbauten von 1410 und 1437, bei denen auch eine neue Burgkapelle entstand, fanden die Gottesdienste außerhalb des Haupthauses in der vermutlich in der Vorburg gelegenen St.-Annen-Kapelle statt. Diese ist Anfang des 16. Jahrhunderts aufgelassen worden.

Nach dem Niedergang des Deutschen Ordens war die Burg 1508 bis 1527 im Besitz der Bischöfe von Pomesanien. Danach wurde in Preußisch Mark ein herzogliches Hauptamt eingerichtet. In dieser Zeit fand eine Instandsetzung der Burg unter Verwendung von Steinen aus dem Franziskaner-Kloster Saalfeld staat.

Die Finanznot des inzwischen entstandenen Herzogtums Preußen führte zu wiederholten Verpfändungen der Burg, die ihrer Erhaltung nicht förderlich waren. Markgraf Georg Friedrich ließ 1584/85 durch Blasius Berwart umfangreiche Restaurierungen durchführen. Im ersten Schwedisch-polnischen Krieg hielt sich Georg Wilhelm, Kurfürst von Brandenburg und Herzog von Preußen, wiederholt in Preußisch Mark auf.

Aus der ersten Hälfte des 17. Jahrhunderts liegen Pläne aus dem Schlobittener Archiv und Zeichnungen vor, die eine Rekonstruktion der stattlichen Gesamtanlage ermöglichen. In dieser Zeit setzt bereits der Verfall der Anlagen und Gebäude ein, denn 1635 wird von eingestürzten Mauerteilen berichtet.

Noch einmal wird die Burg als Verteidigungsanlage im zweiten Schwedisch-polnischen Krieg (1656–60) verwendet, bevor sie im 18. Jahrhundert als Domäne stark vernachlässigt und 1717 teilweise als Steinbruch ausgebeutet wird. Für den Vorwerksbau der Domäne bricht man 1786 große Teile der Burg ab, um Ziegel zu gewinnen. Danach fristet sie ein Dasein als Ruine und wird allmählich vom wuchernden Wald verdeckt. Nur der Vorburgturm ragt damals wie heute weit sichtbar hervor. Von der Denkmalforschung werden 1936 die Grundmauern freigelegt und die Grundrisse aufgenommen.

Der Zweite Weltkrieg scheint an der Ruine fast spurlos vorübergegangen zu sein. Die Polen haben die Außenanlagen im Vorburgteil umgestaltet und dabei Wege gepflastert, gärtnerische Anlagen angelegt und ein kleines Gartenlokal mit Kiosk eingerichtet. Sie benutzen den völlig erhaltenen Vorburgturm und das Vorburggelände für Ausstellungszwecke und Veranstaltungen.

Ragnit

Bollwerk am Memelstrom

Komtursiegel, 14. Jhdt.

Es liegt nun wohl fast achthundert Jahre zurück, als die Russen in das altpreußische Land einfielen und die Schalauerburg Raganita neun Jahre lang erfolglos belagerten. Eine alte Volkssage berichtet davon, und auch Peter von Dusburg hat diese Begebenheit in seine Chronik von 1320 übernommen. Die Einschließung soll so dicht gewesen sein, daß »keine Maus« heraus oder hinein konnte. Als die Belagerten nach Jahren nicht aufgaben, fragten die Russen, wovon sie denn die lange Zeit gelebt hätten. Sie erhielten zur Antwort, daß in der Burg ein Teich sei, der so fischreich wäre, daß sie sich alle davon hätten ernähren können. Daraufhin hoben die Russen die Belagerung auf und zogen unverrichteter Dinge ab.

Auch die Tataren konnten die Burg bei ihren Raubzügen im Jahre 1656 nicht erobern; sie brannten jedoch den Marktflecken nieder. Erst im Siebenjährigen Krieg gelang es den Russen 1757 erstmals, die Burg Ragnit einzunehmen. Ihre Kosakenhorden brannten die Stadt nieder und verübten an der Bevölkerung schlimme Greueltaten.

Im Ersten Weltkrieg flutete bereits 1914 die »russische Dampfwalze« für kurze Zeit über die Memel tief ins ostpreußische Land, bis Generalfeldmarschall Paul von Hindenburg sie in den drei großen Feldschlachten von Tannenberg und an den Masurischen See zurückwarf. Ragnit und große Teile Ostpreußens litten sehr unter den Grausamkeiten und Zerstörungen, die die fremden Truppen begingen. 350 000 Einwohner flohen, 1500 Zivilpersonen wurden umgebracht, und von den 14 000 Verschleppten kamen 4000 nicht zurück.

Unvergleichbar war dagegen, was am Ende des Zweiten Weltkriegs geschah, als die Sowjets am 19. Januar 1945 Ragnit eroberten und ganz Ostdeutschland mit beispielloser Grausamkeit überrollten. Die alte Ordensburg Ragnit hat auch diese Katastrophe überlebt. Trotz aller Zerstörungen durch die fremden Eindringlinge stehen die starken, sechshundert Jahre alten Mauern noch heute am Hochufer des Memel-Stroms. Aufnahmen aus dem Jahr 1973 zeigen den Südflügel, dessen Mauern mit den vier hohen Kapellenfenstern bis zum Wehrgang erhalten blieben. Auf den schartigen Mauerkronen wachsen Büsche und Gras, aber die mächtige Ordensarchitektur strahlt noch immer Kraft und Stärke aus.

Vor über siebenhundert Jahren wurde das Land an der Memel vom Deutschen Orden gewonnen und besiedelt. Nach der Eroberung und Befriedung des Samlandes drangen die Deutschen weiter nach Nordosten vor, um eine Landverbindung zum livländischen Ordenszweig herzustellen und um die Grenze gegen die aggressiven Litauer zu sichern. Um 1277 fuhr ein Ordensaufgebot die Memel stromauf und eroberte die Schalauerburg Raganita. Auf dem gegenüberliegenden Ufer wurde die Burg Ramige zerstört.

Nach Unterwerfung der Schalauer bauten die Ordensritter unter Landmeister Meinhart von

Alter Stich aus der Preußischen Historie von 1684

Querfurt auf dem Schloßberg eine hölzerne Burg und nannten sie Landeshut. Dort entstand um 1289 eine Komturei, deren erster Komtur der aus Österreich stammende Ritter Bertold von Brühaven war. Wegen der Gefährdung der Grenzbastion bestand die starke Burgbesatzung aus hundert Rittern und Kriegern. Für die bekehrten Einwohner baute man 1293 etwas unterhalb an der Memel auf einer Halbinsel eine Fliehburg, die man Schalauerburg nannte.

Bei den anhaltenden Grenzkämpfen gelang es den Litauern mehrmals, die Ordensburgen zu zerstören. Sie wurden aber immer wieder aufgebaut. Nur die Schalauerburg gab man 1365 nach zweimaliger Zerstörung auf. Die Burg Landeshut fiel 1295, 1355 und 1356 litauischen Angriffen zum Opfer. Sie wurde zuletzt auf einem neuen Platz, dem jetzigen Burgplatz, wieder aufgebaut, ging aber schon 1365 erneut in Flammen auf. Deshalb beschloß man, diese wichtige Grenzburg alsbald in Stein zu errichten.

Die Kämpfe mit den Litauern hielten bis 1422 an. Sie brachten beiden Seiten Erfolge und Niederlagen, aber Bevölkerung und Land schwere Verluste. Der Deutsche Orden versuchte durch häufige Vorstöße ins feindliche Gebiet und durch Anlage von befestigten Plätzen eine Befriedung dieser Grenze zu erzwingen. Nacheinander und meistens nur für kürzere Zeit entstanden entlang der Memel stromauf folgende burgähnliche Befestigungen: Christwerder, Georgenburg (Jurburg), Bayerburg, Christmemel, Marienburg, Gotteswerder und Marienwerder, letztere wurden auch Neu bzw. Alt Kowno genannt. Von Ragnit stromabwärts lagen die Ordenshäuser Schaulisch-Neuhaus (Schalauerburg), Tilsit, Kaustritten, Splitter und Windenburg am Kurischen Haff. Die Burg Ragnit war über ein Jahrhundert der Ausgangspunkt für die Litauerkämpfe.

Im Jahr 1399 beschloß der Hochmeister mit seinen Gebietigern in einem Generalkonvent, daß für den Ausbau der Burg Ragnit alle größeren Ordenshäuser vierteljährlich je dreißig Mark Silber beitragen sollen. Mit dem Ausbau der Burg in Stein war bereits 1397 begonnen worden.

Vom Bauvorgang, der bis 1408 dauerte, sind viele Nachrichten überliefert. So wissen wir, daß der Oberbauleiter Niclaus Fellenstein war, der den Westflügel des Hochmeisterpalastes der Marienburg erbaut hatte. Der Maurer Albrecht aus Königsberg schuf von 1399 bis 1403 den Rohbau. Den Mühlendamm zum Aufstauen des Mühlteichs baute der Deichgraf Volprecht aus Wernersdorf in Westpreußen.

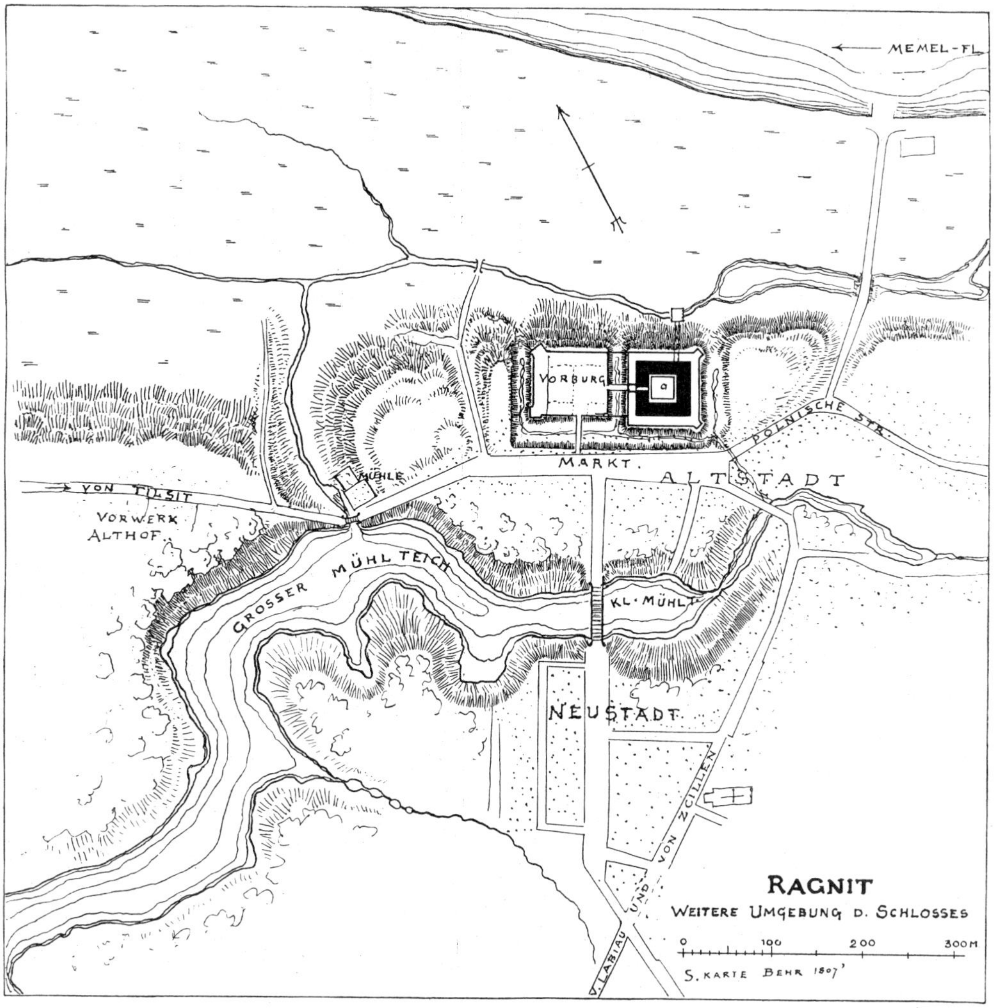

Lageplan von Stadt und Burg (nach Steinbrecht)

Johann Bescheiden führte von 1404 bis 1405 den Gewölbebau aus und Hannus Bolle aus Danzig stellte danach die äußeren Wehranlagen her.
Nachdem das neue Haus bereits 1403 teilweise bewohnbar war, wurde die alte Burg, die auf dem Gelände der neuen Vorburg stand, abgebrochen. 1408 besuchte der Hochmeister Ulrich von Jungingen Ragnit und ließ sich von Baumeister Fellenstein das neue mächtige Bauwerk zeigen. Es fanden dabei sicher Bauabnahme und Einweihung statt.
Der bereits 1356 ausgewählte neue Burgplatz auf dem Hochufer der Memel lag auf einem von Bächen und Schluchten begrenzten Höhenausläufer. Der Strom, die Täler und der landseitig aufgestaute Teich boten der Burg natürlichen Schutz.
Der Gesamtbau wirkt im Äußeren einfach, fast trocken und betont in seiner Schlichtheit mit glatten Wänden die monumentale Wucht der gewaltigen kubischen Masse. Die Anordnung der tiefliegenden Fenster bringt zusammen mit der horizontalen Gliederung durch den vorkragenden Wehrgang und dem vorstehenden Fundamentsockel etwas Bewegung in das abwehrende Äußere des Kastells. Zur Belebung der großen Wandflächen sollten die heute nur noch schwach sichtbaren sparsamen Muster aus dunklen Ziegeln im Mauerwerk dienen. Strenge ging letztlich auch von den je zwei nach Osten und nach Westen gerichteten Blendengiebeln der hohen Satteldächer aus.
Das Bauwerk ist eine Schöpfung des ausklingenden Konventshausstils, die in ihrer Steigerung von Einfachheit und Monumentalität be-

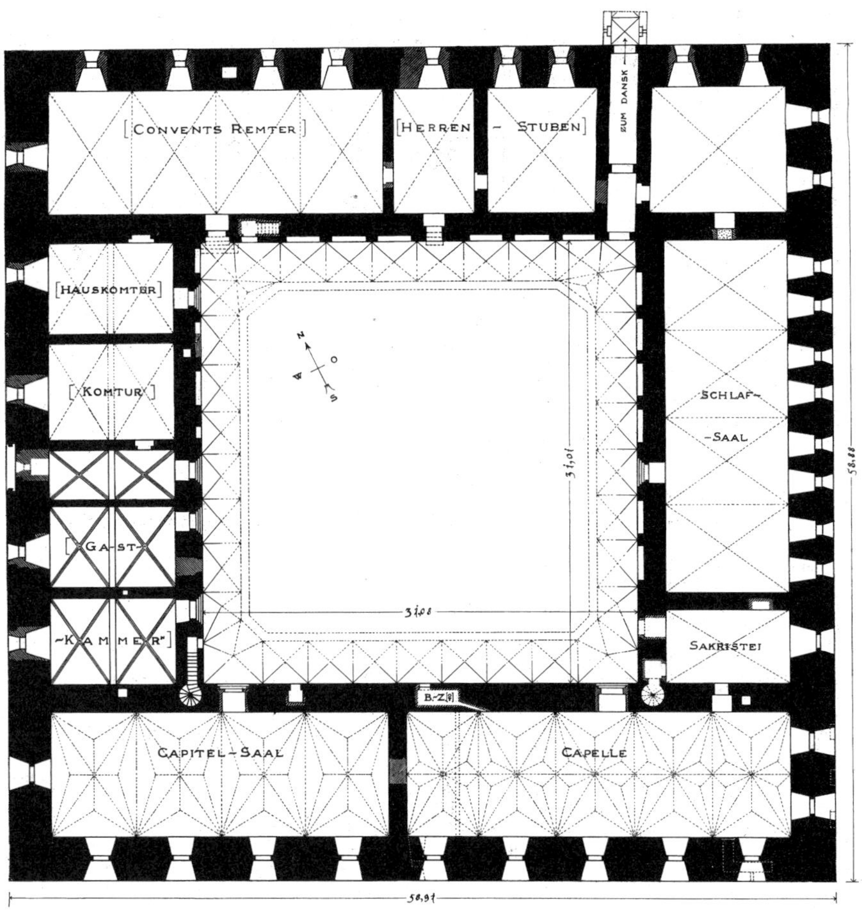

Hauptgeschoß des Haupthauses (nach Steinbrecht)

Der Westflügel mit dem Portal

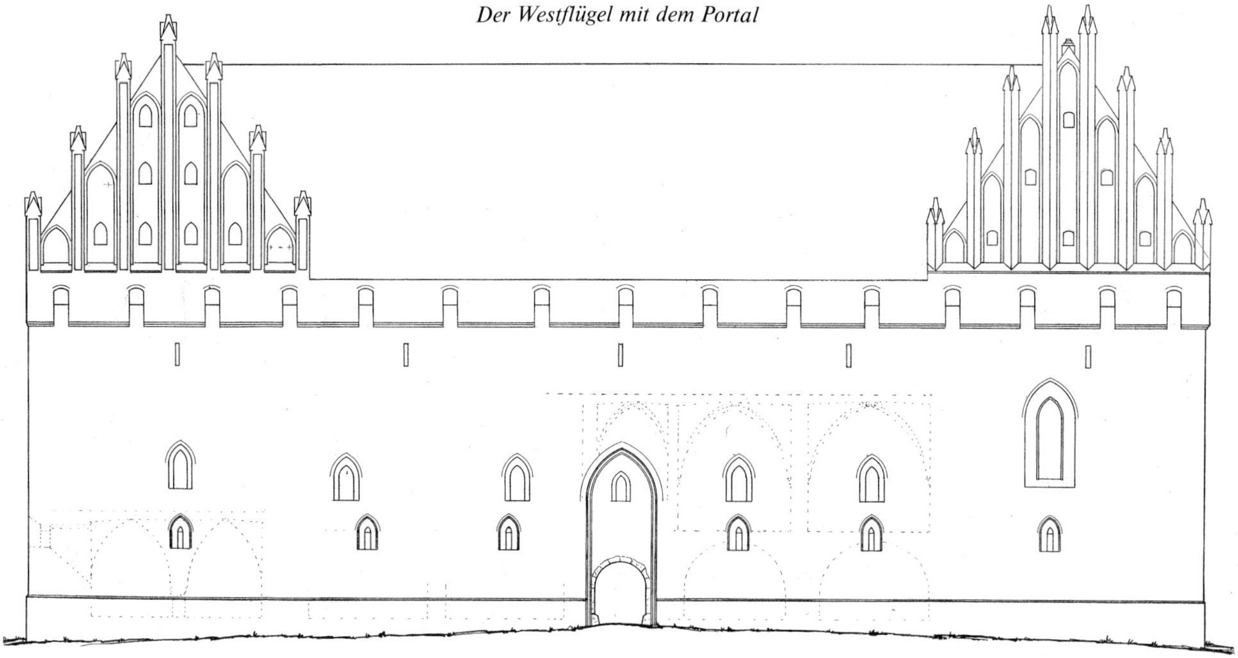

reits die Reduktion und Schematisierung überwunden zu haben scheint und Ansätze einer neuen künstlerischen Stilform erahnen läßt.

Im Westflügel an der Vorburgseite lagen Tor und Torweg, dessen mittelhohe Fallgatternische über dem rundbogigen, granitgefaßten Tor die Front teilte. Die Fenster im Hauptgeschoß waren recht klein, denn sie gehörten zu den Wohnräumen des Komturs und der Gäste. Lediglich das Fenster des Kapitelsaals in der südwestlichen Giebelwand fiel wegen seiner Größe aus dem Rahmen. Im Erdgeschoß lagen neben dem Torweg Wachraum, Heizkammer und Wirtschaftsräume.

Der Hauptflügel im Süden enthielt Burgkapelle und Kapitelsaal. Das war bereits von außen durch die fünf bzw. vier hohen und mittelhohen Spitzbogenfenster von Kapelle und Kapitelsaal sichtbar. Die 27 m lange Kapelle besaß auch an der östlichen Chorseite zwei hohe Fenster. Zur im Nebenflügel befindlichen Sakristei bestand eine Verbindungstür. Vom gewölbten Kreuzgang des Hofes betrat man die Kapelle durch ein reichgegliedertes Portal. Wahrscheinlich überspannte den Kirchenraum ein fünfjochiges Sterngewölbe. Weder von der Inneneinrichtung der Kapelle noch von der des Kapitelsaals, der die andere Hälfte des Südflügels ausfüllte, ist etwas überliefert.

Der eingeschobene Ostflügel enthielt das große Dormitorium, den Schlafsaal, von dessen Tonnengewölbe Stichkappen zu den acht kleineren Fenstern abgingen.

In dem flußseitig gelegenen, durchgehenden Nordflügel befanden sich außer dem Konventsremter zwei Herrenstuben und ein durch den Danzkerflur abgeteilter quadratischer Eckraum. Der hölzerne Danzker mit Gang zum Turm über dem Mühlbach ist nur urkundlich erwähnt; außer dem schmalen Flur ist von ihm nichts überliefert.

Im nicht unterkellerten Erdgeschoß lagen hier die zweischiffigen Räume für Küche und Brauhaus, deren schwere Kreuzgewölbe von starken Granitpfeilern mit romanisierenden Würfelkapitellen getragen wurde. Beide Räume hatten große Rauchmäntel im Gewölbe, die in starke Schlote übergingen.

Im Burghof zeichneten sich noch bis in die Neuzeit an den Wänden die Gewölbeansätze des umlaufenden massiven Kreuzgangs ab. Sein steiles Dach wurde von den unter dem

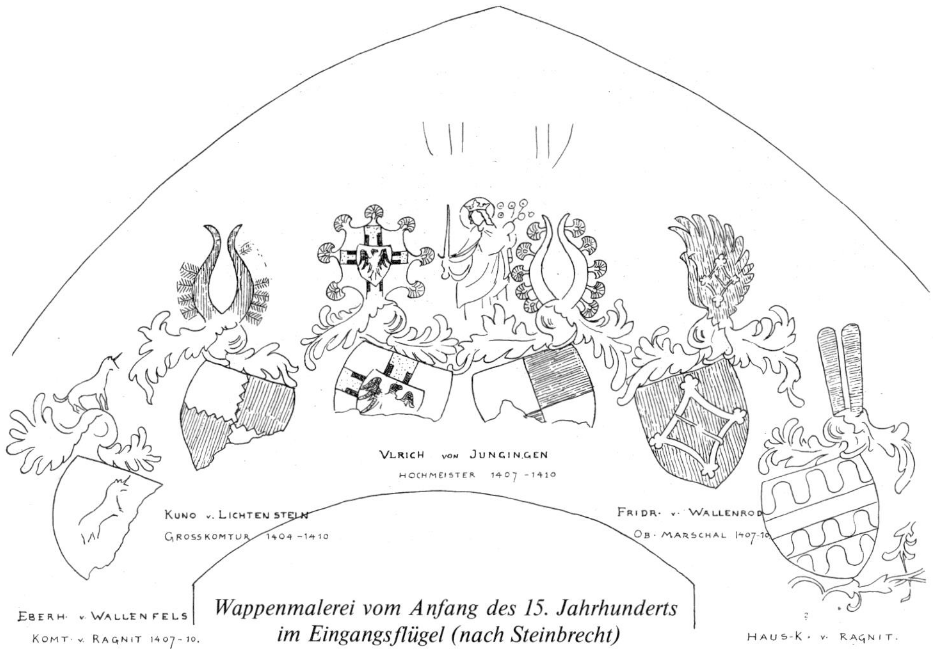

Wappenmalerei vom Anfang des 15. Jahrhunderts im Eingangsflügel (nach Steinbrecht)

Hausdach vorkragenden Granitzügen getragen. Mitten im Hof lag der von großen Quadern eingefaßte Brunnen.

Bemerkenswert ist die 1906 aufgedeckte Wappenmalerei über der Fensternische der südlichen Gastkammer im Eingangsflügel. Vermutlich wurde sie 1408 von Maler Peter ausgeführt, wie aus Hinweisen im Tresslerbuch entnommen werden kann. Dargestellt sind in einer Gruppe die Wappen des Hochmeisters Ulrich von Jungingen, des Großkomturs Kuno von Lichtenstein, des Obersten Marschalls Friedrich von Wallenrod, des Ragniter Komturs Eberhard von Wallenfels sowie des Hauskomturs von Ploen.

Die Namen von 45 Komturen zu Ragnit sind uns überliefert, von denen viele hohe Stellungen in der Ordenshierarchie erreichten. Allein vier spätere Hochmeister waren vorher Komture von Ragnit.

Die westlich anschließende Vorburg war nicht durch den früher üblichen Hausgraben vom Haupthaus getrennt. Ihre umlaufenden Mauern schlossen unmittelbar an die Parchammauern des Haupthauses an und waren an der Westecke durch einen Rundturm bewehrt.

Nahe dem Haupthaus war auf die Mauer ein schlankes Türmchen aufgesetzt, dessen spätere Bezeichnung als Uhrenturm seine ursprüngliche Bestimmung sicher nicht hinreichend erklärt. Es soll noch heute inmitten der Trümmerstätte stehen.

Die Siedlung neben der Burg entwickelte sich wegen der häufigen Heimsuchungen durch fremde Truppen nur langsam. König Friedrich Wilhelm I. von Preußen verlieh dem Marktflecken 1722 das Stadtrecht. Nach dem Ende des Ordensstaats war die Burg Sitz eines herzoglichen Hauptamts. Besserungsanstalt, Gefängnis und Gerichtssitz waren die Verwendungszwecke des alten Gebäudes in den letzten zwei Jahrhunderten. Zwei Brände und mehrere Umbauten verstümmelten seine Gestalt.

Im Zweiten Weltkrieg wurde die Burg Ragnit zerstört. Jedoch haben die mächtigen Außenmauern auch diesen gewaltsamen Ereignissen widerstanden und stehen noch heute auf dem hohen Ufer an der Memel. Einer der ganz seltenen Besucher in diesem »verbotenen Land« berichtete erst kürzlich von ihnen und hielt sie in einem Foto fest.

Westgiebel des Doms zu Frauenburg mit Vorhalle und Portal (Text folgende Seiten)

Frauenburg

Die große ermländische Domburg am Frischen Haff

Siegel d. Domkapitels von Ermland, 14. Jhdt.

Vom Schiff aus sieht man schon von der Mitte des Frischen Haffs die Türme der Domburg auf dem hohen Uferrand über den Horizont hinauswachsen; zuerst die Haube und Laterne des hohen Basteiturms und links davon die nadelfeinen Spitzen der vier Ecktürmchen des Doms. Allmählich zeichnen sich dann die Konturen der breit hingelagerten Kirchenfestung mit dem großen Dom ab, und beim Einlaufen in den Hafen von Frauenburg sind der berühmte feingegliederte Westgiebel sowie die vielen Einzelglieder der eigenartigen, aber schönen Verbindung von Dom und Burg zu erkennen. Wer könnte an einem solchen Kulturdenkmal vorübergehen?

Beim Anstieg zum Domberg treffen wir, wie im heutigen Ost- und Westpreußen auf Schritt und Tritt, auf Nicolaus Copernicus. Sein riesenhaftes Denkmal soll wohl den polnischen Anspruch auf den großen Astronomen und Humanisten bekräftigen, der einer deutschen Familie entstammte und kein einziges polnisches Wort hinterlassen hat. Seine wissenschaftlichen Werke waren überwiegend in der damals hierfür obligatorischen lateinischen Sprache und zum Teil in deutsch abgefaßt, wie z.B. seine Arbeiten über das Münz- und Geldwesen. Copernicus lebte als Domherr in Frauenburg von 1510 bis 1543 mit einigen Zwischenaufenthalten in Heilsberg und Allenstein.

Stadt und Dom, nach einer Zeichnung von B. Chr. Hermann um 1750

Die Domburg vom Vorplatz mit dem neuen Copernicus-Denkmal

Seine Arbeits- und Wohnräume lagen in dem nordwestlichen Eckturm der umlaufenden Wehrmauer, der später nach ihm benannt worden ist. Er starb am 24. Mai 1543 in Frauenburg und wurde im Dom beigesetzt. Das Grab liegt unter den Bodenplatten des Kirchenschiffs.
Zu Lebzeiten des Copernicus residierten die Bischöfe von Ermland, Lukas von Watzenrode, ein Onkel von ihm, Fabian von Markelingrode, Moritz Ferber und Johann Flachsbinder, in der Burg zu Heilsberg, während Frauenburg Sitz des Domkapitels war. Erst 1837 verlegte man die bischöfliche Residenz in die Frauenburger Domburg.
Der Burgberg über der Stadt bot nach drei Seiten Schutz durch steile Böschungen und war wohl deshalb in alter Zeit von den Prussen für eine Fliehburg genutzt worden. Die heutigen Gebäude und Anlagen stammen in ihrem Kern überwiegend aus dem 14. Jahrhundert. Damals wurden die etwa hundert Jahre zuvor errichteten Holzbauten und Erdwälle durch Backsteinbauwerke ersetzt. Außer dem verwendeten Material und einigen Einzelheiten besteht wenig Ähnlichkeit mit der Architektur des Deutschen Ordens, es sei denn, man versuchte sie aus dem ersten Bauabschnitt abzuleiten, dessen Erscheinung einmal als »Pathos des Verzichts« bezeichnet worden ist.
Der eigenwilligen Selbstbehauptung dieses Bistums, dessen Domkapitel im Gegensatz zu denen der drei anderen Bistümer nicht in den Deutschen Orden inkorporiert war, könnte sogar die Absicht unterstellt werden, sich auch in der Architektur bewußt zu verselbständigen. So ist auch der geistliche Charakter der Bauten hier stärker betont als in der Kapitelsburg zu Marienwerder, und nicht nur der fehlende Turm der Kathedrale läßt zisterziensischen Einfluß vermuten. In der Form einer geistlichen Burg ist hier eine Baugruppe von großer Schönheit entstanden.
Den länglich rechteckigen Hof mit einer Ausdehnung von etwa hundertdreißig Metern umgibt eine Ringmauer mit Wehrgängen, Mauertürmen, Basteien und befestigten Toren. Die massigen Wehrmauern und Türme auf tiefen Feldsteinfundamenten hatten Schießscharten, Zinnen und aufgesetzte Wehrgänge, von denen einige bei den jüngsten Restaurierungsarbeiten aufgedeckt wurden. An einer Reihe von Stellen des Mauerwerks, wie z.B. an der Ostmauer, am Kapitelhaus und am Unterbau der achteckigen Bastei, sind noch die im Ordensbau häufig verwendeten Rautenmuster aus gesinterten Backsteinen zu erkennen. Dem sogenannten Copernicusturm, einem später umgebauten vorspringenden Flankierungsturm, diagonal gegenüber befand sich ursprünglich ein ähnlicher Eckturm. Dieser ist nach Verwendung als Kanonikerhaus um 1526

Rekonstruktion der Domburg um 1525

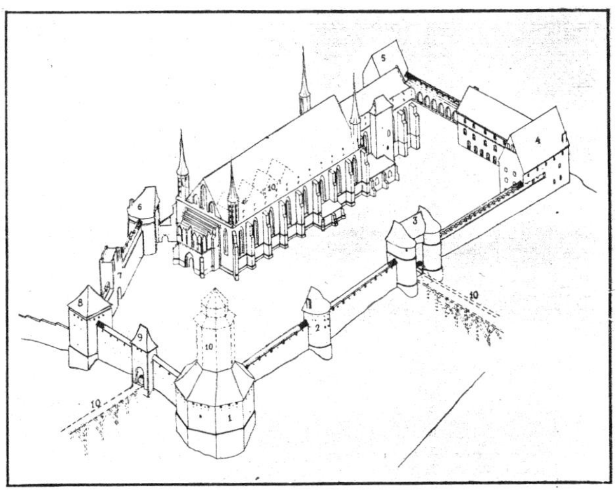

Baugruppe auf dem Domberg

in den Ausbau des Bischofspalais einbezogen worden.

Nach seiner Zerstörung im ersten schwedisch-polnischen Krieg erneuerte man den heute hufeisenförmigen Palast. Die Ostmauer hatte früher hofseitige Arkaden, die jetzt wiederhergestellt worden sind. Das ebenfalls an der Ostseite liegende Portal war durch einen in den Graben vorgeschobenen runden Bastionsturm gesichert. Eine ähnliche Bastion lag nach den neuesten Ausgrabungen vor der Nordmauer in Höhe des Doms. Im Anschluß an die halbrunde Nordbastei, auch Kustodenturm genannt, sind die Domherrnkurien an die Nordmauer angelehnt, die sich ebenfalls an der West- und Südmauer finden. In einem vorspringenden Torhaus lag das jetzt zugemauerte Nordtor, neben dem ein großer Danzkererker die Außenmauer überkragt. Aus der Westmauer springt ein rechteckiger Torturm vor, dessen schwere Pforte früher durch ein Fallgitter gesichert war.

Weit aus der Flucht der Mauern ragt an der Südwestecke die große achteckige Bastei hervor, ein Flankierungswerk, von dem sowohl Süd- und Westgraben wie die sie überspannenden Holzbrücken vor den Toren bestrichen werden konnten. Ursprünglich sollte dieser mächtige Unterbau wohl einmal den Bergfried tragen. Doch der sich in Mauerhöhe verjüngende Turmstumpf erhielt zunächst nur ein Glokkengerüst mit Fachwerkaufbau. 1685 ummauerte der Danziger Meister Leonhard Merten den Glockenstuhl und deckte ihn mit einer welschen Haube nebst Laterne aus Kupfer ab. Der große Glockenturm erreichte eine

Höhe von 65 Metern und bietet eine weite Sicht auf das Haff.
Das Haupttor der Domburg liegt landseitig in der Südmauer und wird von zwei Rundtürmen flankiert. Man denkt sogleich an das Marienburger Brücktor, und beide haben wohl den gestalterischen Grundgedanken vom Lübecker Holstentor übernommen, was bei der starken Zuwanderung Lübecker Kolonisten nach Frauenburg im ausgehenden 13. Jahrhundert nicht verwunderlich ist. Leider wurde die Torbastion bei der Instandsetzung im 19. Jahrhundert verdorben, und auch die polnischen Restauratoren haben bei der erneuten Wiederherstellung nach dem Zweiten Weltkrieg diese Mängel nicht beseitigt. Sie zeigen sich insbesondere in den ins Mauerwerk eingebrochenen stilfremden Fenstern. Wenigstens ist aber die hohe Fallgatternische über dem Tor erhalten geblieben, vor dem eine Holzbrücke den Burggraben überquert. Früher lag vor der östlichen Hälfte der Südmauer und vor der Ostmauer eine Art Parchammauer, die diese Angriffsseite zusätzlich deckte.
Den Mittelpunkt der alten Kirchenburg bildet der Dom zur Himmelfahrt Mariä, der im Hof dicht entlang der nördlichen Wehrmauer liegt. Er ist samt Vorhalle und Chor rund achtzig Meter lang und hat bei nur siebzehn Meter Innenhöhe außerordentlich gestreckte Proportionen. Auffällig ist das Fehlen eines Hauptturms. Der Dom wurde von 1329 bis 1388 erbaut, wobei drei Bauabschnitte unter Leitung dreier Baumeister deutlich zu erkennen sind. Im ersten Abschnitt entstanden Chor mit Sakristei sowie die unteren Langhauswände, und sodann stellte der zweite Meister das Langhaus mit den vier Ecktürmchen fertig. Offenbar abweichend vom ursprünglichen Plan wurden im dritten Bauabschnitt die westliche Vorhalle und der prächtige Giebel von einem dritten Meister gestaltet.
Über die Fertigstellung der Gebäudeteile geben uns zwei überlieferte Inschriften Auskunft. Eine Kalksteintafel in der Chor-Südwand berichtet von der Weihe des Chors durch Bischof Hermann von Prag im Jahr 1342 mit folgendem lateinischen Text: »ANNO·DM:M·CCCXLII: DEDICATUS E: CHORUS«. Auf die Vollendung des Doms lassen die in der westlichen Vorhalle angebrachten glasierten Tonplatten schließen, deren lateinische Inschrift in gotischen Majuskeln lautet: »ANNO: DOMINI:M·CCCLXXXVIII: CONPLETA: EST:CUM: PORTICU: ECCLESIA: WARM·IENSIS: AMEN«. Es sind noch weitere alte Inschriften überliefert, so auf dem neben den Altarstufen liegenden Grabstein für den im Juli 1301 verstorbenen zweiten ermländischen Bischof Heinrich I. Fleming. Weitere Grabsteine und -platten für die Kanoniker, Kustoden und Kantoren Theodor von Glogau, Johannes von Esen, Bartholomäus von Wolkau, Lorenz von Heilsberg, Felix von Pechwinkel und andere liegen im Dom.
Der Chor mit seinem aus dem 14. Jahrhundert unverändert überkommenen Ostgiebel stellt mit der Gliederung durch Kreis- und Spitz-

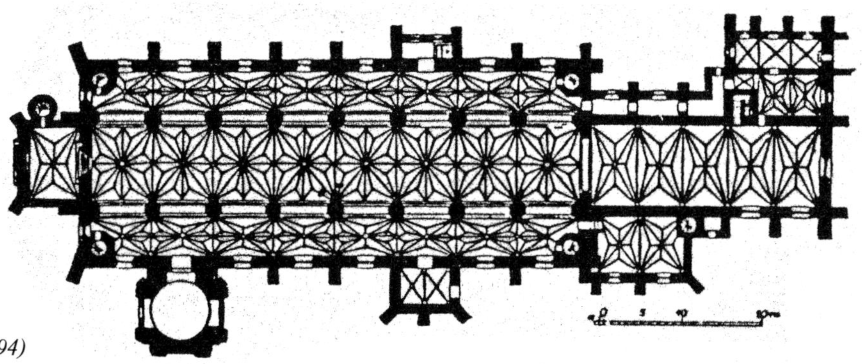

Grundriß des Doms (nach Boetticher, 1894)

bogenblenden über und neben dem großen Chorfenster ein Meisterwerk alter Baukunst dar. Die mit kleinen Tonkrabben besetzten Giebelschrägen setzen an den durchbrochenen Fialtürmchen auf den Ecken an.

Im Chorraum wächst aus den reichen Dienstbündeln an den Wänden ein achtteiliges Sterngewölbe steil empor und wird oben durch Querrippen in fünf Joche getrennt. An der Nordwand des Chors liegt die Sakristei und diagonal dazu versetzt an der Südwand eine kleine Vorhalle mit angesetztem Treppenturm.

Die langgestreckte dreischiffige Hallenkirche trägt an allen vier Ecken schmale, achteckige Treppentürmchen mit spitzen Kupferhelmen, die den First des hohen Satteldaches weit überragen. Das Dach war früher noch höher, denn auf den Mauerkronen des Langhauses verlief damals ein Wehrgang mit Wehrluken; er war über Wendeltreppen in den Ecktürmen zu erreichen.

An den Längswänden wechseln schmale, hohe Fenster mit bis zur Traufe reichenden Strebepfeilern. Innen trennen je sieben Pfeiler das Hauptschiff von den beiden schmalen Seitenschiffen. Das Hauptschiff ist von einem Gewölbe achtzackiger Sterne aus Rund- und Birnstabrippen überspannt, dessen Schlußsteine in siebzehn Metern Höhe sitzen.

Durch die wiederholten Plünderungen im 15./16. Jahrhundert und während des letzten Krieges sind von der kirchlichen Ausstattung nur Teile späterer Zeitepochen erhalten geblieben. Die aus der ersten Hälfte des 17. Jahrhunderts stammenden Augustinus-, Annen-, Kreuz- und Muttergottes-Altäre wurden von den Polen nach 1945 restauriert.

Beim Verlassen des Domes lohnt ein Verweilen in der westlichen Vorhalle. Sie ist von einem Sterngewölbe überspannt, dessen Rippen mit Reihen kleiner Engel belegt sind. Die Bogenfelder tragen glasierte Tonplättchen mit der oben zitierten Bauinschrift von 1388. Das figurenreiche innere Kalksteinportal zeigt in Kämpferhöhe Maßwerkfriese und darüber auf den spitz zulaufenden Rippen die klugen und die törichten Jungfrauen. Auch das Gewände des äußeren spitzbogigen Portals ist dem inneren mit reichen Profilsteinrippen sowie mit Maßwerk aus Vierpässen, Reben und Fabeltieren angeglichen.

Beim Betreten des Hofs fällt der Blick zurück auf den reichen, von zwei Ecktürmen flankierten Westgiebel. Über dem von einem breiten Fries mit Gittermaßwerk abgegrenzten schlichten Hauptgeschoß füllen drei aufgemauerte Spitzbogenblenden das Giebelfeld. Es wird von einer schräg ansteigenden Zwergarkatur eingerahmt. Der prächtige Giebel, der nach dem Brand von 1551 erniedrigt werden mußte, weist Einflüsse westlicher Gestaltungsformen auf und lockert mit seiner filigranhaften Vielgestaltigkeit die bodenständige Schwere des Bauwerks etwas auf.

Leider kann man gleiches von der im 18. Jahrhundert an die Südwand angebauten barocken Salvator- oder Szembeck-Kapelle nicht sagen. Sie ist die Grabstätte einer Reihe ermländischer Bischöfe. Ihre verputzten Wände und ihr rundes Kuppeldach fügen sich nicht in die Nachbarschaft der strengen dunkelroten Backsteingotik ein.

Der von Lübeck ausgehende niederdeutsche Einfluß läßt sich weder in der Architektur noch in der Geschichte Frauenburgs verleugnen. Nach der Eroberung durch den Deutschen Orden in der Mitte des 13. Jahrhunderts tauchen aus dem geschichtlichen Dunkel bald die ersten deutschen Siedler auf. Es waren Lübekker und Niedersachsen, die der von seinem bischöflichen Bruder eingesetzte Lokator Gerhard Fleming aus Lübeck hier ansiedelte. Um 1254 bereits wurde die St.-Andreas-Kirche gegründet. Anstelle einer prussischen Flichburg auf dem hohen Haffufer begann man oberhalb der Siedlung alsbald mit dem Ausbau einer Befestigung. Urkundlich erwähnt wird Vrowenburg, später auch civitas Warmiensis genannt, zum ersten Mal im Jahr 1278.

Nachdem das ermländische Domkapitel 1284 von Braunsberg nach Frauenburg verlegt worden war, entstanden neben den vorhandenen

Wehrbauten die ersten Befestigungen der geistlichen Burg, auch als castrum Dominae nostrae bezeichnet. Wenige Jahre danach wurde die erste bescheidene bischöfliche Kathedralkirche aus Holz errichtet. Es muß in dieser Zeit emsig gearbeitet worden sein, um das Gemeinwesen aufzubauen. Von Ratsleuten und Bürgern berichtet die Chronik, und um 1304 wird ein Schultheiß genannt. Die Lübecker scheinen sich an diesem Küstenplatz wohlgefühlt zu haben, wo viele Jahrhunderte vor ihnen die Wikinger saßen, wie später ein bei Frauenburg ausgegrabenes Wikingerboot beweist. Natürlich suchten sie den Zugang zur offenen See zu verbessern und bauten um 1305 den Baudekanal und den ersten Hafen.

Am 8. Juli 1310 erteilte Bischof Eberhard von Neiße der Stadt die Handfeste nach lübischem Recht, nachdem sie wohl schon zuvor gewisse Stadtprivilegien besessen hatte. Es sind außer Frauenburg nur ganz wenige Städte im Bereich des Ordenslandes, die mit lübischem Recht begabt waren und es behielten; zu ihnen zählen Braunsberg und Elbing, während Danzig, Dirschau und Memel nach Übernahme durch den Deutschen Orden kulmisches Recht erhielten. Nach Aufteilung des Bistums zwischen dem Bischof und dem Domkapitel, das etwa ein Drittel des Landes erhielt, kam auch das Städtchen Frauenburg unter dessen Oberhoheit. Das ermländische Domkapitel war das größte, aber das einzige nicht in den Deutschen Orden inkorporierte. Dennoch war der Hochmeister Schirmherr des Stifts, besaß das Nominationsrecht für einige Domherrenstellen und war für die äußere Politik allein maßgebend.

Für die Finanzierung des Domneubaus aus Stein erließ der Bischof Heinrich II. Wogenap einen Ablaßbrief, so daß das Gotteshaus von 1329 bis 1388 gebaut werden konnte. Ein weiterer Ausbau der Wehranlagen der Domburg schloß sich an. Leider sind die Namen der drei Baumeister nicht überliefert; lediglich wird ein Lyphardus de Daddeln als »magister arcium« erwähnt.

In der Stadt wurde 1355 die Pfarrkirche St. Nikolaus fertiggestellt, die wie der Dom keinen Turm besitzt. Massive Stadtbefestigungen gab es in Frauenburg nicht, sondern lediglich an beiden Zugängen Stadttore. Eine bautechnische Besonderheit war das neben der Kornmühle am Baudekanal errichtete Schöpfwerk mit dem Wasserturm, das die Domburg mit Wasser versorgte. Diese Anlage wurde 1571 durch den Breslauer Baumeister Valentin Hendel ausgebaut. 1945 ausgebrannt, beherbergt der alte Turm heute eine Gesellschaft für Astronomie.

Frauenburg hat bis in die jüngste Vergangenheit viele gewaltsame Besetzungen mit Plünderungen und Brandschatzung erlebt. Bald nach ihrem Sieg über das Ordensheer bei Tannenberg fielen die Polen 1414 plündernd und brennend in Frauenburg ein. Sie brannten außer der Stadt vier Kurien, die Vikarienhäuser und das Vorwerk der Domburg nieder. Im Städtekrieg verwüsteten böhmische Söldner unter John Schalski Stadt und Domburg und besetzten sie für einige Jahre. 1477 fielen erneut die Polen ein, brannten die Domhöfe nieder und benutzten den Dom als Pferdestall. Im Reiterkrieg von 1520 wechselte Frauenburg erneut den Besitzer, denn Ordenssöldner besetzten es und fügten neue Schäden hinzu. Zu allem Überfluß erlitt der Dom im Jahre 1551 durch Blitzschlag schwere Brandschäden, so daß der kunstvolle Westgiebel und das Dach erniedrigt werden mußten. In die Reihe der Plünderer und Zerstörer fügten sich 1626 die Schweden ein, als sie vor allem die wertvolle gotische Inneneinrichtung des Domes unter schweren Verheerungen ausplünderten. Auch Napoleons Armee brachte Stadt und Dom Übergriffe und Schäden.

Den Höhepunkt an Zerstörungen und Schändungen erlebte Frauenburg am Ende des Zweiten Weltkriegs. Die Domburg hat nicht nur unter den Kämpfen, sondern vielmehr unter den Brandschatzungen und Plünderungen der sowjetischen Eroberer schwer gelitten. In den Bereich der Westmauer, einschließlich Westtor und Copernicusturm, sowie in die Südmauer neben der Bastei waren Breschen und breite

Lücken gerissen, Zinnen und Schießscharten sowie Dächer und Zwischendecken zerstört und das Ganze durch Brände verwüstet. Diesmal kam der Angriff von Westen, von wo aus die Sowjets den Heiligenbeiler Kessel zusammendrückten. Nach der Eroberung wurde auch das Bischofspalais bis auf die Grundmauern niedergebrannt. Hierbei gingen viele Kunstschätze und die vierzigtausend Bände der kostbaren Dombibliothek zu Grunde.
In jahrzehntelanger Aufbauarbeit haben die polnischen Konservatoren mit gutem Erfolg versucht, die Substanz der Domburg wiederherzustellen. Äußerlich bietet sie heute fast das gewohnte Bild der Vorkriegszeit. Sicher sind von den polnischen Konservatoren andere Schwerpunkte gesetzt worden, wohl auch zur Bekräftigung ihres vermeintlichen nationalen Besitzanspruchs, den Polen aus dem Sonderstatus des Bistums Ermland nach 1466 und dem Vorschlagsrecht des polnischen Königs für die Besetzung des Bischofsstuhls im Petrikauer Vertrag herleitet. Das ist aber eine Fehlinterpretation, denn das Ermland war und blieb deutsch.
Die vorzugsweise Wiederherstellung des Bischofspalais und der Salvator-/Szembeck-Kapelle, die beide besondere Beziehungen zu den Bischöfen polnischer Nation hatten, deutet in diese Richtung. Der Erbauer dieser beiden Gebäude, Baumeister Szembeck, und der zur Bauzeit amtierende Bischof trugen den gleichen Namen, der eine polonisierte Form des ursprünglich deutschen Familiennamens Schönbeck ist.
Die Salvator-Kapelle, die die Beisetzungsstätte einiger Bischöfe polnischer Nation ist, wirkt in ihrer engen Anlehnung an den gotischen Backsteindom stilwidrig und wie ein Fremdkörper an dem homogenen Gebäudekomplex.
Von der auf dem hohen Haffufer liegenden Domburg geht eine starke Ausstrahlung aus, der sich die Besucher nicht entziehen können. Sicher trägt auch die hier befindliche letzte Ruhestätte des großen deutschen Astronomen, Humanisten und Naturwissenschaftlers Nicolaus Copernicus dazu bei, daß Frauenburg neben Marienburg und Danzig der meistbesuchte Ort in diesem schönen Lande ist.

Mewe

Erster Brückenkopf auf dem linken Weichselufer

Komtursiegel, 14. Jhdt.

Bis weit in die Steinzeit zurück weisen die Spuren des nordischen Kulturkreises im Weichselgebiet. Seit der jüngeren Bronzezeit, also etwa um 1200 v. Christus, siedelten dort germanische Völker, die sich unter dem Oberbegriff *Ostgermanen* noch nicht als einzelne Volksstämme identifizieren lassen. Etwa um 150 v. Christus drangen *Burgunder* und *Rugier*, von Bornholm und Rügen über See kommend, weichselaufwärts weit nach Süden vor und trafen mit den jütländischen Vandalen zusammen, die sich vom Warthe-Netze-Gebiet bis nach dem späteren Westpreußen hin ausbreiteten. Nach der Zeitwende kam dann mit den *Goten* und *Gepiden* eine neue Einwandererwelle aus Schweden an die Weichsel und drängte Burgunder und Vandalen nach Südwesten ab. Aber auch jene wanderten bis zum Ende des 4. Jahrhunderts nach Süden weiter und siedelten in Südrußland und Siebenbürgen, nicht ohne in West- und Ostpreußen Bevölkerungsteile zu hinterlassen, die sich mit den nachdringenden baltischen *Prussen* und den wendischen *Pomoranen* vermischten.

In der Zeit der Völkerwanderung (400 bis 800 n. Christus) war das Weichselland nur schwach bevölkert und zog dadurch Zuwanderer aus dem Osten und Süden an. Ein letzter germanischer Volksschub von Norden erreichte im 9. Jahrhundert mit den *Wikingern* West- und Ostpreußen. Funde und Überlieferungen beweisen ihre über Jahrhunderte andauernden Niederlassungen vor allem in den Küstengebieten und an den großen Flüssen. Das große Gräberfeld von Wiskiauten bei Cranz, Bootsfunde bei Danzig-Ohra, Frauenburg und Baumgarth, aber auch Berichte des Wulfstan und des Saxo Grammaticus künden von der Anwesenheit dieses kühnen Seefahrervolks in weiten Teilen unserer Heimat. Ein Gräberfeld in Linkuhnen an der Memel und die bei *Mewe* an der Weichsel entdeckten Wikingergräber zeugen davon, daß die Wikinger auf den Flüssen tief in die Länder eindrangen und dort in Siedlungen und Handelsniederlassungen lebten. Auch sie vermischten sich mit der vorgefundenen Bevölkerung, wie so mancher Blondschopf unter den West- und Ostpreußen erkennen läßt.

Wulfstan bezeichnete das Gebiet links der Weichsel, also Pommerellen, als das Land der »Wenden«. Als nach nahezu völliger Geschichtslosigkeit Polen mit seinem ersten König Mieszko um 960 n. Christus plötzlich als staatliches Gebilde in Erscheinung trat, begann im Weichselland eine über hundertjährige kriegerische Auseinandersetzung zwischen Polen und Pommerellen. Trotz einiger Teilerfolge bei *Nakel* und *Fordon* unter dem Polenkönig Boleslaw III. Schiefmund gelang den Polen nicht die völlige Unterwerfung Pommerellens. Nach dem Tode des Fürsten Mestwin I. von Pommerellen im Jahre 1220 wurde das Land unter seinen vier Söhnen aufgeteilt; doch gelang es *Swantopolk*, seine Brüder auszuschalten und sich zum Herzog zu machen. Zunächst als Bundesgenosse des Deutschen Ordens wirkend, gab er 1242 das Signal zum ersten Preußenaufstand und wurde zu seinem gefährlichsten Gegner. Nach dem Zusammenbruch des Aufstands wandte Swantopolk seine Angriffe wieder gegen Polen und Pommern und hielt bis zu seinem Tode im Jahre 1266 mit dem Orden Frieden. Auch seine Söhne Mestwin II. und Wratislaw standen zu Beginn des großen Preußenaufstands auf Seiten der Prussen, verfielen dann aber in Streitigkeiten untereinander und mit den Brüdern des Vaters. Nach dem Tode seines Bruders und seines Onkels wurde Mestwin II. alleiniger Herrscher über ganz Pommerellen. Er mußte aber *Mewe* nebst dem Großen Werder und einem Teil der Frischen Nehrung an den Deutschen Orden abtreten, denn diese Ländereien waren diesem bereits 1276 von Herzog *Sambor* geschenkt worden. Nach anfänglichen Weigerungen kam Mewe 1282 nach Vermittlung des päpstlichen Legaten durch den Militscher Vergleich in den Besitz des Ordens, der den ersten Brückenkopf auf dem linken Weichselufer sogleich durch den Bau einer Burg sicherte.

Die erste *Burg Mewe* wurde vermutlich unter Verwendung alter pommerellischer Gräben und Wälle zunächst als Holz-Erde-Werk errichtet. Dabei fanden Bauteile der aufgegebenen Burg *Pottersberg*, die zwischen Kulm und Althaus auf dem Lorenzberg lag, Verwendung. Die Materialien wurden mit Weichselschiffen nach Mewe überführt. *Nikolaus von Jeroschin* berichtet auf Grund von Überlieferungen des *Peter von Dusburg* um 1340 in seinem mittelhochdeutschen Versepos über den Bau der Burg Mewe:

»... ouch buwtin san
hin niddir uf der Wizlin vlut
eine andre bure vest unde gut
und nantin iz die Mewe
in unsirs herrin jarin
do der vergangin waren 1283 ...«

Doch diese erste Befestigung des neu erworbenen Stützpunktes auf dem westlichen Weichselufer reichte den weitschauenden Rittern für diesen strategisch so wichtigen Punkt nicht aus, und sie gingen sogleich im Anschluß zum Ausbau der Burg in Stein über. Ob sie im Brückenkopf Mewe bereits den Beginn einer erstrebten Landbrücke zum Reich sahen? Jedenfalls deutet der auffällige Mangel an Zierat auf Eile beim Bauen hin. Im übrigen bestätigen sich aber auch in Mewe die allgemeinen Grundsätze für die Reihenfolge des Ausbaues der Ordensburgen in Stein, nämlich der Vorrang bei vorhandenen Wasserverbindungen, Frontlage des Hauses im Grenzgebiet und Kombination von militärischer Festung mit ständigem regionalen Verwaltungssitz.

Die noch in der Landmeisterzeit von der dritten Generation der Ordensritter erbaute Burg Mewe hat eine ähnliche Baugeschichte wie die geringfügig ältere erste Anlage der Marienburg. Beide gehören dem reifenden Stil des Konventshaustyps an, und dennoch zeigen sich deutlich unterschiedliche Auffassungen bei der Ausführung des Baugedankens. In Mewe drückt sich in der voll entwickelten aber streng regelmäßigen Anlage auf quadratischem Grundriß wohl am klarsten das klassische Empfinden der Ordensbaukunst aus. Strenge und Nüchternheit, vornehme Dimensionierung und funktionale Zweckmäßigkeit spiegeln

Lageplan der Burg (nach Steinbrecht, 1888)

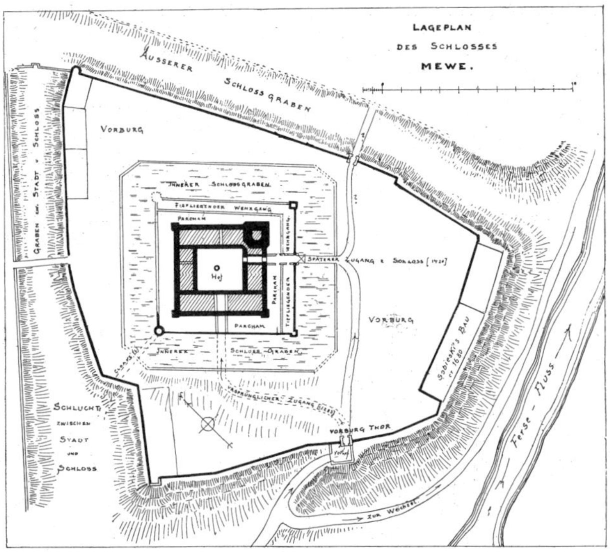

Blick vom Süden auf Burg und Stadt

in diesem Bau die Grundregeln des Ordens wider. Und es ist, als habe der Baumeister vor so viel Strenge und Einfachheit am Ende doch Bedenken bekommen, als er das Mauerwerk des Südflügels mit einer Flächenmusterung aus dunkel gebrannten Backsteinen überzog und damit zusätzlich belebte. Es sind die ersten Versuche der später weitverbreiteten Mauerdekorationen mit Mustern aus Zickzackbändern, Fischgräten und Rauten, die wohl im Konventshaus Rehden ihren Höhepunkt fanden.
Unmittelbar nördlich der *Ferse*, kurz vor ihrer Einmündung in die *Weichsel*, beherrscht die Mewer Höhe das Weichseltal und bietet nach Südosten einen weiten Ausblick bis hinüber nach Marienwerder auf der weiter flußauf gelegenen Uferhöhe und weichselabwärts bis zu den Weißen Bergen, wo nahe der Montauer Spitze einst *Zantir* lag. Der dreieckig-keilförmige Burgplatz wird an zwei Seiten durch natürliche Taleinschnitte gesichert und von der westlich gelegenen Stadt durch eine künstlich zurechtgestutzte Schlucht getrennt. In diesen Tälern und Schluchten umgibt der äußere Burggraben das gesamte befestigte Burgterrain, das eine Ausdehnung von über zwanzigtausend Quadratmetern hat. Auf den inneren Grabenrändern lief eine Ringmauer mit Eckbastionen und zwei Torbauten; sie faßte die Vorburg ein, die hier das Haupthaus allseitig umgab. Der ausgemauerte innere Burggraben und ein breiter Parcham mit Mauer und Ecktürmen schützten die Hauptburg von allen Seiten. Nach Norden und Osten war die Parchammauer doppelt gestaffelt und mit einem tiefliegenden Wehrgang versehen, weil geländemäßig von diesen Seiten am ehesten mit einem Angriff gerechnet werden mußte.
Der ursprüngliche Zugang führte vom Vorburgtor im Süden über den inneren Burggraben auf einer abwerfbaren Holzbrücke zum alten Eingang im Südflügel. Dort sind noch heute die Ansätze der Mauern des Torzwingers, die umgestaltete hohe Fallgatternische, das zugemauerte Tor sowie die beiderseitigen Torwächternischen zu sehen. Offensichtlich hielt man aber später die Verbindung nach Norden für wichtiger und verlegte 1420 den Zugang von einem neuen nördlichen Vorburgtor aus über den östlichen inneren Graben zum Ostflügel, wo neben dem Hauptturm und in seinem unmittelbaren Schutze ein neuer Torweg ge-

Südflügel mit altem Eingang. Im Mauerwerk ist Rauten- und Zickzackmusterung erkennbar

schaffen wurde. Die alte, schwere Graniteinfassung des früheren Tores wurde dabei verwendet. In den Parchambereich wurden Flankenmauern für einen Zwinger eingezogen. Vom südwestlichen Eckturm der Parchammauer soll früher ein unterirdischer Gang zur Stadt geführt haben. An dieser Stelle wird auch der in die Schlucht hineinragende Danzker vermutet, von dem allerdings keinerlei Spuren mehr vorhanden sind.

Das *Konventshaus* ist quadratisch mit Seitenlängen von rund siebenundvierzig Metern. Drei seiner Ecken sind mit leicht vorspringenden, quadratischen Ecktürmen besetzt, die in ihrer Schlankheit wie Wachttürme wirken. An der Ecke zur Angriffsseite lag der mächtige Hauptturm, dessen Stumpf 1856 mit einem gleichartigen schlanken Eckturm versehen wurde. Nord- und Südflügel laufen auf ganzer Breite durch, und zwischen sie sind die beiden kürzeren Flügel eingeschoben.

Mitten im recht geräumigen Burghof liegt ein alter Tiefbrunnen aus mächtigen Quadern, der nur im Oberteil mit Ziegelmauerwerk ausgebessert worden ist. Von dem umlaufenden hölzernen Laubengang sind heute nur noch an jeder Hofwand zwei mächtige Kragsteine aus Granit zu sehen, die in vier Meter Höhe aus den Wänden herausragen und früher die Holzkonstruktion trugen. Die abwerfbaren Treppenaufgänge zum Laubengang waren aus Holz und konnten im Notfall verbrannt werden. Oberhalb des Laubengangs und seiner sich im Mauerwerk abzeichnenden Dachkehle waren die Hofwände durch hohe schmale Blenden gegliedert, wie wir sie z.B. aus Marienwerder kennen.

An der Südseite des Kastells liegt der *Hauptflügel*, der, wie bereits oben erwähnt, früher Eingangsflügel war. Er war ursprünglich dreigeteilt mit dem üblichen kleinen Raum über dem Torweg in der Mitte sowie rechts und links den etwa gleichgroßen Räumen der *Burgkapelle* und des Kapitelsaals.

Das kleine Gemach wurde später der Kapelle zugeschlagen, wobei außen die hohe Fallgatterblende verkürzt und in ein viertes Kirchenfenster umgewandelt worden ist. Hier ordnen sich die vier Kapellenfenster noch stärker den Forderungen des Festungsbaus unter als bei späteren Bauten, denn sie erreichen nur knapp ein Drittel der Gesamthöhe der Front. Im gerade abgeschlossenen Chor findet sich ein Fenster nach Osten und zur Hofseite noch zwei weitere. Die Kapelle war ein achtzehn Meter langer und fast acht Meter breiter Raum und reichte in der Höhe bis unter den Wehrgang. Leider ist das alte Sterngewölbe nicht überliefert und 1856 durch ein neues, einfacheres ersetzt worden. Die Sakristei lag wie in Rehden im südöstlichen Eckturm und hat ihr altes scharfkantiges Kreuzgewölbe bewahrt. In der Hofmauer der Kapelle befanden sich Büßerzel-

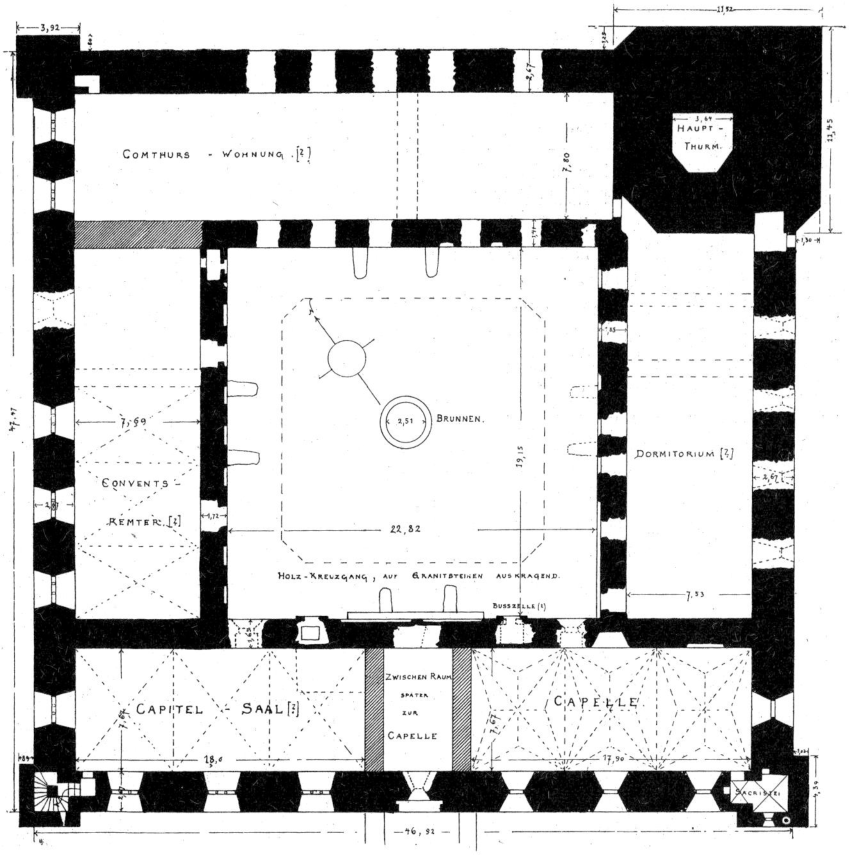

Hauptgeschoß des Haupthauses (nach Steinbrecht)

le und Sakralnischen.

Im Westteil des *Hauptflügels* lag der *Kapitelsaal*, dessen Position durch drei niedrige aber breitere Spitzbogenfenster, die später nach unten verlängert worden sind, gekennzeichnet ist. Gleich dimensioniert wie die Kapelle, war er durch Einziehen eines Zwischengeschosses niedriger als diese. Von dem vermutlich vorhanden gewesenen Kreuzgewölbe hat sich nichts erhalten. Der Saal war für die Sitzungen des Konvents heizbar, wie Reste einer im darunterliegenden Keller gefundenen Ofenanlage mit Heizschächten belegen. Im anschließenden Eckturm sorgte eine Treppe zum Wehrgang dafür, daß die Ritter bei Angriffen schnell ihre Verteidigungsposten beziehen konnten. Der Wehrgang mit einer dichten Reihe kleiner Fenster unter der Dachtraufe lief auf den Außenmauern aller Flügel um das ganze Haus. Im Hauptflügel war er auch hofseitig ausgebaut, während die anderen Flügel nur Wehrfenster zum Hof hatten. Unter den hohen, steilen Dächern gab es mehrstöckige Speicher. Nur der Hauptflügel besitzt an beiden Kopfenden Abschlußgiebel, von denen der westliche mit seiner einfachen Blendengliederung erhalten geblieben ist, während der östliche nachgebaut werden mußte.

Auf die Räume des eingeschobenen *Westflügels* kann man aufgrund der sieben mittelgroßen Spitzbogenfenster schließen, die in der Neuzeit alle um über einen Meter nach unten verlängert worden sind. Das äußerste rechte Fenster gehört zur Kopfseite des Kapitelsaals im Südflügel und die beiden sehr eng gestellten Fenster links sind vom Eckraum des Nordflügels, wo vermutlich der Komturremter lag. Den größten Raum des Westflügels nahm der *Konventsremter* ein, der als Speisesaal der Ritterschaft wohl über oder nahe der Konventsküche

Eingangsseite (nach Steinbrecht)

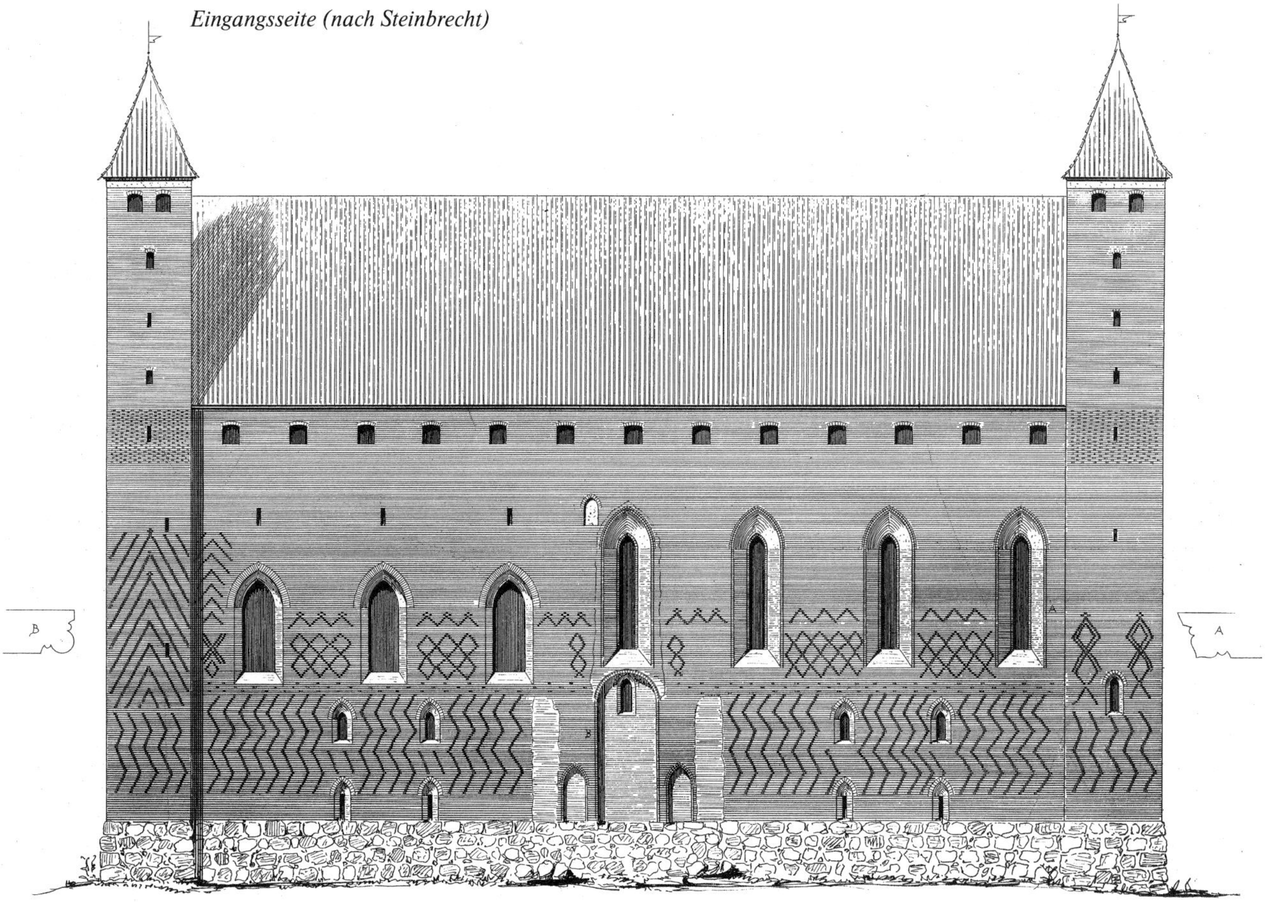

gelegen haben muß. Diese läßt sich jedoch nicht mehr lokalisieren. Jedenfalls sind die drei zusammengehörigen Fenster in der Westfront dem Remter zuzuordnen. Ein weiteres Fenster wurde 1856 im Rahmen der Umbauten in diese Front eingebrochen.

Im durchgehenden *Nordflügel*, der an seinem östlichen Ende in den Hauptturm übergeht, werden die Wohn- und Amtsräume des Komturs vermutet, jedoch sind keine Einzelheiten überliefert. Die Fassade dieses Flügels ist durch fünf Reihen gleichförmiger kleinerer Fenster völlig entstellt, die in der Neuzeit eingebaut worden sind. Hofseitig am abgeschrägten Turmunterbau vorbei führte ein schmaler Verbindungsgang zum Ostflügel, der als Hauptraum das Dormitorium beherbergte, den gemeinsamen Schlafraum der Ritter mit nur vier kleineren Fenstern. Wie schon oben erwähnt, wurde um 1420 der Torweg in diesen Flügel verlegt.

In der Nordostecke des Kastells war zur bedrohten Hügelseite hin der mächtige *Hauptturm* eingefügt, der in seinem Unterteil quadratisch war, leicht vorsprang und dessen innere Ecken abgekantet waren. Er ist nur bis zur Haushöhe überliefert und in der Neuzeit mit einem den anderen Ecktürmen entsprechenden kleinen Turm versehen worden. In der Basis hatte der quadratische Turmunterbau eine Seitenlänge von 11,50 Metern und ging dann oberhalb des Hauses in einen achteckigen hohen Turm über, der etwa dem der Burg Schlochau entsprochen haben mag. Er soll fast doppelt so hoch wie die Hausmauern gewesen sein. In dem erhaltenen Turmstumpf fand sich

Westflügel mit südlichem Eckturm und Giebel des Hauptflügels

kein Eingang zu seinem Innenraum, so daß angenommen werden kann, daß auch hier, wie bei den anderen Burgen, der Eingang oberhalb des Wehrgangs lag und nur über eine abwerfbare oder klappbare Holzbrücke zu erreichen war.

Von den Befehlshabern auf Burg Mewe sind uns aus der Zeit von 1283 bis 1454 insgesamt zweiunddreißig Komture namentlich überliefert. Zwischen dem ersten Komtur *Dietrich von Spira* und dem letzten Vorsteher des Mewer Konvents *Johann von Remdingen*, tauchen so bekannte Namen auf, wie *Günther von Schwarzburg* um 1325, *Konrad von Lichtenstein um* 1396, *Friedrich von Wallenrod* um 1404, *Paul von Rusdorf* um 1415, *Michael Küchmeister von Sternberg* um 1422 und *Ludwig von Erlichshausen*, der von 1447 bis 1450 Komtur zu Mewe war. Allein drei der Mewer Komture wurden Hochmeister, acht von ihnen erreichten das hohe Amt eines Großkomturs oder Obersten Marschalls und weitere fünf andere Gebietigerwürden. Hoch-

Nord- und Westflügel mit Stumpf des Bergfrieds

Stadtsiegel »Möwe« aus dem 14. Jahrhundert

meister Michael Küchmeister von Sternberg wählte 1422 Mewe zu seinem Alterssitz und ließ Umbauten vornehmen sowie ein besonderes Gebäude für sich in der Vorburg errichten.

Demnach ist anzunehmen, daß die *Komturei Mewe* mit ihrem abwechslungsreichen waldigen Hügelland zwischen Ferse und Schwarzwasser als Amt recht beliebt und angesehen gewesen ist. Sie dehnte sich vom Weichselabschnitt zwischen Meselanz (Mösland) und Marienwerder etwa sechzig Kilometer in westlicher Richtung aus. Burg und Stadt *Stargard* gehörten zum Komtureibezirk, und innerhalb des Gebietes lagen das bekannte Zisterzienserkloster *Pelplin* sowie die in *Thymau* von den Rittern des Ordens von Calatrava angelegte deutsche Siedlung. Das Mewer Gebiet nahm einen Teil des nach Beendigung des großen Preußenaufstands nach 1283 wieder einsetzenden Siedlerstroms auf, der nach Wiederaufbau des Kulmer Landes weichselabwärts vordrang. Zu dieser Zeit wurden im Komturbereich Mewe viele deutsche Zinsdörfer angelegt. Die Stadt selbst erhielt am 25. 9. 1297 von Landmeister *Meinhard von Querfurt* die Handfeste nach kulmischem Recht.

In den Wirren nach der Niederlage des Ordens im Jahre 1410 fiel Mewe kurzzeitig in polnische Hand, wurde aber bald vom Orden zurückgewonnen und anstelle des ausgebrannten *Christburg* nunmehr Sitz des *Obersten Trapiers*, der für das ganze Ordensland die Oberaufsicht über das Bekleidungswesen und die nichtmilitärische Ausrüstung führte. Zu Beginn des dreizehnjährigen Städtekrieges geriet Mewe für einige Zeit unter die Gewalt des Städtebundes. Im Dezember 1463 scheiterte der Versuch des Hochmeisters, Burg und Stadt durch eine große Flottille von der Weichsel her zu entsetzen. Danach ging Mewe von 1464 bis 1772 an Polen verloren und wurde Sitz eines Starosten. Trotzdem blieb ein großer Teil der Bevölkerung über Jahrhunderte deutsch. Nach der Rückgewinnung des Landes im Jahre 1772 siedelte *Friedrich der Große* in der heruntergekommenen Stadt sechzehn deutsche Handwerkerfamilien an und gab ihr eine Wiederaufbauhilfe von über fünfundvierzigtausend Talern.

Die schlecht unterhaltene Burg wurde von den neuen preußischen Herren zunächst als Kaserne benutzt und dann leider nach Ausbrechen von Speicherluken zum Magazin hergerichtet. Ihr Leidensweg setzte sich mit starken Eingriffen und Veränderungen beim 1856 durchgeführten Umbau zum Zuchthaus fort. Es ist bedauerlich, wie wenig Verständnis die auf sparsame Haushaltsführung gerichtete preußische Verwaltung für die Erhaltung von geschichtlich und kunsthistorisch wertvollen Bauwerken hatte. Mewe gehörte immerhin zu den ältesten erhaltenen Konventshäusern. Im Jahre 1921 brannte die Burg fast völlig aus. Sie wurde danach durch Notdächer gesichert und vor dem endgültigen Verfall bewahrt. Die Polen haben nach 1945 Erhaltungsarbeiten durchgeführt und das Dach wiederhergestellt. Es hat den Anschein, daß das im Mauerwerk sanierte Gebäude, das 1981 noch leer stand, zu gegebener Zeit einem neuen Verwendungszweck zugeführt werden wird.

Der Besucher, der sich der Stadt im Weichseltal von Süden her nähert, erblickt auch heute schon von weitem das trutzige Ordenskastell mit seinen schlanken Ecktürmen auf der Uferhöhe. Auch hier in Mewe hat sich ein schönes Denkmal deutscher Geschichte und Kultur über Jahrhunderte erhalten und prägt nach wie vor das Panorama der Stadt und das Gesicht des Landstrichs.

Strasburg

Warte und Wehr an der Drewenz

Stadtsiegel, 14. Jhdt.

Komtursiegel, 14. Jhdt.

Nach Beendigung des großen Preußenaufstandes blieb das Kulmer Land weiterhin durch Angriffe der Sudauer und Litauer gefährdet. Sie drangen wiederholt in überraschenden Vorstößen aus dem Osten durch die noch unerschlossene Wildnis von Sassen und Galinden sowie durch das masowische Grenzgebiet tief in das Ordensland ein. Die Drewenzfurten bildeten ein gefährliches Einfallstor und mußten gesichert werden, nachdem die Feldzüge der beiden Landmeister *Conrad von Thierberg der Ältere* und *der Jüngere* ins Innere des Gaues Sassen zu keiner Befriedung dieser Grenze zur Wildnis geführt hatten.

Um 1285 wurde am *Drewenzübergang* ein Wachtposten eingerichtet, in dessen Nähe sich eine Siedlung bildete, die bereits 1294 das Stadtprivileg erhielt. Man nannte sie *Strosberg*, wie ein altes Siegel ausweist. Sicher ist der Name auf die an der Straße gelegene Burg zurückzuführen. Der Ordenschronist *Johann von Posilge* bezeichnete die Stadt in seiner Chronik von 1360 bereits als *Strasburg*.

Nach einem Überfall der Sudauer im Jahre 1298 wurde diese Einbruchstelle durch den Ausbau der Befestigungen und durch Verlegung eines Ritterkonvents abgeriegelt. Von Thorn aus leitete man deutsche Siedler in das Gebiet an der Drewenz. Über den Ausbau der Burg in Stein gibt es unterschiedliche Zeitangaben, die zwischen 1290 und 1340 liegen. Sicher reicht die Bauzeit weit in die erste Hälfte des 14. Jahrhunderts hinein, denn die für 1339 überlieferte Weihe des Altars in der Burgkapelle deutet auf den Abschluß der Bauarbeiten hin. Wie in Rehden so fand auch in Strasburg im Jahre 1329 eine große Zusammenkunft hoher Ordensgebieter unter Vorsitz des Hochmeisters *Werner von Orseln* statt. Möglicherweise wurde in dieser Landesversammlung erst der Ausbau der Burg zum Konventshaus beschlossen, denn kurz danach wird der erste Strasburger Komtur erwähnt.

Wir kennen namentlich die Komture seit 1337, als *Friedrich von Spangenberg* dem Konvent zu Strasburg vorstand. Ihm folgte eine Reihe von über zwanzig Komturen, die mit *Ulrich von Eisenhofen* um 1450 ihren Abschluß fand. Unter ihnen befanden sich bedeutende Männer wie der Großkomtur *Kuno von Liebenstein*, dessen Grabplatte noch heute in der St. Thomas-Kirche von Neumark an der oberen Drewenz erhalten ist. Auch *Friederich von Wallenrod*, Ordensmarschall in der Tannenberg-Schlacht, *Kilian von Exdorf*, späterer Oberster Marschall, und *Leonhard von Parsberg*, späterer Oberster Treßler, waren eine Zeitlang Komture zu Strasburg.

In der *Schlacht bei Tannenberg* am 15. Juli 1410 führte der Komtur *Baldewin Stal* das unter dem weißen Banner mit dem roten Hirsch kämpfende Treffen der Komturei und der Stadt Strasburg an. Er selbst und seine beiden Vorgänger als Komture zu Strasburg, *Wilhelm von Rosenberg* und *Friedrich von Wallenrod,* fanden in der mörderischen Schlacht den Tod. Die verhee-

Komtursbanner 1410 (nach Voßberg)

rende Niederlage des Ordensheeres hatte schlimme Auswirkungen auf das ganze Land. Schon bald nach der Schlacht eroberten polnische Truppen die schlecht ausgerüstete und schwach bemannte Strasburg. Als im 1. Thorner Frieden vom 1. Februar 1411 die territoriale Unversehrtheit des Ordensstaates vereinbart worden war, räumten die Polen auch Strasburg. Lediglich das Land Dobrin ging verloren, von wo aus zu Beginn des 13. Jahrhunderts die überwiegend mecklenburgischen *Ritter vom Dobriner Orden* vor Eintreffen des Deutschen Ordens die Befriedung und Bekehrung des prussischen Landes nördlich der masowischen Grenze vergeblich versucht hatten. Verhängnisvoll wirkten sich jedoch die in einem Zusatzvertrag dem Ordensland auferlegten Kontributionen aus, die zur Lösung der zahlreichen vornehmen Gefangenen die Zahlung von 100 000 Schock böhmischer Groschen zu bestimmten Terminen an den König von Polen vorsahen. Diese ungeheure finanzielle Belastung neben den Kriegskosten führte zu innerer Zwietracht im Ordensland und lieferte dem polnischen König den Vorwand, bei nicht rechtzeitiger Zahlung in das Land einzufallen.

Im sogenannten *Hungerkrieg* wurde Strasburg im Jahre 1414 heldenmütig verteidigt. Durch Vermittlung westeuropäischer Fürsten konnte am 7. Oktober 1414 in Strasburg ein Waffenstillstand geschlossen werden, der dann bis 1421 verlängert wurde. Aber auch der *Frieden von Melnosee* im Jahre 1422, den der Orden mit der Abtretung des Landes Nessau und mit dem endgültigen Verzicht auf Samaiten bezahlen mußte, brachte keine andauernde Befriedung. Maßlose Verwüstungen des Landes kennzeichneten diese Jahrzehnte. Der sogenannte »ewige Frieden« von Brest/Brzesc aus dem Jahre 1435 schuf zwar für einige Zeit Ruhe, legte aber durch die Aufwertung der preußischen Stände und durch das ihnen vertraglich zugebilligte Aufsichtsrecht über die Außenpolitik der Landesherrschaft den Keim für das Aufbegehren der Stände und Städte, das, geschürt und unterstützt von Polen, zum dreizehnjährigen Krieg führte. Auch Strasburg schloß sich den Aufständischen im Preußischen Bund an und fiel vom Orden ab. Stadt und Burg wurden 1461 vom Söldnerhauptmann *Bernhard von Zinnenberg* erobert und zugleich mit Althaus und Kulm bis 1478 in Pfandbesitz gehalten, bis es König Mathias Corvinus von Ungarn auslöste.

Der 2. Thorner Frieden vom 19. Oktober 1466 brachte die Vernichtung des Ordensstaates mit der Abtrennung der westpreußischen und pommerellischen Gebiete, die nun als »preußische Lande königlich-polnischen Anteils« und als ein mit Polen in Personalunion verbundener autonomer Staat weiterbestehen sollten. Jedoch höhlte Polen diese vereinbarte Autonomie schrittweise und beharrlich aus, bis hundert Jahre später im *Lubliner Dekret* von 1569 unter Bruch des Inkorporationsprivilegs von 1454 die Union mit Polen, also die völlige Annektion, vollzogen wurde.

Die *Stadt Strasburg* hat ihr Entstehen am Ende des 13. Jahrhunderts der strategisch wichtigen Lage am Drewenzübergang zu verdanken, der durch Befestigungen und zu Beginn des 14. Jahrhunderts durch eine feste Burg gesichert wurde. Wie an vielen anderen Plätzen siedelten sich im Schutze der Burg Handwerker und Bauern an. Offensichtlich ist aber hier anstelle der sonst häufigen Lischken gleich eine stadt-

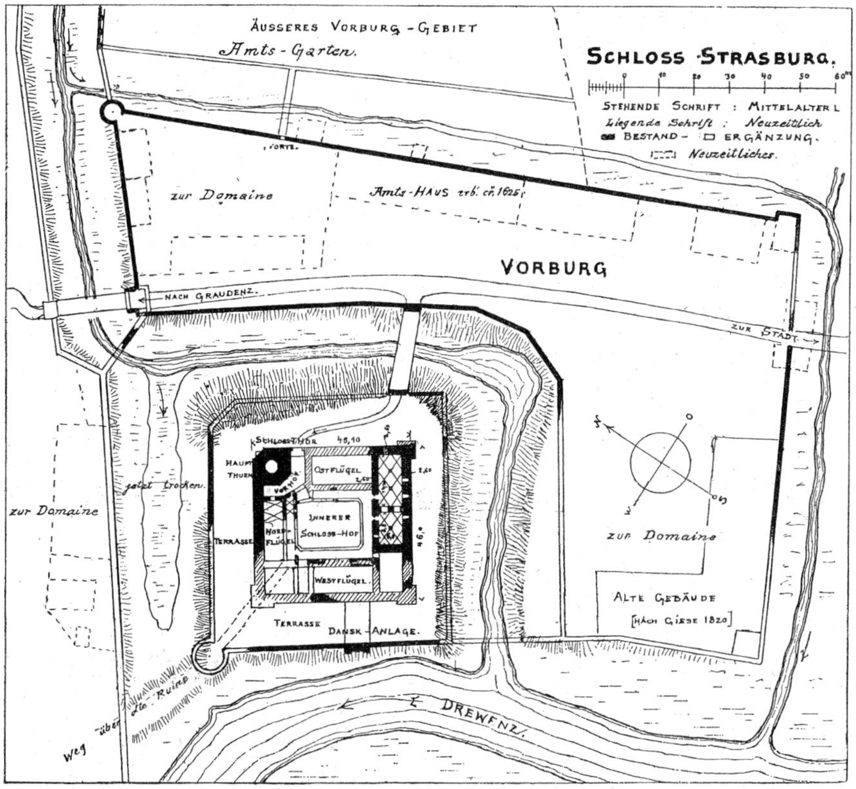

Lageplan (nach Steinbrecht, 1888)

ähnliche Siedlung angelegt und durch Zuleitung von Siedlern sowie durch Einbeziehung in die Befestigungsanlagen gefördert worden.
Zu Beginn des 14. Jahrhunderts, als der Deutsche Orden durch den Erwerb Pommerellens sein Gebiet erheblich erweiterte und als durch die Verlegung der Hochmeisterresidenz von Venedig nach Marienburg von dort neue, unmittelbare Impulse ausgingen, begann die Blütezeit des Ordens. In diese Zeit fällt der Ausbau der Strasburg zu einem Konventshaus, das kunstgeschichtlich dem reichen Stil zuzurechnen ist. Viele Übereinstimmungen mit der Burg Rehden und die außerordentliche Verwandtschaft mit der Burg Schlochau lassen den Schluß zu, daß Strasburg, Rehden und Schlochau zu einer stilistisch und zeitlich zusammenhängenden Burgengruppe gehören. Bei allen drei Burgen tritt der Wunsch nach architektonisch schönen Formen in den Vordergrund. Besonders der erhaltende Burgturm in Strasburg deutet in seiner beinahe zierlichen Eleganz mit der auf flachen Spitzbögen vorkragenden Bekrönung darauf hin, daß den stilistischen Elementen mehr Bedeutung beigemessen wurde, als das bei dem älteren Typus des wehrhaften preußischen Bergfrieds, verkörpert durch den Klimek von Graudenz, der Fall war. Hier wurde zum ersten Mal durch Verkürzung zweier Flügel des Kastells eine günstige, fast freistehende Position des Hauptturms gefunden, die wie in Schlochau zugleich die Verteidigung des neben ihm liegenden Eingangs ermöglichte. Trotz des Eingriffs in die Symmetrie des annähernd quadratischen Häuserblocks blieb das Grundschema des vierflügeligen Konventshauses erhalten.
Unmittelbar nordöstlich einer Schleife des Drewenz-Flusses wurde die Strasburg auf der Uferböschung errichtet und an den anderen drei Seiten durch ein künstlich abgeleitetes Grabensystem gesichert, das mit dem Vorburg- und

dem Stadtgraben verbunden war. Die *Vorburg* umfaßte hakenförmig von Nordosten bis Südwesten das Haupthaus. Sie war ringsum von einer Wehrmauer umgeben, die an der Nordecke mit einem Rundturm bewehrt war und je ein Tor zu Stadt und zur Straße nach Graudenz hatte. Wahrscheinlich war früher der Winkel zwischen Stadt und Drewenz mit Wirtschaftsgebäuden und Werkstätten bebaut. Das gesamte befestigte Burggebiet umfaßte ein Areal von etwa 21 000 Quadratmetern.

Von der Vorburg führte eine Brücke über den Hausgraben zum zehn Meter breiten *Parcham*, der die gesamte *Hauptburg* umgab und von einer Wehrmauer mit einer westlichen Eckbastion gesichert war. Flußseitig lag an der Parchammauer auf einem sieben Meter breiten Mauerklotz die *Danzker-Anlage*, die über einen Bogengang zu erreichen war, der vom Westflügel aus den Parcham überspannte.

In dem Geviert der Burgflügel von jeweils etwa 46 Meter Seitenlänge nahm der *Südflügel* mit der im Ostteil liegenden *Kapelle* eine bevorzugte Stellung ein. Über dem noch teilweise erhaltenen zweiteiligen Keller mit schwerem Gewölbe auf vierkantigen Granitpfeilern lag der gut zwanzig Meter lange wohldimensionierte Kirchenraum, der von großen Spitzbogenfenstern erhellt wurde. Er war vom Kreuzgang des Hofs durch ein zweiflügeliges Portal mit steinerner Mittelsäule zu betreten, dessen Einfassung reich gegliedert und im Bogenfeld mit Skulpturen dekoriert war. Der Fußboden und die Altarstufen bestanden aus bearbeitetem Haustein. Den mit altertümlicher Malerei gezierten Hauptaltar krönte ein hohes Steinbildnis der Madonna und ein Kruzifix. Auch die übrige Einrichtung der Kapelle, zu der geschnitztes Chorgestühl und zwei weitere Altäre gehörten, muß sehr schön gewesen sein. Ein Augenzeuge aus dem 17. Jahrhundert, der Domherr *Strzesz*, nennt die Kapelle in seinem Visitationsbericht eine Zierde der Ordensbaukunst, die an reicher und erhabener Wirkung den gefeiertsten Denkmälern gleichkommt.

Die Lage und Einrichtung der übrigen Räume ist weitgehend unbekannt und nur zum Teil vermutbar. Vielleicht lag in der an die Kapelle anschließenden Hälfte des Südflügels der *Kapitelsaal*. Im Westflügel an der Drewenz, wo es zum Danzker ging, werden das *Dormitorium* (Schlafsaal) und der *Konventsremter* (Speisesaal) vermutet. Der verkürzte *Nordflügel* mit geringerer Tiefe könnte die *Konventsküche* und *Wirtschaftsräume* enthalten haben. Zwischen dem verkürzten Ostflügel und dem in der Nordecke angelehnten Turm befand sich das *Burgtor* mit einem Fallgatter, dessen Führungsrille an der Turmmauer noch feststellbar ist. Als Gegenpole zu dem hochaufragenden Hauptturm trugen die drei anderen Ecken des Kastells leicht vorspringende, annähernd

Keller mit Gewölbeansätzen und Türöffnungen

Reste der Basismauer des Südflügels mit Ecktürmen

Bergfried von Süden

Der Bergfried (nach Steinbrecht, 1888)

quadratische Ecktürmchen, die denen von Rehden und Mewe ähnlich waren. Sie wurden in der polnischen Zeit wie in Gollub mit Kuppeln versehen.
Noch heute zieht der hohe, achteckige *Burgturm* den Blick der Besucher auf sich. Seine ausgewogene Architektur voll schlanker Energie, mit einer originellen, komplizierten Bekrönung, wirkt trotz der Entkleidung von den ihn einstmals umgebenden Burgflügeln und Wehrmauern weiterhin, wenn auch die dekorativen Elemente der weiß ausgemalten Spitzbögen verblaßt sind und die Rautenmusterung seiner Wände fast nicht mehr erkennbar ist. Er war Grenzwarte mit weitem Blick nach Masowien und zugleich Torturm zum Schutz des Eingangsportals. In Verlängerung der gekürzten Ost- und Nordflügel liefen die Außenmauern mit Wehrgang an ihm zusammen. Die in siebzehn Metern Höhe vorkragenden vier schweren Steinkonsolen, die früher den Wehrgang hofseitig um den Turm lenkten, sind noch heute sichtbar. Ebenso die drei Meter darüber befindliche Eingangstür zum Turminneren, die nur über eine kleine Zugbrücke vom Giebel des Ostflügels aus erreichbar war. Der unten schmale Innenraum enthielt unterhalb des Eingangsraums zwei gewölbte Verließe und oberhalb sieben sich stetig erweiternde Balkengeschosse sowie einen durchgehenden Abfallschlot in der Mauerdicke. In die Innenräume der oberen drei Geschosse ragen starke

Bergfried mit Eingang in 20 m Höhe, darunter die Kragsteine für den Wehrgang

Wandpfeiler, die einen schmalen achteckigen Turmaufsatz tragen, der über dem gedeckten Wehrgang liegt. Letzterer kragt auf weitgespannten Spitzbögen vor, die zu einem sechzehneckigen Querschnitt überleiten. Die vermuteten Wurfscharten, wie zum Beispiel beim Schwetzer Bergfried, sind hier nicht vorhanden, so daß die komplizierte Konstruktion wohl mehr dekorativen Zwecken diente. Auch durch seine großen, weiß geputzten Bogenfelder unter der Bekrönung wird die Schönheit dieses Ordensbauwerks gefördert. Am schmalen Turmaufsatz wiederholen sich die vorkragenden Spitzbögen mit den geputzten Bogenflächen. Den Abschluß bildet ein Zinnenkranz mit dahinterliegendem spitzen Steinhelm, dessen Spitze fünfundfünzig Meter über dem Hofniveau liegt. Vorbilder für diese Turmarchitektur finden sich in Idstein und in Kronberg im Taunus.

Die imposante Erscheinung des hohen Burgturms hat die Legendenbildung in der Strasburger Bürgerschaft angeregt. Da wird von einem Ordensritter in weißem Mantel berichtet, der am Jahrestag der unglücklichen Schlacht bei Tannenberg vom Turm aus traurig auf das unter polnischer Herrschaft leidende Land blickt. Eine andere Legende läßt in der Neujahrsnacht eine weiße Dame auf dem Turm erscheinen, die auf dem Strasburger Friedhof keine Ruhe fand. Es soll der Geist der beliebten *Prinzessin Anna von Schweden* gewesen sein, der die standesgemäße Beisetzung in der Königsgruft von Krakau verweigert worden war. Und letztlich findet sich die weiße Dame auf dem Burgturm von Strasburg auch in einem Heimatroman, wobei in diesem Falle aber unerfüllte Liebessehnsucht die Antriebskraft für die ruhelose Erscheinung war.

Sicher muß auch der angeblich fast zehn Kilometer lange *unterirdische Verbindungsgang* zwischen der Strasburg und dem Gutshaus Schlosau dem Reich der Sage zugeordnet werden. Hier wie in Pr. Holland oder Barten wurden die da und dort vorhandenen gewesenen Tunnelgänge in den Erzählungen mystifiziert und um ein Vielfaches verlängert. Die überlieferten romantischen Gruselgeschichten gewannen durch die in den endlos erscheinenden dunklen Gängen verschwundenen Menschen erst ihren hohen Erzählerwert.

Die kleine Grenzstadt hat in ihrer siebenhundertjährigen Geschichte fünfmal ihre Staatszugehörigkeit gewechselt und ist mehrmals von fremden Besatzungstruppen heimgesucht worden. 1631 vernichtete ein großer Brand ganze Stadtteile. Am Beginn des 17. Jahrhunderts residierte die beliebte *Prinzessin Anna von Schweden* aus dem Hause Wasa als Starostin im Strasburger Amtshaus. Sie war die Schwester des polnischen Wahlkönigs *Sigismund III. Wasa* (1587–1632), Nach ihrem plötzlichen Tod im Jahre 1625 wurde die Protestantin zunächst auf

Bergfried vom Drewenz-Fluß aus

Der Bergfried vor 100 Jahren (Zeichnung von C. Steinbrecht, 1888)

dem Strasburger Friedhof beigesetzt, bis sie zehn Jahre später auf Weisung des toleranteren Königs *Wladislaw IV. Wasa* in der *Marienkirche* zu *Thorn* ihre letzte Ruhestätte fand.

Die schwedische Besatzung um 1667 lastete weniger auf der Bevölkerung, weil Strasburg bereits hundert Jahre zuvor evangelisch geworden war und 1646 vom polnischen König ein Religionsprivileg erhalten hatte. Dennoch litt die Stadt unter der Willkür der polnischen Starosten, die, gepaart mit gegenreformatorischen Maßnahmen der katholischen Kirche, besonders in den südlichen Grenzgebieten Westpreußens die Polonisierung des Landes betrieben. Dies gelang am meisten bei der Landbevölkerung und bereits in der zweiten Hälfte des 16. Jahrhunderts in der benachbarten Stadt *Gollub*, während sich in *Strasburg*, *Löbau* und *Kulm* das Deutschtum wenigstens teilweise hielt. Unter dem fortwährenden Druck der Entdeutschung sanken die Einwohnerzahlen, was zu einem allgemeinen Rückgang des Wohlstandes und der Kultur führte. Dennoch bewahrten fast alle Städte ihre deutschen Namensformen, wie die Karte des polnischen Geographen *Grodecki* aus dieser Zeit ausweist. Bei der Rückführung Westpreußens in den deutschen Staatsverband des Königreichs Preußen im Jahre 1772 war seine Bevölkerung mindestens noch zur Hälfte deutsch. Zu dieser Zeit hatte Strasburg 1283 Einwohner, deren Zahl sich unter der preußischen Verwaltung, die hier besonders die Gewerbe der Tuchmacher, Schuhmacher und Gerber förderte, in drei Jahrzehnten fast verdoppelte und bis 1890 auf 6211 Einwohner stieg.

Leider führte der preußische Ordnungssinn aber auch dazu, daß die alte, baufällige und verwahrloste Ordensburg ab 1787 nach und nach abgetragen wurde, um Steine für den Aufbau der heruntergewirtschafteten Stadt zu gewinnen. Der Abbruch ging aber sehr langsam vonstatten, denn eine Skizze des preußischen Ingenieuroffiziers *Giese* von 1829 und eine Stadtansicht aus etwa der selben Zeit zeigen noch die Burgflügel mit dem Wehrgeschoß und mit den kleinen Ecktürmen. Diese Skizzen, neuzeitliche Grabungen und einige Überlieferungen lassen wenigstens den Grundriß und eine Reihe von Einzelheiten der Burg erkennen, die die einstige Größe und Schönheit dieser Burg erahnen lassen. Den großen Burgturm bewunderte *König Friedrich Wilhelm IV. von Preußen* im Jahre 1842 auf einer Reise nach Petersburg, und er befahl seine Erhaltung.

Dieser schöne Turm steht auch heute noch weit sichtbar über der Stadt. Sein schlanker Körper weist an einigen Stellen Artillerietreffer auf und seine obere Bekrönung mußte weitflächig ausgebessert werden. Die Polen haben die niedere Ruine der Burg restauriert und in den alten Burgkeller eine Gaststätte eingebaut. Die zum Teil neu aufgemauerten Fundamente der Ecktürme markieren jetzt die Ausmaße der alten Komturburg.

Als weiterer Zeuge der vornehmen Baugesinnung und soliden Handwerkskunst der Ordenszeit hat die *Pfarrkirche St. Katharinen* zu Strasburg von 1340 bis auf den heutigen Tag alle Fährnisse der Zeiten überdauert. Ihr trutziger Turm mit Steinhaube und Zinnen, die früher mit Ordensschildern geschmückt waren, und ihr vielbewunderter fünffeldriger Staffelgiebel sind wichtige Baudenkmäler einer vergangenen Epoche.

Lötzen

Siegel d. Pflegers, 15. Jhdt. (Nachbildung)

Die Landenge zwischen Mauer- und Löwentinsee war sicher schon in frühgeschichtlicher Zeit ein strategisch wichtiger Platz. Bereits 1285 soll dort unter Landmeister Conrad von Thierberg ein hölzernes Wachthaus errichtet worden sein. Urkundlich erwähnt wird allerdings die Gründung des Wildhauses Leczenburg erst 1337, als Hochmeister Dietrich von Altenburg die zweite Burgenkette Insterburg – Angerburg – Lötzen anlegen ließ. Das Haus lag in dem langen, schmalen Gebiet der Komturei Brandenburg. Von den Litauern unter ihrem Fürsten Kynstut wurde Leczenburg 1365 erobert und zerstört, einschließlich der im Schutz der Burg liegenden Lischkensiedlung Neuendorf. Bis 1390 dauerte der bald folgende Bau einer steinernen Burg, die etwa 3 km östlich vom alten Platz bei Schönberg an der heutigen Stelle errichtet wurde.

Als 1393 der südliche Teil des Brandenburger Gebiets der neuen Komturei Rhein unterstellt wurde, gehörte auch Lötzen dazu. Das Amt wurde von Pflegern verwaltet, deren Namen ab 1437 teilweise überliefert sind, nämlich Heinrich von Steglitz, Kaspar von Gotze, Jacob von Reiffen und Dieterich von Babenhausen. 1525 lösten herzogliche Amtshauptleute die Pfleger ab. Unter ihnen ist Georg Krösten als großer Kolonisator der Wildnis bekannt geworden.

Nach Überlieferungen bestand 1507 die Burgbesatzung nur aus zwölf Personen, nämlich dem Statthalter oder Pfleger, dem Burggrafen, Burgschreiber, Kaplan, Koch, Bäcker, Schäfer, Jäger sowie vier Knechten und Jungen. Gegen Ende seiner Regierungszeit ließ Herzog Albrecht die Burg von seinem Baumeister Rö-

Übersichtskarte über die Ordensburgen Angerburg, Lötzen und Rhein im Masurischen Seengebiet

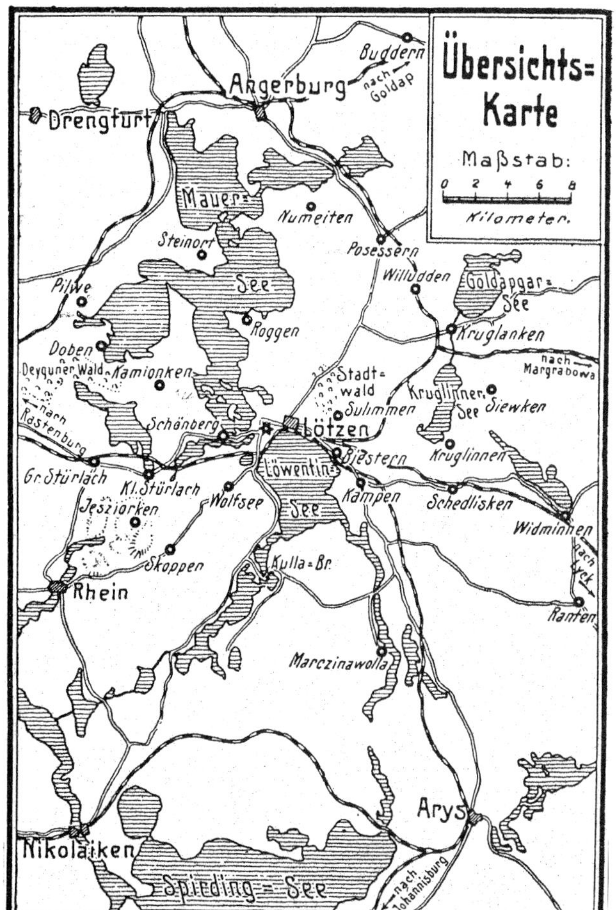

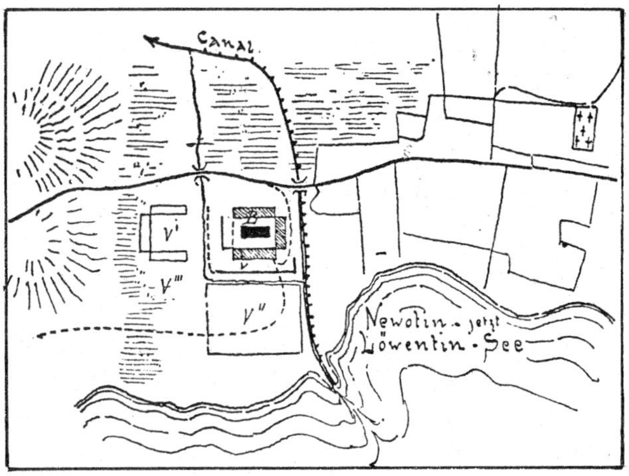

Lageplan der Burg Lötzen (nach Giese, 1827)

mer umbauen und mit Renaissancegiebel versehen. Unter dem Putz des Westgiebels soll eine Tafel mit der Inschrift »renovatum 1560« verborgen sein. Der entscheidende Umbau, im Barockstil, der der Burg ihr jetziges Aussehen gab, fand 1613/14 statt. Aus dieser Zeit stammt eine Tafel, die am Tor nach dem Löwentin-See zu angebracht war und folgende Inschrift trug: »Die fürstliche Freyheit wird angezeigt denen, so zum Onfrieden geneigt/daß er sych/megen hietten/Ein Glied hernach nicht dürffen bießen/Anno 1614.«

Nach der Überlieferung stand das einflügelige, massige Haus inmitten eines rechteckigen Hofs, der von Wehrmauern und Gräben mit angelehnten Wirtschaftsgebäuden umgeben war. Der dreigeschossige Backsteinbau hatte ursprünglich spätgotische Staffelgiebel mit Blenden sowie Spitzbogenfenster. Wahrscheinlich waren die jetzt verputzten Wände mit Mustern aus gesinterten Backsteinen verziert. Das läßt sich heute an den Stellen erkennen, an denen der Putz abgefallen ist.

Nach mehrfachen Umbauten ist die innere Raumeinteilung nicht mehr zweifelsfrei festzustellen. Im Keller lagen Küche, Vorratsräume und Kammern und darüber im Erdgeschoß Wohn- und Verwaltungsräume. Die Kapelle und der Remter sowie die Amtsstube des Pflegers oder eine Gastkammer befanden sich im Hauptschloß. Unter dem hohen Dach lagerte im Speicher Getreide, und an den Seiten des Obergeschosses verlief der Wehrgang mit kleinen lukenartigen Fenstern.

Das kunstgeschichtlich nicht bedeutende Haus

Die südliche Außenmauer der Burg ist baufällig und deshalb abgestützt

Auch am Ostgiebel wird der Verfall sichtbar

befindet sich heute in schlechtem Unterhaltungszustand. Starke Wasserschäden haben den Putz zum Teil flächig herunterbrechen lassen, so daß an der Nord- und Ostwand das alte Ziegelmauerwerk hervortritt. Dadurch werden die ursprünglichen Fensterstürze aber auch die Sintersteine der Mauermuster sichtbar. Vielleicht wäre es günstig, jetzt den gesamten alten Putz abzuschlagen und die Mauern zu konservieren. Auch die von einem Balkengerüst abgestützte Südwand bedarf dringend der Sanierung. Dennoch sind zur Zeit keine Baumaßnahmen erkennbar. An die Südwestecke sind

Die Südwestecke der Burg mit häßlichen Anbauten

die primitiven Appartements des Motels Gyzycko angelehnt; eine architektonisch wenig glückliche Lösung, die auch bisher nicht den erhofften Nebenzweck der Restaurierung des alten Hauses hatte.

Das »Städtelein vor dem Schloß«, wie es in einem alten Buche heißt, erhielt 1573 von Herzog Albrecht Friedrich beschränktes Stadtrecht. Es war bis dahin eine Lischke mit dem Namen Neuendorf. Lischke nannte man Siedlungen im Schutz von Burgen, die dem Durchgangsverkehr dienten und von Krügern, Gärtnern und später auch anderen Handwerkern bewohnt wurden. Sie hatten kein Marktrecht und entwickelten sich allmählich zu stadtähnlichen Gebilden, die, wie im Fall Lötzen, Barten, Johannisburg und anderen, zu Städten mit allen Priviligien wurden. Der Name ist wohl aus dem altpreußischen Wort likis = Lager hervorgegangen und fand sich noch in unserer Zeit in dem Ortsnamen Liska-Schaaken wieder, wo am Kurischen Haff nahe der Burg Schaaken eine Lischke gelegen hatte.

Das volle Stadtrecht erhielt Lötzen 1612. Es wurde jedoch nach dem verheerenden Tataren-einfall von 1657, bei dem die ganze Stadt niederbrannte, vom Großen Kurfürsten im Jahr 1669 erneuert. Die nächste Katastrophe traf die Stadt fünfzig Jahre später, als die Pest zwei Drittel der Bevölkerung hinwegraffte. Durch die Einwanderung der Salzburger, aber auch durch Gründung der ersten Garnison Schwarzer Husaren, wurde das Städtchen wiederbelebt. Seine Einwohnerschaft verzehnfachte sich bis 1939 trotz wiederholter Heimsuchungen durch fremde Truppen. Die 1844 auf der Landenge gebaute Feste Boyen war ein Eckpfeiler der Befestigungslinie und widerstand dem russischen Ansturm im Ersten Weltkrieg, bis Generalfeldmarschall von Hindenburg im September 1914 in der Schlacht an den Masurischen Seen die Russen unter schweren Verlusten aus Ostpreußen vertrieb. Aber schon dreißig Jahre später brach der erneute Ansturm von Osten mit schrecklicher Gewalt über das deutsche Land herein.

Gollub

Ordensburg Golau an der Drewenz

Stadtsiegel, 13./14. Jhdt.

Die *Drewenz* als Grenzfluß zwischen dem Kulmer Land und dem zum polnischen Herzogtum Masowien gehörenden Dobriner Land scheint schon in vorgeschichtlicher Zeit eine Kultur- und Volkstumsgrenze gewesen zu sein. Am Ende der Bronzezeit wurden die indogermanischen Illyrer, die Träger der Lausitzer Kultur waren, etwa um 800 v. Chr. von den germanischen Einwanderern vom Norden her über die Drewenz zurückgedrängt. In immer neuen Wellen ergossen sich über viele Jahrhunderte aufeinander folgend *Ostgermanen*, Burgunder, Vandalen und die gotischen Gepiden, von der Weichselmündung in das Landesinnere bis tief ins spätere Polen und verdrängten jeweils ihre Vorgänger nach Süden. Deshalb findet man später beispielsweise die Goten in Südrußland und die Gepiden in Siebenbürgen wieder.

Während noch Reste der gotischen Bevölkerung in Westpreußen bis zum 4. Jahrhundert n. Chr. nachweisbar sind, scheint das Weichselland in der Völkerwanderungszeit zwischen 400 bis 800 n. Chr. sehr dünn besiedelt und fast verödet gewesen zu sein. In dieses von den Germanen geräumte Gebiet drangen im 7. Jahrhundert allmählich Westslawen ein. Sie sind von da an in Westpreußen archäologisch nachweisbar. Aber etwa gleichzeitig fand eine westliche Ausbreitung der zur baltischen Völkergruppe gehörenden Prussen statt, die im Drewenzgebiet zu kriegerischen Auseinandersetzungen mit den von Süden vordringenden Slawen führte. Der Deutsche Orden fand deshalb später im Kulmer Land eine slawisch-prussische Mischbevölkerung vor.

Etwa seit dem Jahre 1000 n. Chr. versuchten die Polen vergeblich das Land der Prussen zu erobern und als Fernziel die Ostseeküste zu erreichen. Die Christianisierung des Preußenlandes schien ihnen hierfür ein willkommener Vorwand, obwohl Polen selbst erst 966 durch die Taufe des ersten geschichtlich nachweisbaren polnischen Herrschers Mieszko I. in den Kreis der abendländisch-christlichen Länder eingetreten war. Seine erste kirchliche Organisation bauten deutsche Geistliche auf, und so war es naheliegend, daß auch die Missionierung Preußens und Pommerns fast ausschließlich von Deutschen getragen wurde, nämlich unter anderen von Brun von Querfurt, Otto von Bamberg, dem Böhmen Adalbert von Prag und letztlich von dem deutschen Mönch Christian. Letzterer wurde nach seinen Teilerfolgen im südwestlichen Grenzgebiet Altpreußens im Jahre 1215 vom Papst zum Bischof von Preußen ernannt. Die Prussen, die die Doppelstrategie der Polen erkannt hatten, gingen von der Verteidigung zum Angriff über und stießen durch das Kulmer Land nach Dobrin und Masowien vor. In dieser gefährlichen Situation rief im Jahre 1225 der Herzog Konrad von Masowien den Deutschen Orden zu Hilfe und sicherte ihm den unabdingbaren Besitz des Kulmer Landes und aller weiteren Eroberungen in Preußen zu. Das Land zwischen Weichsel, Ossa und Dre-

wenz war damit in den Brennpunkt der Geschichte getreten.
Dem Deutschen Orden gelang im ersten Anlauf nach 1230 die Eroberung des Kulmer Landes, wobei die Zielrichtung entlang der Weichsel nach Norden zum Meer vorherrschte. Die östliche Grenze zur Wildnis hin blieb nur schwach gesichert und bot prussischen und insbesondere sudauischen Vorstößen eine offene Flanke. Das Gebiet um Gollub, damals auch Golba genannt, wurde 1254 dem Bischof von Leslau (Masowien) übergeben und erst 40 Jahre später durch Tausch zurückerworben. Gegen Ende des 13. Jahrhunderts ging der Orden daran, die Einbruchstellen an der Drewenz durch Befestigungen im Raum Gollub und Strasburg besser zu sichern. Neben der von Landmeister Conrad Sack gegründeten Burg Golau entstand um die Zeit der Jahrhundertwende auch eine stadtähnliche Siedlung, die durch Zuzug von deutschen Bauern und Handwerkern aus dem Raum Thorn allmählich wuchs. Zur gleichen Zeit ließ Conrad Sack die Burg als seinen Alterssitz in Stein ausbauen und mit einem kleinen Konvent von fünf Rittern und einem Priester besetzen. Er selbst ist im Jahre 1309 dort an der Pest gestorben, nachdem er vier Jahre zuvor sein Amt als Landmeister niedergelegt hatte und erster Komtur von Golau geworden war.
Die Burg liegt oberhalb der Stadt auf einem weit vorspringenden Hügelrand zur Drewenzschleife. Ihre beherrschende Stellung an der Furt durch den Fluß bietet von der Uferhöhe einen weiten Ausblick ins Drewenztal und nach Masowien, das von den Rittern Masau genannt wurde. Zwei tiefe Gräben trennten die vorderen beiden Teile der Landzunge vom anschließenden Höhenzug ab, die auf 13 000 Quadratmeter Fläche das Terrain für Haupt- und Vorburg bildeten. Die Steilhänge an den drei Hangseiten waren künstlich abgeschrägt und gestutzt worden.
Von der westlich vorgelagerten Vorburg sind nur noch wenige Mauerspuren übrig geblieben. Früher war sie von Mauern mit Eckbastionen und wighausähnlichen Mauervorsprüngen eingefaßt, nach der offenen westlichen Eingangsseite sogar von einer Doppelmauer mit Parcham. Dort lag einst der Torturm mit einem Zwinger zwischen den beiden Mauern. Sicher befanden sich ursprünglich auf dem großen Vorburggelände Stallungen und Werkstätten, die an die dem Haupthaus abgewendeten

Lageplan der Burg (nach Steinbrecht)

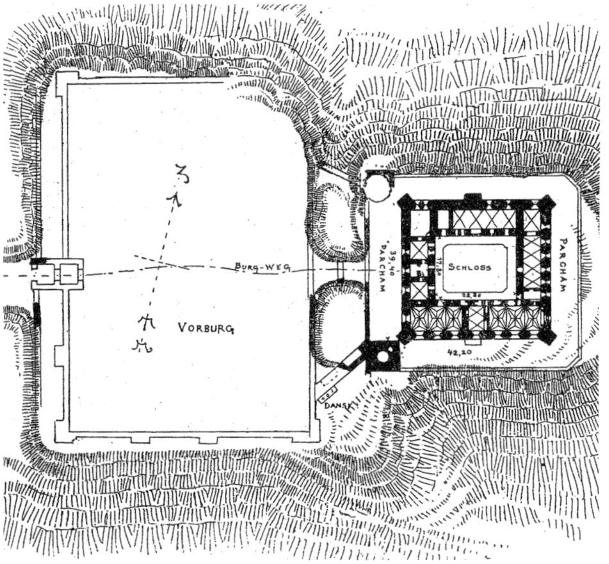

Burg Golau (Süd- und Ostflügel) mit Bergfried.

Mauern angelehnt waren, wie aus Pufendorfs Plan von 1655 zu ersehen ist. Den Hausgraben zum »rechten Hause«, wie man einstmals die Hauptburg nannte, überspannte eine Holzbrücke auf Steinpfeilern. Der Graben ist inzwischen zum größten Teil zugeschüttet.

Festungsartig wirkt der schwere Mauerwürfel des vierflügeligen Kastells in seinem schlichten Äußeren. Der fast quadratische Bau ist von einem umlaufenden, etwa zehn Meter breiten Parcham samt Mauer umgeben. Alle vier Ecken des Hauses trugen ursprünglich kleine quadratische Türme, die ohne vorzuspringen über dem Wehrganggeschoß ansetzten und von Zinnen und kleinen gemauerten Steinpyramiden oben abgeschlossen wurden. Sie ähnelten denen der alten Komturburg in Marienburg, wurden aber später in der polnischen Zeit mit runden Aufbauten und Kuppeln versehen. Die Fundamente waren hangseitig von schweren schrägen Strebepfeilern abgestützt, die bis zum Erdgeschoß reichten. Zum Hausgraben zu sicherten zwei flankierende Rundtürme auf dem Parcham die Hangseiten und den Eingang, der hier weder durch einen Zwinger noch durch ein Fallgatter geschützt war. Der nördliche Rundturm, von dem nur noch Teile des Fundaments erhalten blieben, war vermutlich nur ein kleinerer Bastionsturm. Dagegen erhob sich der südliche, ebenfalls freistehende runde Bergfried auf einem schweren quadratischen

Fassade des Hauptflügels (nach Steinbrecht)

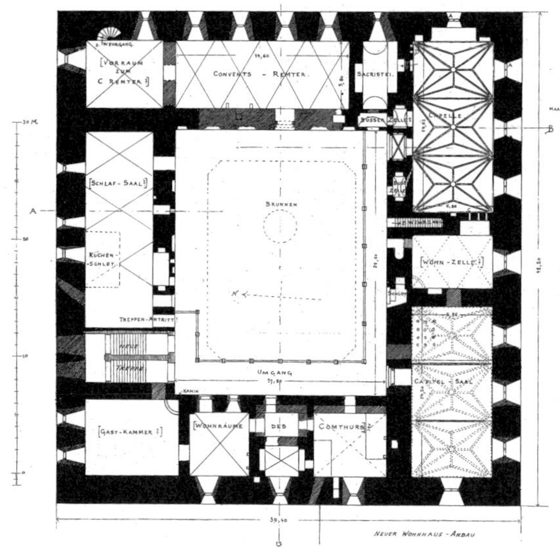

Grundriß des Hauptgeschosses (nach Steinbrecht)

Fundament bis über den First der ehemals hohen Satteldächer des Haupthauses. Seine Ähnlichkeit mit dem Schwetzer Hauptturm läßt vermuten, daß auch er einen vorkragenden flachen Zinnenabschluß mit Wurfscharten hatte. Er war nur vom Wehrgang des Südflügels aus in halber Höhe über einen aufziehbaren Laufsteg zu erreichen. Der untere Turmteil enthielt enge Verliese, während sich im oberen Teil Räume mit schmalen Schießscharten befanden. Neben seinen Aufgaben als Wach- und Flankierungsturm diente er der Besatzung als letzte Zuflucht, wenn die Burg insgesamt nicht mehr zu halten war. Heute steht er, seines wehrhaften Aussehens beraubt, nur noch in halber Höhe da.

An den Turm wurde im 17. Jahrhundert ein kleines Gebäude für die Wachmannschaft unmittelbar neben dem Torweg angebaut. In dieser Zeit polnischer Herrschaft ersetzte man auch die baufälligen steilen Satteldächer durch hofseitig abfallende Pultdächer, nachdem zuvor die Außenmauern über dem Wehrgang erhöht und mit einer Mauerkrönung aus kleinen Schweifgiebeln versehen worden waren. Die entstellenden Umbauten der polnischen Zeit nannte man scherzhaft den »zierlichen Spitzenkragen« und fügte als heiteren Aufputz

Der westliche Eingangsflügel mit dem Stumpf des Bergfrieds und dem polnischen Wachhaus

auch noch Fassadenmalereien mit bacchantischen Szenen hinzu. In diesem Übergangsstil zwischen Renaissance und Barock haben die Polen nach dem Zweiten Weltkrieg das Schloß wiederaufgebaut und ihm damit den ernsten Charakter einer alten Ordensburg genommen.

Im Gegensatz zur häufigen Bauanordnung des Deutschen Ordens ist in Golau der westliche Eingangsflügel nicht der Hauptflügel. Das hat wohl seine Ursache darin, daß wegen des geländeabhängigen Zugangs sich die üblicherweise nach Osten liegende Kapelle nicht in diesem Hausflügel unterbringen ließ. So blieb das Hauptgeschoß des Westflügels den Gemächern des Komturs und einem Amtsraum vorbehalten. Im Erdgeschoß lag mittig der nicht unterkellerte Torweg, dessen benachbarte Räume die Torwache und den Hofmeister beherbergten. Das spitzbogige Burgtor war mit dem üblichen schweren Granitgewände eingefaßt. Im rechteckigen Hof, den ein hölzerner

Das alte Burgtor mit seinem Granitgewände

Umgang mit Pultdach für den Zugang zu den Räumen des Hauptgeschosses umgab, lag der tiefe Brunnen.
Der durchgehende Südflügel in der damals üblichen Dreiteilung enthielt die Haupträume der Burg, nämlich Kapelle und Kapitelsaal sowie den in allen älteren Ordensburgen eingefügten kleinen Mittelraum, der in den anderen Burgen meist über dem Torweg lag und dem Hauskomtur als Amtsraum diente. Die Burgkapelle als vornehmster Raum einer jeden Ordensburg hatte ideale Raumverhältnisse. Bei einer gesteigerten Höhe von fast sieben Metern entsprach dieses Maß zugleich der Breite des etwa doppelt so langen Raumes. Sie besaß drei hohe Spitzbogenfenster in der Südwand und ein kleineres in der östlichen geraden Chornische. Der Raum war von drei Jochen eines reichen vierstrahligen Sterngewölbes überspannt, bei dem zum ersten Mal das bereits in Marienburg und Lochstädt angedeutete Prinzip der Kappenteilung voll ausgeführt wurde. Dabei sind die durch die beiden Diagonalrippen des Kreuzgewölbes gebildeten Kappen jeweils durch einen sogenannten Rippendreistrahl in drei kleinere Kappen unterteilt. Als Ergebnis entsteht so das vierstrahlige Sterngewölbe. Das zur Chorwand gelegene Gewölbejoch blieb teilweise erhalten und veranschaulicht diese schöne Gewölbeform. Ein farbiger Fries mit blauen Weihekreuzen verlief in Höhe der Gewölbeanfänger, die auf Konsolen mit figürlichem Schmuck ruhten. In der breiten, geraden Chorwand nach Osten befanden sich eine breite und zwei kleinere Nischen für Kultzwecke sowie darüber ein schmales Chorfenster. Zwei Büßerzellen und der Durchgang zu der im benachbarten Ostflügel gelegenen Sakristei lagen in der hofseitigen Mauer.

Ruine der Schloßkapelle (Zeichnung von C. Steinbrecht)

Besondere Aufmerksamkeit verdient das vom Hofumgang betretbare Kapellenportal mit einer kleinen Vorhalle in der Mauerdicke, die von einem zierlichen Kreuzgewölbe überspannt wurde. Die seitlichen Schildbögen und Nischen waren mit Maßwerk sowie Engelsköpfen und kleinen Heiligenfiguren ausgeschmückt. Teile des ursprünglich bemalten oder vergoldeten Stuckwerks und der Portaleinfassung blieben erhalten. Dieser Vorraum besitzt Ähnlichkeit mit der noch reicher ausgeschmückten Vorhalle der Goldenen Pforte in der Marienburg. Von dem später umgestalteten Kapitelsaal in der anderen Hälfte des Südflügels blieb außer den Mauern nichts Mittelalterliches erhalten. Er hatte die gleichen Abmessungen wie die Kapelle, war aber niedriger. Vom Erdgeschoß aus konnte dieser Repräsentations- und Versammlungsraum beheizt werden.
In dem angeschobenen Ostflügel lagen außer der bereits erwähnten Sakristei der Konventsremter und ein Vorraum, die oben von scharfkantigen Kreuzgewölben abgeschlossen wurden. Vom Vorraum aus stellte eine in der Mauerdicke eingebaute Wendeltreppe die Verbindung von der im Erdgeschoß des Nordflügels gelegenen Küche zum Remter (Speiseraum) her. Sie führte nach oben weiter zum Wehrgang, der im Obergeschoß um das ganze

Schildbogenfüllung im Kapellenportal (nach Steinbrecht)

Haus lief und mit einer gleichmäßigen Reihe von Wehrluken ausgestattet war. Die dahinter liegenden Bodenräume dienten als Speicher.

Der zwischen den Ost- und den Westflügel eingeschobene kurze Nordflügel enthielt im Hauptgeschoß das Dormitorium (Schlafsaal) mit wenigen Lichtöffnungen nach außen. Darunter lag im Erdgeschoß die große Konventsküche, die je zur Hälfte ein Kreuz- und ein Tonnengewölbe hatte. Ein weitausladender Rauchabzug führte in den mächtigen Küchenschlot. Im übrigen dienten die Räume des Erdgeschosses aller Flügel als Wirtschafts-, Geräte- und Werkstättenräume. Darunter lagen Vorratskeller mit Eingängen durch die hofseitigen Kellerhälse. Der Nordflügel ist in der polnischen Zeit erheblich verändert worden, wobei unter anderem an der Trennwand zum Westflügel ein breites Treppenhaus eingefügt wurde.

Alle, auch die vorher genannten Umbauten wurden in der Amtszeit der Prinzessin Anna von Schweden aus dem Hause Wasa durchgeführt. Sie war als Schwester des polnischen Wahlkönigs Sigismund III. Wasa von 1611 bis 1625 Starostin von Gollub und Strasburg und ließ die für ihr weibliches Empfinden zu düstere, ernste Ordensburg zu einem heiterer wirkenden barocken Lustschloß umgestalten. Das gelang natürlich angesichts des vorhandenen schweren Baukörpers nur unvollständig und sollte durch äußerliche Hilfen, wie Fassadenbemalung sowie Garten- und Parkgestaltung, nach Möglichkeit kaschiert werden. Wenn diese Maßnahmen auch sicher nicht den Beifall der Vertreter deutschen Geschichtsbewußtseins und der Kunsthistoriker fanden und finden, so ist im Hinblick auf das Schicksal der benachbarten, abgetragenen Ordensburgen in Strasburg und Schönsee der lebensfrohen und wohl auch beliebten Prinzessin vielleicht doch ein Anteil an der Erhaltung dieser imposanten Burg zugute zu halten.

Aus der Geschichte dieses alten Ordenshauses sollen aber auch die Namen einiger bekannter Ordensritter überliefert werden, die, wie der eingangs erwähnte Landmeister *Conrad Sack,* einmal Komtur zu Gollub/Golau waren. An ihrer Spitze steht der berühmte *Hochmeister Herzog Luther von Braunschweig,* der zu Beginn seiner Ordenszugehörigkeit von 1308 bis 1309 hier Komtur war. Er hat sich durch seine erfolgreiche Siedlungspolitik und als Förderer von Kunst und Literatur einen Namen gemacht und war selbst ein bekannter Dichter seiner Zeit. *Friedrich von Wenden,* Komtur in Gollub um 1392, wurde anschließend als Oberster Treßler der Finanzminister des Ordens und führte als Vogt die Mannschaft seines Alterssitzes Roggenhausen in der Schlacht bei Tannenberg, in der er selbst fiel. In dieser unglücklichen Schlacht verlor auch *Burghard von Wobeke* sein Leben, der 1393 bis 1397 den Golauer Konvent geleitet hatte und anschließend die hohen Ämter eines Obersten Treßlers und Obersten Trapiers errang. *Wilhelm von Eppingen,* der spätere Großkomtur, und *Vincenz von Wirsberg,* späterer Oberster Marschall, sind zwei weitere bewährte Männer aus der langen Reihe der Golauer Komture.

Laubengang im restaurierten Burghof

Nach dem Zweiten Thorner Frieden von 1466 wurde Gollub eine polnische Starostei. Bereits hundert Jahre später setzte sich die von den Starosten mit Nachdruck betriebene Polonisierung in dieser kleinen Grenzstadt am frühesten durch. Im 17. Jahrhundert sank das Städtchen nach den polnisch-schwedischen Kriegen zu einem bedeutungslosen Flecken herab, dem auch die 1772 einsetzende Gewerbeförderung durch die preußische Verwaltung nicht wieder die frühere regionale Bedeutung zurückgeben konnte. Als der Kunsthistoriker *Conrad Steinbrecht* um 1880 die Stadt besuchte, fand er als Zeugen alten Wohlstandes und ehemals gesunden Bürgertums nur noch einige Laubenhäuser am Markt und die schöne ordenszeitliche Stadtkirche mit dem stattlichen Turm. Das Städtchen wirkte verschlafen und zurückgeblieben. In der ruinenhaften Burg war ein armseliges Arbeiterheim untergebracht, das den baufälligen, traurigen Eindruck der Gebäude noch unterstrich. Lediglich Sicherungsarbeiten wurden an der Ruine durchgeführt, die, eines Teiles ihrer »polnischen Halskrause« beraubt, einen sehr malerischen Eindruck machte. Der Verfall setzte sich auch nach der Abtrennung durch den Versailler Vertrag fort.

Nach dem Zweiten Weltkrieg hat die polnische Verwaltung eine Sanierung der Gebäude vorgenommen, wobei allerdings als Vorbild nicht die Ordensburg, sondern das im 17. Jahrhundert zum Barockschloß umgebaute Gebäude diente. Es beherbergt heute u.a. ein Museum. Seine durch die geänderten Fassaden und Türme hervorgerufene fremdländische Wirkung macht dem Besucher erneut deutlich, daß er sich nicht im Staatsgebiet der Nachfolger des alten Ordenslandes Preußen befindet.

Osterode

Eine späte Burg für eine junge Komturei

Komtursiegel, 14. Jhdt.

Zu der um 1340 gegründeten Komturei Osterode gehörten Hohenstein, Gilgenburg, Soldau und Neidenburg, also der südliche Bereich der Komturei Christburg, der der neuen Komturei als Verwaltungsbezirk zugewiesen worden war. Zu Beginn der Ausdehnung des Ordensstaates nach Osten waren zunächst an den schiffbaren Flüssen und am Haff feste Stützpunkte angelegt worden, denen in langen, schmalen Streifen die unerschlossenen südöstlichen Gebiete unterstanden. So reichten die Bezirke der Komtureien Christburg, Elbing, Balga, Brandenburg und Königsberg etwa 150 km weit bis an die masowische Grenze. Erst als auch hier die Erschließung und Besiedlung einsetzte, wurden die langgestreckten Verwaltungsgebiete geteilt und in Osterode (1340) sowie in Rhein (1393) neue Komtureien eingerichtet.

In Osterode wirkte der tatkräftige Komtur Günther von Hohenstein von 1349 bis 1370 nicht nur beim Bau des neuen Konventshauses, sondern bei der Besiedlung des südlichen Grenzgebietes. Er gründete die Städte Soldau und Hohenstein; letzterer gab er seinen Namen.

Im ausgehenden 13. Jahrhundert war Osterode von sächsischen Siedlern aus dem Harz gegründet worden. Sie wählten für den neuen Marktflecken einen heimatlichen Namen, der nach zwei erhaltenen alten Siegeln ursprünglich Ostirrode geschrieben wurde. Um 1300 bestand nach alten Urkunden dort eine Holz-Erd-Feste, deren Hauskomtur als Pfleger zu Osterode dem Konvent in Christburg unterstand. Die Handfeste nach kulmischem Recht erteilte der neuen Stadt der Christburger Komtur und spätere Hochmeister Luther von Braunschweig im Jahre 1329. Sie wurde 1335 und 1348 erneuert, und zwar zuletzt durch den Komtur zu Osterode, Albrecht Schof von Dornberg.

Bei der Umwandlung in eine Komturei um 1340 wurde Osterode Verwaltungsmittelpunkt für die Ämter Deutsch Eylau, Gilgenburg, Hohenstein, Neidenburg und Soldau. Schon bald holte man den im Burgenbau erfahrenen Schwetzer Komtur Günther von Hohenstein nach Osterode, um den Neubau des Konventshauses durchzuführen. Er und sein Nachfolger Siegfried Walpot von Bassenheim, zu dessen Ehren das aus dem Dorf Heinrichswalde hervorgegangene Städtchen den Namen Passenheim erhielt, waren unermüdlich in der Ansiedlung deutscher Kolonisten und bei der Erschließung des Landes tätig.

Es müssen tüchtige Männer an der Spitze des Osteroder Konvents gestanden haben, denn viele von ihnen erreichten hohe und höchste Ämter im Deutschen Orden. Hochmeister wurde Martin Truchseß von Wetzhausen (in Osterode von 1467 bis 1477). Das zweithöchste Amt des Großkomturs erreichten Wilhelm von Eppingen (in Osterode 1449 bis 1460) und Stephan von Streitberg (in Osterode von 1477 bis 1480). Heinrich Hold und Georg von Eltz wurden Oberster Marschall und weitere drei ehemalige Osteroder Komture erhielten die

Großgebietigerwürde eines Obersten Spittelers oder Obersten Trapiers.
In den Jahren 1376 bis 1381 überfielen die Litauer unter Fürst Kynstut Osterode und plünderten und brandschatzten. Dabei wurde die alte Holz-Erdburg ein Raub der Flammen, aber auch in der eben erbauten neuen Burg brannten Dächer und Speicher aus. Schon zwanzig Jahre später traf die Stadt eine neue Feuersbrunst, von der eine alte Chronik vermerkt: »In diesem jare verbrannte Osterode die Stadt so gar, das nichts mer blieb wen die Kirche und des Pfarrers Gehöfte.« Sicher nahm auch die Burg Schaden.
Nach seinem Sieg bei Tannenberg am 15. Juli 1410 umging das polnische Heer Osterode und zog östlich über Hohenstein weiter; aber die Litauer unter Herzog Witowd nahmen die Stadt ein und plünderten. Der Komtur von Osterode, Gamrath von Pinzenau, war in der Schlacht mit vielen Ordensrittern gefallen und nur einige wenige kranke und alte Ritter mit schwacher Besatzung bewachten die Burg. Sie wurden eine leichte Beute für den verräterischen Landesritter Klaus von Döringen, der sie überfiel, ausraubte und sodann dem König von Polen übergab. Dieser Verrat machte Schule, und es ergaben sich feige viele Städte und lieferten die Burgen nach Überwältigung der verbliebenen kleinen Ordensbesatzungen den Feinden aus, ihres vermeintlichen eigenen Vorteils wegen.
Der Verrat wiederholte sich zu Beginn des Dreizehnjährigen Krieges um 1454 noch einmal. Osterode trat sofort auf die Seite des verräterischen Preußischen Bundes, schwenkte dann aber wieder zum Deutschen Orden um. Im zweiten Thorner Frieden von 1466 blieb dann die gesamte Komturei im Besitz des Deutschen Ordens.
Die um 1360 errichtete Komturburg ist dem Typ des vereinfachten Konventshauses zuzuordnen. Im Zeitalter des reduzierten Baustils wurde auf den Bergfried sowie auf Formsteine und dekorative Formen in der Beschränkung auf das Erforderliche verzichtet. Die alten Bauprinzipien begannen sich aufzulösen und fanden in diesem dem kubischen Häuserblock angenäherten Schema bereits eine Vorstufe des kargen letzten Konventshauses von 1400 in Ragnit. Trotzdem handelt es sich um eine bedeutende Anlage der späten Hochmeisterzeit, deren ursprüngliches Aussehen durch früh beginnende Eingriffe bei Überfällen und Bränden sowie durch spätere Umbauten sehr entstellt worden ist. Die Burg diente dem Schutz der Südgrenze, denn es waren nicht mehr nur die Litauer, die in das Land einfielen. In Polen machte sich ein neuer Gegner kampfbereit, um den ungeliebten christlichen Nachbarn nicht noch größer werden zu lassen.
Auf der Landbrücke zwischen Pausensee und Drewenzsee bildete die Gabelung des Drewenzflüßchens eine Insel, die Burg und Stadt aufnahm. Durch die Raumenge bedingt, mußte die Stadtbefestigung die Vorburg ersetzen. Die mit einer Seitenlänge von rund 45 Metern fast quadratische, vierflügelige Burg war von einem Parcham mit Mauer und Wassergraben umgeben. Vermutlich lag östlich von dem Konventshaus die alte hölzerne Wallburg, die in der mündlichen Überlieferung als Vorburg bezeichnet worden ist, was hier wohl mehr im zeitlichen Sinne - als Burg vor der heutigen - zu verstehen ist.

Lageplan von Burg und Stadt (nach Steinbrecht)

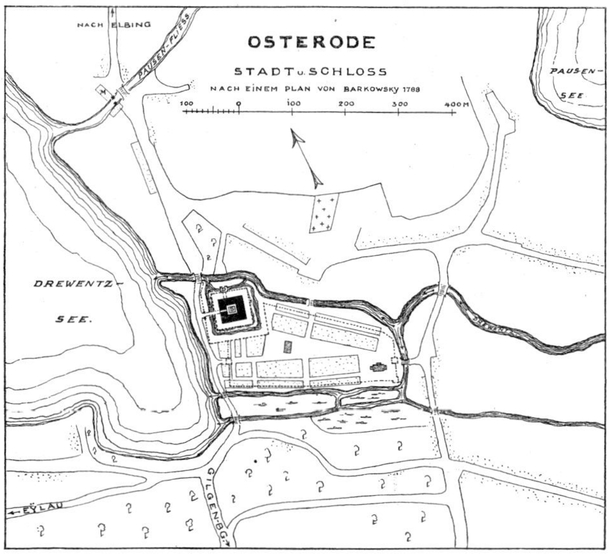

Das Burgtor heute

Portal der Burg um 1890 (Zeichnung F. Heitmann, 1893)

An den durchgehenden Hauptflügel auf der Südseite waren der westliche Eingangsflügel und an diesen der Nordflügel rechtwinklig angeschoben, während der kurze, im 18. Jahrhundert bereits abgebrochene Ostflügel nur dazwischengeschoben war.
Vor dem westlichen Eingangsflügel lag ein Torhaus mit Zugbrücke über den Burggraben, von der der Weg durch den überdachten Parchamzwinger zum Eingangsportal führte. Das spitzbogige, mit Granitsteinen eingefaßte Hauptportal war wie üblich durch ein Fallgatter in einer mittelhohen Nische gesichert. Im nicht unterkellerten Torweg befanden sich in der rechten Wand zwei Gruppen von je zwei Spitzbogennischen. Der rechts neben dem Eingang gelegene Raum mit einer schweren steinernen Mittelstütze, die ein vierteiliges, scharfkantiges Gewölbe trug, war durch eine gegliederte Pforte vom Hof aus betretbar. In einem Gewölbeviertel des Raumes reichte eine Rauchhaube bis zur Pfeilerhöhe herunter, die in einen Schlot einmündete.
Auf der linken Seite des Torwegs lag die Pförtnerzelle, von der wahrscheinlich ein kleines Fenster der Eingangsüberwachung diente. Die dahinter liegenden Räume sind neu; sie dienten früher als Ofenraum und Heizkammer. Im Hauptgeschoß befanden sich einst die Wohnung des Komturs und später des Burghauptmanns sowie eine Gastkammer.
Der Nordflügel enthielt im Hauptgeschoß den als Konventsremter bezeichneten Speisesaal und daneben die Herrenstube. Ein anschließender sehr schmaler Raum diente als Vorflur, von dem ein überdachter Gang zum Danzkerturm (Abortanlage) am nahen Drewenz-Flüßchen führte.
Zwischen dem Nordflügel und dem südlichen Hauptflügel war im Osten ein kurzer Zwischenflügel eingeschoben, der wohl das Dormitorium (Schlafräume) enthielt und darunter das Brauhaus. Nach dem Brand von 1788 wurde der Flügel abgerissen und die Keller zugeschüttet.
Im Südflügel trugen zwei großzügige, etwa gleichgroße Erdgeschoßräume mit Kreuzgewölben auf kurzen Granitpfeilern die beiden Haupträume des Ordenshauses: Den Kapitelsaal und die nach Osten gelegene Kapelle. Beides waren stattliche Räume mit soliden Gewölben und einer Länge von je etwa 19 m. Über ihnen befand sich im Mauerabschluß der ringsum verlaufende Wehrgang mit Wehrluken. Da-

Der Eingangsflügel im Westen

hinter lagen große Speicher, die bis in das steile Dach hinauf Platz für mehrgeschossige Getreideschüttungen boten, denn Vorräte waren für den Fall der Belagerung eine der wichtigsten Vorsorgen. Vor dem Brand von 1381 hatten die beiden parallel liegenden Süd- und Nordflügel beidseitige Giebel, die dann mit dem verbrannten Dach zusammen abgebrochen und durch ein Walmdach ersetzt worden sind.
Es war ursprünglich ein monumentales Haus, das natürlich unter den großen Bränden von 1381 und 1788, aber auch unter den Angriffen der Litauer und unter der Besetzung durch Schweden, Russen und Franzosen stark gelitten hat. Von der alten Bausubstanz sind auf die Gegenwart im wesentlichen nur die Keller, die Außenmauern bis zur halben Hauptgeschoßhöhe, ein Teil der Erdgeschoßräume und des Hauptportals sowie einige Fenster- und Türeinfassungen überkommen. Die Geschichte hat hier tiefe Spuren hinterlassen.
Im Herzogtum Preußen von 1525 wurde Osterode Hauptamt des Oberlandes, und der letzte Komtur Quirin Schlick Graf von Passan, Herr zu Weißkirchen und Elnbogen, war der erste Amtshauptmann. Im 17. Jahrhundert brachten

Amtsraum mit Mittelsäule im Erdgeschoß neben dem Torweg (Zeichnung nach C. Steinbrecht, 1886)

Dieselbe Säule nach hundert Jahren wiederentdeckt

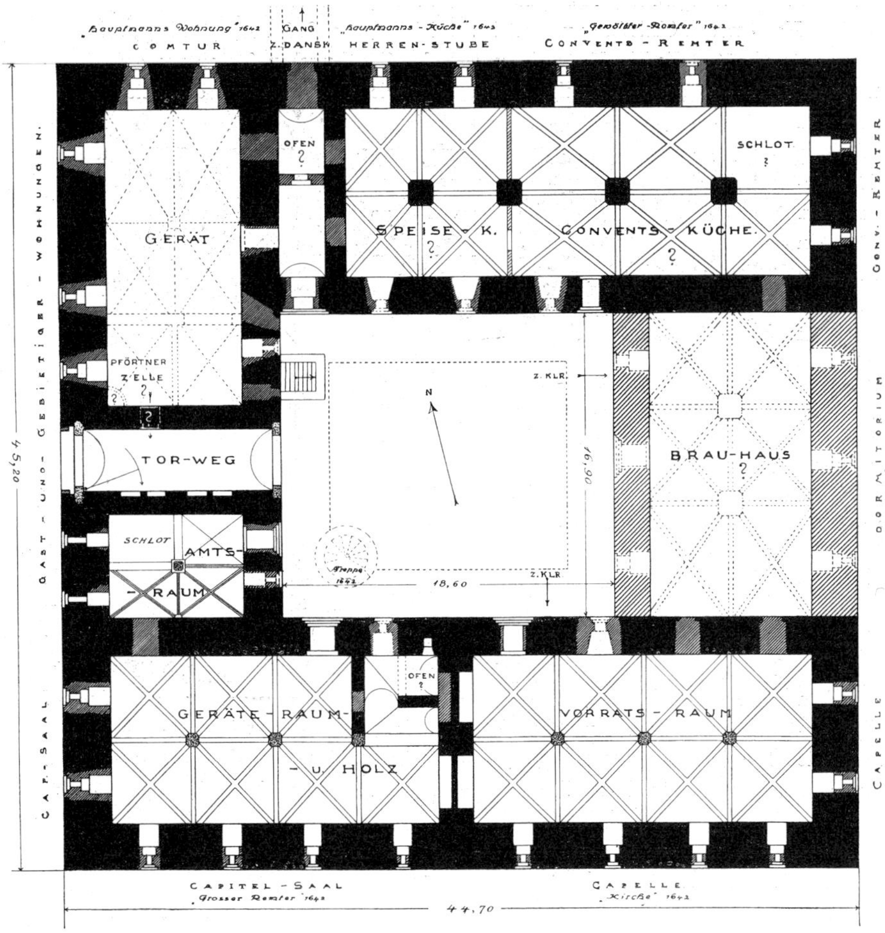

Grundriß des Erdgeschosses (nach Steinbrecht)

Plünderungen und einjährige schwedische Besatzung auch nach Osterode die Schrecken des Dreißigjährigen Krieges und ein Ausbluten von Volk und Staat.
Kurbrandenburg mußte um 1630 die Stadt an Herzog Johann Christian von Liegnitz-Brietz verpfänden, dessen Gemahlin auf der Flucht vor der Pest hier von der Seuche eingeholt wurde und 1639 in der Burg verstarb. Den Höhepunkt erreichte die Pest in Ostpreußen um 1710, als die Bevölkerung in Stadt und Land dezimiert wurde. Nach einer mehrjährigen Besetzung durch die Russen im Siebenjährigen Krieg nach 1756 wurde die Stadt am 21. Juli 1788 von einer verheerenden Feuersbrunst heimgesucht, die auch die Burg stark in Mitleidenschaft zog. Dach, Wehrgeschoß sowie der ganze Ostflügel mußten abgebrochen werden, und der Wiederaufbau führte zu entstellenden Veränderungen. Um die Not zu mildern, wurden Stadtmauern und -tore zur Gewinnung von Baumaterial abgebrochen.
Schon bald nach Beginn des 19. Jahrhunderts war die alte Burg kurz hintereinander unmittelbar an zwei wichtigen Ereignissen der preußischen und europäischen Geschichte beteiligt: Sie diente 1806 dem preußischen König Friedrich Wilhelm III. und ein Jahr später nach der Schlacht bei Preußisch Eylau dem französischen Kaiser Napoleon I. als Hauptquartier. Noch heute berichten ein großes Wandgemälde in Versailles mit dem Titel »Napoléon à Osterode accorde des graces aux habitants; mars 1807« sowie eine Gedenkmünze mit dem

Vorratsräume unter dem Kapitelsaal (Zeichnung nach Rudat) - einst und jetzt -

Aufdruck »Napoléon à Osterode« von jenen Tagen. Nach der Niederlage in den Weiten Rußlands zog die französische Armee noch einmal 1812 bei ihrem Rückzug durch die Stadt.

Im Zuge der preußischen Verwaltungsreform wurde Osterode Kreisstadt. Das folgende Jahrhundert friedlicher Entwicklung ließ die Einwohnerzahl von 1539 Bürgern im Jahre 1787 auf über 13 000 Einwohner zu Beginn dieses Jahrhunderts ansteigen. Der Bau des Oberländischen Kanals und der Anschluß an das Eisenbahnnetz bewirkten ein Aufblühen von Wirtschaft, Handel und Gewerbe.

Im August 1914 leiteten die Generale von Hindenburg und Ludendorff von ihrem Osteroder Hauptquartier die große Schlacht bei Tannenberg. Der Sieg befreite nicht nur Ostpreußen von der weit eingedrungenen russischen Armee, sondern hatte auch entscheidende Auswirkungen auf den Fortgang des Krieges an der Ostfront. Darüber hinaus gingen von diesem deutschen Sieg auf dem Schlachtfeld von 1410 patriotische und geistige Wirkungen aus, die weit über den faktischen Erfolg dieser Schlacht und über die damalige Zeit hinausreichen.

In der Volksabstimmung von 1920 unter Aufsicht der Siegermächte bekannten sich über 97 Prozent der Bevölkerung des Kreises Osterode zum Verbleib des Landes beim Deutschen Reich. Nach einer kurzen friedlichen Epoche begann 1939 mit dem Aufmarsch für den Polenfeldzug der Zweite Weltkrieg, der im Januar 1945 für Osterode und seine Bevölkerung mit der Katastrophe und Vertreibung endete.

Seit mehreren Jahren wird nun die alte Ordensburg restauriert, von der die drei Flügel den Krieg beschädigt überstanden haben. Die erkennbaren Baufortschritte in den letzten

Ein kleines Fenster im Erdgeschoß

zwei Jahren sind nicht sehr groß. Alle Dächer sind wiederhergestellt worden, wobei leider weder die Mauern durch das alte Wehrgeschoß erhöht noch die ursprünglichen Giebel angefügt wurden, sondern wieder Walmdächer den Abschluß bilden. Die großen Räume des Hauptgeschosses sind im Rohbau mit flacher Decke ausgeführt. Im Erdgeschoß wurden die Gewölbe nachgebildet. Leider wurden für die Portalbögen auf der Hofseite geometrisch anders konstruierte Spitzbögen verwendet. Im Raum neben dem Torweg werden z.Zt. anhand von Schablonen Bogengewölbe aufgemauert. Trotz alter und neuer Eingriffe erkennt man außer dem Baukörper noch manches Alte, so das Granitgewände und die gotischen Nischen im Torweg, die schweren Granitstützen im Erdgeschoß, die Formsteineinfassungen von hofseitigen Pforten oder die untere Fensterreihe in der Außenmauer. Am Ufer des nahe vorbeifließenden Drewenz-Flüßchens war die Suche nach Resten des Mauerwerks vom Danzker-Turm vergeblich.

Nord- und Südflügel sind noch eingerüstet

Restaurierter Nordflügel

Blickt man von der Drewenzbrücke auf das alte Ordenshaus mit seinem dunkelroten Mauerwerk, dessen Narben und Entstellungen durch das Grün üppig wuchernder Bäume und Sträucher etwas verdeckt werden, so könnte man meinen, die Zeit sei stehengeblieben, und das furchtbare Geschehen war nur ein böser Traum.

Danzig

Preußische Hansestadt mit starkem Freiheitsdrang

Komtursiegel, 14. Jhdt.

Stadtsiegel, 15. Jhdt.

Danzig hat eine schwierige Geschichte. Das gilt von seinen Anfängen bis in die Gegenwart. Damit ist weniger seine Zugehörigkeit zum deutschen Volkstum und zur deutschen Kultur gemeint, die siebenhundert Jahre unbestritten waren, als vielmehr sein komplizierter Gang durch die Jahrhunderte. Sicher hat dazu die bevorzugte Lage in einer geschützten Ostseebucht an der Mündung des weit ins Hinterland bis an die Beskiden reichenden Weichselstromes beigetragen. Diese günstige Lage hat den Einwohnern den Segen von Handel und Schiffahrt beschert, aber auch die Begehrlichkeit der Nachbarn hervorgerufen. Da gibt es gewisse Parallelen, die über Lübeck und Hamburg bis nach Venedig reichen. Weite Handelsverbindungen und die Kenntnis anderer Länder machen die Menschen aufgeschlossener, erzeugen andererseits aber auch ein ausgeprägtes Besitzdenken und die Neigung zur Bewahrung des Gewonnenen in einem begrenzten Kreise. Hier stießen wohl häufiger als anderswo verständlicher Eigennutz mit dem berechtigten Anspruch des größeren Gemeinwesens eines übergeordneten Staates zusammen. Deshalb gaben die auf ein Mindestmaß beschränkten Rechte der Oberherrschaft in Notzeiten nicht immer ausreichenden Anlaß zu unbegrenztem Schutz des eigenwilligen Stadtstaates. Weder der Ordensstaat noch die polnische Krone, weder Preußen noch der Völkerbund konnten die Freie Stadt jederzeit vor Bedrängungen oder Angriffen Dritter verteidigen. Vielleicht wollten sie es auch nicht immer so konsequent, wie man aus der Frage des französischen Soldaten von 1939 schließen kann, die lautete: »mourir pour Danzig?«

Die Kette Danziger Merkwürdigkeiten in der Geschichte ist lang. Ob sie ihren Ursprung nahm in der Entwicklung der Bevölkerung aus fortwährenden Verdrängungen und Vermischungen alter Volksteile mit neuen Wellen germanischer Eroberer, die über See ins Land kamen und in langfristigen Schüben ins Binnenland abzogen?

Die Inbesitznahme Danzigs und Pommerellens um 1309 durch den Deutschen Orden war ein Beispiel mittelalterlicher Diplomatie und listenreicher Politik. Im Streit unter den pommerellischen Fürstensöhnen um die Nachfolge Herzog Swantopolks erlangte Mestwin die Oberhand durch die Hilfe von wechselnden Bundesgenossen, denen er sein Erbe in Aussicht stellte. Als er 1294 kinderlos starb, hatten fünf Fürstenhäuser Erbansprüche, nämlich die von Brandenburg, Rügen, Böhmen, Großpolen und Kujavien, die nun um das Land stritten. Schließlich bemächtigte sich nach der Ermordung König Wenzels II. von Böhmen um 1306 Herzog Wladislaw Lokietek von Kujavien des Landes und wurde zum Herzog von Pommerellen ausgerufen. Der bisherige Paladin und pommerellische Landeshauptmann Swenza forderte daraufhin die Brandenburger zur Wahrnehmung ihrer seit 1269 bestehenden Lehnshoheit auf. Als diese nun 1308 das Land

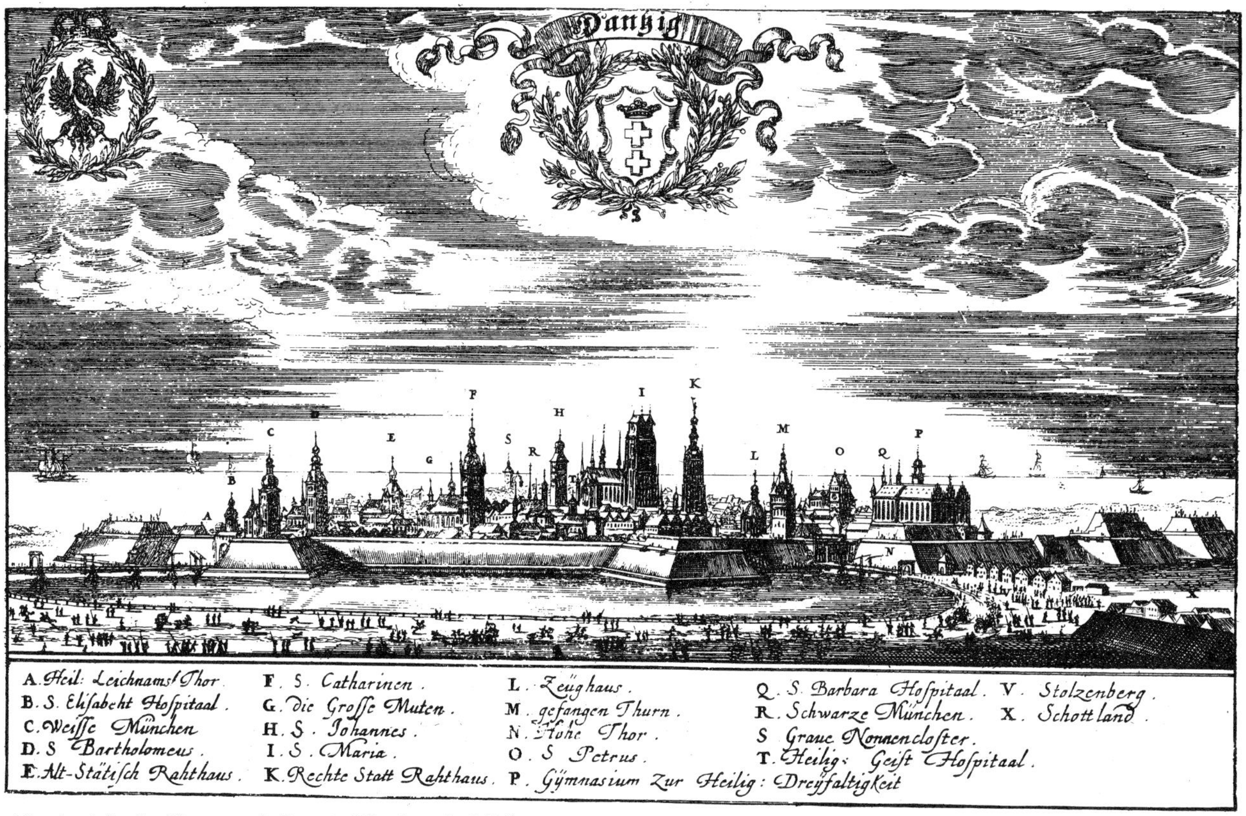

Alte Ansicht der Hansestadt Danzig (Hartknoch, 1684)

besetzten, rief der Danziger Burghauptmann Bogussa auf Weisung von Wladislaw Lokietek den Deutschen Orden um Hilfe, der sofort eingriff, die Burg besetzte und die Brandenburger zum Abzug veranlaßte. Nachdem Herzog Wladislaw Lokietek sich weigerte, die geforderten Kriegskosten zu bezahlen, hielt sich der Orden an dem besetzten Land schadlos und verdrängte die Polen aus Danzig und Pommerellen. Im Soldiner Vertrag von 1309 kaufte der Deutsche Orden dem Markgrafen von Brandenburg seine Anrechte an Pommerellen ab. Einen Verzicht Wladislaw Lokieteks konnte er aber auch für eine angebotene hohe Geldentschädigung nicht erreichen. Erst nach über dreißig Jahren erkannte König Kasimir von Polen im Frieden von Kalisch den Übergang Danzigs und Pommerellens in den Ordensstaat für alle Zeiten an. Kaiser und Papst hatten die Souveränität des Ordens bereits urkundlich bestätigt.

Diese Anerkennung fand erst statt, nachdem die Polen in einem sechzehn Jahre dauernden Krieg und in einer Serie von Prozessen beim Vatikan unterlegen waren. Die Polen hatten dem Orden die Zerstörung Danzigs und die Tötung von zehntausend Bürgern verleumderisch vorgeworfen. Eine böswillige Methode, die die Polen auch später wiederholt anwandten, wie z.B. im Prozeß über die Kriegsschuld nach der Schlacht bei Tannenberg von 1410. Entgegen dieser Anklage berichtet die ältere Olivaer Chronik, daß der Deutsche Orden nach der Einnahme Danzigs lediglich die Befestigungsanlagen zerstörte. Aus den Aussagen des römischen Ordensprokurators ist darüber hinaus zu entnehmen, daß sechzehn pommerellische Adlige, die den Widerstand der Danziger Bürger aufstachelten, hingerichtet worden seien und daß nach Umsiedlung der Bürger die Altstadt verlegt worden sei. Letzteres geschah

vor allem, um für die übernommene alte Burg freien Zugang und Erweiterungsmöglichkeiten zu erreichen. In den Prozessen stellte sich heraus, daß die in den polnischen Klageschriften bezeichneten Untaten auf Verleumdungen und Entstellungen beruhten.
Nach der Niederlage des Deutschen Ordens in der Schlacht von Tannenberg gaben Danzig und die meisten Städte den Orden verloren und waren bereit, sich dem polnischen Königs zu unterwerfen. Man hoffte, durch den Wechsel der Oberherrschaft günstigere Bedingungen für den Handel, geringere Abgaben und Auflagen, aber vor allem mehr Freiheiten für das städtische Gemeinwesen zu erreichen. Bürgerschaft und Ratsherren versuchten die Schwächung des Ordens trotzig auszunutzen, bereiteten ihm Schwierigkeiten und unterliefen seine Anordnungen. Auf der Höhe der Auseinandersetzungen ließ sich der unbeherrschte Komtur von Danzig, ein Bruder des Hochmeisters Heinrich von Plauen, zu einer frevelhaften Bluttat hinreißen, die die Entfremdung zwischen Stadt und Orden besiegelte. Er ließ zwei Bürgermeister und einen Ratsherrn, die er zu Verhandlungen auf die Burg geladen hatte, kurzerhand hinrichten.
Es gab eine Vielzahl von Gründen und Anlässen, die zum endlichen Abfall der Städte und Stände von der Herrschaft des Ordens führten. In Danzig war ein wichtiger Grund die Handelskonkurrenz, die der Orden den städtischen Handelsherren durch seine bevorrechtigten Großschäffer machte. Ein übriges tat die polnische Agitation, die insbesondere den Städten größere Freiheit verhieß. Als 1454 der Aufruhr des Preußischen Bundes einsetzte und in Thorn die Menge die Ordensburg stürmte und niederriß, verlief in Danzig die Übergabe der Burg völlig friedlich. Nach vertraglich vereinbarter Übergabe erhielt die Burgbesatzung freien Abzug. Erst einige Wochen später wurde die Burg abgebrochen. Dies geschah auf Anraten der Danziger Gesandten in Krakau, die erkannt hatten, daß der polnische König sie als Zwingburg gegen die Stadt benutzen wollte. Der Gesandte mahnte die Bürgerschaft in mehreren dringlichen Briefen mit den Worten: »...so rade wy ju up allen rat, dat gy breken jo eher jo lever und jo er wy heyme comen, wennte denn hern konyge henget de lunge sere up Danczik.« (So raten wir Euch auf alle Fälle, daß Ihr sie (die Burg) je eher je lieber und ehe wir heimkommen abbrecht, denn dem Herrn König hängt die Lunge sehr auf Danzig). Von dem Abbruch blieben der hohe Turm an der Mottlau und Teile der Umfassungsmauern verschont und wurden in die Stadtbefestigung einbezogen.
Die Geschichte der Danziger Burg läßt sich noch hinlänglich verfolgen, wogegen die Kenntnisse über ihre Gestalt recht dürftig sind. Es wurden keine Grundrisse oder Ansichten überliefert. Die später angefertigten Abbildungen beruhen mehr auf Spekulation als auf Rekonstruktion. Sicher waren die Möglichkeiten, durch Ausgrabungen Lage und Einzelheiten des Bauwerks festzustellen, infolge der nach Abriß der Burg früh einsetzenden Bebauung des Geländes zu unserer Zeit sehr beschränkt. Erst nach den Zerstörungen im Zweiten Weltkrieg, vor allem nach den von den sowjetischen Eroberern planmäßig vorgenommenen Verheerungen, war die Bausubstanz des Stadtgebietes soweit vernichtet, daß die Polen vor dem allmählich einsetzenden Wiederaufbau systematische Ausgrabungen und Bohrungen durchführen konnten. Sie stießen an vielen Stellen im ehemaligen Burggelände auf Bodenspuren und Einzelfunde von der alten Ordensburg.
Die Geschichte der Ordensburg zu Danzig beginnt mit der Übernahme der alten pommerellischen Herzogsburg. Es war eine Holzburg mit Wall- und Grabenanlagen, die noch fast drei Jahrzehnte für den Danziger Ritterkonvent als Unterkunft dienen mußte. Seit 1338 war der tatkräftige spätere Hochmeister Winrich von Kniprode Komtur in Danzig, der zusammen mit dem bauwilligen Hochmeister Dietrich von Altenburg mit dem Neubau begann. Er entstand auf dem alten Burgplatz am linken

Mottlau-Ufer kurz vor ihrer Einmündung in die Weichsel, so daß beide Flußläufe von ihr aus beherrscht werden konnten. Die alten Gebäude befanden sich auf dem Platz der späteren Vorburg, wodurch sie noch während der Bauzeit des neuen Konventshauses bewohnt werden konnten.

Zunächst wurden die äußeren Wehranlagen aufgeführt. Hierzu war es erforderlich, die Bewässerung des neuen dreifachen Grabensystems zu sichern. Um 1339 verlegten die Ritter den Zufluß der Radaune auf einer Strecke von 28 km über einen Mühlenkanal an der neuen Burg vorbei in die Mottlau. Sie erreichten dadurch eine gute Frischwasserversorgung, die Bewässerung der Burggräben und den nötigen Antrieb für ihre Mühlen.

Das neue Haus wurde fast gleichzeitig mit den in Stein neu errichteten Burgen Schlochau (1325), Strasburg (1330) und Rehden (1338) aufgeführt. Es ist deshalb wie diese dem Konventshausstil der reichen Epoche zuzurechnen und wird starke Ähnlichkeit mit ihnen gehabt haben. Nach den wenigen überlieferten Fundamentresten und den spärlichen Baunachrichten kann davon ausgegangen werden, daß die Hauptburg aus einem quadratischen Kastell mit Ecktürmen und hohen Satteldächern bestand. Ein hoher Bergfried deckte die östliche Flußseite. Das Gebäudeviereck mit Seitenlängen von etwa 50 m war von einem knapp 10 m breiten Parcham umgeben. Zu dem umlaufenden inneren Graben war er durch Parchammauern abgegrenzt, die Ecktürme besaßen. Auf der östlichen Parchammauer befand sich der Danzker, dessen Gang mit einem weiten Bogen vom Ostflügel des Hauses herüberführte. Die vier Hausflügel bildeten einen quadratischen Burghof, der von einem zweigeschossigen Laubengang umgeben war.

Lageplan der Ordensburg (rekonstruiert von O. Kloeppel)

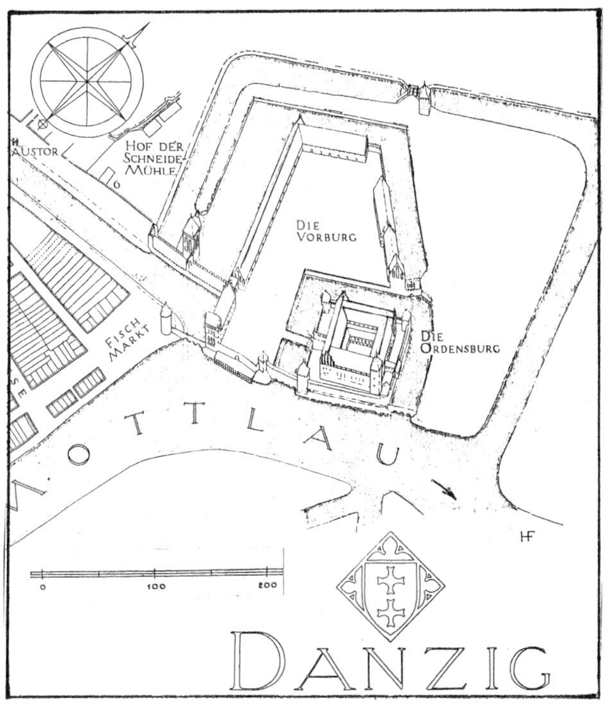

Die Lage der Innenräume ist nicht überliefert, doch läßt sie sich nach der Lage des Hauses und nach dem Schema der Ordensarchitektur mit einiger Sicherheit bestimmen. Burgkapelle und Kapitelsaal dürften im Nordflügel gelegen haben, weil diese Front mit den großen Fenstern durch die Vorburg geschützt war und für den immer nach Osten ausgerichteten Altarraum der Ostgiebel zur Verfügung stand. Im Ostflügel ist das Dormitorium zu vermuten, weil an dieser Angriffsseite am wenigsten Mauerdurchbrüche erwünscht waren. Sicher wurde der Südflügel entlang der Mottlau für Wohn- und Gasträume genutzt, denn Sonnenlicht und Aussicht standen hier am meisten zur Verfügung. Dort ist auch der Turm zu suchen, in dem die Wohnräume für den Hochmeister lagen.

Über die Lage des Torwegs bestehen unterschiedliche Annahmen, ob er im Nord- oder Westflügel gelegen hat. Nach Anordnung der Außenbefestigungen und nach den Wegeverhältnissen zwischen Rechtstadt und Altstadt scheint der Zugang vom Westen eher wahrscheinlich zu sein. Über dem Torweg mit Fallgatter lag im Westflügel vermutlich der übliche kleine Raum des Hauskomturs und daneben der Konventsremter.

Die äußere Gestaltung der Burggebäude entsprach der üblichen Ordensarchitektur mit

großen Wandflächen, die durch spitzbogige Fenster, Wehrgangsluken und durch Muster aus gesinterten Backsteinen aufgelockert wurden. An drei Enden der hohen Satteldächer kann man sich Stufengiebel mit hohen Spitzbogenblenden vorstellen, wie sie auch in Rehden neben den Ecktürmen vorhanden waren. Wo sich die nach Abbruch der Burg im Artushof und im Krantor wiederverwendeten Pfeiler und Sockel früher befunden haben und welche Gewölbe, Ornamente und plastischen Kunstformen hier Anwendung fanden, läßt sich nach den wenigen Funden nicht mehr feststellen.
Die mächtige Danziger Burg hatte gut ausgebaute äußere Befestigungsanlagen. Nördlich und westlich des grabenumflossenen Haupthauses lag die hakenförmige Vorburg, die wiederum von einem tiefen Hakengraben und von Wehrmauern geschützt war. Das große Areal der Vorburg konnte viel Kriegsvolk aufnehmen. Ihre Seitenmauern waren zum großen Teil an den vom Haupthaus abgewendeten Seiten mit Wirtschaftsgebäuden besetzt. Vielfach erwähnt wurde in den alten Unterlagen die Firmarie, die an der Westseite zum Fischmarkt zu neben einem Turm gelegen hat. Dort befand sich auch ein Friedhof. Das langgestreckte Gebäude am westlichen Vorburggraben war ein großer Pferdestall mit Sattelhaus und Schmiede. Ferner lagen Speicher, Kornhaus, Schnitzhaus und andere Wirtschaftgebäude sowie Gesindewohnungen im Vorburgbereich. Zwei Brücken überquerten im Westen und im Nordosten den mittleren Graben, dem hinter einem schmalen Landrücken ein weiterer äußerer Burggraben folgte. Nur im Osten lag zwischen beiden Vorburggräben ein großes unbebautes Vorfeld. Die westliche Brücke beschirmte ein auf dem schmalen Landrücken stehender starker Wehrturm. Sie überquerte in gleicher Flucht beide Gräben. Von dort verlief der Burgweg am Altstädtischen Graben entlang bis zum Haustor der Rechtstadt. Die in Urkunden und Nachrichten erwähnte kleine Pforte zur Stadt dürfte am Wehr in der Nähe des Fischmarktes beim Fischturm, dem späteren Schwanturm,

Die Danziger Ordensmühle von 1350 mahlte fast 600 Jahre lang (Zeichnung von Steinbrecht)

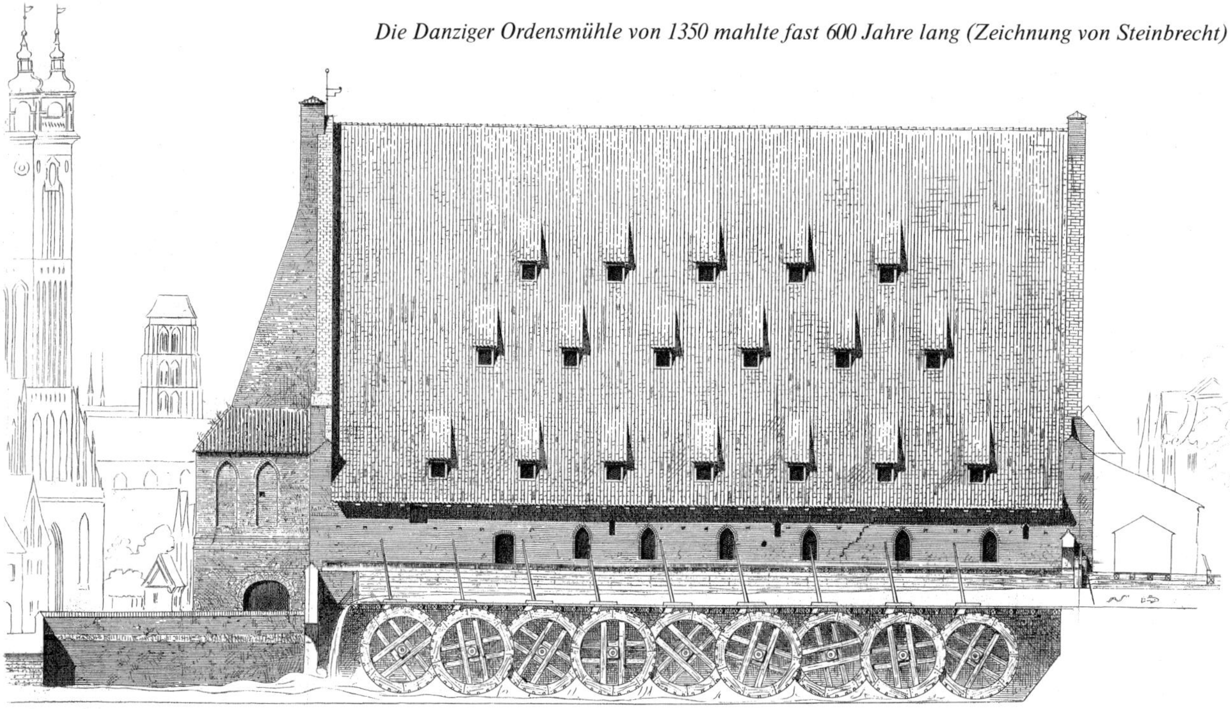

Alte Ordensmühle (um 1350) am Radaune-Fluß, dahinter Turm der Katharinenkirche (Westansicht)

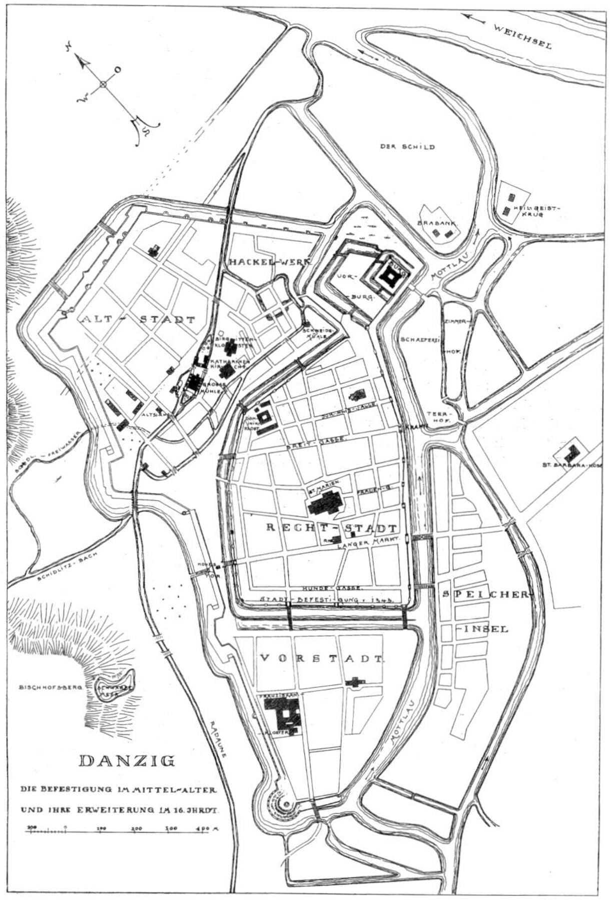

Lageplan der Stadt Danzig, 14. und 16. Jahrhundert

gelegen haben. Vom Nordtor ist nur überliefert, daß es bei einem Wehrturm lag, der den Zugang sicherte.

Bilder von der Ordensburg Danzig sind nicht überliefert. Es wird aber vermutet, daß das im Artushof zu Danzig befindliche Bild »Das Schiff in der Kirche« aus der 2. Hälfte des 15. Jahrhunderts in seiner linken oberen Ecke eine Darstellung der Burg enthält. Selbst wenn dies erst Jahrzehnte nach Abriß der Burg gemalte Bild wirklich die Mottlaufront des Ordenshauses zeigt, so ist daraus nicht allzuviel zu entnehmen. Sein Aussagewert dürfte denjenigen des Bildes vom Hafen mit Krantor und Burg nicht wesentlich übertreffen, das Otto Kloeppel um 1930 nach seiner Rekonstruktion gezeichnet hat. Der Vorteil der Zeitnähe des Artushof-Bildes wird durch die Unübersichtlichkeit der Darstellung aufgehoben.

Von all dem, was die Ritter in Danzig erbaut hatten, blieb nur die große Ordensmühle bis in unsere Tage erhalten. Aber man sollte dies Zeichen nicht als Sieg des Bürgertums über den Ritterstand zu deuten versuchen. Denn ohne die Ritter vom Deutschen Orden wäre weder hier noch in den östlichen preußischen Landen die deutsche Kultur so früh und so tief in die Erde gepflanzt und so fest verwurzelt worden, daß sie unverwechselbar und unverlierbar das Land zeichnet. Danzigs Wahrzeichen sind und bleiben die Marienkirche und der Artushof, das Krantor, die alte Ordensmühle und das Rathaus, die vielen Bürgerhäuser, Kirchen, Türme, Tore und Speicher, die dem Besucher auf Schritt und Tritt begegnen. Diese Zeichen des deutschen Geistes werden trotz allem auch in Danzig noch lange sichtbar bleiben.

Die Mottlau-Front vom Krantor bis zur Ordensburg.
Rekonstruktion des mittelalterlichen Zustands (nach O. Kloeppel, 1930)

Schwetz

Umkämpfte Grenzburg und stärkste Weichselsperre

Komtursiegel, 15. Jhdt.

Auf dem über tausend Kilometer langen Weg von ihrer Quelle in den Westkarpaten bis zur Deltamündung in die Danziger Bucht und das Haff floß die Weichsel nur das letzte Fünftel durch deutsches Gebiet. Bei Zlotterie, unweit von Thorn, wo die Drewenz in die Weichsel mündet, trat sie auf das Gebiet des Ordenslandes und beeinflußte seine Entwicklung in entscheidendem Maße. In der ersten Hälfte des 13. Jahrhunderts folgten die Ordensritter dem Lauf des Weichselstromes auf ihrem Vorstoß zum Frischen Haff und benutzten ihn als Transportweg für Truppen und Material in dem sonst verkehrsmäßig unerschlossenen Land. Der Vorstoß nach Nordosten über Elbing nach Balga und Königsberg war nur auf dem Wasserwege möglich, wozu unter anderem die um 1238 gebauten Schiffe »Pilgrim« und »Friedeland« dienten.

Bei dem später vorgenommenen Ausbau der Ordenshäuser in Stein hatten diejenigen Burgen den Vorrang, die Wasserverbindung besaßen. Nicht nur Bauholz und die in einigen zentralen Bauhütten gebrannten Backsteine wurden in Schiffen befördert, sondern auch Kalk und Natursteine kamen über See von Gotland und Öland den Strom herauf.

Die *Weichsel* wurde zur *Lebensader des Ordenslandes*, auf der sich die Handelsströme kanalisierten. Aber nicht nur der Thorner Holz- und Getreidehandel mit dem polnischen Hinterland, sondern auch der überseeische Handel über Elbing und später über Danzig fand durch die Weichselschiffahrt entscheidende Förderung. Es ist also nicht verwunderlich, daß von den sechs preußischen Hansestädten vier (Thorn, Kulm, Elbing, Danzig) im Einzugsbereich der Weichsel und ihrer Deltaarme lagen.

Aber neben dem Verbindenden des Verkehrs und Handels haben und hatten vor allem zur damaligen Zeit Ströme auch trennende Funktionen als Grenzen und als militärstrategische Objekte: Im 13. Jahrhundert war die Weichsel die Grenze gegenüber dem an beiden Preußenaufständen beteiligten Pommerellen. Die von Herzog *Swantopolk* bei *Schwetz* und *Zantir* angelegten Weichselsperren blockierten die Versorgung der Ordensburgen im Unterland. Sie wurden jedoch wiederholt von Schiffen des Deutschen Ordens durchbrochen.

Als Grenze zu Polen hatte der kulmerländische Weichselabschnitt Sicherungsaufgaben, in die die im Urstromtal der Weichsel gelegenen Burgen Schwetz, Althaus Kulm, Wenzlau, Pien, Birgelau, Nessau, Thorn und Zlotterie einbezogen wurden. Als stärkste Weichselsperre sollte die Burg Schwetz zusammen mit Kulm den wichtigen Wasserweg sichern und den Schutz der nur gut zwanzig Kilometer südwestlich verlaufenden Grenze zu Polen übernehmen.

Wegen der besonderen Erfahrungen auf dem Gebiete der Schiffahrt wählte der Hochmeister im Jahre 1398 für das Flottenunternehmen zur Besetzung der Insel Gotland und ihrer Säuberung von Seeräubern den Komtur von

Schwetz, *Johann von Phirt.* Eine Flotte von über achtzig Segeln mit fünfzig Rittern und viertausend Kriegern führte dieses gut geplante Unternehmen im März/April 1398 mit vollem Erfolg durch. Die Vernichtung der Vitalienbrüder und die Vertreibung der zersprengten Reste dieser Seeräuber aus der Ostsee brachten dem Handel des Deutschen Ordens und allen Hansestädten einen neuen Aufschwung.

Der neue Weichseldurchbruch im Jahre 1371, durch den die Hauptwassermassen vom Elbinger auf den Danziger Deltaarm abgelenkt wurden, trug dazu bei, daß Danzig anstelle von Elbing die führende Stellung im Handel Preußens errang. Aber bald nach dem unglücklichen Thorner Frieden verlor die Weichsel als Magistrale und Rückgrat des Ordenslandes ihre Aufgaben als internationaler Handelsweg und als Bindeglied zwischen den altpreußischen und pommerellischen Landesteilen. Sie versandete in ihrer ungewohnten Bedeutungslosigkeit.

Auf einer langen, schmalen Halbinsel, die auf dem linken Weichselufer der einmündende Schwarzwasserfluß wie einen Schild aus dem breiten Urstromtal herausschneidet, lag schon im 12. Jahrhundert eine wichtige Festung des pommerellischen Fürsten *Grimislaw.* Um 1282 faßte der Deutsche Orden erstmalig auf dem linken Weichselufer Fuß, als ihm Herzog *Sambor* das *Land Mewe* schenkte. Nach Aussterben des pommerellischen Herzogshauses mit dem Tode Mestwins entstanden zwischen Böhmen, Brandenburg und Polen sowie pommerellischen Fürsten Erbfolgeauseinandersetzungen, in die der Deutsche Orden zunächst vermittelnd und später mit Gewalt eingriff. Danzig und Dirschau wurden 1308 in Besitz genommen und im folgenden Jahr nach längerer Belagerung durch Landmeister *Heinrich von Plotzke* auch die *Burg Schwetz.* Dem Markgrafen von Brandenburg kaufte der Orden mit dem Vertrag zu Soldin vom 13. September 1309 für zehntausend Mark Silber seine Besitzansprüche an den Gebieten Danzig, Dirschau und Schwetz ab. Bald darauf ließ er sich von Kaiser Heinrich VII. den Besitz Pommerellens bestätigen. Damit war die Landbrücke zwischen dem preußischen Ordensstaat und dem Reich hergestellt, wodurch der ungehinderte Verkehr

Lageplan der Burg (nach Steinbrecht)

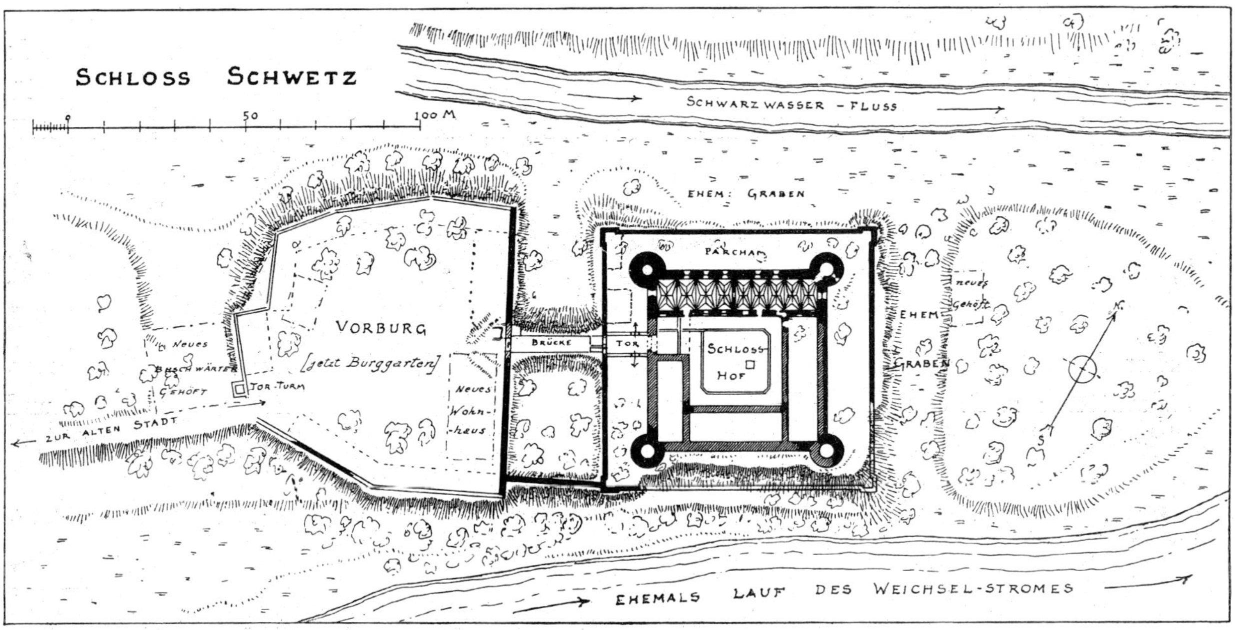

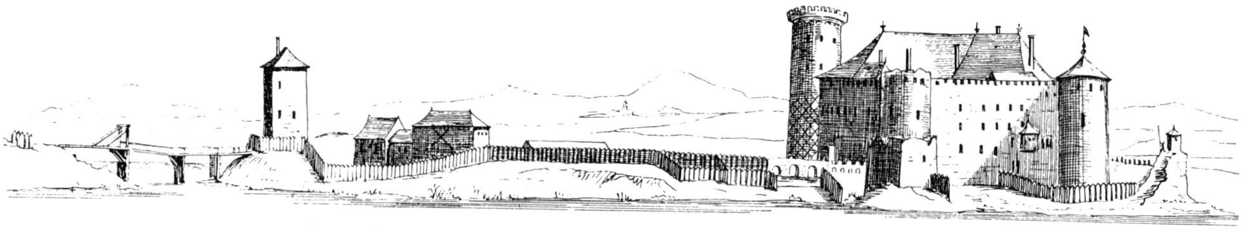

Ansicht der Burg (nach Pufendorf 1655)

und der dauernde Zuzug deutscher Siedler gewährleistet wurden. Andererseits trug diese Machterweiterung des Ordens wesentlich zum Mißtrauen und zu beginnender Feindschaft der Polen bei.
Die eroberte Festung auf dem Schild zwischen Weichsel und Schwarzwasser wurde sogleich wiederhergestellt und als Komturei eingerichtet, der man die Häuser und Gebiete von Jaschnitz, Groddek und Lipinken zuordnete. Erster Komtur von Schwetz war *Dietrich von Lichtenhain*, der ab 1323 zugleich die Komturei Schlochau mitverwaltete und die Ansiedlung deutscher Bauern und Handwerker förderte. Durch Ankauf großer Ländereien entwickelte sich Schwetz recht bald zu einer wirtschaftlich starken Kommende. Die auf dem hohen Ufer nördlich der Einmündung der Schwarzwasser liegende Ortschaft erhielt 1338 durch Hochmeister *Dietrich von Altenburg* die Handfeste einer Stadt nach kulmischem Recht.
Um 1335 erteilte der Hochmeister zugleich mit Danzig die Bauanordnung für den Bau einer Burg aus Stein auf dem bisherigen Platz. Sie wurde bis 1348 unter wesentlicher Leitung des Komturs *Günther von Hohenstein* fertiggestellt. Ob die Ähnlichkeit mit der Burg Zülpich auf den Einfluß des vorigen Komturs *Konrad von Brunigsheim*, der aus dem Rheinland stammte, zurückzuführen ist oder vielleicht den Plänen eines rheinischen Baumeisters entsprang, ist ungeklärt. Jedenfalls entstand als stärkste Weichselsperre und Grenzschutz gegen Polen eine wehrhafte Burg, die viele Kämpfe und Belagerungen erlebte.
Die in der Hochmeisterzeit entstandene *Burg Schwetz* läßt sich kunstgeschichtlich nur zwischen den beiden letzten Stilepochen der Ordensbaukunst einordnen. Trotz der vorherrschenden grundlegenden Bauauffassung des Ordens scheinen einige fremde Entwicklungen aufgenommen worden zu sein, die vielleicht Ansätze für neue Baugedanken waren und dem Kastell mit den vier an die Ecken angelehnten Rundtürmen einen malerischen, fast südländischen Gesamteindruck gaben. Eine auffällige und einmalige Erscheinung in der Reihe der Ordensburgen. Die fehlende reichere Ausbildung und der weitgehende Verzicht auf die Verwendung von Formsteinen weisen in Schwetz bereits auf das Überschreiten des Höhepunkts der Ordensbaukunst hin, auf das Verharren in einem schematisch übernommenen, auf das Erforderliche reduzierten Stil. Dennoch entstand ein stattliches Konventshaus mit Vorburg, die beide von den Wassern der Weichsel und des Schwarzwasser-Flusses umspült und dadurch gut gesichert waren.
Die *Vorburg* war vieleckig und etwas größer als das Haupthaus; massive Mauern umgaben sie, und neben ihrem Eingangstor stand ein quadratischer *Torturm*. An die dem Haupthaus abgewendeten Mauern waren Wirtschaftsgebäude angebaut. Über den breiten Hausgraben führte eine etwa zwanzig Meter lange Brücke zum Burgtor mit vorgelegter Zugbrücke, vor dem in der Breite des Parchams ein Torzwinger lag. Der nicht unterkellerte Torweg zwischen dem verkürzten Westflügel und dem Nordflügel war durch ein Fallgatter gesichert.
Die quadratische *Hauptburg* mit einer Seitenlänge von gut fünfzig Meter flankierten an allen vier Ecken angelehnte Rundtürme, von denen aus der umlaufende Parcham zu bestreichen

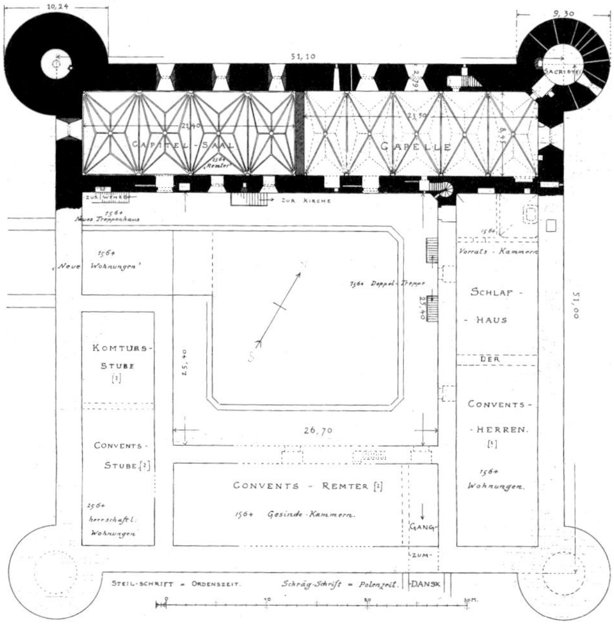

Grundriß des Haupt-Geschosses (nach Steinbrecht)

war. Im Ordensland wurde diese aus dem Rheinland und dem romanischen Bereich stammende Turmanordnung nur noch in Memel und abgewandelt in Bütow angewendet. Bei der Anordnung der Flügel mit einer Lücke für den Eingang dürften wohl die Burgen Schlochau und Strasburg als Vorbild gedient haben. In allen Flügeln verlief unter der Dachtraufe der Wehrgang mit einer dichten Reihe von Luken. Im Hof, um den ringsum in der Höhe des Hauptgeschosses ein Kreuzgang führte, lag der Brunnen.

Der *Hauptflügel*, an der Nordseite parallel zum Schwarzwasserfluß liegend, enthielt *Kapelle* und *Kapitelsaal.* Hier fanden sich überraschend einfache Gewölbe aus nur vierstrahligen Sternen, deren ungewöhnlich nüchterne Rippen unmittelbar auf schlichten Konsolen ansetzten. Die etwas mehr als die östliche Hälf-

Hauptflügel vom Burghof aus. Deutlich hebt sich das neue Mauerwerk der Restaurierung ab

Heraldischer Malereifries in Kapitelsaal und Kapelle

te des Flügels einnehmende Kapelle hatte sieben große Fenster, wovon eines im Chor über dem Hauptaltar lag. Im anschließenden Nordturm lag die Sakristei mit·Zugang vom Chorraum. Einst soll sich am Westende der Kapelle eine hölzerne Empore befunden haben.

In beiden Räumen des Hauptflügels wurden früher reichlich Spuren beachtenswerter Wandmalerei aufgedeckt, wobei es sich um ornamentale und heraldische Motive handelt. Die Fenster des von vier Gewölbejochen überspannten Kapitelsaals waren wesentlich kleiner als die der Kapelle. Dennoch dürfte auch dieser Repräsentationsraum des Ordenshauses durch Wandmalereien und gediegenes Inventar würdig ausgestattet gewesen sein. Er wurde vom Ofen des unter ihm im Erdgeschoß liegenden Backhauses mitgeheizt. Letzteres und das ebenfalls im Erdgeschoß anschließende Kornhaus waren von starken Kreuzgurtgewölben überspannt, während alle übrigen Erdgeschoß- und Kellerräume in den anderen Flügeln mächtige Tonnendecken hatten.

In die Nordwestecke des Kapitelsaals ragt oben, von einem Bogensegment abgefangen, ein Teil des Turmunterbaues herein. Es handelt sich um den *Bergfried*, der weitvorspringend dennoch fest in der Hausecke eingefügt ist. Bei einem Durchmesser von über zehn Metern ist er fünfunddreißig Meter hoch und übertrifft die anderen drei Ecktürme sowohl in der Höhe wie auch im Durchmesser. Als selbständig zu verteidigender Hauptturm war er nur über eine Fallbrücke vom Wehrgang aus in vierzehn Meter Höhe zu betreten. Der ebenerdige Eingang stammt aus der Neuzeit. In der unteren Hälfte des Turmes liegen übereinander drei röhrenartige, gewölbte Räume, die als

Hauptflügel am Ufer des Schwarzwasser-Flusses

Inneres der notdürftig gesicherten Burgkapelle

Verliese und als Klärgrube dienten. Die obere Turmhälfte enthält übereinander fünf gewölbte Räume mit Zugang zur Wendeltreppe in der Mauer und mit Lichtschlitzen. In den oberen beiden Räumen waren für die Wachmannschaft Kochherd und Abortanlagen vorhanden. Die obere Turmplattform ist von einem offenen Wehrgang auf Konsolen und Rundbögen bekrönt. Zwischen den Zinnen und der Turmwand befinden sich Wurfscharten zur Bekämpfung anstürmender Feinde. Diese Wurföffnungen sind, wie ihr Name Maschikuli erkennen läßt, dem orientalischen Festungsbau entliehen. Sie finden sich in abgewandelter Form nur noch in wenigen ostdeutschen Burgen, wie z.B. Rößel und Allenstein. Deutlich sichtbar ist auch heute noch das Rautenmuster aus dunklen Backsteinen im unteren Teil des Turmmauerwerkes.

Von den drei anderen Burgflügeln haben sich nur noch Teile der Fundamente und vom Ostflügel der Keller erhalten. Der *Ostflügel* war im Hauptgeschoß von dem großen Schlafsaal, dem *Dormitorium*, ausgefüllt. Das darunter befindliche Brauhaus mit Mälzerei mag den Bewohnern im Winter etwas Wärme abgegeben haben, denn in der Nordecke führte der große Kamin durch alle Stockwerke. In dem eingeschobenen kurzen *Südflügel* lag der *Konventsremter*, der Speisesaal der Ritterschaft, und darunter die Küche mit benachbarten Vorratsräumen. Im Hauptgeschoß führte ein schmaler Flur auf einen Gang, der den Parcham überquerte und im Danzkerturm am Weichselufer

Bergfried mit hochliegendem Eingang und Wurfscharten

endete. Diese Abortanlage scheint schon bald nach der Ordenszeit vom Hochwasser der Weichsel samt der Parchammauer weggerissen worden zu sein, denn an ihrer Stelle zeigt eine Zeichnung von 1655 einen Aborterker direkt an der Hauswand. Der um die Torwegbreite verkürzte *Westflügel* beherbergte einst die Komturwohnung und darunter im Erdgeschoß Wachstube und Waffenkammer.

Diese bedeutende Burg des Deutschen Ordens hat wiederholt in der Landesgeschichte eine Rolle gespielt. Zum Eckpfeiler der Verteidigung Pommerellens unter ihrem berühmten Komtur *Heinrich von Plauen* bestimmt, war sie im Juli 1410 Sammelpunkt des Ordensheeres im Vorfeld der Schlacht bei Tannenberg. Hier wurden aus dem Reich kommende ritterliche

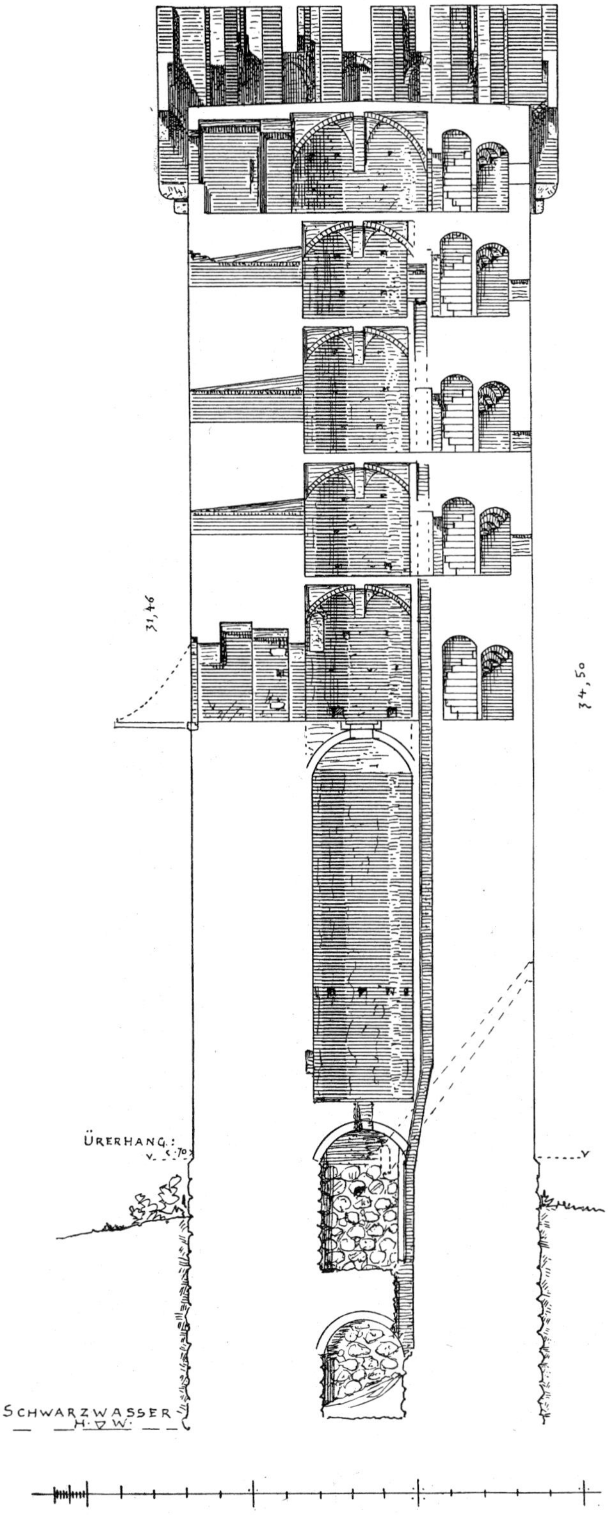

Längsschnitt des Bergfrieds (nach Steinbrecht)

Verfallene St.-Stanislaus-Kirche in der vor hundert Jahren aufgegebenen Altstadt

Gäste aufgenommen und die zuströmenden Söldnerhaufen gemustert. Nach der Nachricht der Niederlage bei Tannenberg eilte Heinrich von Plauen mit allen verfügbaren Truppen zur Marienburg, stellte ihre Verteidigungsbereitschaft her und rettete sie trotz wochenlanger Belagerung vor dem polnischen Zugriff.

Auch Schwetz konnte trotz der durch den Abzug eingetretenen Schwächung seiner Besatzung gegen eine polnische Belagerungstruppe behauptet werden und blieb mit einer Handvoll anderer Städte in der Hand des Deutschen Ordens. Schneller Zugriff gepaart mit verbreiteter Furcht und Verrat hatten die meisten Städte und Burgen vor dem siegreichen Polenkönig kapitulieren lassen. *Johannes von der Posilge* berichtet in seiner zeitgenössischen Chronik hierüber:

»... Sunder der Koning (v. Polen) hatte alle huser inne Im lande czum Colmen unde Stete, Sunder dese hüser Konsberg, Brandenburg, Balge, Swecze, Slochow unde Danczk das hus unde den Redin.«

Die *Stadt Schwetz* war inzwischen, vermutlich nach einem Brand, vom hohen Uferrand auf die Halbinsel neben die Burg verlegt worden. Wie bei Ordensbegründungen üblich, breiteten sich um den geräumigen Marktplatz die regelmäßigen, rechtwinkelig angelegten Straßenzüge aus. Eine Stadtmauer aus Feld- und Backsteinen mit Türmen und zwei Toren wurde errichtet. Die um 1400 gebaute *Pfarrkirche St. Stanislaus* entsprach mit ihrem schönen Blendengiebel und dem wehrhaften Turm dem Baugedanken des Ordens. Leider litt die Stadt ständig unter der Überschwemmungsgefahr bei Hochwasser und Eisgang der Weichsel. Deswegen verlegte sie die preußische Verwaltung in der zweiten Hälfte des vorigen Jahrhunderts auf das höher gelegene linke Ufer des Schwarzwasser-Flusses, wo sie sich wesentlich besser entwickelte und am Ende der deutschen Zeit fast zwölftausend Einwohner erreichte. Die geräumte Altstadt wurde bis auf die Kirche und die Stadtmauer abgetragen. Noch heute steht die verfallene Pfarrkirche als Wahrzeichen der alten Stadt Schwetz auf der Halbinsel, unweit der Burgruine.

Burg und Stadt erlebten auch nach ihrer Eroberung durch Thorner Söldner im Städtekrieg noch unruhige und schwere Zeiten. Mehrfache Versuche des Deutschen Ordens zur Rückeroberung der Burg scheiterten unter erheblichen Verlusten und Zerstörungen der Burg.

Die Polen übergaben im Jahre 1457 die Burg und das Schwetzer Gebiet der Stadt Thorn als Dank für ihren Abfall vom Orden. Im schwedisch-polnischen Krieg um 1656 erlitt die Burg so schwere Zerstörungen, daß nur ein Trümmerfeld übrig blieb. Der Wiederaufbau ging nur schleppend voran. Bei Übernahme in die preußische Verwaltung im Jahre 1772 waren Stadt und Burg so wüst, daß König Friedrich der Große einen beachtlichen Fonds zum Wiederaufbau bereitstellte. Die Erhaltungsmaßnahmen an der Burg mußten zugunsten der notleidenden Stadt stark eingeschränkt werden. Das über der Burgkapelle errichtete Schutzdach fiel bereits 1825 wieder herunter. Ungeeignet für Backsteinbauten waren die im vorigen Jahrhundert nach dem Cohausenschen Erhaltungsverfahren durchgeführten Rasenabdeckungen des Mauerwerkes. So blieben von der Burg vor allem der Bergfried und der halb-

hohe Nordflügel, aber auch der Stumpf des Nordturmes und der Keller des Ostflügels sowie einige Fundamentreste erhalten.
Die polnische Denkmalpflege hat in den letzten Jahren erhebliche Erhaltungsarbeiten vorgenommen. Außer der Beseitigung von Schäden am Hauptturm wurden der Nordflügel und -turm wieder zur vollen Höhe aufgemauert und mit Notdächern versehen. Bisher stehen die Innenräume noch im Rohbau und sind ungenutzt. Doch ist der wiederhergestellte Baukörper des alten Ordenshauses vor weiterem Verfall gesichert.
Sicher wissen von den heutigen Besuchern der Burgruine nur noch ganz wenige etwas von der tragischen Gestalt des einstigen Komturs Heinrich von Plauen und von der wichtigen Funktion dieser Burg im Staate des Deutschen Ordens.

Restaurierter, zu voller Höhe aufgemauerter Rundturm an der Nord-Ecke des Hauptflügels. Er enthielt einst die Sakristei

Soldau

Südlichste Grenzburg gegen Masowien

Stadtsiegel, 14. Jhdt.

Der äußerste Südwestzipfel Ostpreußens wurde im Versailler Vertrag ohne Volksabstimmung vom Deutschen Reich abgetrennt und im Januar 1920 von Polen besetzt, obwohl der deutsche Bevölkerungsanteil über achtzig Prozent betrug. Als Folge der in den Jahren 1920 bis 1930 mit allen Mitteln durchgeführten Polonisierung wanderten rund 13 000 Deutsche aus diesem Gebiet ab. Hier liegt, nur knapp 25 km von Neidenburg entfernt und früher zu dessen Kreisgebiet gehörend, die Stadt Soldau.
An Stelle der prussischen Siedlung Soldowe wurde, nach vorangegangener Kolonisation und einem gescheiterten Gründungsversuch, unter dem Komtur von Osterode, Günther von Hohenstein, die Stadt Soldau gegründet. Von Hochmeister Heinrich Dusemer erhielt sie bereits 1349 die Handfeste nach kulmischem Recht. In dieser Zeit wurde zwischen dem Ordensland Preußen und dem polnischen Teilstaat Masowien die Grenze festgelegt, wie sie bis 1920 unverändert bestanden hat.
Seit Beginn des 14. Jahrhunderts hatte der Deutsche Orden hier im Lande Sassen einen Grenzposten in einem Blockhaus eingerichtet, der die zurückliegenden Burgen Strasburg, Löbau und Gilgenburg vor den häufigen Vorstößen der Litauer durch die Wildnis rechtzeitig alarmieren sollte. Bei Gründung der Stadt wurde aber der Ausbau einer festen Steinburg erforderlich. Diese entstand als einflügelige Anlage mit einem von Wehrmauern umgebenen quadratischen Hof in den Jahren 1340 bis 1350. Der erste Pfleger, wir würden ihn heute als Burghauptmann bezeichnen, war Kunemund von Malsleben, den 1352 Ludwig von Brandenburg ablöste.
Ihre erste Bewährungsprobe bestand die Burg, als sie 1376 einem Verheerungszug der Litauer unter Führung des Fürsten Kynstut standhielt. Aus Anlaß der Erhebung zur Vogtei erhielt die Burg zwei an die Wehrmauern angelehnte neue Flügel, die Wohn- und Wirtschaftszwekken dienten. Als sich gegen Ende des 14. Jahrhunderts auch die Polen gegen das Ordensland wandten, erlitt die Grenzstadt Soldau fortwährende Überfälle. Sie wurde 1390 von Polen und Litauern überrannt und kurzzeitig besetzt. Die gleichen Gegner brannten 1409 die Stadt nieder und schon ein Jahr später eroberte König Jagiello sie kurz vor der Schlacht bei Tannenberg. Bis 1454 erlitt Soldau noch dreimal polnische Besetzungen, bis sie Hochmeister Ludwig von Erlichshausen im Städtekrieg zurückeroberte und ihren Verbleib beim Deutschen Orden sicherte.
Die Burg liegt auf einem niedrigen Hügel im Neidetal, der damals mitten in sumpfigem Gelände an drei Seiten von Wasser umgeben war. Der künstlich aufgestaute Soldauer See (Mühlenteich bis 1847) und Gräben waren als Sicherungssystem angelegt worden. An der Westseite boten die Vorburg und auch die vorgelagerte Stadt Schutz. Um den quadratischen Burgkomplex mit 46 m Seitenlänge lief ein Parcham, der durch Mauern gegen den zum Was-

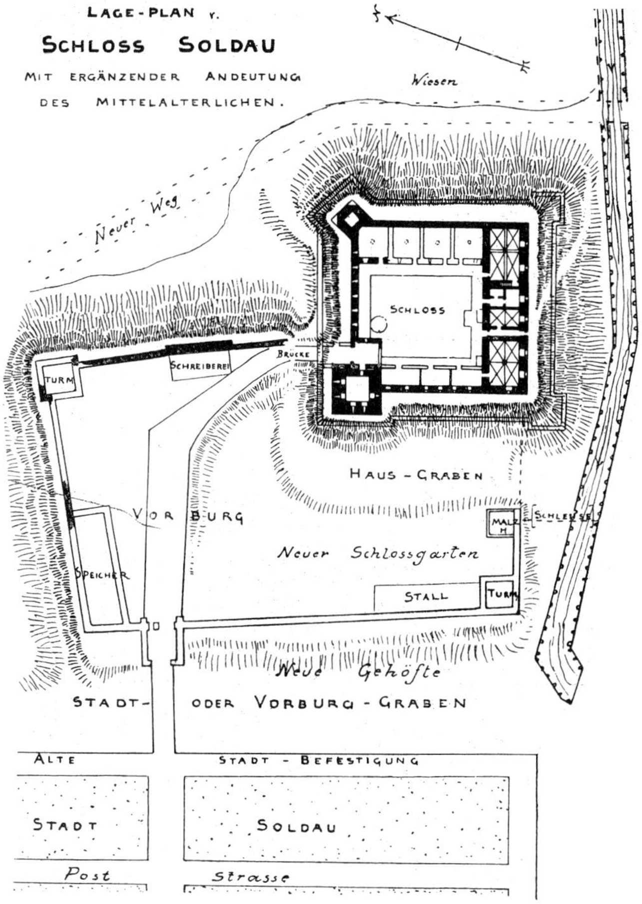

Lageplan des Schlosses (nach Steinbrecht)

Der Ostgiebel mit Spitzbogenblenden und Fialen

ser abfallenden Hügelrand gesichert war. Eine Zugbrücke überquerte den Hausgraben.
Im Südosten wird das quadratische Kastell vom Hauptflügel begrenzt, der eine ganze Seite einnimmt. Auf niedrigem Feldsteinfundament erhebt sich ein dreigeschossiges schmales Haus, das in Backstein aufgemauert und unterkellert ist. Das untere Drittel der Außenmauer, besonders an der östlichen Schmalseite, wird durch Muster aus dunkelgebrannten Ziegelsteinen belebt. Unter dem früher sehr steilen Dach läuft eine Reihe Wehrluken, doch die große Fläche der Außenwand wird von sechs großen Spitzbogenfenstern gegliedert, die der Kapelle und dem Remter im Hauptgeschoß zugehören. Darunter begnügen sich die Wirtschaftsräume des Erdgeschosses mit kleinen Fenstern in Spitzbogennischen. Beide Giebel sind von fünf hohen Blenden mit eingesetzten Spitzbögen aus Ziegelmaßwerk gekrönt, die in jeweils sechs Fialen auslaufen.
Im Grundriß des Hauses ist durchgängig eine klare Dreiteilung erkennbar. Keller und Erdgeschoß haben Kreuzgurtgewölbe auf kurzen Pfeilern. Besonders fällt auch heute noch das Münch-Gewölbe unter dem Remter auf, das von handwerklicher Sorgfalt gekennzeichnet ist und von einem Mittelpfeiler auf Granitsokkel getragen wird. Daneben führt ein schmaler Gang quer durch das Haus vom Hof zum Mühlenkanal; das ist die sogenannte Wasserpforte.
An der östlichen Giebelseite liegt im Erdgeschoß die alte Ordensküche. Sie ist zweischiffig

Ostgiebel des Haupthauses

Haupthaus (Südflügel), Hofseite, mit Wasserpforte und Pforte zum Remter. Unter den Wehrgangluken sind die Dachkehle und die Balkenlöcher des Laubengangs zu erkennen

und hat einen großen Rauchfang, der ein ganzes Gewölbejoch ausfüllt. Kapelle und Remter im Hauptgeschoß sind fast gleich groß und haben das gleiche zierliche Sterngewölbe mit Diensten auf strengen Maßwerkkonsolen. Seine Scheitelrippen bestehen aus feingliedrigen Birnstabprofilen. Ähnliche Sterngewölbe findet man im benachbarten Neidenburg, aber auch in Barten und in der Marienburg.

Nachdem die Räume über Jahrhunderte verwüstet und fremd genutzt wurden, besteht wegen ihrer Gleichartigkeit Meinungsstreit über ihre Bestimmung. Vieles spricht dafür, daß der mittlere Raum die Burgkapelle enthielt, wie es auch der berühmte Konservator Conrad Steinbrecht (1849–1922) annimmt. Vom Remter verläuft auf der Westgiebelseite ein Mauergang zum benachbarten Wohnflügel und zu einem Danzker. Beide Räume sind in ihren Dimensionen ausgewogen und haben schöne Gewölbe und Fenster. Es ist deshalb erfreulich, daß die Polen jetzt die Räume einschließlich der Gewölbe restaurieren.

Von den alten Malereien an der Ostwand ist nichts mehr zu sehen. Sie stammten von 1470 und stellten ein Weihekreuz und ein Fries mit Wappen des Hochmeisters Heinrich Reuß von Plauen dar.

Der Nordteil dieses Flügels hatte ein Zwischengeschoß mit mehreren kleineren heizbaren Räumen und ist schon lange zerstört. Ob hier die Gebietiger-Wohnräume lagen oder früher

Haupthaus von der Seite des Mühlengrabens. Am Westende sind zwei hohe Fenster des Remters zu erkennen

Grundriß des Hauptgeschosses (nach Steinbrecht)

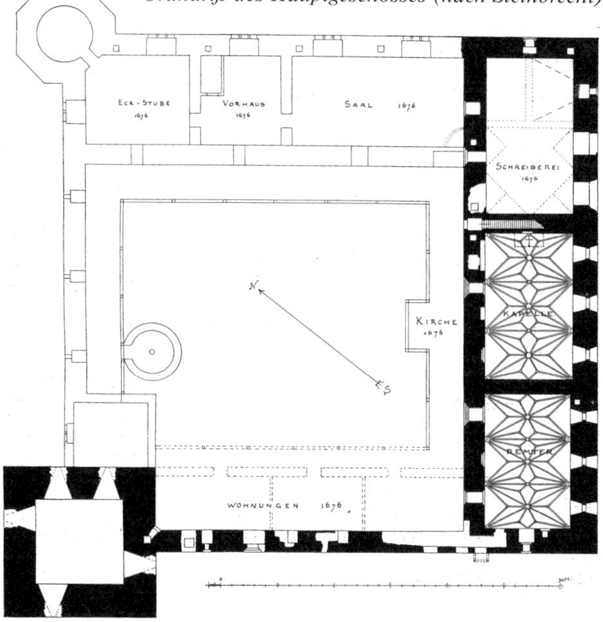

die Schäfferei ihren Sitz hatte, ist nicht belegt; jedenfalls war in diesen Räumen um 1676 die Schreiberei untergebracht. In der Hofmauer sind heute noch die spitzbogigen Eingänge zu Kapelle und Remter, aber auch die Dachkehle und die Mauerlöcher für die Balken des umlaufenden hölzernen Laubengangs zu sehen. Der im Südwesten anschließende Wohnflügel war bereits im ursprünglichen Bauplan vorgesehen und wurde bei der Erweiterung zur Vogtei errichtet, aber im 16. Jahrhundert im Renaissance-Stil verändert. Heute wird von den Polen auf seinen Fundamenten eine Bibliothek errichtet. Er verband früher Haupthaus und Hauptturm an der Westecke miteinander. Dieser mächtige quadratische Turm sprang weit aus den Mauern hervor und diente dem Schutz des unmittelbar anschließenden Torwegs sowie als Flankierungswerk zur Südmauer. Er ist nie

Mittelpfeiler des Münch-Gewölbes im Erdgeschoß des Haupthauses

Restaurierter Gewölbedienst der Kapelle

zu voller Höhe ausgebaut worden, denn zur Bauzeit fand der Umschwung zum reduzierten Stil ohne Bergfried statt, weil nunmehr bereits die Feuerwaffen in die Verteidigung einbezogen wurden. Während im Erdgeschoß noch regelrechte Bogenscharten vorhanden waren, fanden sich im Hauptgeschoß ein geweiteter Innenraum und breitere Schießscharten für Feuerwaffen. Von der zuletzt noch neun Meter hohen Turmruine wird beim jetzigen Bibliotheks-Neubau der Sockel als Basis verwendet.

Neben dem Westturm lag das Burgtor in einem Torzwinger, der von der Zugbrücke über den Hausgraben zu erreichen war. Die nach Nordosten führende Wehrmauer, die als Ruine heute noch steht, führt zu dem aus der Nordecke schräg herausspringenden Nordturm, dessen achteckiger Basisstumpf noch zu erkennen ist. Er war früher oben rund ausgebaut und von einem Zinnenkranz abgeschlossen. Entlang der nördlichen Wehrmauer zum Haupthaus war 1383 ein neuer Flügel mit Wohn- und Wirtschaftsräumen angebaut worden, der nach dem Umbau von 1676 schon bald verfiel und abgebrochen wurde.

Insgesamt macht die Burg heute einen verfallenen, ruinenhaften Eindruck. Aber die Polen führen eine etwa vier Jahre dauernde Restaurierung durch, bei der z.B. auch die Sterngewölbe in Kapelle und Remter vollkommen erneuert werden. Nach Fertigstellung wird hier eine öffentliche Institution untergebracht werden, denn anstelle des alten Seitenflügels steht

Skizze der Burg von 1881 (C. Steinbrecht)

bereits der Rohbau der geplanten Bibliothek. Man kann aber hoffen, daß trotz schwerer Eingriffe doch noch einiges von der alten Bausubstanz vor dem völligen Untergang gerettet wird.

Die Geschichte von Stadt und Burg war auch nach der Ordenszeit nicht weniger leidvoll. Nachdem die Stadt bereits im Reiterkrieg von den Polen niedergebrannt und besetzt war, fügen auch die schwedisch-polnischen Kriege im 17. Jahrhundert ihr erneut schweren Schaden zu. König Karl Gustav von Schweden richtet 1656 in der Burg sein Hauptquartier ein und empfängt Gesandte aus England, Rußland und der Türkei. Bereits ein Jahr später fallen die Tataren in Soldau ein, brandschatzen es und verschleppen viele Einwohner. Nach der russischen Besetzung im Siebenjährigen Krieg und zwei großen Stadtbränden muß der preußische Staat beim Wiederaufbau finanziell sehr helfen. Zur Belebung der Wirtschaft wird Soldau Garnison für das Husaren-Regiment Nr. 8.

Eine neue Besetzung, diesmal durch die Franzosen im Jahre 1806, und der Rückzug der geschlagenen napoleonischen Armee im Jahre 1812 hinterlassen ihre Spuren. Dann aber herrscht endlich in dieser Region für gut hundert Jahre Frieden. Im August 1914 fällt die Stadt im Vorfeld der Schlacht bei Tannenberg für eine Woche in russische Hand und im November desselben Jahres noch einmal für wenige Stunden.

Nach der Annexion durch Polen am 17. Januar 1920 dringt im August die Rote Armee kurzzeitig in die Stadt ein. Sie bleibt bis 1939 polnisches Territorium und wird am 2. September 1939 von deutschen Truppen kampflos besetzt. Am 19. Januar 1945 überrollt die Rote Armee die Stadt bei ihrer Offensive aus dem Narew-Brükkenkopf mit Stoßrichtung auf Elbing und Danzig. Damit senkt sich für viele Jahre der Eiserne Vorhang über Stadt und Land.

Die Burg hatte an all dem wechselhaften Geschehen Anteil oder war von ihm betroffen. Herzog Georg Friedrich von Brandenburg-Preußen baute sie 1583 im Renaissance-Stil zum Amtshaus aus, wozu unter anderem der bildlich überlieferte Toraufbau, der Treppenturm im Hof und die Hofgalerie gehörten. 1636 wird die Burg dem Amtmann Reinhold von Rosen verpfändet, der aber seinen Sitz verlegt und das unbewohnte Haus dem Verfall aussetzt. Zeichnungen und Pläne aus dem Jahre 1676 geben uns noch einmal einen Überblick über die bedeutende Anlage, die dann schnell durch Brände und Vernachlässigung sowie durch unkontrollierte Abbrüche zur Ruine wird, die der Fiskus verkaufen will, weil der Abbruch sich nicht lohnt.

Vor völliger Vernichtung rettet die Burg der Erlaß über Denkmalpflege in Preußen von 1824. Dennoch bewirken die nur zögernd einsetzenden halben Maßnahmen nicht viel. Das 1868 durch einen Brand zerstörte Dach wird erst 1908 durch ein Notdach ersetzt. Als 1911 der Beschluß zur Erhaltung der Ruine gefaßt wird, ist es fast zu spät, denn die folgenden Zerstörungen während der russischen Besetzung von 1914 und die Vernachlässigung in der bald nachfolgenden polnischen Zeit machen vieles zunichte. Um so mehr muß man die seit 1980 in Gang befindlichen Restaurierungsarbeiten der polnischen Denkmalpflege an diesem deutschen Baudenkmal begrüßen.

Schlochau

Die große Ordensburg in Pommerellen

Komtursiegel, 14. Jhdt.

Nach dem Aussterben der Herzöge von Pommerellen durch den Tod Mestwins im Jahre 1294 entbrannte ein langer Erbfolgestreit zwischen Böhmen, Polen, Brandenburg und pommerellischen Edlen. Mehrfach hatte der Deutsche Orden zwischen den streitenden Parteien vermittelt, ohne jedoch dauerhaft befriedete Verhältnisse herstellen zu können. Als die Brandenburger nach ihrer Belehnung mit Pommerellen durch den deutschen König Albrecht I die Stadt Danzig im Jahre 1308 besetzten, rief Herzog Wladislaw I. Lokietek von Großpolen den Deutschen Orden um Hilfe an. Dieser griff sofort energisch zu, besetzte Danzig, wobei er die brandenburgische Besatzung zum Abzug veranlaßte, aber auch die Polen aus der Burg vertrieb. Sodann wurden die Städte Dirschau und im Jahre 1309 Schwetz eingenommen.
In dieser günstigen Lage wollte der Orden seine Verbindung zum Reich durch den Erwerb Pommerellens endgültig sichern, konnte aber Herzog Wladislaw nicht mit einer Geldentschädigung zur Aufgabe seiner Erbansprüche veranlassen. Dagegen trat der Markgraf Woldemar von Brandenburg seine Rechte an Pommerellen im Kaufvertrag von Soldin gegen eine Summe von zehntausend Mark Silber an den Orden ab, und Kaiser Heinrich VII. bestätigte 1313 seinen Besitz an diesem Land. Dennoch verklagte Polen den Deutschen Orden beim Papst und begann 1327 einen 16jährigen Krieg, den König Kasimir von Polen nach einer unglücklichen Entwicklung für sein Land beendete. Im nachfolgenden Vertrag von Kalisch entsagte Polen 1343 endgültig allen Ansprüchen auf Pommerellen und das Kulmerland, während der Orden die eroberten Gebiete Dobrzyn und Kujawien an Polen zurückgab.
Nun mußte der Deutsche Orden die neu erworbenen Gebiete militärisch sichern, indem er im Norden in Dirschau, Danzig, Kischau, Bütow und Lauenburg sowie im südlichen Teil in Schwetz, Jaschnitz, Neuenburg, Tuchel und Schlochau die alten Burgen und festen Häuser verteidigungsbereit machte. An einer Stelle hatte er am westlichen Weichselufer bereits im letzten Drittel des 13. Jahrhunderts festen Fuß gefaßt, nämlich in Mewe, das ihm Herzog Sambor 1276 schenkte und dessen Burg um 1290 von den Ordensrittern neu aus Stein erbaut worden war. Die ersten Burgneubauten in Pommerellen waren Schlochau, Danzig und Schwetz. Als letzte und eigenartigste wurde um 1405 die Burg Bütow fertiggestellt.
Zur Sicherung der Hauptverbindungsstraße zwischen dem Reich und Preußen, dem sogenannten Markgrafenweg, aber auch als südwestlicher Eckpfeiler diente die Burg Schlochau. Was die Ordensleute in der strategisch günstigen Lage auf der Halbinsel zwischen dem Schloßsee und dem später abgelassenen Vogtsee vorfanden, waren alte Wälle und ein von den pommerellischen Herzögen erbautes Schloß, das nicht mehr den zeitgemäßen militärischen Erfordernissen entsprach. Es wurde dem Grafen Nikolaus von Ponitz für einen

Blick vom Westen (nach einer Rekonstruktionszeichnung von C. Steinbrecht)

Kaufpreis von 250 Mark Silber abgekauft und zunächst behelfsmäßig verteidigungsbereit gemacht, um als Etappenstützpunkt an der Heerstraße zu dienen. Bereits um 1320/25 begannen die Vorbereitungen für den Bau einer neuen Komturburg, und zunächst wurden Steinmetze angesiedelt.

Die dem Ort Schlochau 1325 erteilte Handfeste verpflichtete die Bürger »czu dem Bouw unsirs houses czu Slochow czu helfen«. Die ersten Komture von Schlochau waren Ludwig von Liebenzell und ab 1323 Dietrich von Lichtenhain, die aber beide noch in Schwetz wohnten und auch dem dortigen Konvent vorstanden. Erst Komtur Günther von Snoze (1332–1334) konnte in die neue Burg einziehen, die wohl mit der Einweihung der Burgkapelle im Jahr 1365 durch den Gnesener Erzbischof Petrus ihren Bauabschluß fand.

Die dem Konventshaustyp des reichen Stils zurechnende Burg gehörte der Baugruppe Strasburg, Rheden, Schlochau an und gilt als bedeutendste Wehranlage links der Weichsel. Sie war mit rund dreihundert Meter Länge und einer Breite bis zu zweihundert Meter sehr groß und die zweitstärkste Ordensfeste nach der Marienburg. Durch ihre günstige Lage inmitten von Seen galt sie als schwer einnehmbare Wasserburg. Kunsthistorisch machten sich schon Zeichen der Überreife in der sich auflösenden Symmetrie des Grundrisses bemerkbar. Dennoch bezeichnete der berühmte Konservator Conrad Steinbrecht, der im vorigen Jahrhundert auf Grund der überlieferten Lustrationsberichte von 1564 und 1748 und ihrer detaillierten Beschreibungen die Rekonstruktion vornahm, die Burg Schlochau als beste nach der Marienburg.

Am Westufer des großen Schlochauer Sees, dessen Wasserstand zur damaligen Zeit um ei-

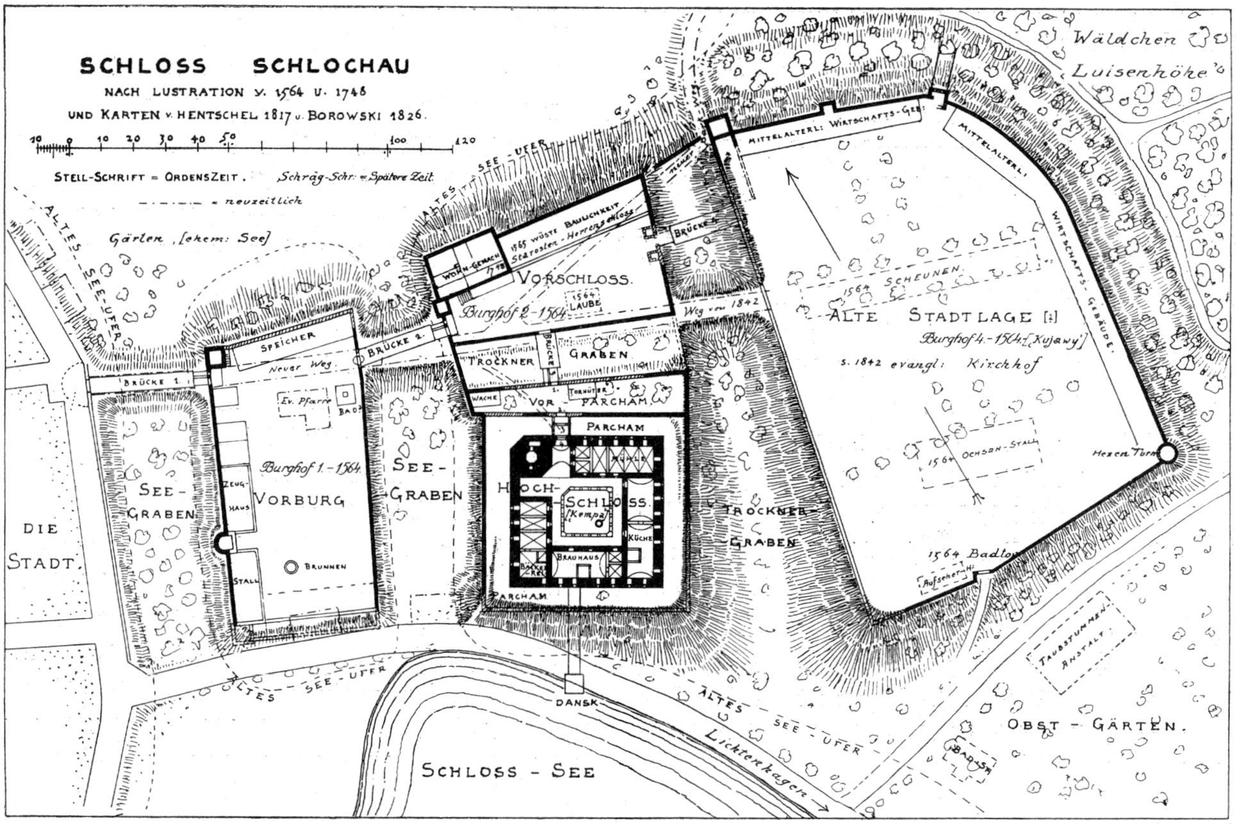

Lageplan, rekonstruiert nach den Lustrationen von 1564 und 1748 von C. Steinbrecht

nige Meter höher lag, stand auf der hügeligen Wurzel einer bewaldeten Halbinsel die neue Feste. Der Inselhals war dreimal von tiefen, bis zu dreißig Meter breiten Gräben durchschnitten, deren beide westliche Wasser führten und Schloßsee mit Vogtsee verbanden. Der östliche trockene Graben trennte das zehn kulmische Morgen (= 1,5 ha) große, mit Ringmauer und Türmen befestigte Vorburgterrain, auf dem ursprünglich die Stadt angelegt werden sollte, und den östlich in den See hineinragenden Wald Luisenhöhe vom Burgplatz ab. Durch die künstlich angelegten Gräben zwischen den Seen entstanden zwei Inseln. Auf der einen lag die westliche Vorburg, auf der mittleren, die noch einmal quer durch einen trockenen Hausgraben geteilt war, lagen das Vorschloß und das Hochschloß.

Von der westlich vorgelagerten Stadt erreichte man die erste Vorburg über eine Zugbrücke über den Seegraben. Brückenpfeiler, Grabenmauern und Torwände waren auf hohen Feldsteinsockeln aus Ziegeln gemauert. Auf der Vorburgseite befand sich ein massiges Tor mit starkem Portal nebst Pforte, die kreuzweise mit Eisenbändern auf Eichenbohlen beschlagen waren. Neben dem Tor stand in der Ringmauer ein fester Eckturm zur Seite des Vogtsees und ein weiterer Turm an der Südwestecke. An die Wehrmauern waren ein Zeughaus, mehrere Ställe für hundert Pferde sowie Speicher und Geräteschuppen angebaut. Im südlichen Teil des Vorburghofes lag ein gemauerter, unerschöpflicher Brunnen. Während die stadtseitige Mauer massiv aufgeführt war, bestanden die anderen Mauern zum Teil aus Fachwerk.

Wenn man den zweiten Seegraben auf einer Zugbrücke überquerte, gelangte man durch ein

Erhaltener Feldsteinsockel des Südflügels. Darüber lagen im Hauptgeschoß Konventsremter und Danzkerflur

großes Torhaus mit Granitgewänden in den Hof des Vorschlosses, der ringsum von festen Mauern eingefaßt war. Gleich links vom Tor stand ein starker Turm mit einem tiefen Kellerverlies, einer Wachstube und einem Raum im Obergeschoß, der wegen seiner eisenbeschlagenen Bohlentür später als Schatzhaus bezeichnet wurde. Gleich daneben lag an der Nordmauer am See ein massives Haus mit vorgelagerter hölzerner Sommerlaube. Ob dieses Haus als Wohnung für den Komtur oder als Gästehaus diente, ist nicht mehr feststellbar. Hier errichtete vor 1748 der prunkliebende polnische Starost Radziwill einen aufwendigen Palast. Nach Osten führte durch ein von zwei Türmen flankiertes Tor eine Brücke über den trockenen Graben zur östlichen Vorburg. West- und Ostmauer liefen durch den Hausgraben und Vorparcham zur Parchammauer des Hochschlosses, das über eine Zugbrücke über den Hausgraben, ein Zwischentor und einen Torzwinger vor dem Hauptportal zu erreichen war.

Gleich rechts neben dem Torweg stand an der Nordseite der trutzige, achteckige Bergfried, der erhalten geblieben ist und mit seiner Höhe von 45 Metern auch heute noch das Landschaftsbild beherrscht; er ist wohlproportioniert und erinnert an ältere Türme in Graudenz, Strasburg und Mewe, aber auch an den Turm der Burg Schwetz. Vom Wehrgang aus konnte er in fünfzehn Meter Höhe über eine Fallbrücke betreten werden. Eine Mauertreppe verband die elf Geschosse miteinander, deren oberstes die »Wehre« war, ein gewölbter Mauergang mit sechzehn Luken. Hier hatte die Wachmannschaft einen Überblick bis zum Horizont, und sie wohnte hier in einem Raum mit Kamin und Abfallrohr in der Mauerdicke.

Der aus der oberen Turmmauer an der Südseite vorspringende Granitstein, der sogenannte Marienstein oder Schusterstein, hat neben der nüchternen Deutung als Plattform für Rauch-und Feuersignale oder als Abtritt auch zur Bildung einiger Legenden geführt, die hier kurz eingefügt werden sollen:

Marienstein: Im Mittelalter bereitete der Transport und Einbau eines so schweren Granitblocks in vierzig Meter Höhe erhebliche Schwierigkeiten. Er stürzte mehrmals herab, wobei er einen Ritter und mehrere Arbeiter zerschmettert haben soll. Nach gläubigem Anruf der Jungfrau Maria und Erbitten ihrer Hilfe ging dann der Einbau leicht und ohne Unfall vonstatten.

Schusterstein: Ein Schuster hatte Herz und Liebe der Tochter des mächtigen Starosten erworben und beide wollten heiraten. Die über die Wahl der Tochter entsetzten Eltern verlangten vom Schuster das Bestehen einer Probe, bevor sie ihren Segen geben wollten. Der Schuhmacher sollte auf dem vorkragenden Stein in schwindelnder Höhe sitzend ein Paar kostbare Schuhe anfertigen. Kurz vor Beendigung der Arbeit glitt dem Schuster der Hammer aus der Hand, er griff nach, verlor das Gleichgewicht und stürzte herab.

Der Burgturm war früher mit einem hohen, spitzen Schindeldach gedeckt, auf dessen Spitze seit 1564 eine vergoldete Kuppelkugel und ein Kreuz angebracht waren, die später durch Blitzschlag herabstürzten und im See versanken. Um 1850 wurde der Turm mit einem Zinnenkranz versehen. Die auch heute noch darunter sichtbaren Ordensschilde zwischen den Luken stammen wie die Putzbänder aus alter Zeit.

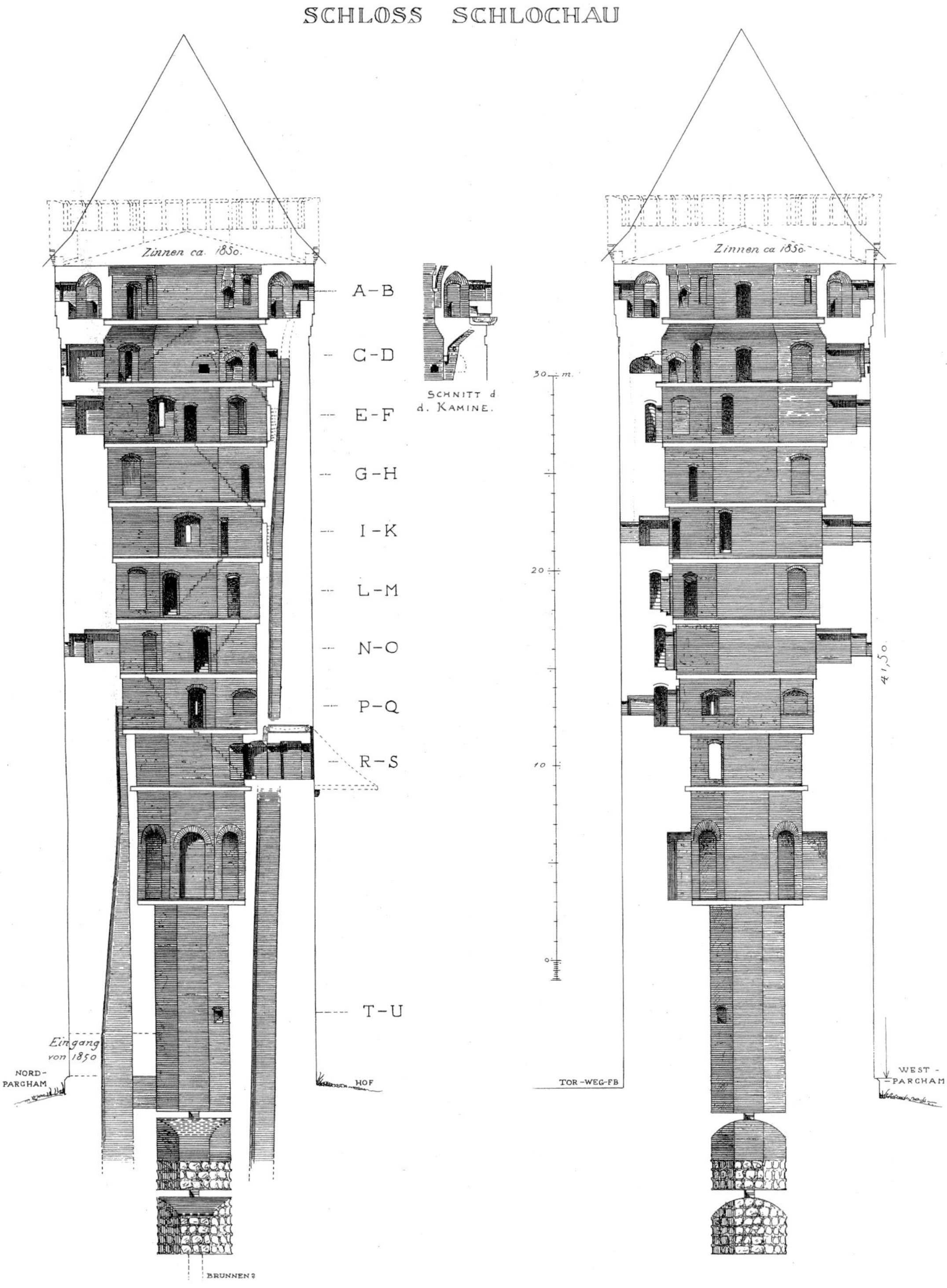

Längsschnitte durch den Hauptturm (nach Steinbrecht)

Bergfried mit hochliegendem Eingang, Schusterstein und Wappenfries

Der Nordflügel an der anderen Seite des Torwegs enthielt im Hauptgeschoß als einzigen Raum die Kapelle von 23,5 m Länge mit einem Sterngewölbe und mit fünf Außenfenstern und einem Chorfenster. In ihren starken Mauern befanden sich die übliche Büßerzelle mit Sicht- und Schalloch in Richtung Altar sowie zwei Treppen, die zur Empore aber auch zum darüber liegenden Speicher und Wehrgang führten. Das hofseitige Eingangsportal der Kapelle war vom ringsum den quadratischen Hof, hier Kempa genannt, verlaufenden steinernen Kreuzgang zu erreichen. Das galt auch für den im Ostflügel anschließenden Kapitalsaal und das Dormitorium (Schlafsaal), an das sich ein gefangenes Gemach anschloß. Alle Räume des Hauptgeschosses der Burg hatten Kreuz- bzw. Sterngewölbe, wobei das sechsstrahlige des Kapitelsaals wegen seiner Rosenform besonders schön gewesen sein soll.

Im Westflügel lag der große Konventsremter, auch Refektorium genannt, in dem die Ritter ihre Mahlzeiten einnahmen und der zu geselligen Zusammenkünften diente.

Im dazwischengeschobenen kurzen Südflügel finden wir die geteilte Herrenstube, die außer dem sorgsam ausgearbeiteten Sterngewölbe besonders schöne Estrichböden hatte. Die hier liegenden Gebietigergemächer des Komturs sowie die zugehörigen Nebenräume sind nicht so deutlich erkennbar wie in anderen Burgen, so daß die Vermutung naheliegt, daß der Komtur in dem erwähnten Wohnhaus im Vorschloß sein Domizil hatte. Vom Südflügel führte, von einem großen Flur ausgehend, ein gemauerter Gang auf Pfeilerbögen etwa 25 m weit zum Danzkerturm im See, in dem die Sanitäranlagen untergebracht waren. Im Erdgeschoß des Südflügels lag neben dem Brauhaus die Luftheizungsanlage für die ganze Burg, worauf die Reste des großen Schlots und Warmluftschächte hindeuten. Alle Erdgeschoßräume hatten Wirtschaftsfunktionen, so zum Beispiel im Ostflügel die große Konventsküche, im Westflügel der Wein- und Bierkeller und im Nordflügel unter der Kapelle neben dem Torwartraum die Pulver- und Kriegsgerätekammern.

Von den in Schlochau residierenden Komturen hat Konrad von Wallenrod die größte Bekanntheit erreicht. Nach seiner fünfjährigen Dienstzeit in Schlochau wurde er 1382 Oberster Marschall des Ordens, weitere fünf Jahre später Großkomtur und erreichte 1391 das höchste Amt eines Ordensritters, das des Hochmeisters. Leider wurde der tatkräftige und überall mit großer Ehrfurcht anerkannte Meister schon 1393 durch ein Fieber hinweggerafft.

Eine vielversprechende Persönlichkeit unter den Schlochauer Komturen war Arnold von Baden, der zuvor Vogt von Gotland und Vogt der Neumark war, aber der schon 1410 in der Schlacht von Tannenberg an der Spitze seines Konvents fiel. Die Burg Schlochau wurde nach

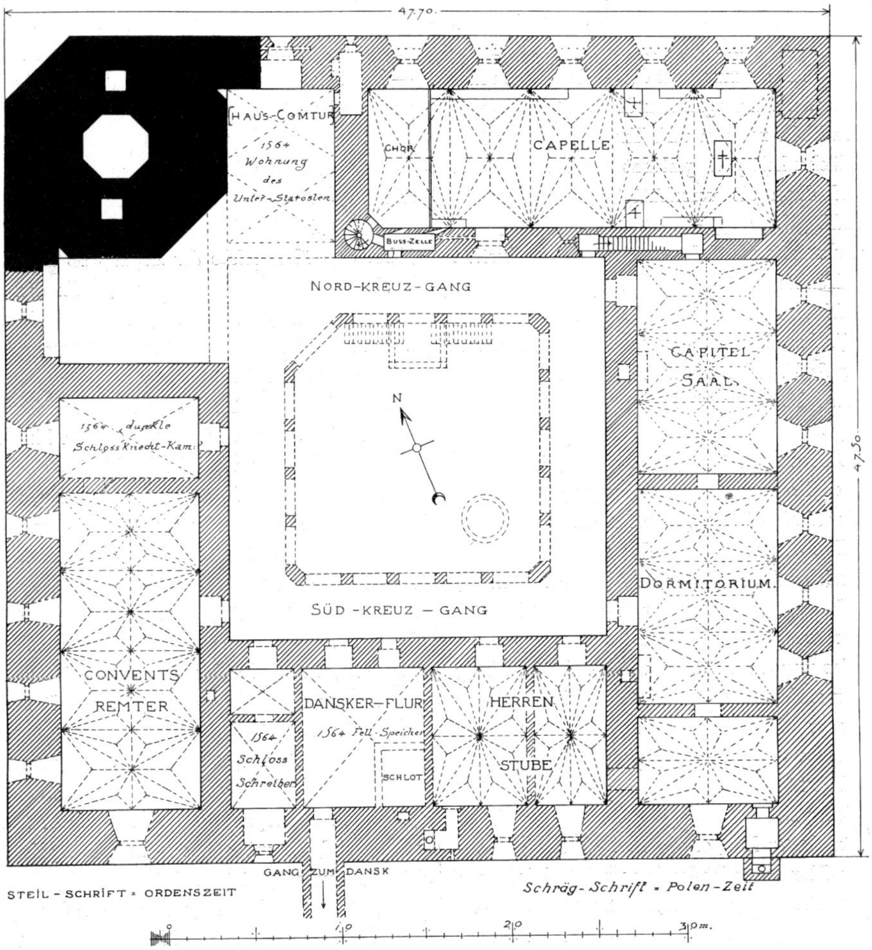

Grundriß des Hauptgeschosses im Hochschloß (nach Steinbrecht)

dieser Niederlage gegen die vordringenden Polen und Litauer standhaft verteidigt. Aber der Niedergang des Ordens trieb Schlochau schon 1454 zum Eidechsenbund und auf die Seite der mit Polen verbündeten Aufständischen. Es fiel in feindliche Hand, jedoch Komtur und Besatzung kämpften von Konitz aus weiter und bereiteten unter Führung des Ordensspittlers Heinrich Reuß von Plauen am 18. September 1454 bei Richnau in der Nähe von Konitz den Polen eine vernichtende Niederlage. Versuche des Ordens, Stadt und Burg Schlochau zurückzuerobern, scheiterten. Erst 1466 gelang es einer Ordensstreitmacht unter Martin von Zitzewitz, die Stadt für nur eine Woche einzunehmen. Später wurde sie um 1520 von durchziehenden Truppen des Hochmeisters Albrecht von Brandenburg heimgesucht und noch einmal vierzig Jahre später brandschatzte sie Graf Erich von Braunschweig. Um 1630 erschienen raubend und brennend die Schweden in der Stadt. Heimsuchungen durch Stadtbrände, durch die Pest und andere Seuchen sowie Besetzungen durch fremde Truppen, zuletzt durch die Russen im Siebenjährigen Krieg, füllten nicht nur die Chronik der Stadt, sondern trafen ihre Bewohner immer wieder schwer.
Im September 1772 ging Schlochau im Rahmen der ersten Teilung Polens wieder in deutschen Besitz über und gehörte fortan zum Königreich Preußen. Schon bald danach vernichteten zwei verheerende Stadtbrände in den Jahren 1786

Rest eines Mauerturms der östlichen Vorburg

und 1793 das Städtchen fast ganz, so daß den Bürgern gestattet wurde, für den Aufbau ihrer Häuser Steine aus der im Verfall befindlichen Burg zu holen, die nun mehrere Jahre als Steinbruch diente. Zehn Jahre später rettete die Königin Luise von Preußen bei einem Besuch wenigstens den Turm der Burg vor dem Abbruch, so daß er in einem Umfeld gewaltiger Ruinen stehen blieb. Ein bald folgender Erlaß sorgte dann auch für die Beendigung der Zerstörungen und für den Erhalt der Ruinen. Auf den Grundmauern der alten Burgkapelle, unmittelbar neben dem mächtigen Burgturm, wurde 1826–1828 eine evangelische Kirche errichtet, deren Plan unter der Beteiligung Karl Friedrich Schinkels entstanden war. Dieses bis heute erhaltene Bauwerk paßt aber weder in den Dimensionen noch in seiner künstlerischen Gestaltung in seine Umgebung und beeinträchtigt deshalb Turm und Ruinen sehr in ihrer Eigenart.

Die Kirche wird zur Zeit in ihrem Inneren renoviert, und auch im gesperrten Burghof, der von den bis zur Erdgeschoßhöhe erhaltenen Feldsteinmauern abgeschirmt wird, sind Arbeiten im Gange. Verunstaltet ist der Turm heute durch einen oben aufgesetzten etwa fünfzehn Meter hohen schmalen Gittermast, der wohl funktechnische oder ähnliche Funktionen hat. Der breite trockene Graben zur östlichen Vorburg hin dient jetzt als Freilichttheater mit einer großen quadratischen Bretterbühne und mit primitiven Sitzreihen auf der schrägen Grabenböschung. Aus dem ehemaligen evangelischen Friedhof innerhalb der von bröckelnden Feldsteinmauern umgebenen Vorburg ist ein ungepflegter Park geworden. Stümpfe und Mauertürme und die Ruinen des Badtors las-

sen den früheren Umfang der großen Wehranlage noch erkennen.
Nachdenklich verläßt der Besucher durch ein kleines Tor am Veilchengraben die Trümmerstätte der einst so gewaltigen und schönen deutschen Ordensburg, die schon vor fast zweihundert Jahren aus Not, aber auch aus Sparsamkeitsgründen abgetragen worden ist. Der preußische Ordnungssinn duldete keine nutzlosen, dem Verfall ausgesetzten Gebäude. Die damalige Auffassung über den kostenaufwendigen Erhalt historischer Gebäude war im Vergleich zur heutigen Bereitschaft auf diesem Gebiet noch wenig ausgeprägt.
Auf dem Weg nach Bütow ragt der Turm der alten Ordensburg noch lange über dem See und dann aus dem grünen Gewölk der Bäume hervor, wenn man den Blick zurückwendet. Seit mehr als sechshundert Jahren ist er ein Symbol der Geschichte dieser Landschaft, und er wird wohl noch lange dort stehen.

Bergfried und evangelische Kirche von 1826/1828

Rastenburg

Kleine Ordensburg und starke Kirchenfeste

Stadtsiegel, 14./15. Jhdt.

Die Verbindung zwischen Burg, Kirche und Stadt wird in Rastenburg besonders deutlich, denn alle drei waren hier integrierte Bestandteile der gemeinsamen Verteidigungsanlagen. In das Mauerviereck mit Türmen und dreiseitig umgebenden Gräben waren an der nur vom Guber-Fluß und vom Mühlenteich mäßig gedeckten Südfront Burg und Kirche als starke Eckbastionen einbezogen. Vom ursprünglichen Baugedanken der etwa gleichgewichtigen Verteilung fortifikatorischer Aufgaben zwischen Ordensburg und Kirchenburg war nach vollen Ausbau der St.-Georgs-Kirche kaum noch etwas zu erkennen. Im Gegenteil bezeichnen spätere Betrachter den Gegensatz zwischen der gewaltigen Kirchenburg und der bescheidenen Ordensburg als ein Baurätsel. Wenn man jedoch die Baugeschichte berücksichtigt, so wird erkennbar, daß die St.-Georgs-Kirche erst gegen Ende der Ordenszeit die mächtigen Dimensionen erhielt. Zuerst war da eine kleine einschiffige Landkirche, deren 17 m hoher Turm vom Eckturm der Stadtbefestigung übernommen worden war und diese Funktion auch weiterhin erfüllte. Seit der Gründung der Kirche um 1359 vergingen weit über hundert Jahre, bis sie die uns bekannte monumentale Gestalt erhielt. Der Turm wuchs auf eine Höhe von 48 m empor, das Kirchenschiff wurde dreischiffig mit überhöhtem Mit-

Kirchenburg St. Georg, Südseite (nach Steinbrecht)

Die St.-Georg-Kirchenburg als Südwestbastion der Stadtbefestigung

telschiff und jetzt erst entstand der trutzige, untersetzte Glockenturm als Gegengewicht zu dem hohen Wehrturm. Erst 1515 endete die Bauphase mit dem Anbau des großen Ostchors und mit der Ausstattung der Kirche mit Zellengewölben.

Lageplan von Stadt und Burg (nach Steinbrecht und Giese)

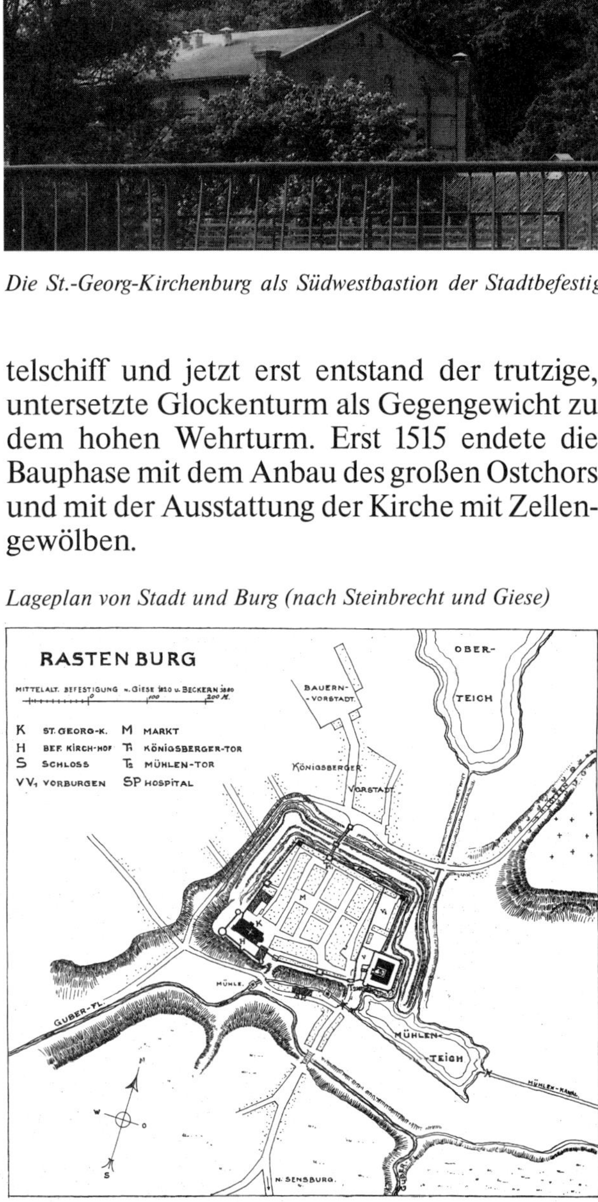

Die Burg der Ordensritter ist dagegen schon um 1370 in einem Guß als dreiflügelige Anlage aus Stein erbaut worden. In ihren bescheidenen Ausmaßen von 31 × 37 m stellt sie einen eigenen Typ der kleineren Verwaltungsburgen des reduzierten Stils dar, wobei sie jedoch wehrhaft und streng wirkt. Man muß ferner berücksichtigen, daß zur Hauptburg mit umgebendem Parcham samt Wehrmauer auch noch zumindest eine, vermutlich aber sogar zwei Vorburgen mit entsprechenden Wehranlagen gehörten.

Wenn man die Ausbauzeiten beider Baugruppen zeitgerecht im Auge behält, so zeigt sich, daß im 14. Jahrhundert wohl doch die Ordensburg den Schwerpunkt der städtischen und regionalen Verteidigung, aber auch der Herrschaft bildete. Das Primat der Ordensritter und ihres Gebietigers, des Pflegers zu Rastenburg, war bis weit in die erste Hälfte des 15. Jahrhunderts unbestritten.

Bekannte Ritter, wie die späteren Hochmeister Michael Küchmeister von Sternberg und Paul von Rusdorf, standen dem Pflegamt Rastenburg mehrere Jahre vor. Aber bereits der Verrat des Bürgermeisters Bardin, der die Stadt nach der verlorenen Schlacht von Tannenberg im Jahre 1410 den Polen in die Hände spielte und dafür durch den Hochmeister Heinrich von Plauen zum Tode verurteilt wurde, wirft ein Schlaglicht auf die sich verschlechternden Beziehungen zwischen den Städten und dem Ordensstaat.

Die früh dem Preußischen Bund beigetretene Stadt ging sogleich bei Ausbruch des Städtekriegs 1454 auf die Seite der von Polen unterstützten Aufständischen über. Bürger Rastenburgs erstürmten die Burg und ertränkten den gefangengenommenen Pfleger Wolfgang von Sauer unter dem Eis des Mühlenteichs. Nach acht Jahren gelang es dem Deutschen Orden erst, die unbotmäßige Stadt zu unterwerfen.

Die hier skizzierte geschichtliche Entwicklung im 15. Jahrhundert mit dem Rückgang der Macht des Ordens spiegelt sich auch in der öffentlichen Bautätigkeit wider. Während im Ordenshaus die Stagnation bis zum Beginn der Herzogszeit anhält, wächst die St. Georgs-Kirche durch An- und Umbauten zu einer gewaltigen Kirchenburg empor. Nie hätte der Orden früher in der Nähe seiner Burg eine Kirchenfeste geduldet, wie das Beispiel Königsbergs zeigt, wo der Bischof von Samland den wehrhaften Ausbau des Doms auf Gebot des Hochmeisters aufgeben mußte. In Rastenburg zeigte sich nun auch optisch eine Verschiebung der Wichtungen zu Ungunsten der Ordensherrschaft. So sind hier wie anderswo an den Bauten nicht nur Epochen des Wohlstands oder der Armut abzulesen, sondern auch Rückschlüsse auf das Verhältnis zwischen Staat, Kirche und Bürgern möglich.

Das Gebiet des alten Gaues Barten am Rande der Wildnis war erst nach einigen Anläufen in den Ordensstaat einverleibt worden. Bald nach der Schlacht von Woplauken nahe Rastenburg am 7. April 1311, wo der Großkomtur Heinrich von Plotzke das von einem Plünderungszug durch das Ermland zurückmarschierende Litauerheer vernichtend schlug, setzte die planmäßige Besiedlung Bartens ein. Sie sollte durch eine Burgenkette im Allegebiet mit den Gliedern Gerdauen, Leunenburg, Barten und Rastenburg abgesichert werden.

Das erste Wildhaus von 1325 wurde schon vier Jahre später durch eine von Hochmeister Werner von Orseln gegründete und von Balga aus gebaute Holzburg mit Erdwällen abgelöst. Burg und daneben entstandene Lischke fielen zweimal kurz hintereinander den plündernd und brandschatzend einbrechenden Litauern zum Opfer. Darum baute man um 1360 eine massive Burg aus Stein und gleichzeitig, im Zusammenhang mit der Stadtbefestigung als anderen Eckpfeiler der Verteidigungsanlagen, die St. Georgs-Kirche. Die wiederaufgebaute Siedlung war zum oppidum herangewachsen und erhielt 1357 vom Komtur von Balga, Henning Schindekopf, die Handfeste nach kulmischem Recht. Ein Jahr später bestätigte der Hochmeister Winrich von Kniprode das Stadtrecht für Rastenburg.

Über die Herkunft des Namens von Burg und Stadt gibt es drei Theorien. Einmal soll er von dem einst in der Bauernvorstadt gelegenen

Grundriß des Erdgeschosses (nach Steinbrecht)

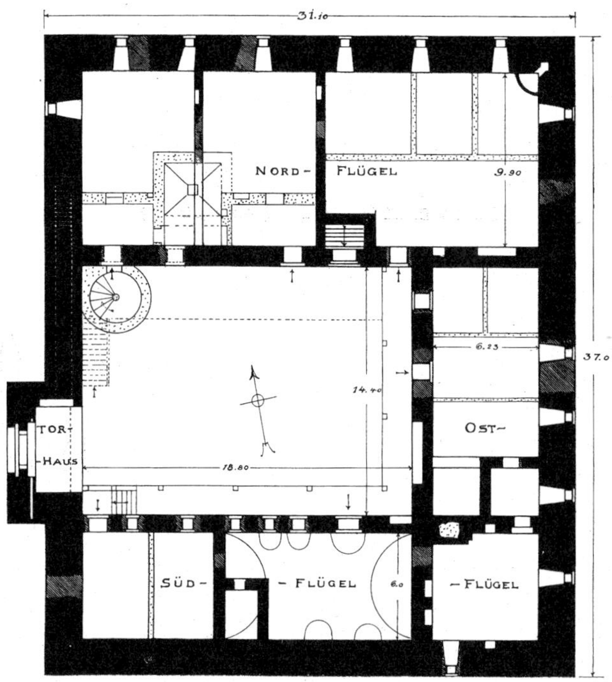

Nordseite (Hauptflügel)

Dorf Rast abgeleitet sein. Ein anderer Ursprung wird in der Herkunft eines Ordensgebietigers aus dem thüringischen Rastenburg (westlich von Naumburg) vermutet. Schließlich meint eine dritte Version, daß sich der Name einfach aus dem Begriff Rastort für Kriegszüge gegen Litauen gebildet hat.

Aus dem Rechteck der dreiflügeligen Burg ragt im Norden der dreigeschossige Hauptflügel mit beidseitigen Staffelgiebeln und hohem Dach hervor. Er übertrifft die anderen Flügel um Geschoßhöhe, so daß der allseits umlaufende Wehrgang an den Nahtstellen über Treppen geführt werden mußte. In der zwei Meter starken Außenwand sind über dem Feldsteinsockel im Backsteinmauerwerk sechs halbhohe schmale Spitzbogenblenden mit kleinen Fenstern und im Hauptgeschoß zwei große Spitzbogenfenster und fünf gleichgroße Blenden eingelassen. Den beiden schrägwandigen, großen Fenstern im Ostteil des Hauptflügels, die die Lage der Burgkapelle bezeichnen, stehen im Westteil zwei halbhohe Fenster gegenüber. Oben wird über einem Putzband die Wand durch eine dichte Reihe Wehrluken abgeschlossen.

In den Giebelfeldern werden fünf aufsteigende Putzblenden durch Mauerpfeiler begrenzt, die oben in Fialen auslaufen. Ein großes, spitzbogiges Kirchenfenster mit zwei danebenliegenden Mauerblenden prägte die Wandfläche unter dem Ostgiebel. Hofseitig gab es früher einen zweigeschossigen Kreuzgang, dessen Dachauflage auf Kragsteinen noch vor dem Krieg unter den hofseitigen Wehrluken zu erkennen war.

Torhaus in der Westfront

Ostgiebel des Haupthauses nach der Restaurierung

Nach den häufigen Umbauten ist die innere Einteilung des Hauses nicht mehr erkennbar. Wahrscheinlich gab es in dieser Burg keine Gewölbe, sondern nur Balkendecken, und die Zwischenwände bestanden aus Fachwerk.
Die Außenwand des Ostflügels erfuhr eine Belebung durch vier schmale, hohe Spitzbogenblenden, in deren unterem Viertel kleine Fenster lagen. Über dem Putzband fanden sich auch hier Wehrluken. In dem Steinsockel wurde erst um 1850 ein rundbogiges Wirtschaftstor herausgebrochen. Ost- und Südflügel dienten einst Wohn- und Wirtschaftszwecken. Der Südflügel hatte eine starke Außenmauer mit ganz wenigen schmalen Lichtöffnungen, denn hier lag die Angriffsseite.
Auf der Westseite liegt das aus der anschließenden Wehrmauer vorspringende, bescheidene Torhaus. Das Spitzbogenportal des Torwegs hatte in seinen Wänden eine Fallgatteranlage, und über ihm lagen beidseitig vorkragende Pechnasen, die später zu Erkern ausgebaut wurden. In die etwa zehn Meter vorgelagerte Parchammauer baute man um 1704 noch ein neues Torhaus ein; dennoch sind heute weder das Tor noch die Mauer zu finden.
Wer heute die Rastenburg besucht, ist erstaunt, mit welcher Sorgfalt die Polen das Gebäude nach erheblichen Kriegszerstörungen wieder ausgebaut haben und pflegen. Es beherbergt außer einem Museum noch öffentliche Dienststellen. Im äußeren Mauerwerk zeigt sich durch andersfarbige Backsteine besonders am Ostgiebel des Haupthauses und an den fleckigen

Treppenturm im Burghof

Wänden des Südflügels noch heute das Ausmaß der inzwischen beseitigten Kriegsschäden. Erfreut stellt der Besucher fest, daß der Hauptflügel wieder auf seine alte Höhe von drei Geschossen gebracht worden ist. Deutlich zeichnet sich die Aufstockung besonders an dem auf der Hofseite angelehnten Treppenturm von 1623 ab.

Natürlich gefallen uns die vielen zum Teil neu eingebrochenen modernen Fenster nicht. Auch müssen wir die Dachfenster, einen häßlichen Schornstein sowie die an die Stelle des hölzernen Hoflaubengangs getretene eiserne Balustrade und noch einige andere Zugaben hinnehmen und dennoch zufrieden sein, daß dieses deutsche Baudenkmal erhalten blieb und gepflegt wird. Es gab Epochen, auch in unserer Zeit, wo das überhaupt nicht selbstverständlich war.

Wenden wir uns noch einmal kurz zurück zur Geschichte nach dem Ende der Ordenszeit, als 1525 in dem Städtchen von gut tausend Einwohnern ein herzogliches Hauptamt eingerichtet wurde. Burg und St. Georg sowie die Mauerbastionen erfuhren eine Reihe von Umbauten. Um die Wende zum 17. Jahrhundert griff die Pest zweimal auf die Stadt über und forderte viele Tote. Bald danach plünderte der polnische Söldnerführer Butler mit seinen Horden die Stadt und besetzte sie für ein Jahr. Den Tataren gelang es nicht, die Stadt einzunehmen. Letztlich führten aber bald darauf schwedische und im Siebenjährigen Krieg russische Besetzungen sowie mehrere große Stadtbrände zur völligen Verarmung der Bürgerschaft und zu um sich greifendem Verfall. Wegen Baufälligkeit mußten das alte Rathaus aus der Ordenszeit abgebrochen und der Hauptflügel der Burg im oberen Geschoß abgetragen werden.

Auch die zweimalige Besetzung durch die Franzosen in den Jahren 1807 und 1812 hinterließ Spuren. Erst im 19. Jahrhundert kam es zu einem fühlbaren wirtschaftlichen Aufschwung, in dessen Verlauf Fabriken und Gewerbebetriebe in der neuen Kreisstadt entstanden. Bahn- und Straßenverbindungen wurden ausgebaut. Sicher hat die Landwirtschaft im Bereich der fruchtbaren schwarzen Erde viel zur Besserung der Verhältnisse beigetragen.

Die zur Domäne gehörende Burg wird 1910 von der Stadt angekauft und renoviert. Im Nordflügel nimmt der Kommandeur der 2. Infanterie-Brigade seinen Wohnsitz. Später zieht das Finanzamt hier ein. Auch den Ersten Weltkrieg überstehen Stadt und Burg trotz einwöchiger russischer Besetzung glimpflich. Nach einer zwanzigjährigen Atempause fällt die Stadt am Ende des Zweiten Weltkriegs, zur Hälfte zerstört, am 27. Januar 1945 in die Hände der Sowjets. Dabei erleidet auch die alte Ordensburg schwere Schäden.

Bütow

Die jüngste und eigenartigste Burg der Hochmeisterzeit

Stadtsiegel, 14. Jhdt.

Man ist erstaunt, wenn man heute im polnisch verwalteten Pommern einer fast völlig wiederhergestellten Ordensburg begegnet. Haben doch die sogenannten sozialistischen Staaten in den letzten Jahrzehnten eine betonte Hinwendung zu traditionell nationalistischen Tendenzen vollzogen und versucht, alle Hinweise auf die deutsche Vergangenheit dieses Landes weitgehend auszulöschen. Andererseits sind sie bemüht, die Bauten als neutrale oder gar als polnische Kulturdenkmäler zu erhalten, jedoch sie gleichzeitig Nutzungszwecken zuzuführen. In Bütow wurde in der restaurierten Burg ein Hotel eingerichtet.

Wenn man vor dem Eingang der deutschen Burg in Bütow steht, so glaubt man auf den ersten Blick, die letzten vierzig Jahre seien nur ein böser Traum gewesen. Aber bei genauerem Hinschauen fallen dann doch die Unterschiede und Zutaten auf, die trotz lobenswerter Restaurierung Auge und Gedanken auf die Realitäten der Gegenwart lenken.

Obwohl es sich in Bütow um eine der jüngsten Burgen des Deutschen Ordens handelt, die um 1400 zwischen der Neidenburg und dem Konventshaus Ragnit entstanden ist, so fehlen an ihrem hohen Alter von fast sechshundert Jahren heute nicht einmal mehr zwei Jahrzehnte. Ein so altes Gebäude kann vielerlei aus guten und schlimmen Zeitläufen erzählen.

Zuerst stand dort in Bütow eine Burg der Herzöge von Pommerellen. Als die Samboriden mit Herzog Mestwin ausstarben, erbte Burg und Herrschaft der herzogliche Marschall Hennig von Behr, dessen Söhne sie 1329 an den Deutschen Orden verkauften. Das dort eingerichtete Pflegeramt, dem 1346 der Ordensritter Ludolf von Hake vorstand, war bis zum Ende des 14. Jahrhunderts in der umgebauten alten Burg untergebracht. Dann entstand in einer Bauzeit von 1390 bis 1405 die neue Burg, deren wesentliche Konzeption sowie große Teile des Baukörpers auch heute noch in dem mehrfach umgebauten und restaurierten Gebäudekomplex erkennbar sind. Nach der unglücklichen Schlacht bei Tannenberg von 1410 fiel die schlecht besetzte Burg kampflos für einige Monate in polnische Hände, konnte sich danach 1433 noch einmal des Ansturms der Hussiten erwehren, ging aber 1455 im Städtekrieg dem Orden verloren.

Im zweiten Thorner Frieden von 1466 wurde Bütow dem Herzog Erich II. von Pommern als polnisches Lehen übertragen. Damit endete die fast hundertfünfzigjährige Ordensherrschaft in Pommerellen, der das Land eine günstige Entwicklung zu verdanken hatte. Auch die Pfleger von Bütow haben in ihrem Bereich daran mitgewirkt und sollen nicht vergessen sein. Jacob von Reinach war während der Bauzeit von 1394 bis 1402 Pfleger zu Bütow. Der Ritter Lucas von Lichtenstein hatte dieses Amt zwischen 1419 und 1436 dreimal mit einer Gesamtdauer von über zehn Jahren inne.

Zu hohen Ämtern als Großgebietiger des Ordens kamen drei ehemalige Pfleger von Bü-

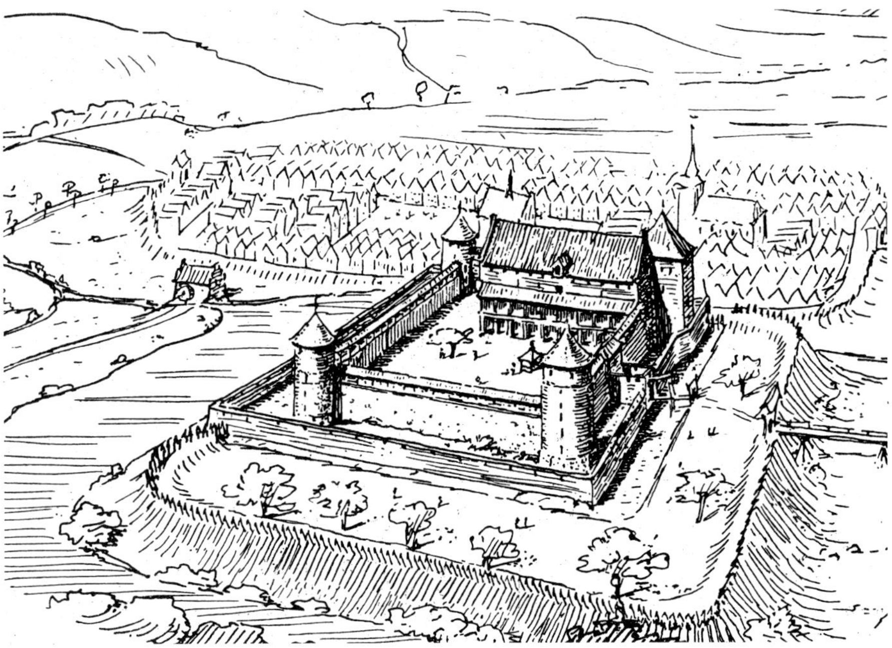

Ansicht der Burg, Rekonstruktion (nach Steinbrecht)

tow: Ludwig von Landsee (1425–28 in Bütow) wurde Oberster Marschall und Oberster Trapier, nachdem er zuvor die Komtureien Thorn, Brandenburg, Mewe und Rheden geleitet hatte. Nach seiner Amtszeit in Bütow um 1438 berief der Hochmeister den Komtur Wolf von Sansenheim nach Rheden und nach Osterode, bevor er ihm das Amt des Finanzministers des Ordens als Oberstttressler übertrug.
Bis zum Großkomtur, dem zweithöchsten Staatsamt, führte die Karriere des Bütower Pflegers Dietrich von Werdenau, der die Stadt 1441 verließ, um zunächst nacheinander mehrere westpreußische Komtureien zu leiten.
Die um die Wende vom 14. zum 15. Jahrhundert vom Deutschen Orden und seinem hervorragenden Architekten Nicolaus Fellenstein erbaute Burg gehört zu den kleineren Häusern der Hochmeisterzeit, die zugleich als Verwaltungssitz sowie dem Landesschutz dienen sollten. Bütow stellt mit seinen völlig andersgearteten Einzelformen den Auftakt zu neuer Stilbildung und zu einer entwicklungsgeschichtlich ungewöhnlichen Abkehr vom Überlieferten dar. Hier werden Fenster und Portale nicht mehr von Spitzbogen abgeschlossen, keine Profilsteine aus Ton werden verwendet, und die bisher üblichen Sterngewölbe machen wieder einfacheren Kreuz- und Tonnengewölben Platz.
In ihrer Eigenart kommen rätselhafte fremde Einflüsse wie beim Marienburger Hochmeisterpalast vor. Bei aller Großzügigkeit führt die künstlerische Konzentration zum Zusamenfassen in einer Einheit. Der durchgängige bauliche Leitgedanke eines einflügeligen Hauses mit einem bewehrten großen Hof davor zeichnet die starke Burganlage durch Klarheit und Einfachheit aus. Ihr militärischer Wert wurde zur damaligen Zeit erheblich hoch eingeschätzt.
Die östlich der Stadt auf einer zurechtgeschnittenen Bodenwelle liegende Burg war von Nordosten über eine lange Holzbrücke zu erreichen. Vorburg und hakenförmiger Hausgraben mit anschließendem von einer Mauer eingefaßten Parcham stellten die äußeren Verteidigungswerke dar. Im Süden versperrte ein aufgestauter Teich den Zugang. Wer über die Zugbrücke den Hausgraben überquerte, durch den Torzwinger und den Torweg mit seinen Sicherungseinrichtungen in die Burg gelangt war, blickte auf einen großen Hof, der im Rechteck

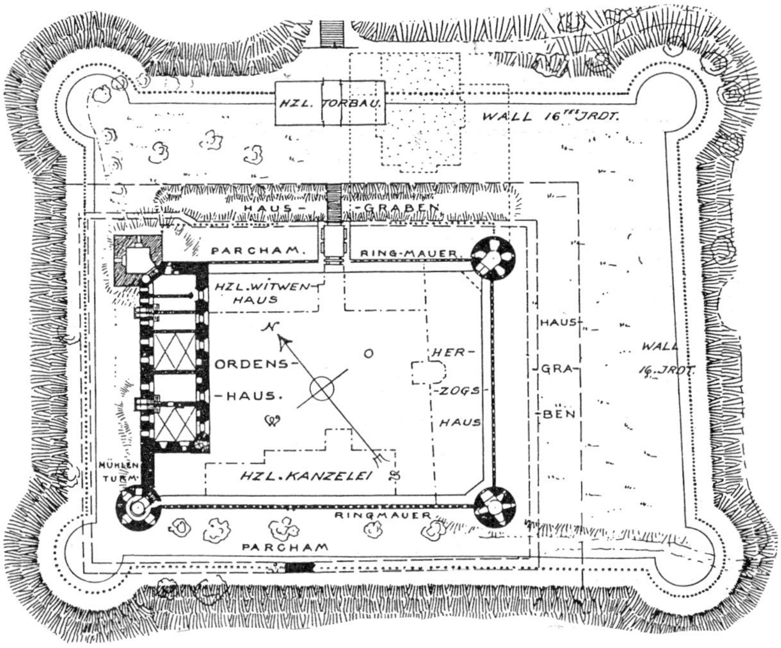

Lageplan der Burg (nach Steinbrecht)

45 × 65 Meter maß. Er wurde von vier hohen Wehrmauern umschlossen, die an den Ecken durch Türme verstärkt waren. Das rechte Haus, wie man die Ordenshäuser früher bezeichnete, lag im Nordwesten entlang der stadtseitigen Mauer. Sonst waren im Hof nur kleinere Wirtschaftsgebäude an die hohen Wehrmauern angelehnt, und unweit des Torhauses lag der Brunnen.

Die drei ursprünglich freistehenden mächtigen Wehrmauern bestanden bis zur Wehrgangssohle aus ungegliedertem Findlingsmauerwerk und erreichten eine Höhe von über neun Metern. Über einem leicht vorkragenden Ziegelband war der Wehrgang durch eine aus Backstein aufgemauerte Brüstung mit einer dichten Kette von Luken und Schießscharten abgeschlossen. Stadtseitig bildete die starke Außenwand des Ordenshauses die Wehrmauer. Sie war auf einem hohen Feldsteinsockel in einer Stärke von 2,90 m aus Backstein im Blockverband aufgemauert und übertraf die drei anderen Ringmauern um eine Geschoßhöhe. Die Wehrgangssohle lag hier 12,35 m über dem damaligen Terrain, das jetzt durch Aufschüttungen erheblich angehoben worden ist.

Bemerkenswert sind auch die drei erhaltenen runden Mauertürme, von denen der Ackerhofturm im Osten und der Roßgartenturm im Süden eine achteckige Basis aus Feldstein haben, während der westliche Mühlenturm durchgehend rund ist. Alle drei Türme waren für Feuergeschütze eingerichtet und deshalb früher in den drei mittleren Geschossen hofseitig offen, als Abzug für den Pulverqualm und für die Detonationswellen. Sie sind echte Mauertürme und haben mit dem Haupttürmen früherer Ordensburgen, wie z.B. dem Bergfried von Schlochau, nichts gemein. Dennoch sind es durchaus unterschiedliche Bauwerke. Der Ackerhofturm übertrifft seine Brüder nicht nur in der Höhe um ein siebentes Geschoß, sondern weist auch heute noch im oberen Drittel Reste eines um den ganzen Turm reichenden Putzfrieses aus Standarten mit angelehnten Schilden auf.

Die heraldischen Malereien sollen früher das Wappen des in der Bauzeit regierenden Hochmeisters Konrad von Jungingen (1393–1407) sowie Familienwappen der mit der Burg Bütow verbundenen Ordensritter gezeigt haben. Ähnliche Wappenschilde finden sich auch in

Südostseite der Burg mit Roßgarten- und Ackerhofturm. Am letzteren zeichnet sich noch der Wappen- und Standartenfries aus der Ordenszeit ab

einem umlaufenden Fries des Burgturms von Schlochau und an anderen Ordensbauten. An der Westecke liegt der Mühlenturm, nur hundert Meter von der am aufgestauten Bach früher betriebenen Ordensmühle entfernt. Über dem runden Feldsteinsockel befindet sich ein breites Backsteinband mit Rautenmuster aus schwarz glasierten Ziegeln, dem bis zur Wehrgangsohle wiederum Feldsteinmauerwerk folgt. Nur bei diesem Turm sind die Schießscharten für Hakenbüchsen sowie die anderen Maueröffnungen achsial gegeneinander versetzt.

Der viereckige Turm in der Nordecke war mit dem Ordenshaus verbunden und erinnert in der Form etwas an Neidenburg. Doch hatte dieser Turm sehr starke Mauern und ist wohl mehr als späte Entwicklung eines Bergfrieds anzusehen. Offensichtlich ist er nicht in ganzer Höhe massiv ausgeführt worden, sondern trug einen Oberbau aus Fachwerk. Nach der Sprengung durch die Schweden bei ihrem Abzug im Jahre 1657, die den Turm völlig vernichtete und dem benachbarten Ordenshaus schwere Schäden zufügte, wurde die aufgerissene Nordecke lediglich zugemauert. Heute ist dieser Turm wieder voll aufgebaut worden.

Kern der Burg war das lange Ordenshaus an der Nordwestmauer mit einer Fläche von 39 × 13 m. Auf der Hofseite lag vor dem Haus eine zweigeschossige hölzerne Hoflaube mit einem Treppenaufgang an der östlichen Wehrmauer. Nur über diesen Laubengang war der Zutritt zu den Räumen des Hauptgeschosses möglich. Keller und Erdgeschoß enthielten Wirtschafts- und Lagerräume, unter anderem Küche, Brau-

Viereckiger (Schweden-)Turm nach Wiederaufbau. Restaurierte Außenmauer des Haupthauses

und Backhaus. An die Stirnwand zum Mühlenturm war ein großer Backofen angemauert. In der Süd- und in der Nordecke des Hauses führ-

Lageplan des Hauptgeschosses (nach Steinbrecht)

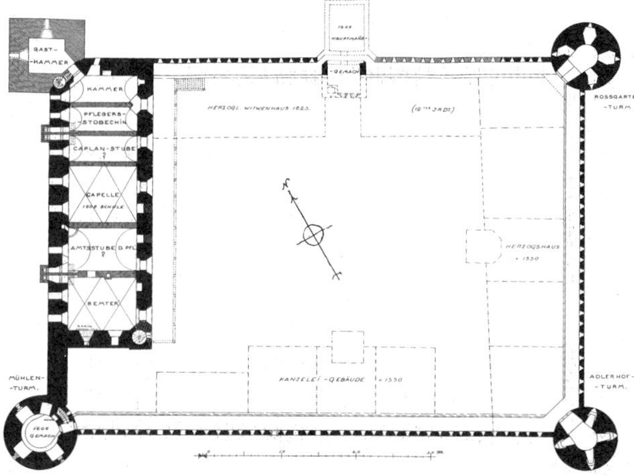

te eine in die Mauer eingebaute Wendeltreppe bis zum Wehrgang im Obergeschoß.

Im Hauptgeschoß zeigt sich die von der bisherigen Dreiteilung der Ordenshäuser abweichende Unterteilung in drei größere Räume im Westteil und in drei kammerartige Räume im Ostteil. Die drei größeren Räume heben sich durch Form, symmetrische Anordnung der Fenster und bessere Kreuzgewölbe ab. Man vermutet, daß sie als Remter, Amtsstube des Pflegers und als Kapelle dienten, zumal die beiden erstgenannten für die Heizung mit größeren Kaminen aber auch mit Danzker-Erkern ausgestattet waren.

Ob der mittlere Raum wirklich die Kapelle beherbergte, wie Steinbrecht und Clasen annehmen, ist strittig, denn in einem Visitationsbericht von 1560 wird die Kapelle als besonderes

Hofansicht mit Mühlenturm und Südgiebel des »rechten Hauses«

Gebäude an der Westseite des Ordenshauses erwähnt. Die drei kleineren Kammern im Ostteil des Hauses dienten wohl dem Pfleger und dem Kaplan als Wohn- und Schlafräume. Zwei von ihnen hatten unmittelbaren Zugang zu einem weiteren Danzker-Erker, dessen drei schwere Steinbalken noch heute aus der Außenmauer herausragen. In einigen Räumen des Hauptgeschosses sind noch Reste alter Malereien festgestellt worden, die auf ornamentartige Friese, Ranken- und Blattwerk sowie auf eine farbige, meist rote Einfassung der Gewölbegrate schließen lassen.

Im Obergeschoß kragte der ringsum verlaufende Wehrgang an der Außen- und Hofseite leicht vor und war mit einer dichten Reihe von Luken versehen. Er lag über dem Zwischengeschoß, das nur Lichtschlitze hatte und als Speicher und Lagerraum diente. Anstelle des zwischenzeitlich aufgesetzten Walmdaches hat vor der Zerstörung von 1657 ein Satteldach mit Giebeln den oberen Abschluß des Ordenshauses gebildet.

Nach der Ordenszeit wurden von den neuen Hausherren viele Um- und Neubauten durchgeführt. Bereits um 1500 läßt der Pommernherzog Bogislaus X. von Meister Frank einen hohen Wall als vorgeschobene Bastion um das Burgterrain aufwerfen. Die Herzöge Georg I. und Barnim IX. erheben Bütow 1526 zu ihrer Residenz und errichten auf dem Außenwall ein Torhaus. Um 1540 wird im Hof, unmittelbar vor dem Ordenshaus, ein hölzernes Sommerhaus aufgestellt. Bald danach entsteht um 1550 an der dem Ordenshaus gegenüberliegenden Südmauer die eigentliche Residenz, das sogenannte Herzogshaus mit Amts-, Wohn- und Schlafgemächern sowie im Erdgeschoß mit Marstall und Wagenschuppen. Wenig später wird an die Westmauer das Kanzleigebäude angebaut, das man wohl, weil es dem Haupttor gegenüberliegt, das Mittelhaus auf dem Platze nennt.

So verwandelt sich das einflügelige Ordenshaus innerhalb von hundert Jahren in ein dem Zeitgeschmack entsprechendes dreiflügeliges Residenzschloß. Die frühen Auswirkungen der Renaissance, die sich bereits in den flachbogigen Fenster- und Portalformen dieses Ordenshauses gezeigt hatten, treten nun deutlich hervor und verwandeln unter anderem den Torhausaufbau.

Herzog Barnim X. läßt die Türme erhöhen und anstelle des alten Parcham die Umwallung mit Plankenzäunen und runden Eckbastionen versehen. Im Jahre 1623 errichtet der letzte Pommernherzog Bogislaus XIV. das herzogliche Witwenhaus zwischen dem Tor und dem Ordenshaus, wie eine am späteren Rentamt eingelassene Steintafel bezeugt.

Im Dreißigjährigen Krieg brandschatzten kaiserliche Truppen 1629 Schloß und Stadt, die aber beide unter großem Aufwand rasch wieder instandgesetzt wurden. Bütow war das Leibgedinge der Herzogin Sophie, die 1635 starb. Als zwei Jahre später mit Bogislaus XIV. die Herzöge von Pommern ausstarben, fiel das Lehen Bütow an Polen zurück. Aber schon 1657 mußte Bütow zusammen mit Lauenburg auf Grund des Wehlauer Vertrages als Mannlehen an Brandenburg abgetreten werden. Bei ihrem Abzug brannten die Schweden die Burg nieder und sprengten den viereckigen Nordturm, der seitdem auch Schwedenturm genannt wurde. Unter der Auswirkung der schweren Detonation litt besonders das benachbarte Ordenshaus, in dem die Gewölbe und das Dach herabbrachen.

In der Folgezeit versuchen die Brandenburger

Schwere Granitkonsolen eines Danzker-Erkers am Haupthaus

mit unzureichenden Mitteln die Halbruine zu erhalten, um sie für Verwaltungszwecke aber auch als Speicher und Holzlager zu benutzen. Im Ordenshaus werden beschädigte Innenwände und Gewölbe abgebrochen; es erhält ein Notdach. Die anderen ausgebrannten Gebäude werden wieder benutzbar gemacht, und die vier Eckbastionen an den Wällen bringt man in verteidigungsbereiten Zustand. Zwischen Torweg und Herzogshaus entsteht ein neues Justizgebäude.

Unter Leitung des kurfürstlichen Baumeisters Victor de Poort kommt es Ende des 17. Jahrhunderts zu durchgreifenden Abbruch- und

Sanierungsmaßnahmen, denen leider auch das Wehrgangsgeschoß und der Westgiebel des Ordenshauses zum Opfer fallen. Ferner werden das als Mittelbau bezeichnete herzogliche Kanzleigebäude und das Torhaus am Wall abgebrochen. Die nunmehr zuständige preußische Domänen-, Justiz- und Finanzverwaltung verwendet das Haupthaus als Schuppen, das Herzogshaus als Zeughaus und Speicher und das Witwenhaus als Amtsgebäude für das Rentamt und das Kreisgericht. Bald zwingt jedoch fortschreitender Verfall zu weiteren Maßnahmen. Treppenturm und Giebel des Herzogshauses müssen 1731 abgerissen und ein neues Walmdach aufgesetzt werden.

1783 stürzt die Südwest-Ecke des Ordenshauses im Bereich der Mauertreppe ein, und nun müssen auch die nach der schwedischen Sprengung erhalten gebliebenen Gewölbe abgebrochen werden. Anstelle der baufälligen großen Brükke über den Wallgraben wird ein Damm aufgeschüttet. 1824 fällt der hölzerne Laubengang dem Verfall zum Opfer und muß beseitigt werden. In der Mitte des 19. Jahrhunderts wird sogar der völlige Abbruch des schwerbeschädigten Ordenshauses erwogen und unterbleibt lediglich wegen der zu hohen Kosten. In dieser Zeit findet der Umbau des Justizgebäudes zum Gefängnis statt, und im angrenzenden Außengelände entsteht ein Gefängnishof mit Mauern und kleineren Gebäuden. Eine starke Beeinträchtigung ihres Gesamteindrucks erfährt die altehrwürdige Burg, als man 1890 ohne Rücksicht vor ihre Ostseite das Amtsgericht baut, das leider bis heute in seiner ungünstigen Lage erhalten geblieben ist.

Um 1920 ist die malerische Halbruine bereits stark mit Buschwerk verwachsen. Zehn Jahre später kommt es nach Übereignung auf den Jugendherbergsverband endlich wieder zu Unterhaltungs- und Baumaßnahmen. Ein großer Teil des Ordenshauses wird vom Bauschutt befreit, das Herzogshaus instandgesetzt und vor ihm ein neuer Treppenturm errichtet. Die Jugendherberge richtet man im ehemaligen herzoglichen Witwenhaus zwischen Torweg und Haupthaus ein.

Nach einer gründlichen Bestandsaufnahme in den Jahren 1935/36 erfährt das Baudenkmal eine neue Zweckbestimmung als Schulungsburg. In diesem Zusammenhang wird die Wiederherstellung der gesamten Anlage und ihr Ausbau unter vorrangiger Berücksichtigung kunsthistorischer Kriterien geplant. Die Baumaßnahmen beginnen 1937 mit der Ausschachtung der östlichen Kellerräume des Ordenshauses und mit der Freilegung des Erdgeschosses des gesprengten Schwedenturms, können aber während des Krieges nicht zu Ende geführt werden.

Lange nach dem Kriege haben die Polen in einem bemerkenswert umfassenden und aufwendigen Wiederherstellungs- und Umbauprogramm die alte Burganlage restauriert. Dabei hat das alte Ordenshaus wieder seine Giebel, ein neues Wehrganggeschoß und ein neues Satteldach erhalten. Auch der benachbarte viereckige Turm ist gänzlich aufgebaut worden. Im renovierten Herzogshaus befindet sich ein gut geführtes Hotel. Das neben dem Torhaus gelegene Justizgebäude ist mit dem herzoglichen Witwenhaus unter einem neuen Dach zusammengezogen worden und wird wohl inzwischen auch hofseitig instandgesetzt worden sein. In absehbarer Zeit werden die umfangreichen, mit viel kunsthistorischem Verständnis durchgeführten Wiederherstellungsarbeiten beendet werden.

Sicher haben die beteiligten Konservatoren und Restaurierungsfachleute im Hinblick auf den neuen Verwendungszweck der Gebäude Kompromisse mit dem Architekten schließen müssen, die der überlieferten Baugestaltung nicht immer voll entsprechen. Das gilt unter anderm für die Dächer mit den vielen Dachfenstern und Schornsteinen, für Torhaus und Torweg, aber auch für eine Reihe von Einzelheiten am Ordenshaus. Dennoch überwiegt der Wert der geleisteten Arbeit jedweder Kritik bei weitem.

Allenstein

Ermländische Kapitelsburg mit dem berühmten Administrator Nicolaus Copernicus

Stadtsiegel, 14. Jhdt.

Auf der Fahrt von Mohrungen nach Allenstein erreicht man kurz hinter Locken das ermländische Gebiet. Nach dem Teilungsvertrag von 1243 war das im selben Jahr gegründete Bistum Ermland unter den vier preußischen Diözesen dasjenige mit dem größten Herrschaftsgebiet. Es nahm eine selbständigere Stellung als die Bistümer Kulm, Pomesanien und Samland ein, weil es nicht wie diese in den Orden inkorporiert war. So gehörten dem 1346 gegründeten Domkapitel, das ein Drittel des Landes verwaltete, nicht wie in den anderen Bistümern ausschließlich Priesterbrüder des Ordens an. Dem ermländischen Domkapitel waren die im Süden gelegenen prussischen Gaue Gudikus und Bertingen übertragen worden. Hierzu gehörte auch das Gebiet um Allenstein, dessen Burg bereits um 1334 erwähnt wird. Die Stadt, die um 1348 gegründet wurde, erhielt 1353 die Handfeste nach kulmischem Recht. Um diese Zeit wurde die Burg vom Domkapitel ausgebaut und später in vier Bauabschnitten, die bis ins 16. Jahrhundert reichen, erweitert. Die erste Burganlage umfaßte nur das Haupthaus, einen mit Wehrmauern umbauten, rechteckigen Hof und die quadratische Basis des halbhohen Bergfrieds.

Die Burg Allenstein, die zu den kleineren Bischofsburgen gehört, soll im Rahmen dieser Abhandlung erfaßt werden, weil sie, wie die meisten anderen Bischofsburgen, in Anlehnung an die Ordensarchitektur gebaut wurde. Auch die bischöflichen und domkapitularischen Herrschaftsgebiete übernahmen militärische Sicherungs- und Verteidigungsaufgaben und schützten das Land durch Burgen. Allenstein wurde stufenweise zu einer starken Grenzfeste gegen Litauen ausgebaut und war in späteren Jahren räumlich zur Aufnahme größerer Mengen Kriegsvolks eingerichtet.

In einem großen, nach Westen ausgeweiteten Bogen der Alle liegen Stadt und Burg, wobei letztere die leichten Hügel des nördlichen Teils der Schleife ausnutzt und bis an den Taleinschnitt des Flußlaufs heranreicht. An der Nordostseite liegt das Haupthaus, das bereits zur ersten Baustufe gehört. Es ist etwa vierzig Meter lang und hat vorspringende Außenecken. Im dreigeteilten Hauptgeschoß befand sich am Ostende die Kapelle mit vierzackigem Sterngewölbe. Der größte Raum in der Mitte diente als Remter und zum westlichen Giebel hatte der Administrator seine Amtsstube mit einem großen Giebelfenster und einem danebenliegenden Balkondanzker. Während seiner Amtszeit als Domherr und Kapiteladministrator lebte dort von 1516 bis 1524 Nicolaus Copernicus.

Auf der Hofseite dieses Flügels liegt ein zweigeschossiger Laubengang mit einem waagerechten Putzband als Zierde und Spitzbogenarkaden im Hauptgeschoß. In der Neuzeit wurde er erneuert und mit breiten, verglasten Fenstern versehen. Während der Westgiebel über einem Stromband von fünf verputzten Blenden geschmückt ist, finden sich auf dem mit sieben

Burg Allenstein

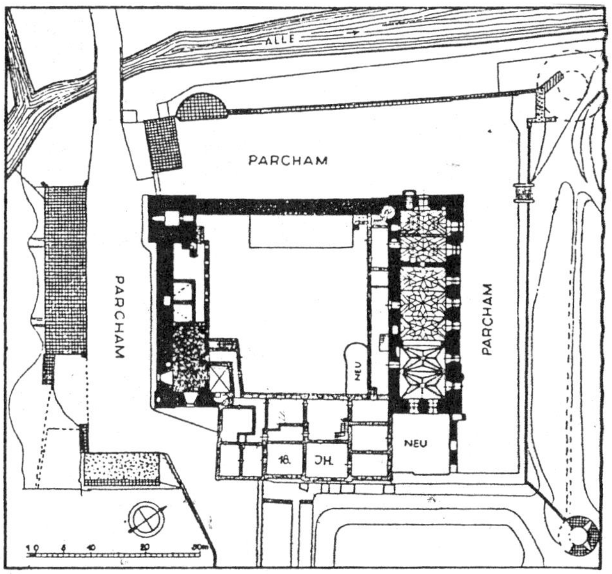

Lageplan des Erdgeschosses (nach Steinbrecht)

Das Haupthaus mit doppeltem Wehrgang. Hier lagen die alte Kapelle und der Remter

Blenden gegliederten Ostgiebel über runden Windlöchern Fialen. Das große speicherartige Obergeschoß mit zwei Reihen Wehrluken übereinander trägt ein steiles Satteldach. Ende des 15. Jahrhunderts ist das Haupthaus zusammen mit dem Südflügel und dem Turm um ein Stockwerk erhöht worden.

Der trutzige Bergfried ragt an der Westecke der Burg hoch über den Taleinschnitt der Alle. Sein bis fast zur halben Höhe reichendes quadratisches Unterteil springt aus der Mauerflucht vor

Burg Allenstein vom Alle-Ufer

und ist mit Rautenmustern verziert. Ursprünglich war der Turm nur drei Geschosse hoch, denen Ende des 15. Jahrhunderts noch sechs weitere runde Turmsektionen zugefügt wurden. In seinem Inneren waren vier Turmkammern mit Gewölben ausgestattet. Zwei Putzbänder und ein darüber liegender Zinnenkranz schlossen früher den Turm oben ab. Erst in der Neuzeit erhielt er eine mit Pfannen gedeckte spitze Turmhaube. Auf der Parchamseite ist im oberen Drittel der frühere Danzker an den noch vorhandenen Kragsteinen erkennbar, und über der westlichen Wehrmauer liegt der Turmeingang. Die früher mit zwei Wehrgängen übereinander ausgestattete Mauer stellte die Verbindung zwischen Haupthaus und Turm her, sie ist heute nur noch halbhoch erhalten.

Ende des 14. Jahrhunderts wurde der ursprünglich niedrige Südwestflügel erbaut. Man erkennt heute noch in halber Höhe den Mauerabsatz und die ehemaligen Wehrluken. Ein schönes Rautenband aus gesinterten Ziegelsteinen ziert die großflächige Außenmauer. Ende des 15. Jahrhunderts wurde dieser Flügel erhöht, der nun außer den Wirtschaftsräumen auch die sogenannte Söldnerkaserne beherbergte. Eigenartig wirkt der nach außen überkragende hölzerne Wehrgang mit Wurfschar-

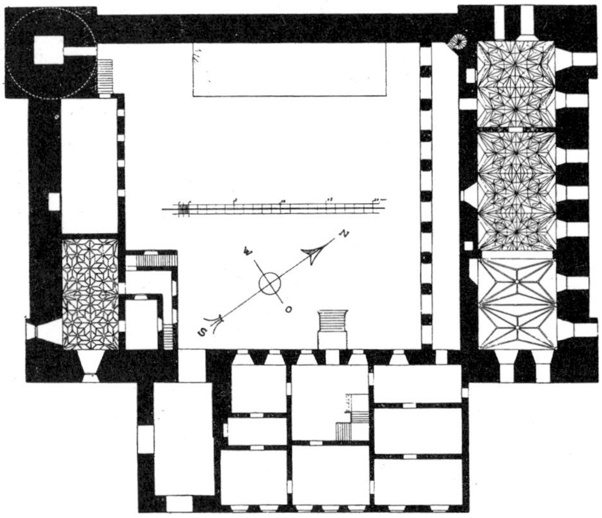

Lageplan der Burg (nach Dehio)

Nordwest-Giebel des Haupthauses

Südost-Giebel des Haupthauses

ten, die man damals Maschikuli nannte. Beim Umbau um 1530 wurde die St.-Annen-Kapelle neben dem Tor in diesen Flügel eingebaut. Sie erhielt, zugleich mit dem Remter und der Amtsstube des Haupthauses, ein neuartiges, figurenreiches Zellengewölbe.

Ebenso wie die Westseite war die Ostseite ursprünglich nur durch eine hohe Wehrmauer abgeschlossen, die hier jedoch noch eine große Toranlage enthielt, zu der vermutlich früher auch ein Turm gehörte. Hiervon ist kaum noch etwas zu erkennen, denn 1758 wurde ein dreigeschossiges Wohnhaus davorgebaut, das 1909 erneuert und als Wohnsitz des Regierungspräsidenten eingerichtet wurde. Die Burganlage hat unter diesen Baumaßnahmen gelitten und einen Teil ihres mittelalterlichen Aussehens eingebüßt. Rings um die ganze Burg lief ein

Der Bergfried an der Westecke der Burg

Giebel des Südflügels

zum Teil doppelter Parcham mit Wehrmauern, die an den Ecken mit runden Bastionstürmen versehen waren.

Von der Vorburg sind keine Spuren mehr vorhanden, doch ist anzunehmen, daß sie nördlich oder östlich der Burg gelegen hat.

Schon 1350 mußten sich die junge Stadt und die Burg eines verheerenden Litauereinfalls erwehren, der sich dreißig Jahre später wiederholte. Hier zeigte sich, wie wichtig die Errichtung widerstandsfähiger Wehrbauten war, denn die heidnischen Feinde machten keinen Unterschied zwischen Ordens- und Kirchenland. Seit 1375 führte auf der Burg ein Burggraf das Kommando, der zugleich als Kapitelsvogt mit Unterstützung eines Administrators die von deutschen Siedlern bewohnte Region verwaltete. Rückschläge traten aber nicht nur durch feindliche Kriegszüge ein, sondern auch durch die im Mittelalter üblichen Stadtbrände, die auch Allenstein in den Jahren 1400, 1420 und 1458 heimsuchten.

Nach der verlorenen Schlacht bei Tannenberg besetzten die Polen für drei Monate die Stadt und verwüsteten sie. Nach dem Wiederaufbau wurden 1429 Burg und Wehranlagen der Stadt in verteidigungsbereiten Zustand gebracht.

Schon früh schließt sich Allenstein dem Preußischen Bund an, von dem der Widerstand gegen die Ordensherrschaft ausgeht. Im Städtekrieg von 1454 bis 1466 zwingen die Bürger den bischöflichen Administrator zur Übergabe der Burg an den Preußischen Bund. Doch schon bald wird diese wichtige Festung von Söldnern des Deutschen Ordens zurückerobert. Der Söldnerhauptmann Georg von Schlieben be-

Bergfried und hölzerner Wehrgang (Maschikuli) am Südflügel

hauptet sich fünf Jahre in Allenstein und preßt den Bürgern anstelle des ausstehenden Solds den Unterhalt für seine Truppen ab. Die Allensteiner haben ihren Abfall vom Orden bitter büßen müssen, und das wenige gerettete Hab und Gut wird 1458 in einer großen Feuersbrunst ein Raub der Flammen.

Nach dem zweiten Thorner Frieden von 1466 sagt sich das Ermland vollständig vom Deutschen Orden los und wird der Oberhoheit der polnischen Krone unterstellt. Der Bischof leistet dem Polenkönig den Treueid. Trotzdem bleibt die Bevölkerung über Jahrhunderte deutsch.

Noch einmal versucht Hochmeister Albrecht von Brandenburg-Ansbach im Reiterkrieg von 1520 die Polen zurückzudrängen. Bei der erfolglosen Belagerung Allensteins steht der berühmte deutsche Astronom und Domherr Nicolaus Copernicus als Kapitelsadministrator auf seiten der Verteidiger.

In den folgenden etwa hundert Friedensjahren wird nicht nur die Stadt wiederaufgebaut, sondern auch die Burg erfährt durch Baumeister Nikolaus einen weiteren Ausbau. In ihren Süd-

Amtsstube im Haupthaus (Nordflügel), jetzt als Copernicus-Zimmer eingerichtet

flügel wird die St.-Annen-Kapelle eingebaut und das Haupthaus renoviert. Im Jahre 1622 brannte die Stadt zum vierten Male gänzlich ab. Kurz danach wird sie im ersten polnisch-schwedischen Krieg belagert, jedoch nicht erobert. Die zweite kriegerische Auseinandersetzung dieser beiden Länder schlägt ihr ebenfalls Wunden. Auch im Nordischen Krieg, der in den ersten Jahren des 18. Jahrhunderts das Land überzieht, wird Allenstein umkämpft. Die Reihe der Heimsuchungen beendet dann zunächst die große Pest von 1709 bis 1711, die ein Drittel der Einwohner dahinrafft.

Bei der ersten Teilung Polens im Jahre 1772 holt König Friedrich der Große das Ermland wieder in den preußischen Staat zurück, wohin es wegen seiner deutschen Bevölkerung eindeutig gehört. Er baut das befriedete Land auf und läßt ihm vielfältige Unterstützung angedeihen. Allenstein hat zu dieser Zeit 1770 Einwohner. Das preußische Domänenjustizamt nimmt seinen Sitz in der Burg, wo auch die evangelische Gemeinde Raum zur Verfügung erhält. Nach wenigen friedlichen Jahrzehnten aber dringen schon 1807 Franzosen und Russen plündernd in die Stadt ein. Wenige Jahre später kommt die geschlagene Große Armee dann noch einmal requirierend nach Allenstein.

Danach setzt endlich wieder ein Jahrhundert der ruhigen und stetigen Entwicklung ein, in dem die Einwohnerschaft von 2100 Bürgern im Jahr 1817 bis auf 33070 Einwohner im Jahr 1910 steigt. Der Anschluß an die Thorn-Insterburger Eisenbahn, die Gründung eines Landgerichts, die Verlegung einer großen Garnison in die Stadt und die Neueinrichtung eines Regierungsbezirks Allenstein fördern die Entwicklung nachhaltig. Auch die Burg hat davon Vorteile; sie wird 1837 und 1865 restauriert und besser als in den letzten Jahrhunderten gepflegt. Leider bringt der Umbau des an der Ostseite gelegenen Präsidentenhauses aber auch schwere Eingriffe in die alte Bausubstanz mit sich.

Im Ersten Weltkrieg wird die Stadt von den Russen besetzt, jedoch bald wieder durch den Sieg Hindenburgs bei Tannenberg befreit. In der durch den Versailler Friedensvertrag vorgesehenen Volksabstimmung von 1920 bekennt sich Allenstein mit 97,8 Prozent der Stimmen zu Deutschland. In den folgenden Friedensjahren steigt die Bevölkerung der Stadt bis auf über 50000 Einwohner. Die Burg wird 1926 bis 1928 noch einmal restauriert.

Im Zweiten Weltkrieg verlaufen die ersten Jahre nach Beendigung des Polenfeldzugs für die Stadt ruhig. Dann zeichnet sich aber die kommende Katastrophe ab, und am 22. Januar 1945 bricht die Rote Armee plündernd und schändend in die Stadt ein, die fast kampflos fällt. Aber schon in der ersten Nacht begannen die Brände. Ein vierstöckiges Kaufhaus stand lichterloh in Flammen, so schreibt Lew Kopelew, der als Sowjetmajor dabei war, und er schildert in seinem Buch »Aufbewahren für alle Zeit« in erschütternder Eindringlichkeit den Leidensweg der Allensteiner Bevölkerung. In diesen Tagen vollendet sich das Schicksal der in den Jahrhunderten so oft leidgeprüften deutschen Stadt in einer Apokalypse.

Die Polen übernahmen die von den Sowjets gebrandschatzte Stadt, vertrieben die restlichen Deutschen bis auf eine kleine Minderheit und bauten sie in jahrelanger Arbeit wieder auf. Sie bezeichnen das Gebiet als »Archipel der wiedergewonnenen Menschen« und versuchen aus der Geschichte seinen polnischen Ursprung zu »beweisen«. Diesem Ziel folgt auch eine Ausstellung in der Burg, die den polnischen Bevölkerungsanteil der Stadt für das Jahr 1862 mit 74 Prozent beziffert. Ähnliche »Entdeckungen« kann man aber auch in den bis in die neueste Zeit veröffentlichten Prospekten und Stadtbeschreibungen machen (vergleiche »Olsztynskie« Krajowa Agencja Wadawnicza, Warszawa 1978).

Die Burg, die den Krieg fast unversehrt überstanden hat und in gutem Zustand ist, wird als Museum genutzt. Auch heute noch wahren Burg, Kirchen und alte Gebäude den deutschen Charakter dieser Stadt.

Bäslack

Ein Wildhaus an der Grenze zur Wildnis

(Schillingmünze um 1400)

Wer kennt noch die vielen kleinen Orte mitten in Ostpreußen, wie Bäslack, Seehesten, Plehnen, Woplauken, Lamgarben oder Leunenburg, die alle in der Ordenszeit als Wildhäuser oder kleine Burgen in das Verteidigungsnetz an der Grenze zur Wildnis einbezogen waren? Ihre Namen haben sich in den Jahrhunderten verändert, wie wir am Beispiel des bis 1918 königlichen Bauerndorfs und Kirchspiels Bäslack ablesen können, das 1402 Bayselawken hieß und sich über Bayslacken, Baislack, Beeslack zu Bäslack entwickelte. Der ursprünglich prussische Name bedeutet in der zweiten Silbe lauk = Feld. Von den Polen wurde jetzt Bezlawki daraus gemacht und wer weiß, vielleicht hätten wir es »damals« in Beslau oder Baislau verändert.

Der Ort, von dem hier die Rede ist, liegt 10 km südwestlich von Rastenburg und nur 4 km östlich von Heiligelinde mit der bekannten Wallfahrtskirche. Wer auf der Fahrt von dort rechterhand der Chaussee den aus einem baumbestandenen Hügel hervorlugenden Kirchturm, das Dach und den Staffelgiebel erblickt, wird eine der vielen Ordenskirchen vermuten. Aber hier handelt es sich um eine besondere Kirche, die vor 400 Jahren aus einer kleinen Ordensburg entstanden ist. Einen ähnlichen Ursprung hatten auch die heute für uns nicht mehr erreichbaren Kirchen von

Kirche und Wildhaus von der Chaussee aus

Germau und Wargen im Samland.
An der Grenze zur Wildnis, die durch Schanzenreste im Pötschendorfer Wald noch heute markiert ist, ließ der für dieses Gebiet zuständige Komtur von Balga um 1337 ein hölzernes Wildhaus mit Wällen anlegen. Vermutlich verwendete man dabei Erdwälle einer prussischen Zungenburg, die an dieser Stelle gelegen haben soll. Das östlich anschließende Dorf Bayselawken, das an dem einzigen Zugang zur Burg durch das damalige Sumpfgebiet lag und eine Art Vorburg bildete, erhielt 1361 vom Balgaer Komtur Ulrich Fricke die Handfeste. Das feste Haus diente mit seinem großen Hof auch als Fliehburg für die Bevölkerung und war wohl nicht immer mit voller Besatzung belegt. Um 1390 erfolgte dann der Ausbau aus Stein.
Das Ordenshaus Bäslack gehört zum kleinsten Burgentyp der Spätzeit. Diese Kleinburgen fungierten als untergeordnete Verwaltungssitze und als Zwischenwerke militärischer Stützpunktketten. Vergleichbare Ordenshäuser gab es zum Beispiel in Lamgarben, Lötzen, Kremitten, Taplacken und Jaschnitz. Aus dem Jahr 1402 wird berichtet, daß das Haus mit einer Besatzung belegt wird, die den gefangengenommenen Litauerfürsten Swidrigal bewachen soll. Namen von Pflegern oder sonstigen Ordensbeamten dieses Unteramts sind nicht überliefert. Auch finden sich bis zum Umbau zur Kirche keine Nachrichten über Bäslack mehr.

Die Nordseite des Wildhauses

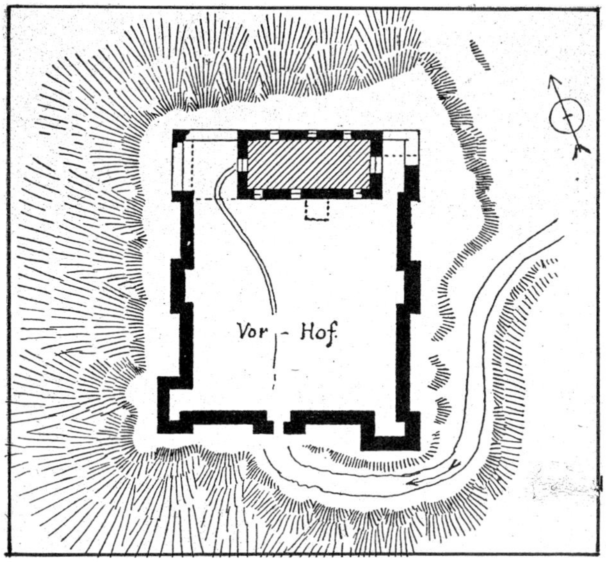

Lageplan des Wildhauses (nach Carl Beckherrn, um 1890)

Auf dem dreiseitig von Sumpf umgebenen Hügel liegt ein rechteckiger Kastellhof, der von Feldsteinmauern umgeben ist, in deren Nordseite das einflügelige Haus eingefügt ist. Über dem etwa 2 m hohen Feldsteinfundament war auf die Mauerzüge ein Wehrgang mit Zinnen aus Backstein aufgesetzt. An der Süd- und Westecke sprangen kleine Flankierungstürmchen vor, und auch in beide Langseiten waren in der Mitte kleine, hofseitig offene Wighäuser eingefügt, die zur flankierenden Bestreichung der Mauerlinien mit Hakenbüchsen etwas herausgerückt waren. Der Ausbau der Türme und Wighäuser entsprach dem System der Wehrgänge mit Dachabdeckung.
Das dreigeschossige Burghaus mit steilem Dach und beidseitigen Staffelgiebeln maß in der Länge 25 m. Bis zu den Kämpfern der unteren Fenster reichte das Feldsteinmauerwerk, und darüber folgten Backsteinwände. Die Mauerfläche wurde aufgelöst durch drei mittelhohe Spitzbogenfenster unten, durch eine darüberliegende Reihe gleichgroßer Blenden, zwischen denen kleine lukenartige Fenster lagen, und oben durch die üblichen Wehrgangluken. Auch die Schmalseiten hatten diese Mauergliederung, wobei das Giebelfeld der Ostseite über

Rekonstruktion des Wildhauses (nach Steinbrecht, um 1890)

einem zurückspringenden Absatz mit sechs schlanken Blenden und darüber aufgemauerten Fialen geschmückt war.

Der einzige Eingang lag an der Westseite des Hauses und ist heute durch den Kirchturm versperrt, der um 1730 angebaut worden ist. Über die Raumeinteilung gibt es nur Vermutungen, wonach eine kleine Kapelle und ein Remter sowie die üblichen Wohn- und Wirtschaftsräume vorhanden waren. Balkendecken unterteilten die Geschosse. Beim Umbau zur Kirche im Jahre 1583 fanden erhebliche Eingriffe in die alte Bausubstanz statt, die besonders das Innere völlig veränderten. Die Anbauten der Sakristei und des Seiteneingangs entstanden gleichzeitig mit dem Turm um 1726/30.

Als die 1884 renovierte und umgestaltete Kirche im Jahre 1938 eine Heißluftheizung erhielt, entdeckte man nach Durchstoßen einer zwei Meter dicken Kellermauer ein Gruftgewölbe mit Särgen aus der Ordenszeit, von denen einer den Namen Hohensalza und die Jahreszahl 1438 trug. Weitere anstoßende Gewölbe wurden nicht geöffnet. Das blieb Plünderern von 1980/81 vorbehalten, die den Boden unter dem Altar aufstemmten und die Gruft ausraubten. Die ockerfarbenen Knochen der ihrer Ruhe beraubten Ordensbrüder lagen in der verwüsteten Kirche herum.

Leider sind derartige Untaten des Vandalismus im heutigen Polen keine Einzelfälle. Auf Reisen durch das Land findet man vielerorts verwüstete deutsche Friedhöfe, aufgebrochene Gräber und Grüfte und demolierte evangelische Kirchen. Raublust, fehlender Respekt vor Besitz und Würde Andersdenkender und indoktrinäre chauvinistische Ablehnung alles Deutschen, die offensichtlich von bestimmter Seite geschürt wird, sind die Motive für diese Handlungen. Es bleibt zu hoffen, daß diesem Treiben von offizieller Seite bald ein Ende gesetzt wird.

Diese evangelische Kirche wird heute nicht mehr benutzt; die Zahl der Protestanten ist durch Flucht, Vertreibung und Aussiedlung immer kleiner geworden. Versuche, das dem fortschreitenden Verfall ausgesetzte Baudenk-

Ostgiebel mit Mauerblenden. Unter dem Absatz vermauerte Wehrluken und unten ein Kapellenfenster

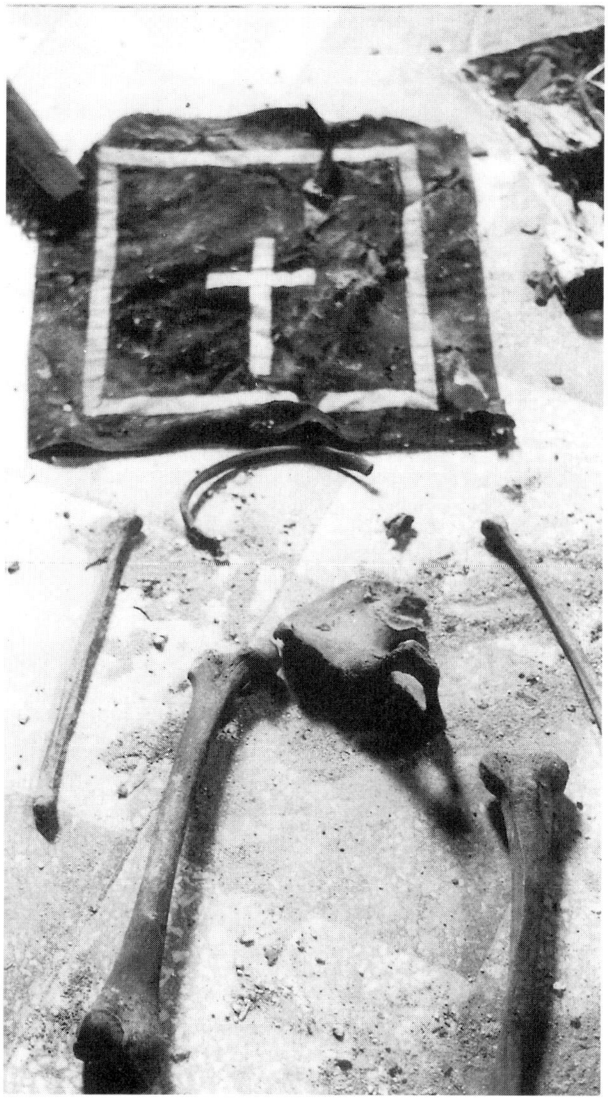

Spuren des Vandalismus von 1980 im geschändeten Kirchenraum

Kirchhofstor mit Inschrift aus dem 1. Thessalonicher-Brief des Paulus

mal unter Einsatz von Spenden aus der Bundesrepublik zu retten, sind trotz lobenswerter privater Initiative bisher am bürokratischen Unverstand öffentlicher Stellen gescheitert. Nachdenklich und traurig verlassen wir diesen Ort böswilliger Zerstörung.

Wer sich nach dem Durchschreiten des alten Eingangstors des Kirchhofs auf dem Gelände des ehemaligen Ordenshauses noch einmal umwendet, der liest im Blendengiebel über dem Torbogen die noch schwach erkennbaren, eingemeißelten Worte des Apostels Paulus aus dem 1. Thessalonicher Brief: »Wir wollen Euch nicht verhalten, liebe Brüder, von denen, die da schlafen, auf daß Ihr nicht traurig seid wie die anderen, die keine Hoffnung haben . . .« Uralte Worte, im Jahre 1583 dort eingemeißelt und noch heute von tiefem Gehalt.

Hohenstein

Ordensburg und Tannenberg-Denkmal

Stadtsiegel, 14. Jhdt.

Gut dreißig Kilometer südwestlich von Allenstein liegt Tannenberg mit seinen Schlachtfeldern, die von den Städten Hohenstein im Nordosten und Gilgenburg im Südwesten begrenzt werden. Für die deutsche Geschichte waren die beiden Tannenberg-Schlachten von entscheidender Bedeutung. Am 15. Juli 1410 gelang es einem polnisch-litauischen Heer, die erheblich kleinere deutsche Ordensstreitmacht bei Tannenberg vernichtend zu schlagen. Von diesem Rückschlag erholte sich der bis dahin blühende Ordensstaat nicht wieder. Seine Bewohner erlebten wiederholte Einfälle der Polen und Litauer, die ganze Landstriche plündernd, brandschatzend und mordend heimsuchten. Der Eigennutz der Städte und der Stände, die mangelnde Verbundenheit der ehelosen Ordensritter mit Land und Leuten sowie die nachlassende Moral führten dann hundert Jahre später zum Untergang des Ordensstaats.

Zu Beginn des Ersten Weltkriegs brach die gewaltige russische Armee von Osten und Süden tief nach Ostpreußen ein. Erst die Schlacht von Tannenberg vom 26. bis 30. August 1914 mit der genialen Strategie Hindenburgs und Ludendorffs brachte die russische Armee zum Stehen und bewahrte das Land vor anhaltender Besetzung. Neunzigtausend Russen traten den Weg in die Gefangenschaft an. Die Städte Hohenstein und Gilgenburg erlitten durch ihre Lage im Hauptkampfgebiet der Schlacht schwere Schäden. Dennoch wurde das Maß ihres Leidens dreißig Jahre später noch einmal übertroffen, als die rote Flut über sie hereinbrach.

Hohenstein wurde um 1350 von dem tatkräftigen Komtur von Osterode, Günther von Hohenstein (1310–1380), gegründet, der der neuen Stadt seinen Namen gab, den er von seinem Familienstammsitz, der Burg Hohnstein bei Ilfeld im Südharz, herleitete. Der Platz von Stadt und Burg wurde nach einheitlichem Plan abgesteckt. Bereits 1359 verlieh der Hochmeister Winrich von Kniprode der Siedlung das kulmische Stadtrecht.

Erstmals wird die Burg 1351 urkundlich erwähnt; ihre Bauzeit liegt also in diesen Jahren. Wie an vielen anderen Plätzen war auch hier das Haus zunächst einflügelig und dessen vorgelagerter Hof von Wehrmauern umgeben. Die Schleife des Ameling-Flüßchens und sein Sumpfgebiet deckten die Burg von Norden und Westen, aber auch der damals vom Südosten bis an die Stadt heranreichende Mispel-See bot Flankenschutz. Zwischen dem Haupthaus und der Stadt im Südosten lag, vermutlich auf dem heutigen Marktplatz, die inzwischen völlig verschwundene Vorburg. Ganz nach Norden begrenzte das Haupthaus mit starken Außenmauern auf hohem Feldsteinsockel den rechteckigen Burgplatz, der etwa dreiunddreißig Meter lang und fast ebenso breit war. Er wurde später im Zusammenhang mit dem Bau des Ost- und Südflügels erweitert. Während der Ostflügel nur aus schmalen und niedrigen Wirtschaftsgebäuden bestand, enthielt der Südflü-

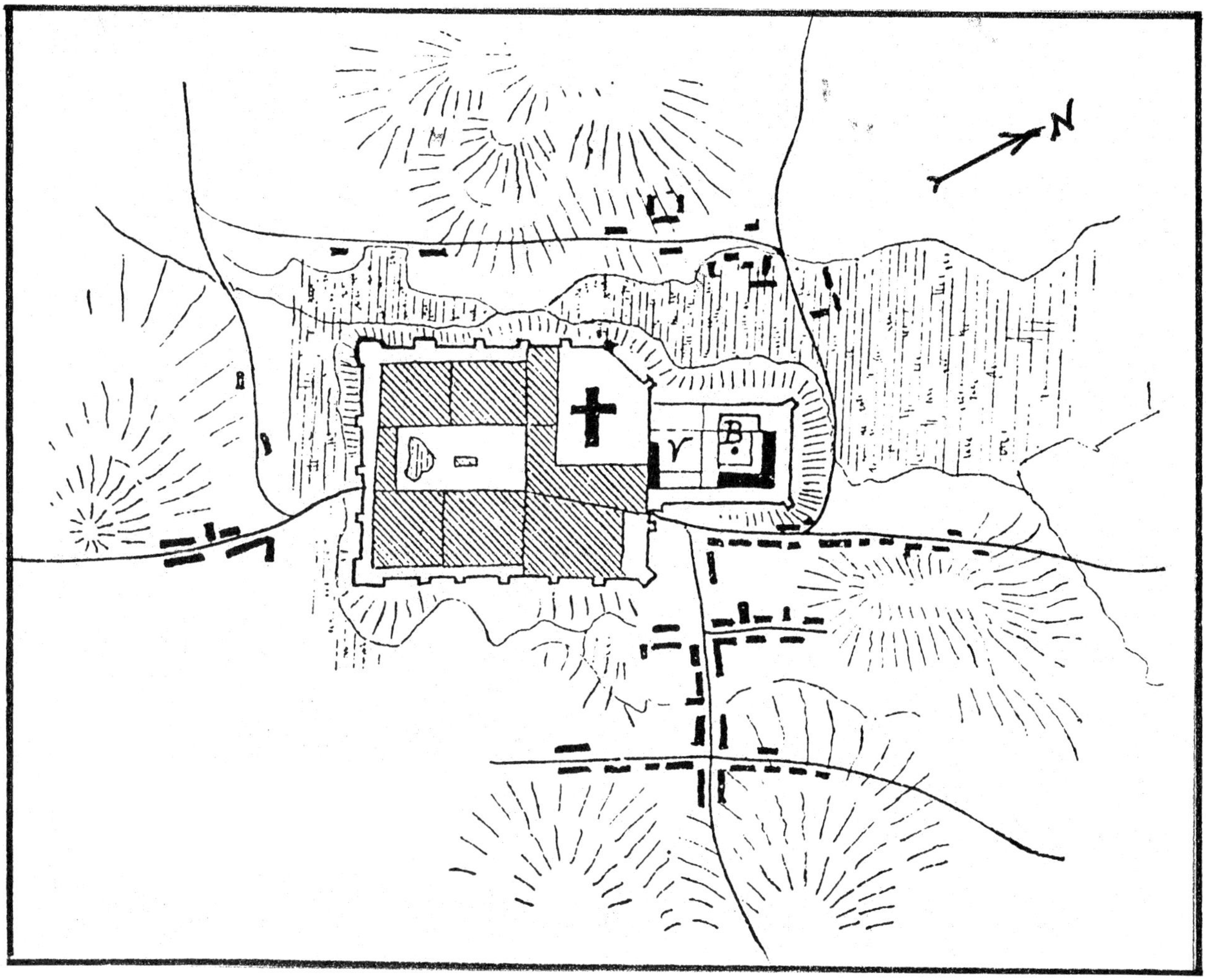

Lageplan der Burg (nach Giese)

gel die Toranlage zur Vorburg, zu der vermutlich auch ein Turm gehörte. Es läßt sich nicht mehr feststellen, ob die Vorburg durch den sonst üblichen Hausgraben vom Haupthaus getrennt war. Die Westseite war und blieb unbebaut und nur durch eine Wehrmauer geschützt.

Das Haupthaus aus Backstein mit hohem Feldsteinsockel ist in seinen Kellern und einem Teil der Außenwände bis heute erhalten geblieben. Aus der Raumgestaltung des alten Kellers mit seinen Rippengewölben auf achteckigen Mittelstützen läßt sich auf die Gliederung des Hauptgeschosses schließen, in dem alle Räume mit Kreuzgewölben versehen waren. Im Ostteil lag vermutlich die Kapelle, die 1516 erwähnt wurde. Sie hatte einen Mittelpfeiler und ihr kleiner Chor war mit Kragbögen auf mächtige Feldsteinpfeiler aufgesetzt. Zu den restlichen drei kleineren Räumen dieses Geschosses gehörte auch das 1449 erwähnte Gemach des Komturs. Am westlichen Hausende bezeichnen zwei kräftige Kragsteine aus Granit den 1832 abgebrochenen Danzker, der sich wie in allen Burgen aus hygienischen Gründen nach außen entleerte. Im Obergeschoß befanden sich zwei Speicher übereinander, die an den Außenwänden mit Wehrgang und Wehrluken

Das Haupthaus ist heute Schule. Nur die Keller und Fundamente stammen noch aus der Zeit des Deutschen Ordens

versehen waren. Wie in fast allen Ordensburgen hatte der Hof einen umlaufenden zweigeschossigen Laubengang aus Holz, von dem aus die Räume zu betreten waren.

Die Burg erlitt nach urkundlicher Überlieferung 1366 einen Brandschaden. In den Jahren um die Wende zum 15. Jahrhundert werden im Magazin des Hauses größere Bestände an Armbrüsten, Helmen und Schilden gelagert, die wohl zur Vorbereitung des unvermeidlich gewordenen Krieges dienen. Nach der Schlacht bei Tannenberg wird Hohenstein vom Feind besetzt, der beim Abzug im Jahr 1414 die Stadt niederbrennt. Mit tatkräftiger Unterstützung des Komturs von Osterode werden Stadt und Burg sogleich wiederaufgebaut. Früh schließt sich Hohenstein 1440 dem Preußischen Bund

Der Ostgiebel des Haupthauses. In diesem Gebäudeteil lag einst die Burgkapelle

Die Granitkonsolen am Westgiebel trugen einst den Danzker

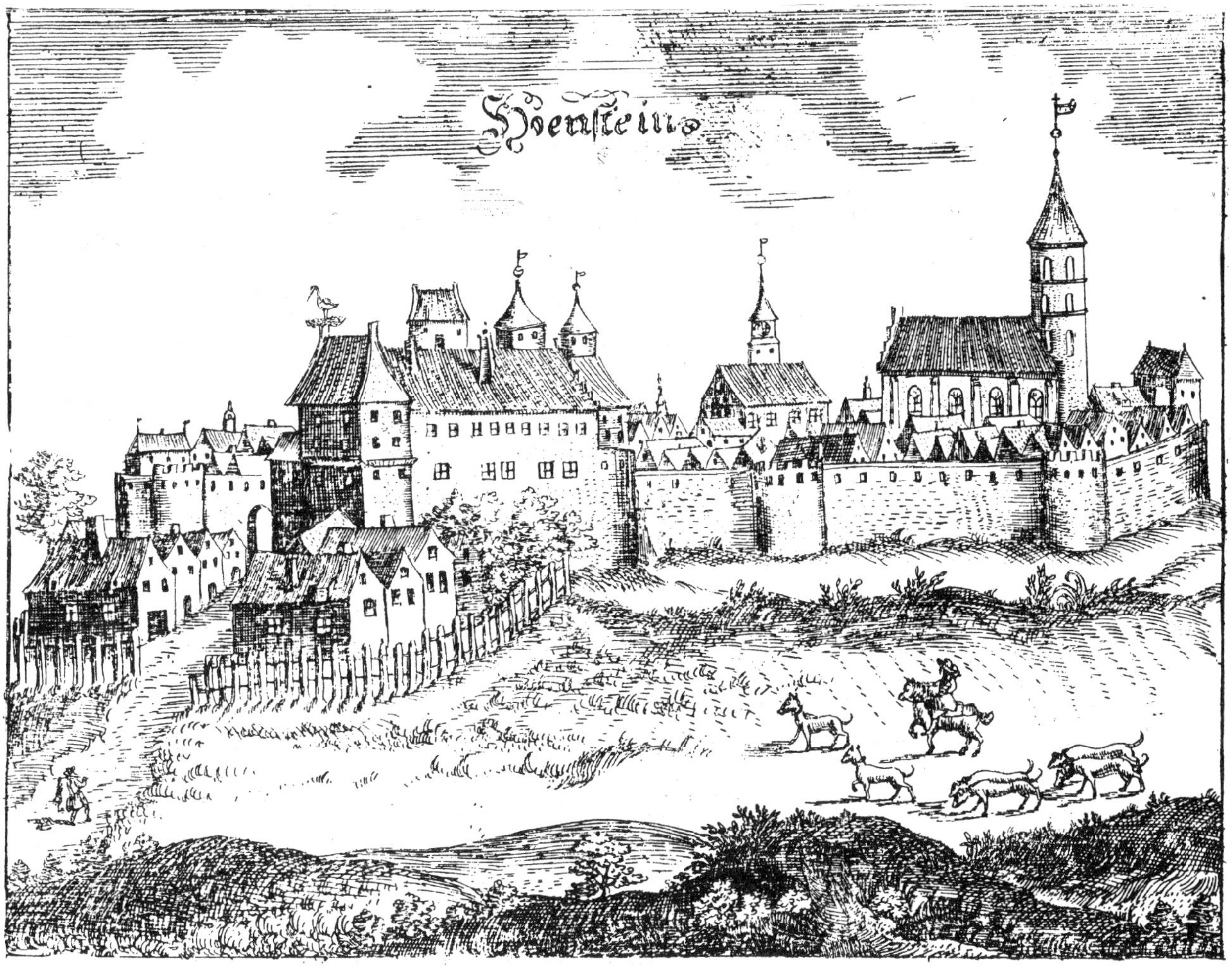

Stich aus Hartknochs Preußischer Historie von 1684

an, von dem später der Widerstand gegen den Orden ausgeht, der 1454 zu dem unglücklichen dreizehnjährigen Krieg führt. Die Stadt trat aber bereits ein Jahr später auf die Seite des Ordens. Auch der Reiterkrieg von 1520 bringt Not und die Besetzung durch die Polen bis 1525.

In der folgenden Herzogzeit ist Hohenstein Sitz eines Amtshauptmanns. Dem ersten Inhaber dieses Amts, Friedrich von der Oelsnitz, muß der Herzog aus Geldmangel das Hauptamt verpfänden, das auch unter Dietrich und Wolf von Wernsdorf und ihren Nachfolgern bis 1704 in Pfandbesitz bleibt und 1610 mit Osterode vereinigt wird. Die in dieser Zeit üblichen Feuersbrünste verheeren in den Jahren 1651, 1685 und 1804 auch Hohenstein. 1709 wird das ganze Land von einer Pestepidemie überzogen, die die Bevölkerung dezimiert. Im Siebenjährigen Krieg besetzen 1758 die Russen die Stadt für vier Jahre, und 50 Jahre später sind kurzzeitig die Franzosen als Besatzer dort.

Die Stadt bleibt klein, und die Bevölkerung nimmt von 1100 Einwohnern im Jahr 1782 nur auf 2784 Bürger im Jahr 1925 zu. In den Augusttagen von 1914 wird die Stadt bei den Kämpfen um Tannenberg zur Hälfte zerstört, aber der Wiederaufbau der 189 vernichteten Gebäude beginnt mit Hilfe der Patenstadt Leipzig noch im Krieg. Ein überwältigendes Ergebnis für

Deutschland hat die von den Siegermächten angeordnete Volksabstimmung am 11. Juli 1920. In der ganzen Stadt stimmen nur zwei Personen für den Anschluß an Polen.
Im Jahre 1927 wird wenige Kilometer westlich von Hohenstein zur Erinnerung an die Schlacht von Tannenberg das große und würdige Reichsehrenmal errichtet, das 1934 die sterblichen Überreste des Siegers von Tannenberg, Generalfeldmarschall Paul von Hindenburg, aufnimmt. Aber auch diese Gedenkstätte fällt 1945 dem Inferno zum Opfer. Heute findet man die wüste, weitgehend abgetragene Trümmerstätte nur schwer hinter einem Wäldchen im wuchernden Gestrüpp wieder.
Die Burg Hohenstein litt seit dem 18. Jahrhundert unter zunehmendem Verfall und wurde teilweise abgebrochen. Sie diente nach 1793 als Beamtenwohnung und wurde 1847 beim Ausbau zum Progymnasium stark verändert. Von 1895 bis 1925 war in den Räumen ein Lehrerseminar untergebracht. Anschließend bis Kriegsende beherbergte sie die Behring-Schule, und auch heute dient sie den Polen wieder als Schule. Das Gebäude hat den Krieg gut überstanden und steht heute fast unverändert da. Auch die in dem Gebäude aufgegangenen Bauteile aus der Ordenszeit, von denen die beiden aus dem Westgiebel herausragenden Granitkonsolen des ehemaligen Danzkers besonders ins Auge fallen, haben sich bis in unsere Tage erhalten.

Wo einst das Tannenberg-Denkmal stand, ist jetzt eine mit Gesträuch bewachsene Trümmerwüste

Trümmer von einem Turm des Reichsehrenmals

Ortelsburg

Das kleinste Konventshaus des Ordens

Siegel des Pflegers, 14./15. Jhdt.

Im alten Gau Galinden liegt etwa gleich weit von Allenstein wie von Neidenburg entfernt Ortelsburg, das seinen ursprünglichen Namen Ortulfsburg von dem Erbauer der Burg, dem Elbinger Komtur und Obersten Spittler des Deutschen Ordens, Ortulf von Trier (1349–1371), erhalten hat. Die Burg gehörte zu der weit entfernt liegenden Komturei Elbing, deren schmaler Landstreifen über 150 km diagonal durch Preußen nach Südosten verlief und im Gebiet von Allenstein in ganzer Breite durch das bischöfliche Ermland unterbrochen wurde. Man ist auf den ersten Blick erstaunt, daß die Verwaltungsbereiche der Komture bei den damaligen schlechten Verkehrs- und Nachrichtenverbindungen derartig ausgedehnt waren, während man doch in den Gebieten der ersten Eroberungen, also im Kulmerland, im Gegensatz hierzu recht kleine Komtureien eingerichtet hatte.
Zwölf Komtureien im verhältnismäßig kleinen Kulmerland standen nur acht Komtureien in dem räumlich sehr ausgedehnten, überwiegend ostpreußischen Gebiet gegenüber, nämlich Christburg, Elbing, Balga, Brandenburg, Königsberg, Ragnit, Memel und ab 1340 noch Osterode. Noch schmaler und länger als das Elbinger Komtureigebiet waren diejenigen der Komtureien Balga und Brandenburg, die diagonal durch das Land bis zur litauischen Grenze liefen. Territorial übertraf allein das Gebiet der Komturei Königsberg sogar die Gesamtfläche aller zwölf Komtureien im Kulmerland.
Diese unterschiedliche Einteilung des Landes hatte eine Reihe von Gründen. Bei der auf dem Wasserweg vorgetragenen oder zumindest an ihm orientierten Eroberung wurden zunächst nur die Gebiete am Haff und an den großen Flußläufen befestigt und besiedelt. Hier lagen die Zentren der Machtausübung und Verwaltung in den großen Burgen, den Konventshäusern. Weiter im Südosten begann die Wildnis, die erst im späten 14. Jahrhundert erschlossen und besiedelt wurde, so daß die nominelle Gebietsausdehnung lange Zeit nicht auch entsprechend große Verwaltungs- und Verteidigungsaufgaben bedeutete.
Man wollte aber ganz bewußt in jeder Komturei von der Basis der erschlossenen und kultivierten Gebiete ausgehend und deren Expansionskraft nutzend, die Besiedlung der jeweiligen zugeteilten Wildnisgebiete durch Eigeninitiative erschließen und besiedeln lassen. Zu ihrer Unterstützung richteten die Komture, entsprechend der fortschreitenden Erschließung ihrer Bezirke, Pfleger-, Kammer- und Waldämter ein, die dann jeweils nach Bedarf auch als feste Häuser ausgebaut wurden.
Der Komtur hatte die Regierungsgewalt in seinem Bezirk, war aber an den Rat des aus mindestens zwölf Ritterbrüdern bestehenden Konvents gebunden und erfuhr von diesem tatkräftige Unterstützung, denn jedem Ritter war ein bestimmtes Ressort zur Erledigung übertragen worden. Für die zentrale Regierung des Ordensstaats, dem Hochmeister und den

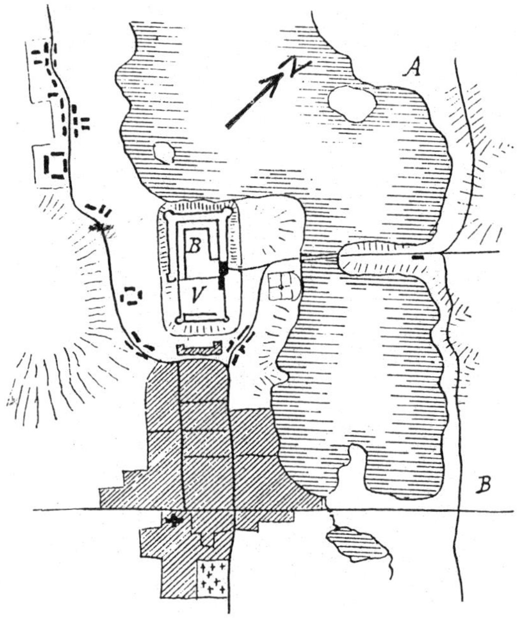

Lageplan von Stadt und Burg (nach Giese, 1826)

Großgebietigern, waren die Komtureien als Mittelinstanz für die regionale Verwaltung des Landes eben wegen der sehr beschränkten und zeitweise nicht benutzbaren Verbindungen unentbehrlich. Erst im 15. Jahrhundert zeigten sich bei nachlassender Moral und steigendem Eigennutz die Nachteile dieses partiell dezentralistischen Systems, und man versuchte durch direkte Unterstellung von Vogteien und Ämtern unter den Hochmeister die Macht der Komture etwas zurückzudrängen.

Die Ortelsburg ist, als kleinster Konventshaustyp gebaut, nie Sitz eines Komturs gewesen. Es blieb bei der Unterstellung unter die Komturei Elbing, bis nach dem Zweiten Thorner Frieden von 1466 hier ein Hauptamt eingerichtet wurde.

Die Burg gehört entwicklungsgeschichtlich dem reduzierten, schematischen Stil an, der bei monumentaler Prägung durch nachlassende Sorgfalt und fehlende Durchbildung der Details gekennzeichnet ist. Was heute noch als Ruine mit halbhohen Feldsteinmauern dasteht, stammt von der um 1380 gebauten Burg sowie von den Umbauten durch Baumeister Blasius Berwart um 1580 zum Jagdschloß für den Markgrafen Georg Friedrich. Hierdurch wurde der bereits eingetretene Verfall nur teilweise aufgehalten.

Zwischen 1770 und 1792 trug man dann die Türme, den Ostflügel und andere wesentliche Teile der Burg ab und nutzte sie als Kriegsmagazin. Bei der anschließenden Verwendung als Wirtschaftshof wurden sämtliche Gewölbe abge-

Skizze der Burg

Die Außenmauer des Westflügels

Im Innern der Ruine

schlagen. Auf den Fundamenten der Vorburg und unter Verwendung der Granitsteine entstand 1936 das neue Rathaus von Ortelsburg. Dabei gab es weitere Eingriffe in die Bausubstanz, und es stürzte der bis dahin erhaltene alte Torbogen ein.

Trotzdem ist es möglich, sich anhand eines Grundrisses von 1766, der Grabungsergebnisse von 1924 sowie der noch stehenden Ruinen ein Bild von der Burg zu machen, die einst als Sperriegel an einer wichtigen Handelsstraße auf einer Halbinsel zwischen großem und kleinem Haussee lag.

Die quadratische, vierflügelige Hauptburg gilt mit den bescheidenen Abmessungen von 39 m Seitenlänge und 16 m Hofbreite als die kleinste Konventshausanlage. Zwei durchgehende und zwei zwischengeschobene Flügel ergeben einen regelmäßigen, aber etwas schematischen Grundriß. Der quadratische Eckturm ist im Südwesten fast zur Hälfte in den Eingangsflügel hineingeschoben und flankiert die Süd- und Westseite. Er gehört zu der neuen Generation von Haupttürmen mit dem geringen Durchmesser von 9 m und einem ziemlich großen Innenraum, die das Vordringen der Feuerwaffen anzeigen. Sie lösen den alten Bergfried ab und leiten zu der folgenden turmlosen Epoche über. Verwandte Türme dieses Typus finden sich in Neidenburg, Soldau und Bütow.

Ein Kamin im Erdgeschoß der Ruine

Der Eingangsflügel im Süden hat mittig einen wie üblich nicht unterkellerten Torweg, der konstruktiv mit dem Tor des Mittelschlosses der Marienburg verwandt sein dürfte und den bis zur Parchammauer vorgebaute Fangmauern als Zwinger sichern. Man nimmt an, daß in diesem Flügel nach Osten die Kapelle und nach Westen der Remter lagen. Beide zwischengeschobene Flügel hatten tonnengewölbte Räume, die vermutlich Wohnzwecken dienten.

Im älteren Nordflügel befanden sich zwei Räume mit gratigen Kreuzgewölben auf einer Mittelstütze und ein isolierter Eckraum mit Tonnengewölbe, bei dem die starke Hofmauer des Ostflügels als Trennwand durch den Nordflü-

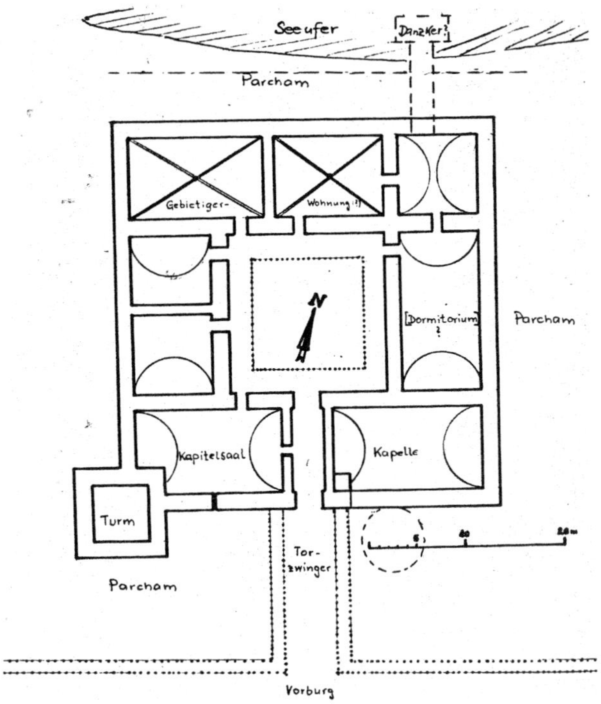

Grundriß nach Plan von 1766

gel hindurch läuft. Welchen Zweck diese für die Ordensarchitektur völlig ungewöhnliche Konstruktion hatte, ist nicht bekannt. Am Ende des Flügels war damals ein Danzker seeseitig hinausgebaut.

Das gesamte Haupthaus wurde von einem Parcham mit Wehrmauer umgeben, der auch die Vorburg einschloß, die nur durch eine Mauer und nicht durch den sonst üblichen Hausgraben abgetrennt war. Als Außensicherung gab es einen Burggraben, über den eine Zugbrücke zum Eingang führte, der durch einen kleinen Torturm mit verdecktem Fallgatter gesichert war. Gegen feindliche Überraschungen gab es noch Fernsicherungen, von denen der Wachthügel bei Johannisthal an der Straße nach Neidenburg überliefert ist.

Ein alter Chronist nimmt 1266 als das Gründungsjahr der Burg an. Vielleicht erreichte der in der zweiten Hälfte des 13. Jahrhunderts vom Kulmerland nach Osten vordringende mehrjährige Feldzug durch das Land Sassen nicht nur Neidenburg, sondern auch Ortelsburg, und dort wurde ein Wildhaus errichtet. Vielleicht wurde auch an diesem Platz eine eroberte prussische Feste für Zwecke des Ordens eingerichtet. Jedenfalls muß spätestens um 1350 eine Burg gebaut worden sein, die 1370 von den Litauern zerstört worden ist.

Die ersten namentlich überlieferten Pfleger waren Heinrich Murer um 1360, Sibolt Lowe und Arnold von Wytricht. Im Schatten der Burg siedelte der Elbinger Komtur Ortulf von Trier polnisch-masowische Beutner an; das sind Imker, die den damals sehr begehrten Honig und Wachs lieferten. Um 1380 entstand die massive Burg, deren halbhohe Feldsteinmauer auch heute noch zu sehen ist.

Aus der Lischkensiedlung neben der Burg Ortelsburg entstand erst spät eine Stadt, die zwar 1616 von Kurfürst Johann Sigismund eine privilegierte Rechtsverfassung erhielt, aber erst im Rahmen eines allgemeinen Reglements von 1723 offiziell als Stadt anerkannt wurde. Ihre Geschichte ist wie die vieler anderer preußischer Städte und Dörfer in der Grenzmark von Kriegen, Besetzungen, Plünderungen, Bränden und der Pest geprägt. 1656 gelang es, die Tatarenhorden abzuwehren. Aber Napoleons Truppen besetzten 1806 die Stadt und plünderten. Danach herrschte über hundert Jahre Frieden in dieser Region.

Im Ersten Weltkrieg wurde Ortelsburg fast ganz zerstört. Am 30. August 1914 brannten 160 Wohnhäuser und 321 Wirtschaftsgebäude nieder. Doch noch während des Krieges begann der Wiederaufbau mit Hilfe der Patenstädte Berlin und Wien. Bei der Abstimmung auf Grund des Versailler Friedensvertrags bekannte sich die Bevölkerung am 11. Juli 1920 einmütig zu Deutschland. Nur 15 Stimmen wurden für Polen abgegeben, das sind etwa 0,4 Prozent. Nach nur zwei Jahrzehnten des Friedens brach am 23. Januar 1945 auch über diese ostpreußische Stadt die Nacht herein.

Rhein

Eine Sperrburg zwischen den Seen

Komtursiegel, 14./15. Jhdt.

Wie ein breiter Burggraben zieht sich eine große Seenkette von Norden nach Süden durch Masuren und schützt das Preußenland vor Angriffen aus dem Osten. Mauer-, Löwentin- und Spirding-See sind nur die Namen der großen Seen; ungezählte kleine umrahmen sie wie eine Perlenkette. Dort, wo an den Nahtstellen der Seen Landengen die Ströme der Händler aber auch der Krieger kanalisierten, legten bereits im frühen Mittelalter die Prussen befestigte Sperriegel an. Eine schmale, langgestreckte Seenkette beginnt südlich von Nikolaiken im Spirdingsee und zieht sich in nördlicher Richtung fast 30 km weit, noch über Rhein hinaus, bis nach Arlen.

Zwischen dem Nordende des Rheiner Sees und dem Waldsee liegen auf einer Landenge Burg und Stadt Rhein. Vom Deutschen Orden wurde dieser strategisch wichtige Platz erkannt und von der Komturei Balga aus um 1376 zugleich mit der Burg Barten massiv ausgebaut. Beide Burgen waren als Komtureien vorgesehen und wurden deshalb als Konventshäuser geplant. Nach Fertigstellung des Hauptflügels trat ein deutlicher Bruch in der Baukonzeption ein, denn der Nordostflügel wurde überhaupt nicht und die beiden anderen Flügel wurden nur in vereinfachter Bauweise errichtet.

Trotzdem war Rhein von 1393 an mit einigen Unterbrechungen bis zum Ende der Ordenszeit Komturei, zu der die Ämter Rastenburg, Leunenburg, Seehesten, Lötzen und Barten gehörten. Hier war von 1394 für drei Jahre Friedrich von Wallenrod Komtur, der später als Oberster Marschall in der Schlacht bei Tannenberg fiel. Sein Nachfolger, Johann von Schönfeld, konnte sich als einer der wenigen Gebietiger aus dem Gemetzel der verlorenen Schlacht retten. Seine Laufbahn in fünfunddreißigjähriger Dienstzeit veranschaulicht beispielhaft die Stationen eines höheren Ordensbeamten, dem der Aufstieg in die höchsten Ämter versagt blieb. Am Anfang war er sechs Jahre als Kumpan des Hochmeisters in einer Art Adjutantenstellung tätig, dann folgten jeweils mehrjährige Verwendungen als Komtur von Graudenz, Schlochau, Brandenburg, als Vogt von Dirschau und danach wieder als Komtur von Rhein, Osterode und letztlich Danzig.

Als Kolonisator weiter Gebiete der umgebenden Wildnis hat sich Rudolf von Tippelskirch einen Namen erworben, der der Komturei von 1486 bis 1518 vorstand und daneben noch über fünfzehn Jahre Oberster Trapier des Ordens war. Dieses Amt, dem die Oberaufsicht über das Bekleidungswesen oblag, war bis zur Zerstörung der Christburg in Personalunion von deren Komtur verwaltet worden. Daneben war für jede Komturei ein Trapier regional zuständig.

Die ursprünglich geplante vierflügelige Burg mit Ecktürmen kam nicht zur vollen Ausführung. Dennoch zeigt uns der im Südosten gelegene Hauptflügel von 44 m Länge nach einer Bauaufnahme aus dem vorigen Jahrhundert und bei genauer Nachschau auch heute noch

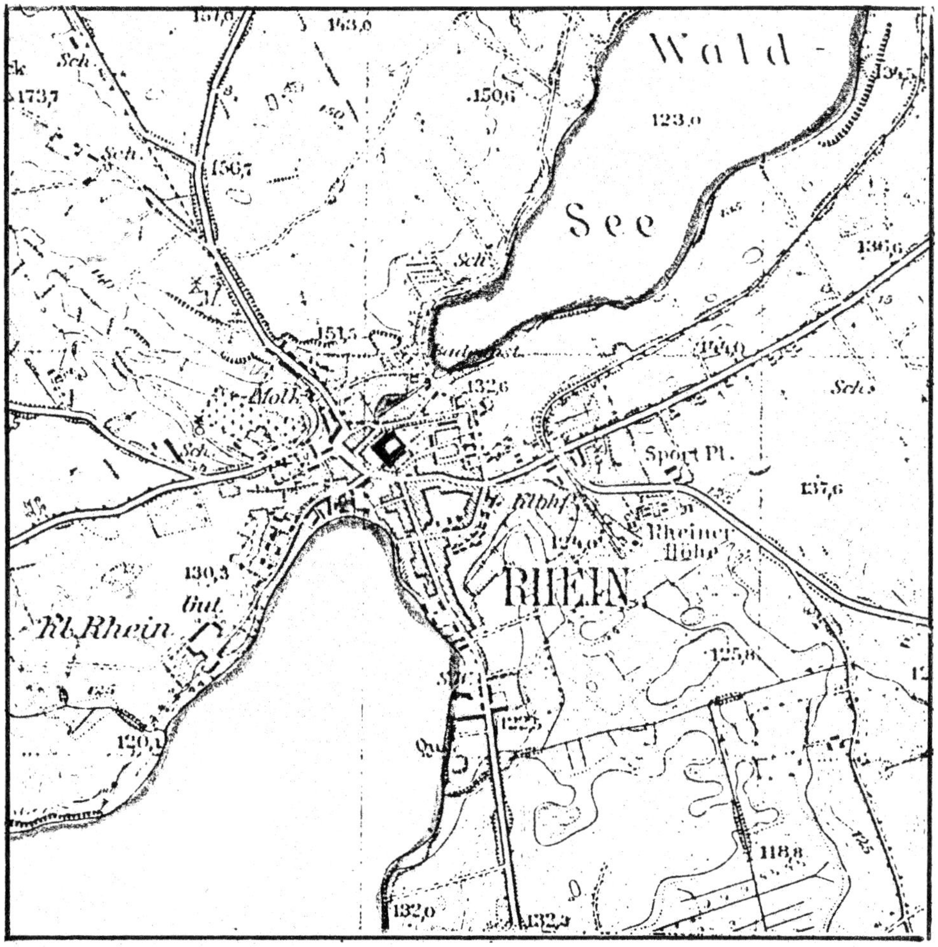

Lageplan von Stadt und Burg

einiges von seiner früheren Gestalt. Bis zur Mitte des Erdgeschosses sind die Feldsteinmauern außerordentlich dick und erreichen in den Außenmauern eine Stärke von 4,50 m, die sich in den darüberliegenden Backsteinmauern auf immer noch drei Meter reduziert. Letztere sind mit Rautenmustern aus dunklen Backsteinen versehen, wie sich beim Abfallen eines Teils der Putzschicht im Jahr 1925 und besonders in der Nachkriegszeit zeigte. An den Ecken springen die Mauern in Flügelbreite leicht vor, wie man das auch bei den Burgen Allenstein und Heilsberg beobachten kann.

Keller und Erdgeschoß haben noch ordenszeitliche gratige Gewölbe auf Mittelpfeilern, die die langen Räume in zwei Schiffe teilen. Im Hauptschloß trennt eine starke Zwischenwand die ehemalige Kapelle und den Kapitelsaal. Darüber lagen einst Speicher mit seitlichen Wehrgängen, die kleine quadratische Fenster hatten. Bei späteren Umbauten verschwanden leider auch die beidseitigen Staffelgiebel, und die hofseitige massive Vorlaube mit Tonnengewölbe wurde durch Vermauern in das Gebäude einbezogen.

Der parallel zum Hauptflügel liegende Nordwestflügel ist nur zu einem Drittel nach altem Plan ausgebaut worden. Er stößt bis zur Eingangsseite durch und enthielt im Kellergeschoß fensterlose Verliese. Nach langer Vernachlässigung und partiellen Einstürzen wurde dieser Flügel ab 1798 als Salzmagazin verwendet. Er brannte 1881 bis auf die Grundmauern ab, wurde aber bald wiederaufgebaut.

Ansicht der Burg von Südosten

Zwischen die beiden vorgenannten Flügel ist der Eingangsflügel geschoben. Mittig zum Marktplatz hin liegt der Torweg, an dessen Tonnengewölbe noch heute alte Formen erkennbar sind. Offen blieb die Nordseite der Burg, wo sie nur eine Mauer von der längst verschwundenen Vorburg trennte. Hier standen später der Gutshof mit Stallungen und Gesindewohnungen sowie der Körtingsche Garten.
Als 1752 das königliche Hauptamt aufgehoben wurde, setzte der Verfall der Burg ein. Binnen fünzig Jahren wechselte sie durch Verkäufe siebenmal ihren Besitzer, bis 1853 die Regierung sie erwarb und nach Umbau in eine Strafanstalt verwandelte.
Bei dem Brand von 1881 blieb nur der Hauptflügel verschont. Die beiden anderen Flügel brannten nieder, wurden aber mit völlig veränderter Architektur sogleich wiederaufgebaut und hierbei durch eine dicke Putzschicht, Türmchen und Zinnen verunstaltet. Um 1911 beherbergten die Gebäude das Amtsgericht nebst Gefängnis. Heute sind in dem ungepflegten und allmählich verfallenden Haus polnische Behörden untergebracht.
Die günstige Lage ermöglichte es, in Sichtweite an den langgestreckten Seen Wachthügel als Fernsicherung anzulegen. Im Nordosten bei Arlen liegt ein solcher künstlich aufgeschütteter Hügel von fünf Meter Höhe und mit einer Plattform von 13 m Durchmesser. Im Südosten entstand bei Groß Notisten ein ähnlicher Wachthügel. Dieses Fernsicherungssystem finden wir auch bei anderen Burgen, z.B. bei der Ortelsburg mit ihrem Stützpunkt Johannisthal, bei der Burg Eckersberg mit ihren Wachthügeln Quicka, Dorren und Schengowen am Spirdingsee sowie bei der Burg Seehesten mit dem Wachthügel nahe Weißenburg.
Der Orden legte Wert darauf, daß zur Versorgung seiner Burgen Mühlen vorhanden waren. Nahe der Burg, an der Nordbucht des Rheiner Sees, wurde eine Wassermühle betrieben, deren Wasser vom sieben Meter höheren Waldsee über ein Staubecken durch einen unterirdischen, gemauerten Kanal herangeführt wurde.

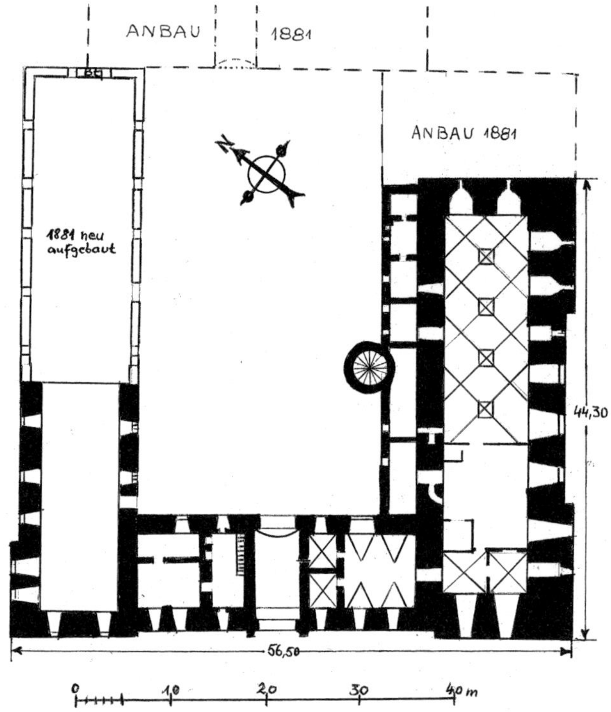

Grundriß des Erdgeschosses

Bemerkenswert ist, daß die Ritter in Rhein eine eigene Fischereiflottille von elf Booten unterhielten. »Nassutte« und »Kerbichin« sind die Bezeichnungen für große und für kleinere Fischereifahrzeuge. Die Zugnetzboote hießen »Watschiffe« und die Begleitboote nannte man »Folgekähne«. Aus der Fischerei konnten der Speiseplan der Burgbesatzung angereichert und Vorräte angelegt werden. Auf Vorratswirtschaft legte man großen Wert, und in den Speichern und Magazinen fanden sich Roggen, Malz, Mehl, Salz und Zwiebeln, aber auch getrocknetes oder geräuchertes Fleisch an Spießen sowie lebendes Vieh in den Ställen. Die Keller bargen manches Faß Bier und Met, wobei die merkwürdigen Geschmacksrichtungen auffallen. Es gab nämlich Salbei-, Lavendel-, Schlehen- und Wermut-Bier. So war abwechslungsreich für gute und schlechte Tage vorgesorgt.
Die durch Umbauten des vorigen Jahrhunderts entstellte Burg hat den Krieg ohne nennens-

Das alte Hauptportal und der Torweg sind kaum noch zu erkennen

Der umgebaute Hauptflügel mit Anbauten im Nordosten

Der verwahrloste Hauptflügel der Burg. Unter dem abfallenden Putz kommt das alte Backsteinmauerwerk mit dem Rautenmuster und den alten Fensterbögen zum Vorschein

werte Beschädigungen überstanden und ist seitdem dem Verfall ausgesetzt. Nach den Plänen der polnischen Landeskonservatoren sollen die Gebäude bald restauriert werden. Wahrscheinlich wird bei diesen Arbeiten die bereits an vielen Stellen abbröckelnde Putzschicht entfernt und das alte Backsteinmauerwerk freigelegt werden. Denkmalpflegerisch wichtig wäre die Wiederherstellung der alten Fenster und des Wehrganges sowie der Abbruch der stilfremden Ecktürmchen. Dem Hauptflügel könnte man durch Aufmauern der beiderseitigen Staffelgiebel und durch Freilegen des hofseitigen massiven Laubengangs sein ursprüngliches Aussehen wiedergeben. Es bleibt zu hoffen, daß die heutigen Restaurateure einiges von dem wiedergutmachen, was bei den Umbauten im 18. und 19. Jahrhundert verschandelt worden ist.

Burg Schönberg (Text folgende Seiten)

Schönberg

Ein Märchenschloß in Pomesanien

Bischofssiegel von Pomesanien, 15. Jhdt.

Wie ein verzaubertes Märchenschloß liegt die alte Kapitelsburg *Schönberg* auf einer Geländestufe über den Ossa-Wiesen am nördlichen Haupt des Haussees. Wer sich durch den völlig verwilderten Park dem für das Ordensland eigenartigen Bauwerk nähert, wird auch heute noch vom Zauber des harmonischen Bildes gebannt, den dieser aus mannigfaltigen Baustilen komponierte Gebäudekomplex ausstrahlt. Die vielen leeren Fensterhöhlen, die ohne Dach stehenden Fassaden und Türme und der in aller Stille fortschreitende Verfall tragen merkwürdigerweise zu dem romantischen Gefühl bei, ein verwunschenes altes Schloß eines fast vergessenen Fürsten zu betreten, in dem im bröckelnden Gemäuer Eulen und Fledermäuse hausen und auf den Türmen der Adebar Ausschau hält. Efeu klettert am Mauerwerk empor, und nach Durchschreiten des langen Torweges fällt der Blick auf einen riesigen Innenhof voller wild wachsender Bäume und Sträucher und wuchernden Unkrauts.

Plötzlich steht ein hagerer alter Mann vor uns und holt uns aus den romantischen Träumen in die harte Wirklichkeit zurück. Er bietet uns in der betonten Höflichkeit der Polen eine Führung durch die Ruine an und fügt hinzu, daß er Verwalter auf Schönberg gewesen sei, nach dem Kriege natürlich. Ja, nach dem Kriege, als die Polen das unversehrt in ihre Hände gelangte Schloß in blindem Haß niederbrannten, wie viele andere Schlösser und Herrenhäuser in West- und Ostpreußen. Wer Finckenstein und Schlobitten, Neudeck und Januschau gesehen hat, stumpft ab gegenüber den Folgen sinnloser Zerstörungswut. Doch die Gewalt gegen Menschen und Sachen wird an solchen Orten manifestiert, ebenso wie in Auschwitz und Dresden, ohne Rücksicht auf die Nationalität der Täter.

Der Ortsname Schönberg kommt in den vogtländischen Besitzungen des Deutschen Ordens bereits um 1300 vor, wo in der Kommende Eger ein gleichnamiges Patronat mit Filialkirche bestand. Möglicherweise wurde der Name von dort übernommen, wie das im Ordensland durch die aus dem Altreich zuströmenden Ritter und Siedler häufig geschah.

Die Burg Schönberg fand im Jahre 1378 erstmals als Residenz des pomesanischen Dompropstes und als Besitz des Domkapitels Erwähnung. Nachdem die Aufteilung Preußens in vier Diözesen bereits 1243 vorgenommen und den Bischöfen ein Drittel des Landes mit vollen Herrschaftsrechten zugewiesen worden war, kam es jedoch erst nach dem Zusammenbruch des großen Preußenaufstandes um 1283 zur vollen Entwicklung und Ausgestaltung der bischöflichen Macht. Der Bischof von *Pomesanien* residierte seit 1254 in der später als »*Altschlößchen*« bezeichneten zweiten Burg zu Marienwerder und verlegte nach Gründung des Domkapitels im Jahre 1284 seinen Sitz in die neu erbaute Riesenburg. Die Teilung des Territoriums zwischen Bischof und Domkapitel fand in Pomesanien erst 1312 statt, wobei letzteres wiederum ein Drittel des

Bistums zur Verwaltung übertragen bekam. Es ist deshalb möglich, daß erste Baumaßnahmen in Schönberg schon bald danach durchgeführt wurden, worauf auch Hinweise in älterer Literatur, wie z.B. bei Voßberg 1843, schließen lassen. Ob die Burg Schönberg bereits vom Deutschen Orden angelegt oder zu Beginn des 14. Jahrhunderts vom Dompropst zu Marienwerder erbaut worden ist, läßt sich nicht belegen. Eine Bauinschrift über dem Burgtor besagt jedenfalls, daß das Portal im Jahre 1386 erbaut wurde.

In Schönberg hat sich der Burgenbau des bischöflichen Bereichs am weitesten von der Ordensarchitektur entfernt. Das im Mauergeviert eigenständige Konventshaus wurde hier durch ein langgestrecktes, an die Mauer angelehntes, außerordentlich schmales Burggebäude abgelöst. Die charakteristische Zierlichkeit im Grundriß sowie die geringe Stärke und Höhe der Mauern sind Stilmerkmale, die den wehrbaulichen Grundsätzen des Ordens nicht entsprechen. Die in der Frühzeit des Burgenbaus übliche Form einer Hofbefestigung, in die man nach Bedarf Häuser hineinstellte, wurde in der rechteckigen Form eines Ordenskastells übernommen.

Der umlaufende Mauerring mit Wehrgang war zunächst als selbständiges Verteidigungswerk gedacht, dessen ursprünglich nur zwei Meter über dem Hofniveau hohe Mauern mit Zinnen und kleinen Türmen bewehrt waren. Von den insgesamt geplanten zwölf Türmen, nämlich vier Ecktürmen und an allen Seiten je zwei schwächeren Flankierungstürmen, wurden zehn ausgeführt. Ob der sehr große Hof des etwa 85 × 75 Meter messenden Rechtecks einmal als Fluchtburg für die deutschen Siedler angelegt worden war, ist nicht erwiesen. Jedenfalls wurden nach und nach das Burghaus und Wirtschaftsgebäude eingefügt.

Der *Westflügel* bestand aus einem zweiteiligen, sehr schmalen Burggebäude, das an die Mauer angelehnt war. Hier baute man die beiden Zwischentürme in der Mauer nicht aus. Von ihnen ragen lediglich die Fundamente wie zwei Stützpfeiler aus der Mauerfront hervor. Beide Ecktürme sind bis zum ursprünglichen Wehr-

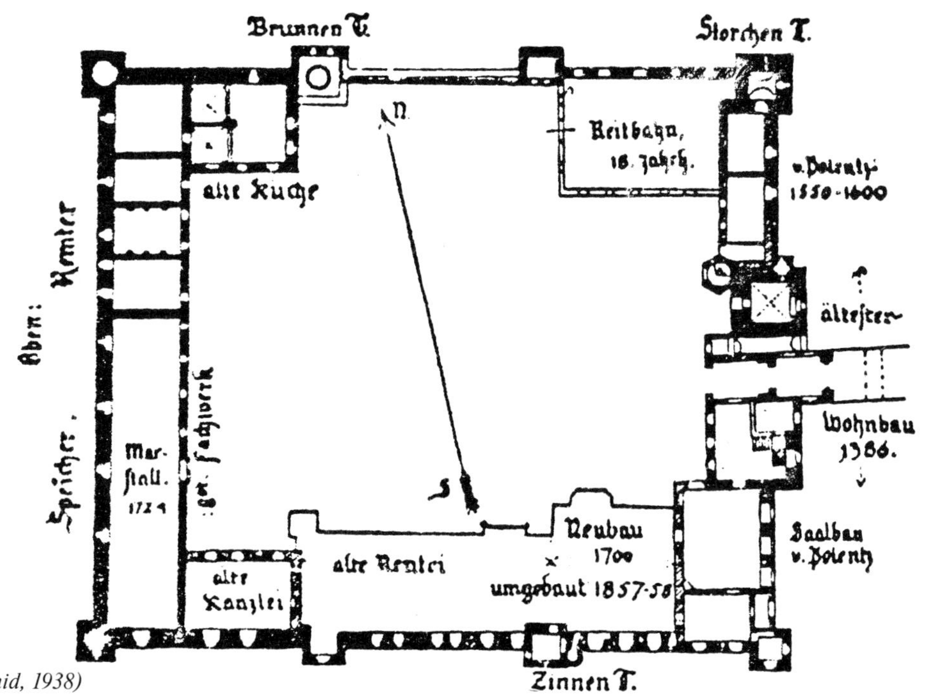

Lageplan der Burg (nach B. Schmid, 1938)

Westseite mit Unterteil des alten Burghauses und Eckturm

Südostecke der Burg mit Eck- und Mauertürmen. Vorne der Polentzsche Saalbau von 1550

gang quadratisch und später darüber achteckig bzw. an der Südwestecke rund weitergebaut worden. Der nördliche Teil des Burghauses ist ganz aus Stein aufgeführt und hat im Kellergeschoß Tonnengewölbe und im Dachgeschoß Wehrfenster. Das Hauptgeschoß enthielt einen langen *Remter* mit Holzdecke und Resten von Wandmalerei. Im Erdgeschoß lagen neben der angrenzenden Küche Vorrats- und Gesindekammern. Der südliche Teil der Westfront hatte oberhalb des alten Wehrgeschosses einen mittelalterlichen Fachwerkaufbau, der hofseitig bis zum Erdgeschoß herabreichte. Es handelte sich um ein typisch gotisches Ständerwerk mit verzierten Knaggen. Hier fanden sich im Erdgeschoß der *Marstall* und darüber ein großer *Kornspeicher*. Der ganze Trakt wurde von einem monumentalen Dachstuhl überspannt, der noch aus der ersten Bauzeit stammte.

An der Nord- und Südmauer befanden sich bis zum nächsten Zwischenturm kurze *Querflügel*. Der nördliche beherbergte in der Nachbarschaft des Remters die alte *Küche* mit einem großen, sechseckig gemauerten Schlot, der sich nach oben verjüngt und von dem noch Reste erhalten sind. Gleich neben der Küche lag im anschließenden Mauerturm der Brunnen. Gegenüber im südlichen Querflügel war die alte *Kanzlei* untergebracht. Die daran anschließenden Gebäude entlang der Südmauer wurden erst um 1700 hinzugebaut; sie enthielten die Rentei und Wirtschaftsgebäude.

In der Mitte der Ostseite liegt der Hauptturm mit dem unmittelbar anschließenden Torweg, dessen Längsachse leicht zur Hauptachse der Burg versetzt ist. In diesem engen Bereich lagen die ersten Wohnbauten, die noch aus der Entstehungszeit der Burg stammten. Der aus der Mauer vorspringende quadratische Hauptturm mit einer Seitenlänge von knapp zehn Metern war die beherrschende Wehranlage und der Schutz für Tor und Brücke über den Burggraben. Er erinnert in seiner äußeren Gestalt an den Liedelau-Turm an der Nordseite des Königsberger Schlosses. In seinem Inneren waren Räume mit Kreuzgewölben auf Rippen. Vor der Zerstörung trug sein Walmdach einen

Hauptturm und Torhaus vom Innenhof aus

Torhaus, Zwinger mit Blendenaufbau. Oben Mitte das beschädigte Wappen

Reiter mit einer alten gotischen Glocke, der bei der Wiederherstellung des Daches entfallen ist. Gut erkennbar ist auch heute noch hofseitig ein etwas erhöht liegendes Portal zum Turminneren, das spitzbogig von mehrfachen Profilen umrahmt ist.

Der etwa fünfzehn Meter lange Torweg ist zweiteilig und dürfte aus dem eigentlichen Torraum und einem vorgeschobenen Torzwinger entstanden sein, der 1541 mit dem rundbogigen Blendenaufsatz versehen worden ist. Dort ist in einem Kreisfenster noch das beschädigte Wappen sichtbar. Mitten im Torweg findet sich ein spitzbogiges Granitgewände, wie es auch in den meisten Ordensburgen anzutreffen ist. Die alte Bauinschrift von 1386, die in gotischen Majuskeln auf Tonplättchen einen lateinischen Text enthält, konnte bei unserem Besuch nicht entdeckt werden. Der Text lautet:

HEC:PORTA:CONSTRUCTA:EST/
ANNO:DOMINI:M:CCC:LXXXVI:
TEMPORE:FRATRIS:HENRICI:/
DE:SKERLIN:PREPOSITI

Links neben dem Tor lag der älteste, sehr bescheidene *Wohnbau*, an dessen unterer Außenwand sich noch die Mauerdekoration aus dunkelgebrannten Backsteinen in Zickzacklinien abzeichnet. Der Turm an der Nordostecke heißt seit langem Storchenturm; er wird auch jetzt wieder von einem Storchennest gekrönt.

Schönberg war die einzige bis 1945 bewohnte Burg aus der Ordenszeit. Sie befand sich seit 1698, als der Kammerherr *Ernst von Finck,* genannt »der reiche Schäfer«, sie kaufte, im Besitz der Grafen *Finck von Finckenstein.* Doch davor hat sie häufig den Besitzer gewechselt. Im dreizehnjährigen Städtekrieg um 1454 war die Burg vorübergehend von Bündischen besetzt. Um 1520 wurde sie von den Polen erobert.

Nach Einführung der Reformation in Preußen

Bauinschrift des Schlosses, 1386

Storchenturm mit Nest an der Nordostecke, dahinter Hauptturm und Torhaus

Nordwest-Hofecke

ging sie 1527 aus dem Besitz des pomesanischen Domkapitels in die Hand Herzog Albrechts von Preußen über. Dieser verlieh Burg und Amt an den letzten katholischen Bischof von Pomesanien, *Erhard von Queis,* als Entschädigung für die verlorengegangene Pfründe.
Nach dessen Tod im Jahre 1529 übertrug der Herzog die Burg dem abgedankten Bischof von Samland, *Georg von Polenz,* der ebenfalls zur evangelischen Konfession übergetreten war. Sie blieb danach bis 1653 in der Polenzschen Familie. *Albrecht von Polenz* vererbte sie seinem Schwiegersohn, dem *Freiherrn Kasimir von Eulenburg,* der sie 1668 wiederum seinem Schwiegersohn *von Schlieben* übergab. Danach blieb Schönberg zweihundertfünfzig Jahre im Besitz der Grafen Finck von Finckenstein.
Der häufige Besitzerwechsel und die unterschiedliche Zweckbestimmung vom Sitz des Dompropstes und des Kapitels über die Funktion eines Hauptamtes und erblichen Adelssitzes bis zum Herrenhaus eines großen Gutes haben die bauliche Gestalt der Burg über Jahrhunderte zum Schloß hin verändert. Trotz mannigfaltiger Baustile hat sich doch ein harmonischer Gesamteindruck bewahrt. Bei den schrittweisen Umbauten zum Adelsschloß wurde Wert darauf gelegt, die ordenszeitlichen Bauelemente zu erhalten. Im einzelnen sind uns folgende Umbauten bekannt:
1541 unter *Georg von Polenz* wurden der Tor-

zwinger mit einem Aufbau versehen und im Wohntrakt Stuckdekorationen an Gewölben angebracht;
1550 bis 1599 ließ *Theophil von Polenz* den großen Saalbau an der Ostseite errichten und Renaissance-Giebel anlegen;
um 1700 wurde unter *Graf Albrecht Christian von Finckenstein* im Südteil ein barocker Saal erbaut und danach unter *Graf Ernst* um 1724 der Marstall und später die Reitbahn angelegt;
1857/58 baute man schließlich den Südteil im neugotischen Stil um.

Die Umwandlung des Ordensstaates in ein weltliches Herzogtum, die Auflösung des Deutschen Ordens in Preußen und die Reformation waren Ereignisse, die um 1525 das Land grundlegend veränderten. Bei dem geheimgehaltenen Besuch des letzten Hochmeisters *Albrecht von Brandenburg-Ansbach* im September 1523 hatte *Martin Luther* ihm den Rat gegeben, den Orden aufzulösen und die weltliche Herrschaft in Preußen zu begründen. Eine Predigt des evangelischen Theologen *Andreas Osiander* in Nürnberg und die Nachrichten von der Duldung der Reformation durch den samländischen Bischof *Georg von Polenz,* der ihn während seiner Abwesenheit als Landesverweser vertrat, gaben ihm den letzten Anstoß für seine fast revolutionären Entscheidungen. Die Macht der Stände und des Landadels wurden bei der Umwandlung der staatlichen Fundamente erheblich vermehrt. Sie zwangen dann auch den Herzog, der die Bischofsstühle nach dem Tode von Polenz und dem Queis-Nachfolger Speratus eingehen lassen wollte, diese 1566 neu zu besetzen. Bischof von Pomesanien wurde der Theologieprofessor *Georg von Venedien* [Venediger], und den samländischen Bischofssitz erhielt der übel beleumundete und bereits einmal das Landes verwiesene *Joachim Mörlin,* ein Abkömmling von Seitenlinien der Fürstenhäuser von Ansbach und Braunschweig. Letzterer schürte die von Osiander eingeleiteten unerfreulichen Religionsstreitigkeiten. Sein Nachfolger wurde 1571 der berüchtigte Streittheologe *Tilemann Heßhusius* aus Cleve, der wenig später den zum Bischof von Pomesanien berufenen bekannten Kirchenhistoriker *Johann Wigand* in eine heftige theologische Fehde verwickelte. Es ist bezeichnend, daß diese ohnehin unerwünschten theologischen Streitigkeiten vom polnischen König politisch ausgenutzt wurden. Ausgerechnet der katholische König Sigismund II. August von Polen machte sich zum Beschützer der »reinen« lutherischen Lehre und erkannte sie 1569 im Privileg von Lublin als Lehrgrundlage der Augsburgischen Konfession an.

Erst nach der Regierungsübernahme durch den energischen Markgrafen *Georg Friedrich von Brandenburg-Ansbach,* einem Neffen Herzog Albrechts, hörten Religionsstreit und viele andere Mißstände, insbesondere die eigennützige Stände- und Adelswirtschaft, auf. Georg Friedrich war zunächst Vormund des schwachsinnigen Herzogs Albrecht Friedrich und dann Regent. 1578 wurde er Herzog von Preußen. Der streitsüchtige samländische Bischof *Heßhusius* mußte Preußen verlassen, und als der pomesanische *Bischof Wigand* 1587 verstorben war, ließ der Herzog gegen den Widerstand der Stände beide Bischofsstühle eingehen und ersetzte sie durch die landesherrlichen Konsistorien in Königsberg und Saalfeld.

So verbirgt sich hinter den heute leeren Fassaden des »Märchenschlosses« Schönberg ein Stück preußisch-deutscher Staats- und Kirchengeschichte, an der es mittelbar teilgehabt hat. Es ist zu hoffen, daß die stattliche Ruine als Denkmal der Landesgeschichte vor einem weiteren Verfall bewahrt wird.

Nachweis der Abbildungen

Zeichnungen, Pläne und Fotos

Beckherrn, Carl 256
Bertram, H. 51
Boetticher, Adolf 80, 151, 165, 250
Böhm, Erich 272
Boot, Abraham 115, 152
Busse, Marie 185
Dehio, Georg 249
Dolezich, Norbert 136
Engel, Bernhard 23, 31, 39, 65, 70, 142, 156, 177, 188, 195, 209, 233, 247, 258, 263
Gall, E. 24
Giese, Johann Michael 77, 86, 118, 149, 186, 234, 259, 264
Hartknoch, Christoph 58, 60, 139, 143, 156, 203, 261
Heise, Joh. 26, 28, 29
Heitmann, F. 78, 197
Herder-Institut, Bildarchiv, Marburg 36
Hermann, B.Chr. 162
Jacobi, Hans 35, 74
Jester 119
Kloeppel, Otto 205, 207, 208
Koch, Friedrich 90
Lahrs, Friedrich 122, 124, 126, 128
Liebeneiner, Ehrenfried Umschlag, 274
Pufendorf 36, 211
Rudat 200
Salemke, Gerhard 54, 55
Schmid, Bernhard 56, 103, 110, 125, 275, 277
Staatsarchiv Königsberg (Pr) 141
Steinbrecht, Conrad 15, 16, 19, 20, 21, 31, 33, 34, 35, 40, 41, 42, 44, 47, 50, 52, 61, 62, 64, 66, 67, 68, 71, 72, 92, 93, 94, 95, 96, 97, 98, 100, 104, 129, 130, 131, 132, 133, 135, 140, 141, 144, 145, 153, 157, 158, 159, 160, 171, 173, 174, 179, 181, 183, 189, 190, 191, 192, 193, 196, 198, 199, 206, 210, 212, 214, 215, 219, 221, 223, 225, 226, 228, 230, 233, 235, 240, 241, 243, 256
Stertzell, Paul 86
Voßberg, Friedrich August 15, 51, 55, 57, 58, 59, 77, 84, 85, 90, 113, 116, 118, 122, 141, 150, 161, 169, 176, 177, 178, 202, 218, 224, 233, 239, 254, 267, 274
Zagrodzki, T. 164

Abbildungen ohne Quellennachweis stammen vom Verfasser. Fast alle neuzeitlichen Fotos wurden von ihm selbst aufgenommen.

Anhang I

Erläuterung von Fachausdrücken

Abschnittsbefestigung: unter Ausnutzung des Geländes mit abschnittsweiser Gliederung angelegte Wehranlage, meist auf Bergkuppen, Höhenzügen oder Halbinseln. Grundriß der Bodenform angepaßt.
Ambon: erkerartiger Vorbau; Vorgänger der Kanzel
Apsis: Chorhaupt, Standort des Altars; Abschluß meist halbkreisförmig oder vieleckig.
Arkade: auf Säulen oder Pfeilern ruhende Bogenreihe.
Basis: Fuß einer Säule
Bastei: aus der Umwallung vorspringender Teil der Befestigung, z.T. besonders stark armiert und als Flankierungswerk gedacht.
Bergfried: Hauptturm einer Burg als Wehr- oder Wachtturm mit starkem Mauerwerk und hochliegendem Eingang.
Buchstabenfries: glasierte Tonplättchen mit Buchstaben [Majuskeln oder Minuskeln] als Umrandung von Fenstern und Türen oder als Mauerschmuck mit meist religiösen Inschriften. Ursprung aus dem arabischen Bereich. Im Ordensland z.B. in Birgelau, Thorn, Marienburg.
Chor: Altarraum in Kirchen, der der Geistlichkeit vorbehalten ist und nach Osten gelegen ist.
Corbisherr: Vorratsverwalter zugleich Aufseher über Landwirtschaft und Vorwerk [lat. corbis = Korb]
Danzker: Abortanlage, die aus hygienischen Gründen außerhalb der Gebäude über Gewässern liegt und über einen gedeckten Gang erreichbar ist. Kleinere Anlagen sind Danzkererker an den Außenwänden der Burghäuser.
Denar: kleinste preuß. Ordensmünze; 720 Denar = 1 Mark.
Dienste: Gewölbeanfänge an den Wänden, z.T. auf Konsolen
Dreipaß: Kleeblattähnliches gotisches Maßwerkornament
Epitaph: Wanddenkmal, Grabmal
Fiale: Ziertürmchen auf senkrecht aufsteigenden Außengliedern, wie Strebepfeilern und Staffelgiebeln gotischer Bauten.
Firmarie: Alters- und Krankenheim in Ordensburgen
Gebietiger: höhere Ordensbeamte/-Ritter, z.B. Komture, Vögte, Pfleger.
Gewände: Flanken eines Portals
Grisaille: Malerei in Graufarben
Großgebietiger: hohe, überregionale Ordensbeamte/-Ritter, wie Hochmeister, Großkomtur, Ordensmarschall, Oberst-Treßler, -Spittler und -Trapier.
Großkomtur: Hoher Ordensbeamter, Vertreter des Hochmeisters, zuständig für alle inneren Angelegenheiten, zugleich Komtur des Haupthauses.
Gurte: das Gewölbe quer zwischen den Jochen überziehende Verstärkungsbogen.
Hackelwerk: Dornenhecke oder geflochtenes Zweigwerk als Verhau; abgegrenzter Stadtbereich.
Hakengraben: hakenförmig verlaufender Burggraben

Hausgraben: Quergraben, der die Vorburg von der Hauptburg trennt.
Hauskomtur: Vertreter des Komturs und Verantwortlicher für den gesamten Betrieb des Konventshauses.
Hufe: mittelalterliches Flächenmaß, regional unterschiedlich. 1 kulmische Hufe = 16,8 ha oder 30 kulmische Morgen, enspricht 60 magdeburgischen Morgen.
Joch: gleichartiges Grundrißelement, Abschnitt von Gewölben
Kämpe: Burghof
Kämpfer: steinerne Auflage als Bauglied am Ansatz eines Bogens oder Gewölbes [Fensters]
Kapitell: Haupt einer Säule oder eines Pfeilers, vielfach mit Zierformen geschmückt.
Karwan: Zeughaus [Karawanserei]
Klimek: Bergfried [in Graudenz]
Klosterformat: großes Ziegelformat [9 × 15 × 32 cm], wie bei Ordensbauten allgemein verwendet.
Komtur: höherer Ordensbeamter/-Ritter, Vorstand eines Konvents, obere Militär- und Zivilbehörde im Komturei-Bezirk mit Gerichtshoheit [lat. commendator]
Konvent: Rittergemeinschaft aus 12 oder mehr Ordensbrüdern unter Vorsitz des Komturs nach dem Vorbilde Christi und seiner 12 Jünger. Der Konvent war das Beschlußgremium für die Komturei.
Konventshaus: Burgentyp der Ordensarchitektur, der sich am Ende des 13. Jahrhunderts als Muster der Komtursburg herausgebildet hatte. Rechteckiges/quadratisches Kastell mit umbautem Burghof; Dreiteilung des Haupthauses in Kapelle, Kapitelsaal/Konventsremter und kleinen Zwischenraum.
Kreuzgang: überwölbter, von einer Säulengalerie oder Pfeilern begrenzter Umgang in Kloster- bzw. Burghöfen. Bei Ordensburgen auch Laubengang oder Hoflaube genannt.
Kreuzgewölbe: Durchdringung zweier rechtwinklig zueinander gestellter Tonnengewölbe.
Laterne: Turm- oder Kuppelaufsatz in Form einer großen Laterne.
Lettner: steinerne Schranke zwischen Altarraum und Kirchenraum für Laien.
Lisene: flach aufliegendes Gliederungselement an Wänden.
Lustration: Nachschau oder Revision bei Gebäuden, die als Bestandsaufnahme schriftlich niedergelegt wurde.
Marstall: Pferdestall
Maschikuli: aus dem Arabischen stammende Bezeichnung für einen auskragenden Wehrgang mit Wurfscharten.
Maßwerk: gotische Bauornamente in Fenstern, an Wandflächen, Giebeln oder Türmen, mit Zirkelschlägen geometrisch konstruiert (z.B. Vierpässe oder Fischblasen)
Meile: kulmische = 7 776 m, unterteilt in 180 Seile zu je 10 Ruten.
Netzgewölbe: Gewölbe mit netzartiger Anordnung der Rippen ohne Rücksicht auf die Jocheinteilung.
Oberst-Marschall: (Ordensmarschall) Großgebietiger mit überregionaler Oberaufsicht über das gesamte Kriegswesen, nämlich Krieger, Waffen und Befestigung der Burgen (Kriegsminister). Als oberster Feldherr Führer des Heeres. Sitz in Königsberg, dessen Komturei er leitete.
Oberst-Spittler: Großgebietiger mit Oberaufsicht über das Medizinalwesen und über alle Spitäler im Lande. Sitz in Elbing, dessen Komturei er leitete.
Oberst-Trapier: Großgebietiger für die überregionale Beschaffung und Aufsicht im Versorgungswesen mit Gebrauchsgütern und Ausrüstungen aller Art, ausschließlich Waffen. Sitz in Christburg, dessen Komturei er leitete.
Oberst-Treßler: Großgebietiger für das Finanz- und Münzwesen des Ordens und oberster Schatzmeister [Tressel]. Oberaufsicht über das Wirtschafts- und Handelsressort, Kontrolle des Großschäffers beim Außenhandel und Großeinkauf. Sitz in Marienburg.
Ofensteine: Konische Verschlüsse der Fußboden-Warmluftheizung.
Parcham: Wallgang und Waffenplatz zwischen den zwingerartigen Mauern der äußeren Befestigung [arabisch barbacone].

Pfeiler: eckige oder runde Gewölbe- oder Arkadenstütze
Pfeilerbündel: Zusammenfassung eines Pfeilers mit den Gewölbediensten zu einer Stütze.
Pilaster: Pfeilerförmige Wandvorlage
Pfleger: Ordensbeamte auf kleineren Burgen als Verwalter kleinerer Bezirke; sie gehörten als Ritter dem Konvent der vorgesetzten Komturei an.
Refektorium: Speisesaal in Klöstern
Remter: Speisesaal in Ordensburgen [Konventsremter]
Rippe: plastisches Steinband auf den Graten der Gewölbe mit unterschiedlichen Profilen (z.B. Birnstab), besitzt tragende Funktion.
Risalit: in voller Höhe des Gebäudes vortretender Bauteil
Rute: kulmische, Längenmaß = 4,32 m; 180 Ruten = kulmische Meile
Säule: runde, senkrechte, nach oben etwas verjüngte Stütze, die auf einer Basis steht und als obere Verbindung das Kapitell trägt.
Scheffel: altes Hohlmaß für Schüttgut; 1 preuß. Scheffel = 54,96 Liter
Schiefelicht: rund
Schilling: preuß. Münze. 112–120 Schillinge = 1 kulmische Mark
Schlußstein: formal ausgebildeter Schnittpunkt der Gewölberippen, verzierter Stein im Scheitel des Gewölbebogens.
Seil: Längenmaß = 43,20 m; 1 Seil = 10 Ruten
Spitzbogen: gotische Bogenform, aus zwei sich schneidenden Kreisabschnitten konstruiert.
Sterngewölbe: Kreuzrippengewölbe, das durch Einfügen des Rippendreistrahls weiterentwikkelt wurde; sternförmig angeordnete Rippen.
Tympanon: rund- oder spitzbogiges Feld über Portalen, meist mit Reliefdarstellungen ausgefüllt oder bemalt.
Verband: alter gotischer Verband: zwei Läufer und ein Binder, neuer Verband: ein Läufer und ein Binder (Mauerverband aus Backsteinen).
Vierpaß: Kleeblattähnliche Formsteine im Maßwerk oder in Friesen.
Wimperg: Bekrönung über Fenstern und Giebeln mit Ziergiebeln und Schmuckleisten, die mit Krabben und einer Kreuzblume besetzt sind.
Windlöcher: Wanddurchbrüche in gotischen Zierwänden und Giebeln; ursprünglich zur Minderung des Winddrucks.
Witinge: freie pruss. Bauern als Dienstleute auf Ordensburgen
Zinsdorf: Dorf, dessen Einwohner an den Orden nur Zins zahlen, aber kein Scharwerk leisten.

Anhang II

Die Mächtigen im Lande Preußen

Chronologische Übersicht der das Land führenden Landmeister, Hochmeister, Herzöge und Könige von 1231 bis 1918

I. Landmeister in Preußen

Sitz: Althaus Kulm von 1232 bis 1251
Elbing von 1251 bis 1309

Hermann Balk	1229–1239
Heinrich von Wida	1239–1244
Poppo von Osterna	1244–1246
Dietrich von Grüningen	1246–1259
Hartmud von Grumbach	1259–1261
Helmerich von Rechberg	1262–1263
Johann von Wegeleben	1263
Ludwig v. Baldersheim	1263–1269
Konrad v. Thierberg d. Ä.	1269–1271
Dietrich von Gattersleben	1271–1273
Konrad v. Thierberg d. Ä.	1273–1279
Konrad v. Feuchtwangen	1279–1280
Mangold von Sternberg	1280–1283
Konrad v. Thierberg d. J.	1283–1288
Meinhard von Querfurt	1288–1299
Konrad v. Babenberg	1299
Ludwig von Schippen	1299–1300
Helwig von Goldbach	1300–1302
Konrad Sack	1302–1306
Sieghard v. Schwarzburg	1306
Heinrich von Plotzke	1307–1309

II. Hochmeister des Deutschen Ordens

Residenz: Marienburg von 1309 bis 1457
Königsberg/Pr. von 1457 bis 1525

Siegfried von Feuchtwangen	1303–1311
Carl von Trier	1311–1324
Werner von Orseln	1324–1330
Herzog Luther von Braunschweig	1330–1335
Burggraf Dietrich von Altenburg	1335–1341
Ludolf König (von Weizau)	1341–1345
Heinrich Dusemer (von Arffberg)	1345–1351
Winrich von Kniprode	1351–1382
Konrad Zollner von Rothenstein	1382–1390
Konrad von Wallenrod	1391–1393
Konrad von Jungingen	1394–1407
Ulrich von Jungingen	1407–1410
Heinrich von Plauen	1410–1413
Michael Küchmeister v. Sternberg	1414–1422
Paul von Rusdorf	1422–1441
Konrad von Erlichshausen	1441–1449
Ludwig von Erlichshausen	1450–1467
Heinrich Reuß von Plauen	1469–1470
Heinrich Reffle von Richtenberg	1470–1477
Martin Truchseß von Wetzhausen	1477–1489
Johann von Tiefen	1489–1497
Herzog Friedrich von Sachsen	1498–1510
Markgraf Albrecht v. Brandenburg	1511–1525

III. Herzöge von Preußen

Residenz: Königsberg/Pr. von 1525 bis 1618
Berlin von 1618 bis 1701

Albrecht von Brandenburg, Markgraf	1525–1568
Albrecht Friedrich v. Brandenburg, Markgraf	1568–1618

Regenten:
Georg Friedrich v. Brandenburg, Markgraf (1577–1603)

Joachim Friedrich v. Brandenburg, Kurfürst	(1605–1608)
Johann Sigismund v. Brandenburg, Kurfürst	(1609–1618)
Johann Sigismund v. Brandenburg, Kurfürst	1618-1619
Georg Wilhelm v. Brandenburg, Kurfürst	1619–1640
Friedrich Wilhelm v. Brandenbg. Gr. Kurfürst	1640-1688
Friedrich III. v. Brandenburg, Kurfürst	1688–1701
(ab 1701 als Friedrich I. König in Preußen)	

IV. Könige von Preußen

Residenz: Berlin

Friedrich I. König in Preußen	1701–1713
Friedrich Wilhelm I. (Soldatenkönig)	1713–1740
Friedrich II. der Große	1740–1786
Friedrich Wilhelm II.	1786–1797
Friedrich Wilhelm III.	1797–1840
Friedrich Wilhelm IV.	1840–1861
Regent: Wilhelm (I.)	(1858–1861)
Wilhelm I.	1861–1888
Friedrich III.	1888
Wilhelm II.	1888–1918

Anhang III

Tabellarische Geschichtsübersicht

997 Adalbert von Prag wird auf einer Missionsreise im Samland von den heidnischen Prussen erschlagen.

1009 Brun von Querfurt erleidet bei der Bekehrung der Sudauer östlich von Lyck den Märtyrertod.

1184 Beginn der Mission in Livland durch Meinhard von Segeberg

1190 Gründung eines deutschen Hospitals in Akkon durch Lübecker und Bremer Kaufleute beim dritten Kreuzzug. Die mit der Spitalpflege betraute Bruderschaft war die Urzelle des Deutschen Ordens.

1194 Teilung Polens und Machtzersplitterung.

1196 Bertold von Lockum wird Bischof von Livland.

1198 Gründung des Deutschen Ordens als Ritterorden für den Glaubenskampf mit dem lat. Namen »Fratres domus hospitalis Sanctae Mariae Theutonicorum Jerosolymitani.«

1199 Papst Innozenz III. bestätigt den Deutschen Orden und verleiht ihm Ordensregeln nach dem Muster der Templer sowie als Ordenstracht den weißen Mantel mit dem schwarzen Kreuz.

1200 Durch Schenkungen und Stiftungen erwirbt der Deutsche Orden zahlreichen Besitz in Deutschland, Palästina, Griechenland (Romanien) und Süditalien.

1202 Bischof Albert von Riga stiftet den Schwertbrüderorden mit dem lat. Namen »Fratres militae Christi de Livonia«.
Sie tragen ein rotes Schwert auf weißem Mantel.

1206 Abt Gottfried des Zisterzienserklosters Lekno wird von Papst Innozenz III. mit der Preußenmission beauftragt, die er unter dem Namen Christian mit einigem Erfolg durchführt.

1209 Hermann von Salza wird Hochmeister des Deutschen Ordens.

1211 Einsatz des Deutschen Ordens im ungarischen Burzenland gegen die heidnischen Kumanen.

1211 Sieg des Schwertbrüderordens bei Treiden über die Esten.

1215 Christian wird zum Bischof von Preußen ernannt.

1218 Kämpfe von Kreuzfahrerheeren gegen die Prussen.

1221 Weitere Kreuzfahrerzüge gegen die Prussen erzielen keinen anhaltenden Erfolg; die Bekehrten fallen wieder vom Glauben ab, sie erobern die Gebiete zurück und dringen in Masowien und Kujawien ein.

1225 König Andreas II. von Ungarn verweist den Deutschen Orden aus dem Burzenland.

1226 Herzog Konrad von Masowien bittet den Deutschen Orden um Hilfe gegen die Prussen und verspricht ihm dafür den Besitz des Kulmerlandes.

1226 Kaiser Friedrich II. bestätigt in der Goldenen Bulle von Rimini dem Deutschen Orden den Besitz des Kulmerlandes und aller künftigen Eroberungen in Preußen.

1228 Stiftung des Dobriner Ritterordens durch Herzog Konrad von Masowien mit dem Namen »Brüder vom Ritterdienste Christi in Preußen«. Sie trugen auf dem weißen Mantel ein rotes Schwert und einen roten Stern.

1229 Livland und Teile Kurlands sind im Besitz des Schwertbrüderordens.

1230 Im Kruschwitzer Vertrag überträgt Herzog Konrad von Masowien das Kulmerland und alle künftigen Eroberungen in Preußen dem Deutschen Orden mit allen Rechten.

1231 Landmeister Hermann Balk dringt mit einer kleinen Ordensstreitmacht von Nessau und Vogelsang über die Weichsel vor und gründet Thorn und Kulm.

1233 Hochmeister Hermann von Salza verleiht den Städten Kulm und Thorn das Stadtrecht; diese sogenannte Kulmische Handfeste ist vom Magdeburger Stadtrecht abgeleitet.

1233 In Marienwerder wird eine Ordensburg errichtet.

1233 Bischof Christian von Preußen gerät in prussische Gefangenschaft.

1234 Bulle von Rieti: Der Papst nimmt das Kulmerland und alle zu erobernden preußischen Länder unter seinen Schutz und verleiht sie dem Deutschen Orden zum Besitz.

1234 Burg Rehden gegründet.

1234 Der Sieg in der Schlacht an der Sirgune (Sorge) öffnet dem Deutschen Orden den Weg zum Frischen Haff und zur Ostsee.

1235 Der Dobriner Orden wird dem Deutschen Orden angeschlossen.

1235 Schwere Niederlage des livländischen Schwertbrüderordens an der Saule. Der Landmeister von Preußen, Hermann Balk, eilt mit einer Streitmacht dem Orden in Livland zur Hilfe.

1236 Deutsches Kreuzfahrerheer unter Markgraf Heinrich von Meißen unterstützt den Deutschen Orden bei der Eroberung Pomesaniens.

1237 Nach Erreichen des Haffs an der Ilfing-Mündung gründet der Orden dort Burg und Stadt Elbing.

1237 Auf Vorschlag Hermann von Salzas vollzieht der Papst in Viterbo die Vereinigung des Schwertbrüderordens mit dem Deutschen Orden.

1237 Niederlage des Ordens bei einer Meerfahrt gegen Honeda (Balga).

1237 Unter den Landmeistern Hermann Balk († 1239) und Heinrich von Wida werden bis 1241 die Haffgaue Pogesanien, Warmien und Natangen erobert.

1239 Eroberung der Feste Honeda und Gründung der Burg Balga unter Einsatz der Kriegsschiffe Pilgrim und Friedeland.

1239 Tod des Hochmeisters Hermann von Salza in Salerno und Beisetzung in Barletta (Apulien).

1240 Die belagerte Burg Balga wird vom Haff aus durch Herzog Otto von Braunschweig entsetzt.

1242 Beginn des ersten Preußenaufstands unter Beteiligung des Herzogs Swantopolk von Pommerellen.

1242 Niederlage der livländischen Schwertbrüder gegen Alexander Newski in der Schlacht auf dem Eis des Peipussees.

1243 Im Auftrag des Papstes teilt der päpstliche Legat Wilhelm von Modena Preußen in vier Diözesen und richtet die Bistümer Kulm, Pomesanien, Ermland und Samland ein. Sie erhalten als Dotation je ein Drittel des Landes und werden um 1245 dem Erzbischof von Riga kirchlich unterstellt.

1244 In der Schlacht am Rensensee (bei Graudenz) hat der Orden große Verluste. Die beiden Ordensmarschälle Berlewein und Dietrich von Bernheim fallen.

1248 Frieden auf dem Schmidtswerder mit Herzog Swantopolk.

1249 Schwere, verlustreiche Niederlage des Ordensheeres bei Krücken (nahe Kreuzburg).
1249 Christburger Friedensvertrag durch Vermittlung des päpstlichen Legaten Jakob von Lüttich beendet den Aufstand und sichert den bekehrten Prussen die persönliche Freiheit und ungestörten Besitz zu, solange sie sich zum Christentum bekennen.
1252 Burg und Stadt Memel werden von Livland aus als Brücke zwischen beiden Ordensländern gegründet.
1253 Beginn der Eroberung des Samlands, Bartens und Galindens.
1253 Der Litauerfürst Mindowe erhält durch Vermittlung des livländischen Landmeisters Eberhard von Sayn die Königswürde und läßt dafür dem Orden freie Hand in Schamaiten.
1255 Bei der Eroberung des Samlandes mit Hilfe eines Kreuzheeres unter König Ottokar II. von Böhmen wird auf der Pregelhöhe die Burg Königsberg gegründet.
1258 Teilungsübereinkunft zwischen dem Deutschen Orden und dem Bischof von Samland über die Landabgabe; sie mußte im folgenden mehrfach geändert werden.
1260 Niederlage des livländischen Ordenszweiges bei Durben löst einen allgemeinen großen Preußenaufstand aus, der bis 1273 anhält.
1261 Der vor wenigen Jahren zum König erhobene Litauerfürst Mindowe sagt sich vom Orden los.
1261 Niederlage des Ordens bei Pokarben gegen die Natanger unter Herkus Monte.
1261 In Livland verliert der Orden die Schlacht bei Lemwarden.
1263 Niederlagen des Deutschen Ordens bei Löbau und Dünamünde.
1271 Der Orden verliert seine Burg Montfort in Palästina und wird aus dem Lande verdrängt.
1272 Markgraf Dietrich von Meißen schlägt bei Pilzen (b. Kreuzburg) mit einem Ordensheer die Aufständischen.
1273 Nach schweren, verlustreichen Kämpfen wird der große Preußenaufstand niedergeworfen.
1273 Eroberung der Gaue Nadrauen, Schalauen und Sudauen.
1280 Die Marienburg entsteht als Konventshaus.
1282 Im Militscher Vergleich wird von Herzog Mestwin II. von Pommerellen das Land Mewe auf dem Westufer der Weichsel abgetreten; es war 1276 von Herzog Sambor dem Orden geschenkt worden.
1283 Beginn der Kriegszüge gegen die heidnischen Litauer. Das durch die Wildnis geschützte Hinterland des Ordens wird kolonisiert und mit deutschen Einwanderern besiedelt.
1291 Nach dem Fall von Akkon wird die Hochmeisterresidenz von Palästina für 18 Jahre nach Venedig verlegt.
1307 Prozeß gegen den Templerorden und seine Zerschlagung.
1309 Erbstreit nach Aussterben der pommerellischen Herzöge zwischen Böhmen, Brandenburg, Polen und pommerellischen Fürsten. Pommerellen und Danzig z.T. von Brandenburgern und Polen besetzt. Der zu Hilfe gerufene Orden vertreibt beide Besetzer und bemächtigt sich des gesamten Landes. Damit ist die wichtige Landverbindung zum Reich hergestellt, aber das Verhältnis zu Polen stark belastet.
1309 Vertrag von Soldin: Der Deutsche Orden erwirbt gegen ein Kaufgeld die brandenburgischen Ansprüche an Pommerellen und Danzig. Polen dagegen geht auf eine Geldentschädigung nicht ein.
1309 Die Hochmeisterresidenz wird von Venedig nach Marienburg verlegt. Als erster Hochmeister zieht Siegfried von Feuchtwangen in das neue Haupthaus des Deutschen Ordens ein. Das Amt des Landmeisters in Preußen entfällt nunmehr.

1311 Schlacht bei Woplauken: Großkomtur Heinrich von Plotzke schlägt die Litauer unter Großfürst Witold.
1313 Kaiser Heinrich VII. bestätigt dem Deutschen Orden den Besitz Pommerellens.
1321 Ordenschronik von Peter von Dusburg »Chronicon terrae Prussiae« in lateinischer Sprache verfaßt.
1327 Polen, Litauen und Ungarn beginnen um den Besitz Pommerellens einen erfolglosen Krieg gegen den Deutschen Orden.
1331 Schlacht bei Plowcze zwischen dem Orden und Polen. Der Polenkönig läßt den Obersten Ordensspittler Hermann von Oettingen ermorden.
1336 Litauerfürst Gedimin fällt bei Georgenburg.
1340 Ordenspriester Nicolaus von Jeroschin gibt die deutsche Reimschronik »Kronike von Pruzinland« heraus.
1343 Im Frieden zu Kalisch verzichtet König Kasimir von Polen endgültig auf alle Ansprüche auf das Kulmerland und Pommerellen, erkennt den Soldiner Vertrag von 1309 an und garantiert 60 Jahre Frieden. Der Orden gibt die eroberten Gebiete Kujawien und Dobrin an Polen zurück.
1346 Der Deutsche Orden erwirbt Estland von Dänemark.
1348 In der siegreichen Schlacht an der Strebe (bei Kowno) treibt der Großkomtur Winrich von Kniprode das litauische Heer unter den Fürsten Kynstut und Olgierd in den vereisten Fluß.
1352 Teilung Nadrauens zwischen Orden und Bistum Samland.
1356 Teilnahme der preußischen Hansestädte an den Hansetagen.
1360 Johannes von der Posilge beginnt seine Chronik des Landes Preußen, die auch als Jahrbücher Johannes Lindenblatts bezeichnet wurden.
1370 Schlacht bei Rudau: Großer Sieg über die Litauer unter den Fürsten Kynstut und Olgierd. Der Ordensmarschall Henning Schindekopf fällt im Kampf.
1370 Frieden von Stralsund: Ende des Krieges der Hanse gegen Dänemark, die mit der völligen Handelsfreiheit ihren größten Erfolg erreicht.
1386 Politische Heirat zwischen dem litauischen Großfürsten Jagiello und der Königin Hedwig von Polen. Hierdurch entsteht eine für den Deutschen Orden bedrohliche Machtzusammenballung.
1393 Reimchronik des Ordensritters Wigand von Marburg.
1397 Die Union von Kalmar vereinigt auf Betreiben der Königin Margarete von Dänemark die drei nordischen Reiche. Die entstandene Machtkonstellation bedroht den Ordensstaat und insbesondere seinen Handel über See.
1398 Großes Flottenunternehmen des Deutschen Ordens mit Landung auf der schwedischen Ostseeinsel Gotland, wo der Seeräuberstützpunkt der Vitalienbrüder niedergekämpft wird.
1398 Im Vertrag von Sallinwerder (bei Kowno) verzichtet Großfürst Witold von Litauen auf Schamaiten und Pleskau, während der Orden seine Ansprüche auf Nowgorod aufgibt und einer Begradigung seiner Ostgrenze zustimmt.
1403 Teilweise Rückeroberung von Gotland durch dänische Truppen.
1404 Siegreiches Flottenunternehmen des Deutschen Ordens gegen dänische Schiffe vor Gotland; Rückeroberung von Wisby.
1404 Im Übereinkommen von Racianz tritt Jagiello dem Vertrag von Sallinwerder bei. Polen bestätigt dadurch, daß Schamaiten zum Einflußgebiet des Ordens gehört.
1407 Vertrag von Helsingborg: Der Deutsche Orden räumt Gotland gegen eine Geldentschädigung.
1410 Schlacht bei Tannenberg: Der Deutsche Orden unterliegt am 15. Juli in einer der größten Schlachten des Mittelalters der

Übermacht des polnisch-litauischen Heeres und wird vernichtend geschlagen.

1410 Komtur Heinrich von Plauen rettet die Marienburg vor dem Zugriff der Polen und verteidigt sie erfolgreich.

1410 Nach den Schlachten bei Polnisch-Krone, Tuchel und Gollub kommt es im Dezember zum Waffenstillstand.

1411 Erster Thorner Frieden: Das Ordensland bleibt territorial unversehrt; lediglich Verzicht auf Schamaiten und Dobrin. Andererseits müssen von Preußen sehr hohe Kontributionen gezahlt werden sowie hohe Ablösesummen für vornehme Kriegsgefangene.

1414 In Strasburg wird der Waffenstillstand bis 1421 verlängert.

1422 Frieden von Melnosee: Der Orden muß auf Nessau und Schamaiten verzichten und kleineren Grenzberichtigungen zustimmen. Den preußischen Ständen wird das Widerstandsrecht gegen den Orden vertraglich eingeräumt.

1434 Im Vertrag von Brattian wird mit den Herzögen von Masowien der Grenzverlauf geregelt.

1435 Der »ewige Frieden« von Brest, der von den preußischen Ständen aufgrund ihres neu errungenen Widerstandsrecht erzwungen wurde, bestätigt die Abtretungen von Nessau und Schamaiten.

1440 In Marienwerder wird der »Bund vor Gewalt« von 53 preußischen Edelleuten sowie 19 Städten gegründet, der später als »Preußischer Bund« in offene Gegnerschaft zum Orden tritt.

1454 Beginn des 13jährigen Städtekrieges mit dem Überfall des Preußischen Bundes auf eine Reihe von Ordensburgen, die besetzt und z.T. zerstört werden (z.B. Thorn, Danzig, Elbing, Königsberg). Im Herbst vereinigen sich die »Bündner« mit den Polen.

1454 Sieg des Ordensheeres in der Schlacht am Kreuzberg bei Richnau (Konitz) über das Polenheer unter König Kasimir.

1455 Die Marienburg wird von deutschen und böhmischen Söldnern als Pfand für ausstehenden Sold besetzt.

1457 Die Söldner zwingen den Hochmeister zum Verlassen der Marienburg und verkaufen diese an die Polen. Neues Haupthaus des Ordens wird Königsberg, wohin der Hochmeister seinen Sitz verlegt hat.

1460 Die belagerte Stadt Marienburg muß nach tapferem Widerstand vor den Polen und Danzigern kapitulieren.

1462 Niederlage des Ordens in der Schlacht in bei Zarnowitz.

1466 Der zweite Thorner Frieden besiegelt das Schicksal des Ordensstaates. Große Gebietsabtretungen und schwere Auflagen zerbrechen die Macht des Landes. Der Hochmeister muß dem polnischen König einen persönlichen Treueid leisten. Große Teile Westpreußens werden als »Preußen königlichen Anteils« der Krone Polens unterstellt. Das Ermland und die städtischen Territorien Danzig, Elbing und Thorn erhalten unterschiedliche autonome Rechte unter polnischer Oberhoheit.

1478 Im sogenannten Pfaffenkrieg ringt das Ermland um freie Bischofswahl, als der Polenkönig dem Bistum anstelle des vom Domkapitel gewählten Nicolaus von Thüngen einen Polen als Bischof aufzwingen wollte.

1498 Hochmeister Herzog Friedrich von Sachsen führt eine tiefgreifende Verfassungs- und Verwaltungsreform durch und verweigert dem polnischen König den Treueid. Er strebt bereits die Umwandlung des geistlichen Ordensstaates in ein Territorialfürstentum an.

1511 Der letzte Hochmeister Markgraf Albrecht von Brandenburg-Ansbach versucht die Unabhängigkeit wiederherzustellen.

1512 Nach dem Petrikauer Vertrag darf das ermländische Domkapitel nur einen dem Polenkönig genehmen Kandidaten zum

Bischof wählen.

1520 Im Reiterkrieg scheitert der letzte Versuch, die Unabhängigkeit des Ordensstaates mit kriegerischen Mitteln zurückzugewinnen an der fehlenden Unterstützung aus Deutschland und an der Gegnerschaft der westpreußischen Stände, die den Polen Geld und Soldaten stellten.

1521 Vierjähriger Waffenstillstand von Thorn.

1525 Frieden von Krakau: Preußen wird in ein erbliches, weltliches Herzogtum unter polnischer Lehnshoheit umgewandelt. Der neue Herzog Albrecht, der bisherige Hochmeister, legte seinen Ordensstatus nieder und förderte die bereits eingeleitete Reformation. Aus dem mächtigen, reichen Ordensstaat war ein abhängiges, armes Herzogtum geworden, das erst nach mehr als hundert Jahren wieder staatliche Bedeutung erreichen sollte.

Anhang IV

Verzeichnis der derzeitigen polnischen und russischen Bezeichnungen der Orte mit Ordensburgen

Allenstein	Olsztyn
Bäslack	Bezławki
Balga	Weselnoje
Birgelau	Bierzgłowo
Braunsberg	Braniewo
Bütow	Bytów
Danzig	Gdansk
Elbing	Elbląg
Engelsburg	Pokrzywno
Frauenburg	Frombork
Gollub	Golub-Dobrzyn
Graudenz	Grudziadz
Heilsberg	Lizbark Warmiński
Hohenstein	Olsztynek
Königsberg	Kaliningrad
Lochstädt	. .
Lötzen	Giżycko
Marienburg	Malbork
Marienwerder	Kwidzyn
Mewe	Gniew
Neidenburg	Nidzica
Ortelsburg	Szczytno
Osterode	Ostróda
Preußisch Mark	Przermark
Ragnit	Njeman
Rastenburg	Kętrzyn
Rehden	Radzyn Chełmiński
Rhein	Ryn
Rößel	Reszel
Roggenhausen	Rogóźno-Zamek
Schlochau	Czluchow
Schönberg	Szymbark
Schwetz	Świecie
Soldau	Działdowo
Strasburg	Brodnica
Stuhm	Sztum
Tapiau	Gwardiejsk
Thorn	Toruń

Anmerkung:

Die polnisch/russischen Ortsbezeichnungen stehen in keinem historischen Zusammenhang mit der Geschichte des deutschen Ordenslandes Preußen. Sie wurden deshalb nicht in den Textteil übernommen.
Die polnische und sowjetische Administration hat diese Bezeichnungen nach der Besetzung festgelegt. Sie sind entweder

- phonetische Ableitungen vom deutschen Ortsnamen (z.B. Frombork für Frauenburg, Elbląg für Elbing) oder
- Ableitungen von den ursprünglichen prussischen Ortsnamen (z.B. Kwidzyn von pruss. Quidin für Marienwerder) oder
- wörtliche Übersetzungen des deutschen Namens (z.B. Dobre Miasto für Guttstadt) oder
- frei erfundene Bezeichnungen.

Das Verzeichnis soll bei Reisen oder beim Lesen polnischer Literatur die Zuordnung des deutschen Ortsnamens zur polnischen Ortsbezeichnung erleichtern. In polnischen Landkarten, auf Ortsschildern sowie in Veröffentlichungen wird von den Polen die Verwendung der deutschen Ortsnamen weitgehend vermieden.

Anhang V

Verzeichnis weiterer Ordensburgen, die in anderweitig veröffentlichten Arbeiten des Autors behandelt worden sind

Name der Burg	Veröffentlicht in Ostpreußenblatt = O Der Westpreuße = W Nr./Folge	Datum	Seite
Althaus Kulm	W 18	17. 9. 1983	7/9
	O 40	4. 10. 1986	12
Angerburg	O 9	3. 3. 1984	12
Barten	O 1	7. 1. 1984	12
Brandenburg	O 35	1. 9. 1984	12
Christburg	W 3	21. 7. 1984	3/5
	O 5	1. 2. 1986	12
Fischhausen*)	O 44	3. 11. 1984	12
Georgenburg*)	O 23	6. 6. 1987	12
Gilgenburg	O 19	7. 5. 1983	12
Insterburg	O 9	2. 3. 1985	12
Johannisburg	O 18	2. 5. 1987	12
Kauernik*)	W 4	2. 2. 1984	3/4
	O 14	4. 4. 1987	12
Labiau	O 5	2. 2. 1985	12
Löbau*)	W 4	2. 2. 1984	3/4
	O 14	4. 4. 1987	12
Lyck	O 27	4. 7. 1987	
Mehlsack*)	O 9	3. 3. 1984	12
Memel	O 18	4. 5. 1985	12
Mohrungen	O 6	5. 2. 1983	12
Neuhausen	O 40	3. 10. 1987	
Preußisch Holland	O 1	1. 1. 1983	
Saalau	O 36	5. 9. 1987	
Schönsee	W 5	3. 3. 1984	5/6
	O 10	7. 3. 1987	10
Seehesten	O 5	4. 2. 1984	12
Tilsit	O 31	1. 8. 1987	12

*) Bischofsburg bzw. Burg des Domkapitels

Anhang VI

Quellen- und Literaturverzeichnis (Auswahl)

A. Ambrassat, Die Provinz Ostpreußen, Handbuch der Heimatkunde, (Graudenz, 1912) Reprint-Verlag W. Weidlich, Frankfurt 1978

A. Boetticher, Die Bau- und Kunstdenkmäler der Provinz Ostpreußen, 9 Bände, Königsberg/Pr. 1891–1899

H. Boockmann, Der Deutsche Orden, Zwölf Kapitel aus seiner Geschichte, Verlag C.H. Beck, München 1981

H. Boockmann, Die Marienburg im 19. Jahrhundert, Verlag Ullstein GmbH Frankfurt/M. 1982

K.H. Clasen, Die mittelalterliche Kunst im Gebiete des Deutschordensstaates Preußen, Erster Band: Die Burgbauten (Gräfe & Unzer Königsberg 1927) Reprint W. Weidlich, Frankfurt 1979

Dehio/Gall, Handbuch der deutschen Kunstdenkmäler – Deutschordensland Preußen, Deutscher Kunstverlag München–Berlin 1952

Eichendorff, Joseph Freiherr von, Die Wiederherstellung des Schlosses der deutschen Ordensritter zu Marienburg (herausgegeben von B. Schmid) Gräfe & Unzer, Königsberg 1943

S. Ekdahl, Die Schlacht bei Tannenberg 1410, Quellenkritische Untersuchungen, Duncker & Humblot, Berlin 1982

B. Engel, Die mittelalterlichen Siegel des Thorner Rathsarchivs, Verlag Lambeck, Thorn 1894

K. Forstreuter, Vom Ordensstaat zum Fürstentum, Geistige und politische Wandlungen im Deutschordensstaat Preußen unter den Hochmeistern Friedrich und Albrecht, Holzner-Verlag o.J.

C. Hennenberger, Kurtze und warhafftige Beschreibung des Landes zu Preussen, Königsperg i. Pr. 1584

J. Heise, Die Bau- und Kunstdenkmäler des Kreises Marienwerder, Verlag Th. Bertling, Danzig 1898

N.v. Holst, Der deutsche Ritterorden und seine Bauten – Von Jerusalem bis Sevilla, von Thorn bis Narwa, Gebr.-Mann-Verlag, Berlin 1981

H. Jacobi, Die Ausgrabungsergebnisse der Deutschordens-Burgen Graudenz und Roggenhausen – Ein Beitrag zur baugeschichtlichen Entwicklung der Ordensburgen. Dissertation, Fakultät für Architektur, TH Danzig 1942

A. v. Kotzebue, Preußens ältere Geschichte, Hamburg 1811

F. Lahrs, Das Königsberger Schloß – Bau- und Kunstdenkmäler des Deutschen Ostens (Herausgegeben im Auftrag des Joh.-Gottfried-Herder-Forschungsrats Marburg von Günther Grunemann) Verlag W. Kohlhammer, Stuttgart 1956

J.v.d. Pusilie, Jahrbücher Johannes Lindenblatts, herausgegeben von Johs. Voigt u. F.W. Schubert, Universitätsbuchhandlung Königsberg i.Pr. 1823

B. Schmid, Bau- und Kunstdenkmäler der Ordenszeit in Preußen I. Kulmer Land und Pommerellen, Ostdt. Verlagsanstalt Königsberg 1939, II. Pomesanien, das Oberland und das Große Werder, Verlag Paul Rosenberg, Danzig, Ostdt. Verlagsanstalt Königsberg 1941

B. Schmid, Die Burgen des Deutschen Ritterordens in Preußen, Verwaltung der staatl. Schlösser und Gärten, Berlin 1938

B. Schmid, Die Inschriften des deutschen Ordenslandes Preußen bis zum Jahre 1466 (in Schriften der Königsberger Gelehrten, Ges. Geisteswissenschaftl. Klasse 11. Jahr, Heft 3) Max-Niemeyer-Verlag, Halle (Saale) 1935

B. Schumacher, Geschichte Ost- und Westpreußens (Göttinger Arbeitskreis) (6. Auflage) Holzner-Verlag, Würzburg 1977

C. Steinbrecht, Die Baukunst des Deutschen Ritterordens in Preußen

I. Thorn im Mittelalter, Berlin 1885
II. Preußen zur Zeit der Landmeister Berlin 1888
III. Schloß Lochstedt und seine Malereien Berlin 1910
IV. Die Ordensburgen der Hochmeisterzeit in Preußen Berlin 1920

Verlag Julius Springer, Berlin

H.-G. Tautorat, Schwarzes Kreuz auf weißem Mantel - Die Kulturleistung des Deutschen Ordens in Preußen (Staats- und Wirtschaftspolitische Ges. e.V. Alzenau) NWZ-Verlag, Düsseldorf 1977

H. v. Treitschke, Das deutsche Ordensland Preußen, Vandenhoeck & Ruprecht, Göttingen 1955

M. Tumler, Der Deutsche Orden im Werden, Wachsen und Wirken bis 1400. Panorama-Verlagsgesellschaft Wien 1955

A. Ulbrich, Kunstgeschichte Ostpreußens von der Ordenszeit bis zur Gegenwart - (Gräfe & Unzer, Königsberg 1932) Reprint-Verlag W. Weidlich, Frankfurt/M. 1976

J. Voigt, Namens-Codex der deutschen Ordensbeamten, Hochmeister, Landmeister usw., Gebr. Bornträger, Königsberg/Pr. 1843

F.A. Voßberg, Geschichte der preußischen Münzen und Siegel von frühester Zeit bis zum Ende der Herrschaft des Deutschen Ordens. G. Fincke, Berlin 1843

E. Weise, Handbuch der historischen Stätten - Ost- und Westpreußen. A.-Kröner-Verlag, Stuttgart 1966

H. v. Wichdorff, Beiträge zur Geschichte des Ordensschlosses Rhein und der Stadt Rhein im Kreis Lötzen in Masuren, Berlin o.J.

A. Winnig, Der Deutsche Ritterorden und seine Burgen. K.R. Langewiesche Nachfolger Hans Köster, Königstein/Ts. 1961

H. Wolfrum, Die Marienburg - Das Haupthaus des Deutschen Ritterordens und seine Geschichte. Verlag Gerhard Rautenberg, Leer (Ostfriesl.) 1972

R. Zacharias, Die Marienburg im Wandel der Jahrhunderte - Eine Baugeschichte in Bildern-Heimatkreis. Selbstverlag Hamburg 1976

Namens- und Sachregister

(Burgen mit Beschreibung fettgedruckt)

Die altpreußischen Landschaften
zu Beginn des 13. Jahrhunderts
(Benennung nach Peter von Dusburg um 1324)
OSTSEE
Frisches Haff
WARMIEN
I:ZANTIR
POMMERELLEN
Weichsel
POGESANIEN
POMESANIEN
LÖBAU
SASSEN
CULMERLAND
ZUM LANDE DER